延伸教师专业发展之路

潮州市昌黎路小学教师成长的探索

主编 王贵林
副主编 王振中 史芸

教师专业发展学校探索书系

YANSHEN JIAOSHI ZHUANYE FAZHAN ZHI LU
CHAOZHOUSHI CHANGLILU XIAOXUE JIAOSHI CHENGZHANG DE TANSUO

暨南大學出版社
JINAN UNIVERSITY PRESS
中国·广州

图书在版编目（CIP）数据

延伸教师专业发展之路：潮州市昌黎路小学教师成长的探索/王贵林主编；王振中，史芸副主编．—广州：暨南大学出版社，2013.5
（教师专业发展学校探索书系）
ISBN 978-7-5668-0496-9

Ⅰ.①延…　Ⅱ.①王…②王…③史…　Ⅲ.①小学教师—师资培养—经验—潮州市　Ⅳ.①G625.1

中国版本图书馆 CIP 数据核字(2013)第 029050 号

出版发行：暨南大学出版社

地　址：中国广州暨南大学
电　话：总编室（8620）85221601
　　　　营销部（8620）85225284　85228291　85228292（邮购）
传　真：（8620）85221583（办公室）　85223774（营销部）
邮　编：510630
网　址：http://www.jnupress.com　http://press.jnu.edu.cn

排　版：广州市天河星辰文化发展部照排中心
印　刷：佛山市浩文彩色印刷有限公司

开　本：787mm×960mm　1/16
印　张：21
字　数：408 千
版　次：2013 年 5 月第 1 版
印　次：2013 年 5 月第 1 次

定　价：39.80 元

前　言

百年大计，教育为本，教育大计，教师为本。《国务院关于基础教育改革和发展的决定》强调：“建设一支高素质的教师队伍是扎实推进素质教育的关键。”《国家中长期教育改革和发展规划纲要》指出：“提升教师素质，努力造就一支师德高尚、业务精湛、结构合理、充满活力的高素质专业化教师队伍。”高质量的师资队伍是高质量教育的根本保证。近几十年以来，推进教师专业发展进程一直是有关国际组织和各国政府努力的目标，也是世界各个先进国家提高教师质量的共同策略。

当前，随着新课程改革的不断深入，更需要中小学教师专业发展水平的进一步提升。教师实践知识和教育教学技能的获取，一般是在任教后慢慢习得的。中小学校里有鲜活真实的课堂和学生，教师专业素养的提升不再是空洞的纸上谈兵。通过真实的教学实践，教师能够更加清晰准确地认识到自己的优势与不足，学生的课堂反应也会成为教师认识自我的一面明镜，每天的教学活动为教师提供了很好的认识自我、改善自我的发展平台，再加上可以与周围其他教师沟通与合作交流，教师入职后在教育素养和专业素养方面都会有很大的提升。基础教育新课程改革的推进，需要我们理性思考通过何种途径和保障才能促进教师专业发展这一项重大课题。在这方面，以唐代文学家韩愈郡望命名的潮州市昌黎路小学做了很多有益的尝试，取得了比较丰富、可供参考的经验，教学质量也得到较大提升，并于2004年12月晋升为广东省一级学校。本书收集的成果都是昌黎路小学教师在实践中获得的，希望这些成果能够对其他相关学校教师的专业发展起到一定的借鉴作用。

本书的出版，得到了韩山师范学院教务处的大力支持和帮助，也得到了昌黎小学王振中校长及其他教师的积极配合。本书的架构设计、统稿定稿由王贵林负责完成。第一章、第二章由王贵林和史芸编写，第三章、第四章、第五章由昌黎路小学的教师们分别撰写。

本书在编写过程中，参阅了一些公开发表的论文和专著，在此一并表示诚挚的谢意。

编　者

2013 年 1 月

目 录

第一章 教师专业发展的内涵

第一节 教师专业发展的历程

职业的专业化是一个职业群体持之以恒地不断探索、孜孜以求的过程，也是赢得社会认可、争取社会地位的过程。世界范围的教师专业化运动是在20世纪60年代后才开始的，特别是80年代以来，教师专业化发展成为人们关注的焦点，出现了由群体的、外在的、被动的教师专业化向更注重个体的、内在的、主动的、终身的教师专业化发展的转向，并成为世界各国教师教育改革的共同宗旨。在我们讨论教师专业发展理论之前，需要首先明确专业化、教师专业化、教师专业发展等概念，梳理教师专业化与教师专业发展的历史脉络。

一、专业化与教师专业化

（一）专业化的含义

"专业化"是一个社会学的概念，是指一个普通的职业群体在一定时期内，逐渐符合专业标准、成为专门职业并获得相应的专业地位的过程。自从人类社会出现了各种职业后，各种职业之间的高低及贵贱之别就成为人类社会中的普遍现象。到17世纪，欧洲部分职业群体更从众多职业中分化出来，被社会认可为"专业"。[①] 一方面，正是因为被社会认可为专业的职业群体对社会有不可或缺的功能，所以社会赋予从业人员极高的期待与责任；另一方面，从业人员在掌握专业知识和技能、履行社会职责的过程中要花费更多的社会必要劳动时间，因此，一个专业的群体会拥有更多的社会资源，比如权力、工资、晋升机会、发展前途、工作条件、职业声望等。因此专业化本身就是提升职业

① 曾荣光．教学专业与教师专业化：一个社会学的解释［J］．香港中文大学教育学报，1994，12（1）．

群体社会地位的过程。

（二）教师专业化的含义

尽管教育学者对“教师专业发展”众说纷纭，但它一般被公认为职业专业化的一种类型，被理解为教师由非专业人员成为专业人员的过程，即“教师的专业成长或教师内在专业结构不断更新、演变和丰富的过程”①，是指教师“个人成为教学专业的成员并且在教学中具有越来越成熟的作用这样一个转变过程”②。

教师专业化是一个内涵不断丰富的过程。霍利（Holye）曾将教师专业化界定为两个方面的内容：一是关注一门职业成为专门职业并获得应有的专业地位的过程；二是关注教学品质、职业内部的合作方式，教学人员如何将其知识技能和工作职责结合起来，整合到同事关系中以及由其服务对象的契约和伦理关系所形成的情景中。当前教师专业化更多地集中于教学专业化的内涵发展上，并且其内涵也越来越丰富。

二、教师专业发展的历程

从广义角度看，“教师专业化”与“教师专业发展”这两个概念是相通的，均指加强教师专业化的过程。但从狭义角度看，两者之间还是有一定的区别的。两者是从不同的视角来研究分析教师专业性提升的问题：“教师专业化”更多的是从社会学的视角，将教师作为一个群体来研究如何实现专业化的问题；“教师专业发展”更多是从心理学和教育学视角，研究作为个体的教师，如何实现内在的专业的提升。这种强调教师个体的、内在的专业化更多地被称为“教师专业发展”（Professional Development of Teachers）。

（一）20世纪80年代以前，侧重群体的和外在的教师专业化发展

20世纪60年代，世界各国均面临着教师极为短缺的状况。为了应付对教师“量”的需求，在英国，为了更快地培养教师，发表于1963年的《约瑟姆报告》建议改变大学毕业后再进行师范教育的形式，而以教育专业课与普通课同时进行的培养方式取而代之，用以解决教师“量”的急需问题，但同时也忽视了教师“质”的问题。

20世纪60年代中期以后，师范教育面临全球性危机。首先，世界各国都出现了出生率下降的情况，因而对教师的需求量相对下降。其次，各国政府因

① 叶澜，白益民．教育角色与教师发展新探［M］．北京：教育科学出版社，1996. 226.

② 邓金．培格曼最新国际教师百科全书［M］．北京：学苑出版社，1989. 553.

经济上的困难而需要大幅度削减公共开支，并且往往将师资培训机构作为减少开支的对象。再次，许多国家的教育没有达到公众的期望和要求，导致民众对教育质量不满，其中自然涉及对教师教育的批评。各国政府及教育界从关注教师“量”的需求向关注教师“质”的需求转变，教师专业化运动应运而生。

“教师专业化”在西方教育界已经有很深远的历史。早在 20 世纪初期，美国教育家杜威（John Dewey）就曾经谈到，教育学院应该像培养建筑师、工程师、医生和律师一样来培养教师。1955 年，世界教师专业组织在土耳其伊斯坦布尔召开会议，率先强调建立完善的教师专业组织，为教师争取更多的权利和更高的社会地位。这次会议推动了教师专业组织的形成与发展。1966 年，联合国教科文组织与国际劳工组织在法国巴黎召开“教师地位之政府间特别会议”，通过了《关于教师地位的建议》，其中强调指出：“教育工作应被视为一种专门的职业，这种职业要求教师经过严格的、持续不断的研究，才能获得并保持专门的知识与专门技能……它要求对所辖学生的教育与福利具有个人的及共同的责任感。”[①] 这是世界上首次以官方文件的形式对教师专业化作出的明确说明，它肯定了教育工作的专业化性质，提出了教师职业的专业化要求。自此，“教师专业化”理念逐渐成为人们的共识。

1975 年，联合国教科文组织第 35 届国际教育会议通过决议，强调教师职前培养和在职进修相统一的必要性。此后，“师范教育”逐渐延伸为考虑教师一生专业发展的“教师教育”，出现了“教师培育一体化”的概念。1996 年 9 月，第 45 届国际教育大会在瑞士日内瓦召开，大会主题为“加强变化着的世界中的教师作用”，提出“在提高教师地位的整体策略中，专业化是最有前途的中长期策略”。这次大会被看作是国际教师教育发展的一个里程碑。1998 年，在中国北京召开的“面向 21 世纪师范教育国际研讨会”，进一步明确了“当前师范教育改革的核心是教师专业化问题”。至此，培养具有专业化水准的教师成为 21 世纪国际教师教育改革的目标。

在从 20 世纪 60 年代开始兴起的教师专业化运动中，美国、日本、英国等国家走在了世界的前列。其中，英国 1972 年发表的《詹姆斯报告》将法国教育家朗格朗（Paul Lengrand）提出的终身教育理论运用于教师教育实践，第一次提出教师教育“培养—任用—培训”三个连续阶段的理论，从根本上重新建构了英国的教师教育计划，并得到世界各国的认可。1989 年英国教师教育课程鉴定委员会颁发了《教师教育课程鉴定标准》，1992 年出台了《教师职前

---

① 筑波大学教育学研究会．现代教育学基础［M］．钟启泉译．上海：上海教育出版社，1986. 442.

训练改革》等文件，均以官方文件的形式肯定了“以学校为基地”的教师教育模式，即当今世界各国关注的“校本教师培训模式”。

回顾教师专业化的进程，最初大多研究集中于群体专业化策略，注重提升教师的整体素质，以提高教育教学工作专业化水平。此阶段，教师专业组织起到了至关重要的作用，因此也被称为“组织发展”阶段。此阶段的研究主要集中在如何构建双重学科的专业发展制度；如何把已有的理论系统落实为实践的原则；在专业组织的层面上，如何建立一个同质的、具有权威性的专业组织；如何争取更大的专业自治权。这构成了教师专业发展的两个目标：一是不断改善专业发展制度，促进教师专业能力发展的“专业发展目标”；二是不断整合专业组织，争取更大的专业权力的“组织发展目标”。在“组织发展目标”的问题上，有两种不同的价值取向，一种是谋求整个专业社会地位提升的工会主义（Trade Unionism）取向；另一种是强调教师入职高标准的专业主义（professionalism）取向。这两种不同的取向又使得不同的教师组织走上了不同的教师群体专业化道路：前者是以罢工为主要形式以谋求社会对教师专业的认可和其成员经济地位、工作条件的改善；另一种则是通过制定专业标准和规范，要求教学专业人员提高对社会的专业服务水平。帕森斯（T. Parsons）认为“专业发展目标”和“组织发展目标”是相辅相成的。专业蕴含着两大基本特征：其一，一个专业好比是一个行会，意味着一个自愿的协会，其成员受到协会的约束，表明自我规范和自律的成员关系；其二，专业建立在科学的基础之上，也就是说这门职业控制着一套专门的知识理论体系，它的获得除了需经学徒式的训练之外，还要在大学里经过多年的研修。科学性为行会的存在提供了合理性，行会通过对从业权力的控制保证科学知识社会功能的权威性。[①] 似乎专业主义取向要更加进步一些，然而，以专业标准为基本特征的专业主义只能依靠专业制度筛选教师，却无法保证每一位教师在知识、技能、情感意志上的不断改进和提高。专业标准的制度化在促进教师获得社会地位认同的同时，也使教师只能被动地适应外在所规定的专业标准，而不能给教师提供真正意义上的专业指导，无法促进教师个体从内心层面上认同和践行，因此教师专业化的过程，在更深层面上应该是能够促进教师个体的、内在的、主动的专业发展的过程。

（二）20世纪80年代以来，侧重教师个体的、内在的专业追求

1980年以“教师专业发展”为主题的《世界教育年鉴》的出版，标志着

① Buce A, Kimball. The Problem of Teacher Authority in Light of the Structure Analysis of Profession [J]. *Educational Theory*, 1988, 38 (1).

教师专业化理论的研究重心已经开始从教师群体的专业化转到教师个体的专业发展，教师个体的内在能动性日益受到重视。该年鉴提出教师除了拥有传统的对学科内容的掌握和必要的教学技能技巧外，还必须拥有一种“扩展的专业特性”（Extended Professionalism），即教师有能力通过系统的自我研究或通过在课堂中对有关理论的检验实现专业上的自我发展。回首20世纪80年代以来西方有关教师专业发展的理论研究，一般可以归纳成三种取向：一是“理智”取向的教师专业发展，主张教师最重要的是掌握教学中两类最基本的知识：“学科类知识”（Content Knowledge）和“教育类知识”（Pedagogical Knowledge）。二是“实践—反思”取向的教师专业发展。虽然研究方法迥然有异，然而两者都共同强调：①“实践”本身的丰富内涵，关心教师实际上知道些什么；②以各种方式促发教师“反思”；③“生态”取向的教师专业发展，其视角更为宏观，主要关心的不是具体内容，而是专业发展的途径与方式。[①] 三是许多西方国家通过与教师教育相关的报告和法案，也表明了教师专业化向教师专业发展的转移。因为不断提高的教师专业水平，会从另一个侧面促进教师职业作为一个群体赢得更多的社会尊重与认可，最终促使教师职业成为一个拥有较高社会地位的职业。

第二节　教师专业发展的内容

一、何谓教师专业发展

关于“教师专业发展”的内涵，不同的学者给出了不同的定义。富兰和哈格里夫斯（Fullan，M . & Hargreaves，A. ）指出，教师专业发展，既指通过在职教师教育或教师培训而获得的特定方面的发展，也指教师在目标意识、教学技能和与同事合作的能力等方面的进步。[②] 格拉特霍恩（Glatthorn，A. ）认为教师发展（Teacher Development）即“教师由于经验的增加和对其教学系统

① 教育部师范教育司．教师专业化的理论与实践［M］．北京：人民教育出版社，2003. 27—30.

② Fullan，M.，Hargreaves，A. Teacher Development and Educational Change［A］. In Michael Fullan，Andy Hargreaves（Eds.）. *Teacher Development and Educational Change*［C］. London & Washington D. C.：Falmer Press，1992. pp. 8—9.

审视而获得的专业成长”。① 台湾学者罗清水认为，“教师专业发展乃是教师为提升专业水准与专业表现而经自我选择所进行各项活动与学习的历程，以期许促进专业成长，改进教学效果，提高学习效能”②。李特尔（Little. J. W.）明确指出，教师发展包括两个方面：一是教师掌握教学复杂性的过程，这些研究主要关注特定的教学法或课程革新的实施，同时也探究教师是如何学会教学的，如何获得知识和专业成熟，以及如何长期保持对工作的投入等。二是侧重研究影响教师动机和学习机会的组织与职业条件。③

综合以上观点，关于教师专业发展的概念界定，可以归纳总结为：教师专业发展是教师个体专业不断发展的历程，是教师不断接受新知识、增长专业能力的过程。教师要成为一个成熟的专业人员，需要通过不断的学习与探究来拓展其专业内涵，提高专业水平，从而达到专业成熟的境界。

二、教师专业发展的内容

教师的专业发展阶段是从时间的历程来看待教师专业发展的，但教师的专业发展并不仅仅是一个时间的延续，伴随着这一历程的是教师专业内涵的持续改变。如果说有关教师专业发展阶段的研究关心的是教师专业如何发展，那么有关教师专业发展内容的研究关心的则是发展教师专业的哪些具体方面。

（一）教师专业素质结构

关于教师素质结构的研究者很多，主要的代表人物及其观点如下：

学界关于教师专业素质结构的观点

研究者	教师专业素质结构
叶澜④	①专业理念；②知识结构；③能力结构
艾伦⑤	①学科知识；②行为技能；③人格技能

① Glatthorn, A. Teacher Development［A］. In Lorin W. Anderson（Ed.）. *International Encyclopedia of Teacher Education*（2nd ed.）［C］. Oxford：Elsevier Science Ltd., 1995. p. 41.
② 罗清水. 终身教育在国小教师专业发展的意义［J］. 研习资讯，1998，15（4）.
③ 叶澜，白益民等. 教师角色与教师发展新探［M］. 北京：教育科学出版社，2002. 222—224.
④ 叶澜. 新世纪教师专业素养培养初探［J］. 教育研究与实验，1998（1）.
⑤ 艾伦. 教师在职培训：一项温和建议［A］. 教育学文集·教师［C］. 北京：人民教育出版社，1991. 494—512.

（续上表）

研究者	教师专业素质结构
林瑞钦①	①所教学科的知识；②教育专业知识；③教育专业精神
饶见维②	①教师通用技能；②学科技能；③教育专业知识；④教育专业精神
姚念章③	①认知系统；②情意系统；③操作系统
唐松林、徐厚道④	①认知结构；②专业精神；③教育能力

（二）教师专业素质的内容

1. 教师的专业知识

优秀教师必须具备从事教育教学工作所要求的专业知识，因此教师专业发展过程也是一个教师不断学习、积累专业知识的过程。那么，教师在专业发展过程中应学习、积累哪些专业知识呢？

舒尔曼（Shulman）认为，教师教育要强调理解和推理、转化和反省这一教学理念，根据这一理念，教师必备的专业知识至少应该包括如下方面：学科内容知识、一般教学法知识、课程知识、学科教学法知识、学生及其特性知识、教育脉络知识、教育目的目标、价值、哲学及历史渊源知识。[5] 我国学者一般都倾向于认为教师应掌握三个方面的专业知识：普通文化知识、所教学科知识、教育学科知识。

（1）普通文化知识。教师为完成“传道、授业、解惑”的使命，需要具备广博的文化知识，只有这样才能够：

——满足每一个学生的探究兴趣和多方面发展的需要；

——帮助学生了解丰富多彩的客观世界；

——帮助自己更好地理解所教学科知识；

——提高自己在家长和学生心目中的威信。

（2）所教学科知识。教师的劳动是复杂的创造性劳动，对教材内容的加工与演绎，都需要教师精通所教学科的知识，深入透彻地了解学科知识是成功完成教学任务的前提和重要保证。雷诺兹认为所教学科知识主要包括：

---

① 林瑞钦．师范生任教职志之理论与实证研究［M］．台北：复文图书出版社，1990. 76.

② 饶见维．教师专业发展：理论与实务［M］．台北：五南图书出版公司，1996. 173.

③ 姚念章．教师职业素质结构与高师课程改革［J］．河北师范大学学报（教育科学版），2000（3）．

④ 唐松林，徐厚道．教师素质的实然分析与应然探讨［J］．高等师范教育研究，2000（6）．

⑤ L. S. Shulman. Knowledge and Teaching: Foundation of the New Reform［J］．*Harvard Education Review*，1987，57（1）．

——内容知识，即各学科有关的事实、概念、原理、理论等；

——实质内容，即一个学科领域的主要诠释架构与概念架构等；

——章法知识，即一个学科领域研究者探究知识的标准或思考方式等；

——有关学科的信念；

——有关学科的发展。

(3) 教育学科知识。教师是一种培养人的专门职业，仅仅“通晓一门学科并非必然使他成为该学科的好教师”，即所谓的“学者未必是良师”。一个教师要成功扮演好自己的角色，在所教学科知识够用的基础上，更重要的是具有教育科学方面的知识和教育教学能力，教师的专业领域是以学科知识为背景的教学活动，而非其所任教的学科本身。熟练地掌握教育学科知识，对于教师顺利传递知识本身是必要且重要的。

2. 教师的专业技能和能力

优秀的教师必须具备从事教学工作的基本技能和能力，因此教师专业发展的过程也是一个专业技能不断形成、娴熟，专业能力不断提高的过程。那么，教师专业发展过程中应关注哪些基本技能和能力呢?

有关教师技能和能力的研究有很多，一般我们将其划分为教学技能和教学能力两个方面。其中教学技能是指教师在教学过程中运用一定的专业知识和经验顺利完成某种教学任务的活动方式。教学能力是指教师达到教学目标、取得教学成效所具有的潜在的可能性，它由许多具体的因素所组成，反映出个体顺利完成教学任务的直接有效的心理特征。

关于教师教学技能方面的研究：

优秀教师在具备基本教学技能的基础上，通过不断实践将之上升为教学技巧，这是体现“教师教学行为专业性”的重要方面。那么，教师应该具备哪些教学技巧呢?

1994 年，国家教委颁布的《高等师范学校学生的教师职业技能训练大纲(施行)》，要求师范生在教育学、心理学和学校教育理论指导下，以专业知识为基础，掌握从事学科教学的基本要求，形成独立从事学科教学工作的技能。这些技能包括：

——教学设计技能；

——应用教学媒体技能；

——课堂教学技能；

——组织指导学科课外活动技能；

——教学研究技能。

在教学技巧方面，比较有代表性的是澳大利亚的特尼等人的研究，他们通

过研究把教学技巧概括为六个方面：①

——动力技巧：包括加强学生的行为，鼓励学生参与、接受并支持学生感受，表达温暖热情以及认识并满足学生的需求。

——讲授及交流技巧：包括解释、戏剧化、阅读，使用试听教学辅助工具，终止、使用沉默，鼓励学生反馈以及有计划的重复。

——提问技巧：包括反复集中与指导、引导高难问题、歧义性与多样性问题以及激发学生主动性。

——小组个人辅导技巧：如组织小型小组工作，培养独立学习能力，咨询，鼓励合作活动及学生间的相互作用。

——培养学生思考技巧：如鼓励探索性学习，指导发明，制定概念，使用刺激手法，使用角色和游戏刺激思维，培养学生解决问题的能力，鼓励学生进行评价与判断并培养其批判性思维。

——评估技巧：包括认识专心与不专心行为，监督课堂小组工作，鼓励以任务为目标的行为，给予指导并解决多重问题。

上述教学技巧的功能在于引导学生的学习活动，并控制课堂气氛与学生的注意力，使教学活动能顺利进行。

总之，教学技巧的功能在于引导学生的学习活动，并控制课堂气氛与学生的注意力，使教学活动能顺利进行。在教学过程中，教师经常需要的教学技巧可归纳为以下九个方面：

（1）导入的技巧：唤起学生的注意力，刺激学生的学习兴趣；

（2）强化的技巧：适时对学生正确的学习行为给予奖赏；

（3）变化刺激的技巧：变换感觉的途径、交流的模式、语言的声调；

（4）发问的技巧：训练、改善学生的反应，增强学生的参与程度；

（5）分组活动的技巧：组织小型的学生小组，指导咨询，鼓励协作；

（6）教学媒体运用技巧：板书设计，教具的使用，现代化教学手段的掌握；

（7）沟通与表达的技巧：书面语言的使用，口头语言的表达，体态语言的运用；

（8）结束的技巧：总结学习的表现，提出问题的要点，复述学习的重点。

（9）补救教学的技巧：学生的个别辅导，学生作业的指导。

关于教师教学能力的研究：

教师的教学能力历来是教育界关注的研究领域。20 世纪六七十年代，美

---

① 胡森．国际教育百科全书［M］．贵阳：贵州教育出版社，1990. 182—183.

国盛行“能力本位师范教育”。在佛罗里达州支持的一项研究中，提出了教师应具有七个方面的一千多项能力，这七个方面是：

——量度及评价学生行为；

——教学设计；

——教学演作；

——负担行政职责；

——沟通能力；

——发展个人技巧；

——使学生自我发展。

我国关于教师教育教学能力的研究，大致可以归纳为三个层次：

第一层次为教学的基础能力，一般包括观察力、记忆力、想象力、思维力和注意力。

第二层次为教学的一般能力，包括自学能力、表达能力、组织能力、教育机智和专科能力。

第三层次为教学的具体能力，包括教学设计能力、教学实施能力、学业检查评价能力。

3. 教师的专业态度

如果说“专业知识”、“专业技能”强调的是会不会、能不能的话，“专业态度”强调的则是愿不愿的问题。专业态度是基于对所从事专业的价值、意义深刻理解的基础上，形成的奋斗不息、追求不止的精神。一般包括专业理想、专业情操、专业性向和专业自我四个方面：

（1）专业理想。教师的专业理想是教师对成为一个成熟的教育教学专业工作者的向往与追求，它为教师提供了奋斗的目标，是推动教师专业发展的巨大动力。具有专业理想的教师对教学工作会产生强烈的认同感和投入感；同时，他们也会更致力于改善教育素质以满足社会对教育专业的期望，努力提高专业才能及专业服务水准，努力维护专业的荣誉、团结、形象等。

（2）专业情操。教师的专业情操是教师对教育教学工作带有理智性的价值评价的情感体验，它是构成教育价值观的基础，是构成优秀教师个性的重要因素，也是教师专业情操发展成熟的标志。教师的专业情操包括：理智的情操，即由于对教育功能和作用的深刻认识而产生的光荣感与自豪感；道德的情操，即由于对教师职业道德规范的认同而产生的责任感和义务感。

（3）专业性向。教学工作的专业性向是指教师成功从事教学工作所应具有的人格特征，或者说适合教学工作的个性倾向。其中美国著名职业生涯指导专家霍兰德（Holland）的职业匹配理论最有代表性。霍兰德认为：社会有成千上万种职业，也有成千上万个劳动者。一方面，每一个劳动者的个性千差万别，其能力、兴趣亦有限；另一方面，各种职业由于其劳动或服务对象、所使用的工具、劳动的支出形式及人际关系环境的特殊性，对从业者的个性素质也有特定的要求。同一类型的人与同一类型的职业互相结合才能达到适应状态。而人在一生中，面临着许多职业选择、工作选择、职位选择，甚至具体项目的选择，这些选择是否能与其自身的类型相匹配，当然是影响其能否成功的重要因素。

霍兰德职业匹配理论的核心是假设可以把人的性格分为六大类，各类人格类型的特点及其对职业环境的需求如下：

①现实型。又称技能型。具有这类倾向的员工往往稳健、务实，喜欢从事规则明确的活动及技术性工作，甚至热衷于亲自动手创造新事物。他们的身体技能及机械协调能力较强，希望工作任务是明确而具体的。另外，这类人不喜欢言谈，对于人际交往及人员管理、监督等活动不感兴趣。

适合他们的职业有：需要有熟练技能的职业，如动植物管理、机械管理、生产技术、手工艺、机械师、木工等。

②研究型。又称调查型。这类员工独立倾向明显，喜欢理论思维或数理统计工作，对解决抽象问题具有极大热情。对人员的领导及人际关系兴趣不大。

适合他们的职业有：智力的、抽象的、分析的、独立的定向任务。要求具备智力或分析才能，并将其用于观察、估测、衡量、形成理论，最终解决问题的工作，如科学研究人员、教师、工程师、电脑编程人员、医生、分析员、设计师、生物学家等。

③艺术型。具有此类倾向的员工，对具有创造、想象及自我表现空间的工作显示明显偏好。善于通过语言动作、色彩和形状来表达审美原则，比较喜欢独立行事，不太合群。他们和研究型倾向的人的相同之处在于创造倾向明显，对于结构化程度较高的任务环境都不太喜欢，对于机械性及程式化的工作不感兴趣。但是两者不同的是艺术倾向明显的人好自我表现，重视自己的感性，直觉力较好，情绪变化大。

适合他们的职业有：艺术方面（演员、导演、艺术设计师、雕刻家、建筑师、摄影家、广告制作人）；音乐方面（歌唱家、作曲家、乐队指挥）；文学方面（小说家、诗人、剧作家）。

④社会型。具有此类倾向的员工喜欢以人为对象的工作。他们具备高水平的沟通能力，习惯与人商讨或调整人际关系来解决面临的问题，不太喜欢以机械和物品为对象的工作。他们的言语能力通常优于数理能力，善于言谈，乐于与人相处，给人提供帮助，具有人道主义精神，热情助人，责任心强。他们的

职业要求是与人打交道，如咨询、培训、辅导、劝说类的工作；能不断结交新的朋友。

适合他们的职业有：学校教育（教师、教育行政人员）以及社会教育（咨询人员、公关人员），社会福利事业、医疗保健、各种直接为人服务的和商品营销方面的职业。

⑤传统型。又称事务型或常规型。有这类倾向的员工，喜欢高度有序，要求明确的工作，对于规则模糊、自由度大的工作不太适应，不喜欢主动决策，习惯服从，一般较为忠诚可靠，偏保守，与人交往会保持一定距离，但他们工作仔细、有毅力，对社会地位、社会评价比较在意，通常愿在大型机构做一般性工作。

适合他们的职业有：银行职员、图书管理员、会计、出纳、统计、计算机操作、办公室职员、法庭速记员、打字员等。

⑥企业型。又称经营型。这类人非常自信，有较强的支配欲和冒险性，喜欢影响、管理、领导他人，善于制订新的工作计划、事业规划及设立新的组织，并积极发挥作用进行活动。不喜欢具体精细或需长时间集中心智的工作。需要言行反应，能说服他人，完成监督性角色。

适合他们的职业有：项目经理、销售人员、营销管理、政府官员、企业领导、法官、律师、厂长、各级领导、管理者、政治家、推销员、批发商、调度员、广告宣传员等。

霍兰德认为，社会型劳动者喜欢从事为人服务和教育他人的工作，其个性适合做教师，因为他们热情慷慨、善于交际、关心他人、人际关系融洽。他们总是在寻求与群众接触的机会，渴望发挥自己的社会作用。他们给人的印象是：向上的、乐于助人的、有责任心的、合作的、理想主义的、合群的、耐心的、八面玲珑的、友好的、仁慈的、善解人意的、慷慨的、有说服力的和温暖的。①

（4）专业自我。与传统上强调教师的知识和能力倾向相反，在教师专业素质的态度领域，人们越来越重视教师的自我意识或自我价值。库姆斯（Combs）在20世纪60年代出版的《教师的专业教育》一书中提出，一个好的教师首先是一个人，是一个有独特的人格的人，是一个知道运用“自我”作为有效工具进行教学的人。② 高“自我”的教师，倾向于以积极的方式看待

① 潘锦棠．劳动与职业社会学［M］．北京：红旗出版社，1991. 219—223.

② A. W. Combs. *The Professional Education of Teachers* ［M］. Boston: Allyn & Bacon, Inc. 1965. pp. 6—9.

自己，能够准确地、现实地领悟他们自己和所处的世界，对他人有深切的认同感，具有自我满足感、自我信赖感、自我价值感。凯尔克特曼（Kelchtermans）则进一步用“专业自我”（Professional Self）的概念来说明教师的专业素质。他们认为，自我是一个复杂、多维、动态的表现体系，是人和环境之间长期相互作用的结果，它不仅影响着人们感受具体情境的方式，也影响着人们日常行为的方式。专业自我包括以下几个方面：

①自我意象（Self-image）：对“作为一个教师我是谁?”问题的回答，可从一般的自我描述中推断出来。

②自我尊重（Self-esteem）：与自我意象紧密交织在一起，是一种“评价性”自我体验，即教师对自身的专业行为和素质作出的个人评价。

③工作动机（Job Motivation）：是促进人们进入教学职业、留在教学工作岗位的动机。

④工作满意度（Job Satisfaction）：指教师对他们工作境况的满意度。

⑤任务知觉（Task Perception）：指教师对工作内容的理解。

⑥未来前景（Future Perspective）：教师对其职业生涯工作境况未来发展的期望。①

在凯尔克特曼的专业自我中，教师对其专业活动所抱有的知识、观念和价值是专业自我的重要部分。

对教学工作而言，教师的专业自我是教师个体对自我从事教学工作的感受、接纳和肯定的心理倾向，这种倾向将显著地影响到教师的教学行为和教学工作效果。从这个意义上说，教师专业发展的过程也是教师专业自我形成的过程。

---

① G. Kelchtermans, R. Vandenberghe. Teachers' Professional Development: A Biographical Perspective [J]. *Journal of Curriculum Studies*, 1994, 26 (1).

第二章　美、英、日三国的教师专业发展

20 世纪下半叶，因各国人口出生率下降、政府削减财政、教育与公众期望脱节等因素导致师范教育面临全球性危机。在此情况下，各国开始重视通过“教师专业化”来提升教师职业的专业水准，提升教师整体的质量。因此，全球掀起了教师专业化运动。在从 20 世纪 60 年代开始兴起的教师专业化运动中，美国、英国、日本等三国走在了世界的前列。在本章，我们梳理一下教师专业化在以上三个国家的发展脉络。

第一节　美国的教师专业发展

一、美国教师专业发展理念的更迭

20 世纪下半叶，全球化的速度逐渐加快，世界的政治、经济和文化相互之间的融入程度加深，在此背景下，各国面临共同的危机与挑战。作为教育“工作母机”的教师教育也同样面临着时代的挑战，包括一贯以“教育改革的先锋”形象出现在世人面前的美国。为了扭转此种局面，“教师专业化”成为 20 世纪 80 年代美国教师教育改革的主旋律，当然这也是世界教师教育共同的追求。在美国，人们在被问及关于律师、医生等职业的专业性时，大多回答是肯定的，但对于教师是否专业人员这一问题却难以给出肯定的答案。一般而言，作为一个专业必须具备以下特征：必要的智力性活动，特殊的专业知识，持续的专业准备，不断的在职培训，提供终生资格，制定专业标准，推崇非营利性服务，形成一个强有力的、团结紧密的专业组织。[①] 若以此标准来衡量教师职业，教师在专业性上的欠缺明显，不完全符合专业人员的条件。教师欲跻

① Stinnett T. M. *Professional Problems of Teachers* [M]. London: The Macmillan Company, 1968. p. 54.

身于专业人员的行列，必须经由教师专业发展这一途径。

“当教师被视为技术人才或工匠时，教师专业发展被理解为教学方法和技能的提高；当教师被视为相互独立、不交流的个体时，教师专业发展局限于课堂活动；当教师被当作普通职员时，学校管理者则成为教师专业发展计划的制订者。”① 教师的职业形象直接决定了教师专业发展的模式，使教师变为专业人士成为美国教师专业发展的起点和基础。

从教师群体的发展角度看，20 世纪 80 年代，教师专业发展作为教师专业化的核心内容开始受到众人瞩目。众多有识之士纷纷发表报告，提倡大力推进教师的专业化，如 1983 年美国国家教育优异委员会的《国家在危急中：教育改革势在必行》致力于改善美国教育品质的报告；卡耐基教育与经济论坛的“教学作为一门专业工作”小组和霍姆斯小组的两份报告：《准备就绪的国家：21 世纪的教师》和《明日的教师》。这些报告均认为：提升教师教学水平和专业素养是当务之急；社会应提高教师的职业及社会地位；建立与教师专业相适应的评价标准。

从教师个体的发展角度看，20 世纪七八十年代，美国教师专业发展体现为关注教师个体职业生涯的持续发展。此种层面的教师专业发展，以研究教师内在专业素养和知识结构为中心，关注教师职业生涯的发展阶段以及各阶段的主要特征，认为教师专业发展行为必须贯穿教师的整个教学生涯。在此理念的指导下，美国将教师的发展分为三大阶段，即职前阶段、初任阶段、在职阶段。而教师专业的发展是针对不同阶段教师的职业表现开展相关培训，从而实现教师的持续的专业发展。随着时间的推移及专业化的发展，人们的焦点逐渐转移到全体教师乃至整个学校的角度来考虑教师的专业化发展。当然这种观念还是需要通过教师发展的三个阶段来实现。

20 世纪 90 年代，随着终身教育理念向教师教育领域的不断渗透，美国教师专业发展理念进一步更新，教师专业化的发展从初期重视职前阶段教育逐渐向初任阶段过渡，最后形成了以在职阶段为基础的教师终生发展体系。“当职前教师培训发展成专业发展计划和为了继续教学而期望接受的继续教育时，职前培训这个术语就逐渐被专业发展所代替。”②

我们可以通过纵向和横向两个视角对美国教师专业发展的理念进行把握。

---

① Holly M. L., Mcloughlin C. S. *Perspectives on Teachers' Professional Development* [M]. London: The Falmer Press, 1989. p. 2.

② Holly M. L., Mcloughlin C. S. *Perspectives on Teachers' Professional Development* [M]. London: The Falmer Press, 1989. p. 175.

从纵向来看，美国教师专业发展是一个连续的、包含整个职业生涯的终生过程；从横向来看，美国教师专业发展是“在一个动态和复杂的环境中，教师在引人注目的学习条件下所体验和追求到的正式和非正式学习的总和”①。在新时代的要求下，美国教师专业发展的理念既体现个体发展与全体发展的系统性，也呈现职前教育和在职教育的一体化。

二、美国教师专业发展的实施

美国教师专业发展从实施方面分为三个阶段：职前教育阶段、初任教师的导入阶段和教师在职成长阶段。这三个阶段有其固定的任务。第一阶段的任务在于培养具有教育理念及教学能力的准教师；第二阶段在于促使初任教师了解教学环境，在这个环境中形成自己的教学和发展风格，充分挖掘自身的教学潜能；第三阶段实际上是对相对成熟教师的再教育、再激励，使教师在已有的风格上继续成长，实现教师的终身学习。“这三个阶段是环环相扣、缺一不可的，如果有一个环节做得不好，势必影响整个教师的专业品质，进而损害一个国家的竞争力。”②

（一）职前阶段

教师的职前教育主要通过培训课程的方式得以实施，这些培训课程又可分为普通教育和专业教育两大部分。普通教育为接受高等教育者即准教师提供基础知识，这些基础知识包括自然学科、数学、人文学科、社会学科等相关基础课程。专业教育则为受教育者提供专业知识及专业培训，一般包括四部分：任教学科专业科目、人文及行为学科科目、教学理论与实践和教学实习。③ 从教师的职前教育学科结构来看，主要包括三个方面的课程：普通教育课程、教育科学课程和学科科学课程。三方面的课程在学时上各占1/3，可见三方面的课程在教师的职前教育中处于同等重要的位置。

（二）在职阶段的教师专业发展

教师完成了系统的职前阶段的学习与培训，进入下一个阶段，就由准教师变为初任教师了。初任教师在最初几年，需要有经验的教师对他们进行系统指导，让他们快速地熟悉学校环境和教学工作，对教师专业发展形成清晰的认

---

① Collinson V.，Ono Y. The Professional Development of Teachers in the United States and Japan［J］. *European Journal of Teacher Education*，2001，24（2）.

② 张德锐．美国教学专业化的三个机制作用及其借鉴［G］．师资培育与教育革新研究［C］．台北：五南图书出版有限公司，1998. 13.

③ 陈永明．国际师范教育改革比较研究［M］．北京：人民教育出版社，1999. 16.

识。当然，在美国，教师的专业发展主要通过各种形式的活动来实现，这些活动都是根据学校和学区的专业发展计划设计出来的，包括：学校内部对课堂的管理；教学内容和教学方法的钻研；对学生表现的观察和评估；服务残障学生；多元文化背景下不同学生的需要研究；和家长、社区的沟通、交流；对教学任务的揣摩等。这些活动实际上构成了教师的继续教育的培训机制。

教师专业发展并非独立于校内外，而是与教师日常生活和工作紧密联系的。专业发展的计划是在学区根据自己的情况制订各自的专业发展计划的背景下进行考虑的，教师专业发展计划不仅要考虑学生的需要，同时要重点考虑教师的需要。将教师需要的知识、技能和专业态度与已有的进行比较，从中找到教师专业发展的空间。

当然，教师的专业发展不仅仅是教师本身的一个学习和培训过程，美国的教师专业发展还包括学校和学区进行的革新和发展。这些革新和发展为教师的专业发展提供了环境及制度的保障。

不仅如此，对专业发展计划的评估是教师专业发展的重要组成部分，是提高专业发展水平的关键。专业发展计划的制订实际上来自于本校的真实的工作环境，并根据实施情况及学校和学区的改革目标与意向进行调整。

美国教师专业发展的最终目标是促使全体教师都具备终身学习的能力，成为持续发展的专业人员。因此，在美国，教师的进修及培训贯穿教师的整个教学生涯。这些培训主要包括四种形式：一是由高等院校提供的教师进修计划，比如攻读硕士学位、博士学位，学分累积的远程教育等形式；二是由学区组织的教师进修活动；三是由专业的教育团体组织的进修或培训活动；四是由教师所在的学校提供的进修培训计划。在美国，教师的进修不仅能够促进教师能力的提升，而且还会得到政府的物质支持，因此极大地调动了教师进修培训的积极性。

目前，美国的教师专业发展已经渗透到每一所小学，即所有的教师均必须参与专业发展实践。教师专业发展总的来说有两种模式：校本培训和教师专业发展学校。上述主要以中小学自身为基地开展的培训，称为校本模式的教师专业发展。

三、美国教师专业发展的机构

除了校本培训模式以外，教师专业发展学校（Teacher Professional Development School）是美国20世纪80年代以来出现的一种新的教师培训机构。美国的教师专业发展学校并不是一种新形式的学校，而是在原有的中小学基础上，使之与大学合作形成的一种具有新功能的教师专业发展机构。① 它使教育学院的专家教授不仅能够进行专业研究，还能同中小学的专业教师相互合作与沟通，从而能更好地指导师范生的教学实习，保证了师范生理论与实践的联系。

美国教师专业发展学校的精神体现在它对学校教育、合作和反思性实践的理论假设。② 其设计根据是建构中小学与大学的合作伙伴关系，它同时也是激发、检验和创造新兴知识与组织结构的学校。使学生取得最大成就、促进学生和教师的发展、为职前教师和其他教师提供准备、促进实践教师和其他学校本位教师的专业发展等都是教师专业发展学校的目标。

四、促进美国教师专业发展的因素

美国教师专业化的发展受到各种因素及力量的影响，主要包括以下四个方面。

（一）政策性建议和报告为教师专业发展提供了强大的政策性支撑

20 世纪 80 年代，一系列有关提高教师专业水平、改善教师专业地位、保障教师基本福利的政策与报告纷纷出台，这为美国教师专业发展提供了强有力的政策支持。

最早的政策性建议是 1986 年卡耐基教育与经济论坛提出的报告《准备就绪的国家：21 世纪的教师》。该报告就教师专业发展的内外环境、教师队伍、物质保障、教师奖惩和教师专业水平及教师组织建设等方面提出了积极的建议。同时指出教学是一种专业以及与此相联系的专业培训，强调创设一种教学专业环境、改善教师工作条件以及提高其待遇的重要性。对美国教师专业发展有重要影响的报告还有霍姆斯小组于 20 世纪 80 年代和 90 年代分别提出的《明日的教师》、《明日的学校——建立专业发展学校的原则》、《明日的教育学院》三个系列报告，为美国教师专业发展提出了有关的设想和建议。1996 年美国教学和未来委员会（The National Commission on Teaching and America's Future，NCTAF）发表了题为《什么最重要：为美国未来而教》的报告，向美国社会宣传：招聘、培训、支持和奖励美国所有学校中的卓越教师的蓝图是实现美国教育目标的唯一且最为重要的战略。③ 该报告认为学校教学质量必须成为关注的中心，而教师的专业知识影响教育质量的核心。该报告还从“为什么教学重要”和“教学如何才重要”两个方面阐述了委员会的观点。

---

① 教育部师范教育司．教师专业化的理论与实践［M］．北京：人民教育出版社，2001. 137.
② 教育部师范教育司．教师专业化的理论与实践［M］．北京：人民教育出版社，2001. 141.
③ 袁振国．中国教育政策评论 2001［M］．北京：教育科学出版社，2002. 236.

当然，促进美国教师专业发展的政策性建议及报告远不止上述的这些，由于篇幅的限制，在此就不一一列举。无论怎样，我们都能得出这样的结论：所有这些政策性的建议和报告，都成为推动美国教师专业发展的强大动力。

（二）多样化的教师组织积极促进教师专业发展

美国社会独特的政治背景和众多的利益集团，通过采取种种行为影响国家公共政策，进而影响到教育领域，促成教师专业发展。比如：①美国师范院校资格审鉴委员会是美国评估师范院校课程最权威的组织，也是当前对美国教师专业发展标准的确立起重要作用的组织。该组织囊括了全美各个重要的教育专业团体，其决策具有广泛的民意基础，是美国联邦教育部以及“中等后教育认可之承认委员会”唯一承认的全国性的、独立的师资培育认可机构。[①] ②“美国教学和未来委员会”（NCTAF）是由洛克菲勒基金会和卡耐基公司自主成立并运作的一个常设的非营利性机构。该机构对美国教师专业发展产生了重大的影响，主要体现在20世纪90年代相继发表的两个重要报告——《什么最重要：为美国未来而教》和《做什么最重要：投资于优质教学》。[②] ③美国全国教育协会（National Education Association，NEA）是美国社会中最具影响的职业性利益集团之一。该组织是美国较早的教学专业化的提倡者，通过“游说”对教师专业水平和地位的提升施加影响。有时NEA还组织和领导教师对不利于专业发展的政策及法令进行抗争。④全美教学专业标准委员会也是在美国的教师专业发展中起重要影响的一个组织，该组织把着眼点放在如何促进教师在任教之后不断的专业成长上。

正是这些众多的教师组织，促进了美国的教师专业发展，也必将影响美国教师专业发展的方向及未来。

（三）社会环境及大众认可程度影响美国教师专业发展的进程

美国教师专业发展的缘起与美国文化传统对教师职业的认同度偏低有关。教师在美国文化中的作用并不明确，认可度也不高。在一般民众眼中，教学工作的地位仅仅是处在普通职业和真正的专门职业之间。与医生、律师和建筑师等专业化程度较高的职业相比，美国教师的工作条件、福利待遇和薪金水平较低，因此也不是一个具有吸引力和声望的职业。据资料记载，美国的教育学院每年培养的教师中大约有30%—40%从未踏入教师行列。在那些从事教师职

① 张德锐．美国教学专业化的三个机制作用及其借鉴［G］．师资培育与教育革新研究［C］．台北：五南图书出版有限公司，1998.13.

② 袁振国．中国教育政策评论2001［M］．北京：教育科学出版社，2002.238.

业的人中，将近一半的人会在其职业生涯的前五年离开教师岗位。由于退休教师和移民的增加以及学龄人口的增加，到2007年时美国大约需要200万新教师。教师短缺使得美国不得不降低征召和考核教师所采用的标准。[①] 由于教师队伍无法吸收优秀的人才，教师的教学水平与质量也难以提高，也正是这样的逆境促使美国教师团体立足于研究如何提高教师整体的专业化程度。

（四）美国社会专业化潮流引领美国教师专业发展的方向

20世纪上半叶，随着美国社会专业化意识的增强，塑造专业人士成为各个行业所追求的目标。在继医生、护士、律师、建筑师等所属的行业逐渐被公众认可为专业性行业之后，这种专业化潮流也席卷了美国的教育界，教师专业化开始引起人们的关注。为了使教师能像医生、律师一样成为专业性强、专业水平高、受人尊重、公众认可度较高的职业，教师培训在一定程度上开始模仿医生、律师等职业实现专业化的策略及道路，但这种模式能否真正促进教学的专业化，使教师成为专业人员和在这种意义上的教师专业化是否真的有益于教师职业的发展，业界对此还存在诸多争议。在其他行业，专业人员与其服务对象之间需要保持一定的客观上的距离才能确保服务的科学性和客观性，但教师与受教育对象之间往往需要一种亲密距离，来施加更好的教育影响。此外，其他行业通过高待遇、严格限制获得专业资格证书的人数等措施来确保其稀有性和高质量，但教育作为一项公共事业，“质”与“量”之间需要兼顾，需要平衡。

第二节　英国的教师专业发展

伴随着知识经济时代的到来，世界各国的教育正经历着一场深刻的变革。社会的发展，首先是人的发展，只有人发展了，社会的发展才能保持持续性，教育同样如此。教育的竞争实际上就是师资质量的竞争，而师资水平的提高关键在于教师专业发展和教师专业化水平的提高。正如英国教育家柯克（Gordon Kirk）所指出的：“教育的质量取决于教师的质量。所有试图改进教育质量或

---

① Collinson V., Ono Y. The Professional Development of Teachers in the United States and Japan［J］. *European Journal of Teacher Education*, 2001, 24（2）.

使学校工作更具活力的努力，都必须完全立足于教师能力的提高。”①

第二次世界大战后，为提高自身的国际竞争力，英国政府及时对教师教育作出了两次大的调整和变革，奠定了英国现代教师教育制度的基础。

英国教师教育的第一次变革发生在20世纪40年代末至60年代后期，建立了定向与非定向型相结合的教师教育体制，即由地方教育学院和部分大学来专门培养师资的体系。1947年，英国成立了第一批“地区师资培训组织”，在当时，英国基本上所有的大学都参加了该组织，并成为其领头者。这一变革打破了教师教育机构长期的封闭与孤立状态，促进了教师教育的一体化和协调发展，这样不仅对教师素质的提高起到了促进作用，而对大学本身来说也增强了其社会意义。到1963年，《罗宾斯报告》建议，干脆将“地区师资培训组织”改为“教育学院”（College of Education），开设四年制教育硕士学位课程，再次加强了教育学院与大学在学术和业务方面的联系。到了60年代末，英国教师专业化的水平再次取得了较大的发展。然而，严格来说这还不是现代意义上的教师专业发展，只是教师专业发展的萌芽。

英国教师教育的第二次重要的变革发生在20世纪70年代至80年代初期，这一时期，教师专业发展被明确地提到议事日程上，英国教师教育逐渐由“量”的扩展向“质”的提升转变。此次改革实现了以新组建的多科性“高等教育学院”替代原有的单科性“地方教育学院”，师资培训开始作为一种专业，以课程的形式主要分布在大学教育学院或大学的教育系、多科技术学院和高等教育学院中。

20世纪80年代中期以后，为促进教师专业化，英国又推出了新的教师培训模式，即“以中小学校为基地”的校本教师培训模式。

一、英国教师专业发展理念的更迭

从教师被认为是一种专门的职业开始，英国各界就开始了以促进教师专业化发展为核心的各种努力。这其中主要包括专家学者对教师专业化内涵的界定和英国政府的强力支持。

有西方学者认为，“教师专业发展”包含两方面：一是教师首先是一种专门的职业，具有不可替代性；二是教师专业发展是一个完整、连续的发展过程，而不是存在于教师职业生涯中的某个时间或某个阶段，应该把职前教师培养与在职教师培训联系起来。因此，英国教师专业发展研究就是从这两个方面

① Kirk G., Glaister R. *Teacher Education and Professional Development* [M]. Scotland: Scottish Academic Press, 1998. p. 1.

展开的，即教师发展阶段的研究和教师专业发展内涵的研究。两者有其自身的研究对象及内容，前者研究教师作为职业者从不成熟到相对成熟的发展历程；后者研究如何提高教师职业的专业化问题。①

英国教育学者霍伊尔（E. Hoyle）认为教师专业化包含两方面的内容：一是关注一种职业成为专门职业并获得应有的专业地位的过程；二是关注教学的品质、职业内部的合作方式，即教学人员如何将其知识技能和工作职责结合起来，整合到同事关系以及与其服务对象的契约和伦理关系形成的情景中。“尽管‘专业’这个术语被广泛使用，但是它的含义在我们的社会里仍然引起激烈的争议。围绕成为一个专业人士意味着什么的争论主要集中在三个问题上：知识、自主权和责任。”②

英国教育学者特罗里（Gillian Trorey）和卡利福德（Cedric Cullingford）在《专业发展与学校需求》一书中说：“教师发展、专业发展和个人发展这些术语经常都是互相通用的。它指的是依据高级管理层洞察的需求设计一系列行动计划，将组织作为一个整体来发展。这可以说是教师发展的特征，涉及个人在技能和技巧方面的训练，而这些技能和技巧都是实现组织目标不可或缺的。专业发展使用的含义更为广泛，经常包含‘各种各样的超越职前培训起点的教师学习活动’。一般来说，专业发展指的是教育学知识和学科知识的发展，目的是提高学生学习的水平；它还可能与职业发展和升迁有关。”③

英国教师专业发展的理念随着时间的迁移也在发生改变和发展，但总的来说主要有三种形式：一是教师的职前教育，是新教师在上岗之前所必须接受的教育；二是教师的在职教育，是已经参加教学工作的教师接受促进其专业发展的再培训和再学习；三是教师的继续教育，是一种包含各种在职学习机会的教育。在此意义上来看，“教师专业发展”比“教师培训”的内涵更为丰富。一方面，它强调教学工作是一种专门职业，教师是专业人员，有特定的行为规范和高度的自主性，具有不可替代性；另一方面，教师专业化是一个过程，它是增进教师专业化、提高教师职业素养的过程，通过这个过程，教师由不成熟发展成相对成熟的专业人员。

---

① 叶澜，白益民等．教师角色和教师发展新探［M］．北京：教育科学出版社，2001. 199—201.

② Trorey G.，Cullingford C. *Professional Development and Institutional Needs*［M］. England：Ashgate Publishing Company，2002. p. 5.

③ Trorey G.，Cullingford C. *Professional Development and Institutional Needs*［M］. England：Ashgate Publishing Company，2002. p. 5.

二、英国教师专业发展的实施

如前所述，英国教师专业发展包括彼此衔接的三个阶段，即教师职前的专业准备、过渡阶段的教师入职培训以及体现终身教育思想的教师在职培训。长期以来，世界各国对新任教师的培养和在职教师教学水平的提高主要是靠职前培养和在职进修两种方式进行，这实际上人为地割裂了教师专业发展的连续性。现在，人们日益意识到，教师的专业成长应该是一个连续的、不间断的过程，贯穿于师资培养和提高的全过程。新任教师一般由于没有实际的教学经验而无法胜任教学工作岗位，因此，需要在职前培养和在职进修这两个独立的阶段之间建立一个过渡阶段——入职培训阶段。

（一）职前教师的专业培训

教师在任教前必须接受正规的职前教师教育，这是现代教师教育制度的普遍要求。英国的教师需要持证上岗，即教师资格证，而教师获得教师资格证的主要途径有三种：首先是两种专业的课程学习形式，即本科课程的培训学习和研究生课程学习。本科课程学习主要面向中学毕业生开设，为小学培养教师，是学生在2年预科（A-Level）课程基础上，经过3—4年的学习，取得学士学位和教师资格证；研究生课程学习既可为小学培养教师，也可为中学培养教师，只是在课程和实践等方面的安排不一样而已。其次，无论是中学还是小学的培训一般只学习一年，只有从事数学、科学等学科教学的教师才要学习两年。学生毕业后同样可获得研究生毕业证和教师资格证。除了以上两种专业课程学习之外，对已经获得学士学位的、想从事教学工作的本科生的培训是英国职前教师培训的主要形式。

英国教师职前专业培训开设四类课程：教育理论类课程、各科教学法、学科专业类课程和教学实习。教学理论类课程通过主题报告会、学科讨论会、学科研习班、学员导师的个别辅导等形式开设，除了如教育原理、教育史、教育哲学、教育心理学、儿童发展等教育类课程之外，有的大学还开设心理学、社会学、视听教学、课程研究、教育制度与行政等相关课程。各科教学法是根据具体教学材料设计的教学法，内容一般包括教科书的使用、教学材料的准备、教案的制定、评估方法、低能儿童教学、小队教学、所教学科的教学方法、学生的实验室作业组织、课堂的管理组织等。通过这类课程，使未来教师的某一方面得到发展，满足国家对教师知识和技能的要求。学科专业类的课程主要面对那些未来教师所选择的自己的发展领域所开设的专业课，这些专业课包括小学的所有课程和中学的所有课程，未来教师根据自己的兴趣选择一至两门专业课进行学习，来发展自己的领域。教学实习是职前培训的最后一类课程，主要包括见习和实习两种形式。除了未来教师一般的见习及实习内容外，英国的一些大学还成立了“伙伴关系指导小组”，由实习学校、地方教育当局和大学教育学院组成，为实习生配备了四类指导教师：学科指导教师（由实习学校经验丰富的教师担任）、专业指导教师（由实习学校副校长或指定的高级教师担任）、联络教师（由大学或教育学院教师担任）和教学指导教师（来自大学或教育学院），分别负责实习生的学科指导、实习计划的制订与评估等。[①]

（二）新任教师的入职培训

为了使新教师向职业教师的过渡衔接更为自然与富有连续性，英国于1999年在英格兰和威尔士地区建立了新教师入职培训制度，在此制度中，对新教师入职培训的对象、时间、课程及方式等都给予了明确的规定：无论是在公立还是私立学校任教，凡是1999年5月后首次参加工作的新任教师都必须完成三个学期（英国一年有三个学期）的入职培训，这三个学期可以中断，但必须在五年之内完成。在此培训中，参与入职培训的初任教师、指导教师、学校董事会和地方教育当局都扮演着不同的角色、担负着不同的职责：指导教师根据不同初任教师的情况制订适应其专业发展的目标和计划，并据此开展指导工作；学校对初任教师有三次正式的评估，分别在第一、二、三学期末进行，评估他们完成入职培训标准的进展情况，是否达到教师资格证书授予的标准，并讨论他们是否达到所有入职培训标准的要求；最后地方教育局根据指导者对初任教师的教学终结性评估决定初任教师是否完成入职培训。

对于英国教师专业发展来说，入职培训制度的建立有着非同寻常的意义，它不仅标志一种全新的教师培养模式的确立，更重要的是将入职培训引入师资培养的过程，弥补了以往因教师教育体制的封闭性而导致的教师教育质量不高、初任教师不能很好地适应和胜任教学工作的缺陷，使新教师向职业教师的过渡衔接更为自然与富有连续性，为新任教师能够很好地胜任教学工作提供了制度保障。

（三）在职教师的专业发展

从20世纪末以来，英国政府逐渐认识到教师的在职培训在巩固职前培训和入职培训的成果以及促进教师专业的持续发展中的重要意义，从而使教师在职培训在教师专业发展的过程中的重要性与日俱增，目前已经成为教师专业化

---

① Horton A. *Recent Changes in the Context, Context and Processes of Initial Teacher Education in England and Wales* [M]. London: TNTEE Publications, 1999. p. 2.

发展的一个不可或缺的组成部分。在英国，教师的在职培训包括三个层面：一是教师个人的自我教育，即教师在工作中自行研究、实验、学习等，实现自我提升；二是教师参加校内的研讨、进修活动，在学校的团队中相互学习提升；三是教师参加校外的较为系统的在职继续教育。

英国教师专业化的发展与政府的高度关注与支持是密不可分的。自从20世纪70年代以来，政府发布了一系列有关教师在职教育的报告和发展计划，为教师的专业化发展提供了政策支持，如《罗宾斯报告》、《詹姆斯报告》及《把学校办得更好》白皮书等。不仅如此，政府在20世纪90年代开始给予教师专业化发展大力的财政支持。英国政府于2001年3月颁布了《教学与学习：专业发展战略》，在此文件中对教师质量提升的重要意义给予了阐述，并从六个方面着手改进教师的专业发展：①加大资金投入，为教师的专业发展提供时间、机会和财力支持；②完善各项规范，为教师的专业发展提供制度保障；③帮助教师选择那些可能对他们的教学产生最大影响的发展活动，为教师的专业化提供活动学习机会；④鉴别和推广专业发展中的良好实践；⑤提升学校和教师对专业发展的期望值，改善教师的教学工作环境；⑥在专业发展机会及其对教学和学习的影响中进行高质量的研究和评估。

英国教师的在职进修采用的主要是以中小学为基地、大学教育系和地方合作培训在职教师的谢菲尔德教育学院总结的六段模式：

（1）确定需要阶段：这一阶段实际上是发现问题、了解需求的阶段。首先了解教师在教学中需要培训和提高的内容，然后与大学培训部门直接联系，当然也可以通过地方教育部门负责培训的专职人员向大学传递教师的需求信息。

（2）商谈阶段：是制订培训计划的阶段。这一阶段主要是由地方教育部门的专职人员在确定需要的基础上，中学与大学培训部门进行洽谈。

（3）提交并签订协议阶段：实际上是签署培训协议阶段。洽谈结束后要在教师讨论通过的基础上提出一份详细的培训协议，最后确认签署。

（4）实施培训步骤一阶段：这一阶段在培训前两天以大学为基地进行，实际上是为教师开阔视野和增长见识而设置的，以导引的课程形式展开，主要介绍新知识和新的方法论。

（5）实施培训步骤二阶段：两天的导引课程结束后，进入以中小学为基地的实质性培训阶段。这一阶段实际上是在第一阶段所确定的教师需要的基础上，落实第二阶段所制订的培训计划的阶段。在这一阶段，要求大学教师对中小学教师的教学给予指导和帮助，要经常到教室和中小学教师一起钻研教学难点、设计教学结构、选择教学方法等。

（6）培训结束阶段：经过前两个阶段的学习及培训，中小学教师已经学会了将新学的知识与经验运用于教学中，提升了他们的教学自信，促进了教师的专业化成长。

不仅如此，英国政府还采取多种方式及措施来完善教师在职进修制度，积极推进教师的专业化发展。这样，英国教师的职前培养、入职培训和在职进修三个阶段已形成一个有机的整体，共同促进教师的专业化发展。

三、英国教师专业发展的机构

英国与其他国家不一样，目前不存在独立的专门培养教师的机构。20 世纪 40 年代至 70 年代中后期，英国教师的在职培训主要是在“地区师资培训组织”（Aero Teacher Training Organization）下开展的。该组织的宗旨是提高教师的质量，与大学联合，在地区范围内规划教师的专业发展。它的具体工作包括：统一地区内各教师培训的课程标准，利用大学学科专业门类齐全的优势为地方中小学培养师资；组织开展教育科学研究；确立并规范教育学学士学位课程；有计划地安排在职教师的进修等。在当时，其对教师的专业化发展起到了一定的促进作用。由于其课程的设置过于学术化且重点是职前教师的培养，不能很好地适应英国社会及教师专业化发展的需要，该组织于 1975 年被取消，由“全国学位授予委员会”取代了大学对地方教育学院的监督、课程认可和学位授予等职能，而教师的培养主要是由大学中的各院系来承担，在教师的培养方面发挥着骨干作用。

20 世纪 80 年代以后，英国政府逐步把教师培养的重点从职前培训转向教师的在职培训，积极推行“以学校为中心”的教师培训模式，创立了具有英国特色的开放型的教师培训模式——校本教师培训。这种培训模式要求培训中心下移，从学校的需求出发，以学校为基地培训师资。该模式的兴起克服了以大学或教师的培训机构为中心的培训模式中产生的诸如教育理论与教学实践脱节、教育理论难以应付复杂的教育实践和解决教育问题、教师的自主性受到压抑等问题。英国教育大臣克拉克（C. Clark）表示：“完全相信，在将来，师资培训的整个过程必须基于中小学教师同师资培训机构的指导教师之间的一种更平等的伙伴关系。无论是培训课程的最初设计还是每个师范生的成绩评定，中小学及其教师在整个培训过程中都起着主要的作用。如果我们希望有一支高质量的中小学教师队伍，我们就必须鼓励和促进教师的专业性，并给第一线最优秀的教师以培训他们队伍中的新成员的真正的职责。”这样，教师既能够在大学中学习相关的理论知识，又可以大部分时间都在学校实习，真正做到了教学工作的理论与实践相联系。

英国的校本教师培训主要由中小学校、地方教育当局、大学或教师中心三方共同参与规划和实施，培训基地在中小学校。该模式的设计立足点是为了促进教师的专业发展，但教师的专业发展与学校的发展密切联系，为了寻求教师专业发展与学校发展之间的良好平衡，英国教育学者总结出一些设计培训计划的策略，尽力将教师的专业发展与学校的发展联系在一起。虽然如此，英国教师校本培训在内容方面还是更加倾向于满足教师个体的需要，关注教师在教学实践过程中解决问题的能力与所需技能的获得。

此外，英国还通过在全国设立几百所公立教师中心来保证教师校本培训计划的实施。英国的教师中心在开始的时候就有别于传统的教师培养形式。其不同之处主要体现在：从对教学需要的外部诊断到注重交谈的评估，从以理论为基点到以教学实践为基点，从教师教育和培训的弥补不足的模式转向辅助式的教师成长模式的过程。① 此外，英国的全国教师联盟（The National Union of Teacher）常常与大学合作举办各种研讨会，并附设公立图书馆和教育中心及电视网等来促进教师校本培训。

四、英国教师专业发展的特点

（一）培养模式和内容灵活多样

英国教师在职培训根据实际的教学情况形式在内容设置上较为灵活多样，时间上分为全日制脱产培训、部分时间制的半脱产培训和业余不脱产培训。培训的方式及手段也多样，包括专业讲座、课程学习与编制、示范观摩课、学科会议、研讨会、参观展览活动等。形式上，英国开发出多元的教师培训系统：师徒制系统、流动培训系统、阶段式教育系统以及三明治学程系统等。因此，英国是根据社会，特别是学校所在地区的需要开设各种类型的专业和学科，多途径、多渠道、多形式地培养师资及各行各业的专门人才。

（二）教师专业发展的连续性与一体化

英国的教师专业化培训中，职前培养与职后培训由同一机构实施，这不仅有利于教师专业发展的连续性，而且加强了大学师资培训机构对教师培养质量的责任感。在加强职前教师教育的同时，更加注重加强对在职教师教育的改革，将职前和在职教育连为一体，强调职前和在职教育的衔接与过渡，注重从教师成长的整个历程来推动教师专业发展。

---

① 郑肇桢．教师教育［M］．香港：香港中文大学出版社，1987．179—182.

（三）以教学实践促教师专业发展

从英国教师专业发展的改革路线可以看出其极为强烈的注重教育实践的倾向。英国在职教师专业发展评估中采取诸如“入职评估”、“业绩管理”、“最佳实践研究奖励金”计划、“在职训练课程奖励”、“国家教学奖”等举措，都是为了鼓励教师从教学实践中实现专业发展。

（四）政府领导和推动教师专业发展

近几十年来，英国政府在加强国家对教育以及教师专业发展的控制和督导方面，尤其是加强对教师专业发展的领导方面，其改革力度和决心是举世瞩目的。英国政府在教师教育方面改革的目标是力图在重实践、重业绩的教师专业发展的思想下，通过促进教师教学实践能力的提高，实现整体教育质量的提升，进而提高英国在国际人才竞争上的实力。

第三节　日本的教师专业发展

20世纪60年代，日本先于联合国教科文组织提出“教师职业是一种专业”，明确提出教师肩负“教育下一代的专业性使命”①。到了80年代，日本积极响应世界教师专业化的潮流。到目前，日本已走在了世界教师专业化运动的前列，其教师的专业化运动呈现出发展速度快、各项制度完善、教师专业水平高等特点。

日本现代意义上的教师专业化改革是在“二战”以后开始的。主要从两个方面进行了教育改革：一是以美国式的“开放型”师范教育体制代替“封闭型”师范教育体制，也就是将战前只在专门的师范类院校进行教师培养改为“在综合大学和单科大学设置教育学科以培养教师”。② 二是停办师范学校，各级教师均由大学培养，并在1949年分别颁布《教师许可证法》和《教育公务员特例法》，从而提高日本教师专业水平。《教师许可证法》对教师培养方式及水平作出了明确规定：欲取得教师资格者，必须接受过由“一般教育”、“专门教育”和“专业教育”三部分组成的教育专业专门培训，经过考试合格，方可获得各级教育委员会颁发的教师许可证。《教育公务员特例法》则对

① 金龙哲．试论日本关于教师职业的争论［J］．外国教育研究，1991（1）．
② 沈晓敏．日本教师培养制度的历史和现状［J］．外国教育资料，1990（4）．

教师的社会地位及待遇给予明确规定，将教师归属于公务员，在不同层次任教的教师归属为不同层次的公务员，即国立学校教师属于国家公务员，公立学校教师属于地方公务员。这些变革和规定，为日本教师专业发展提供了制度和法律的保障。

一、日本教师专业发展理念的更迭

日本自古就是一个非常善于学习的国家。日本教育家对于“专业性职业”的理解深受美国社会学家利伯曼（M. Lieberman）等人的影响。利伯曼认为，一种职业要成为“专业”应具备下列条件：①进行社会所不可缺少的独自的活动，其范围和功能十分明确；②具有高度的知识和技能；③形成职业团体，促使其成员维持和提高业务能力，并具有职业伦理纲领；④业务具有较高的职业自主权，难以规范化；⑤具有被社会承认的职业特权和权威。然而，不难看出以上条件过于苛刻，在现实中很难完全具备。以上述条件作为标准的话，社会中几乎没有完全合格的“专业”。基于此，日本学者认为至少要符合以下三个基本条件，才可将一项职业称为“专业”：①这种服务具有独特性和不可替代性的基本特征；②从事服务的人需要有经过长期的专门教育和训练才能具备的高度而复杂的知识与技能；③具有广泛的职业自主权。[①] 日本学者石村善助提出，只有通过特殊的教育或训练掌握了业界证实的知识（科学或高深的知识），具有一定的基础和特殊的技能，从而按照来自非特定的大多数公民自发表达出来的每个委托者具体的要求，从事具体的服务工作，借以为全社会利益效力的职业，才能被称为“专业性职业”。[②] 这样看来，一种职业在日本被公认为专业，需要具备以下三方面的条件：

（1）专业理想和专业道德。主要体现在社会责任感方面，要有为全社会利益效力的信念。日本教育学者认为，教师的职责包括以下几个方面：

①教师接受社会的委托负责教育学生，照料他们的学习——认识学生的个体差异并采取相应的措施；理解学生的发展与学习的方法；公平对待学生；教师的使命不停留于学生认知能力的发展。

②教师了解学科内容与学科的教学方法——理解学科的知识是如何创造、如何组织、如何同其他领域的知识整合的；能够运用专业知识把学科内容传递给学生；形成获得知识的多种途径。

③教师负有管理学生的学习并提出建议的责任——探讨适用于实现目标的

---

① 金龙哲．试论日本关于教师职业的争论［J］．外国教育研究，1991（1）．

② ［日］石村善助．现代的专业［M］．东京：至诚堂，1969. 25—26.

多种方法；注意集体化情境中的个别化学习；激励学生的学习；定期评价学生的进步。

④教师系统地反思自身的实践并从自身的经验中学到知识——验证自身的判断，不断作出困难的选择；征求他人的建议以改进自身的实践；参与教育研究，丰富学识。

⑤教师是学习共同体的成员——同其他专家合作提高学校的教育效果；同家长合作推进教育工作；运用社区的资源与人才。①

（2）专业自主权。应拥有自己的专业团体，享有团体活动及团体内个体从业人员的若干决策自由。

筑波大学教授松岛钧认为，作为专业性职业，教师应具有“外行”所不能替代的高度的专门知识和教师能力；教师职业不允许无资格者的插足，这是保证教师职业作为专业所具有的专业自主权的必要前提之一。此外，教师职业的专业性主要体现在教育活动的自主权。教师为实现教育的基本目的而进行的教育活动，不应受来自国家权力、社会团体、家庭等方面的不正当干涉的限制，这是教师工作的最基本特征，也是教师职业的不可替代性。②

（3）专业理论知识和技能。要经过特殊的培训，具有专门的知识和技能。美国斯坦福大学教授舒尔曼提出教师的知识领域应包括七个方面：①教育背景的知识；②关于教育结果、目的、价值的知识；③一般教育学知识；④教育内容的知识；⑤关于学习及其性质的知识；⑥课程知识；⑦教学设计的知识。日本佐藤学教授进一步总结了舒尔曼提出的与这些知识相对应的教师所应具备的能力：深刻理解教育内容，能用生动的例子提示教育内容的知识；理解该知识的种种道理，能够设定激发该知识学习的恰当课题；能够引发并且教给儿童多样的表象与思路；能使儿童的学习逼近教育内容。③ 佐藤学教授在美国麻省理工大学教授多纳尔德·舍恩的“专业”研究著作——《反思性实践者：如何思考专业》的基础上提出了“反思性实践研究”。佐藤学认为，舍恩的“反思性实践者”这一概念的提出，打破了“技术熟练者”的专家形象，彻底否定了日本教师培养中的专业教育课程由基础科学、应用科学和实习三部分组成的知识体系，教师作为“反思性实践者”要具备和学生一起进行从反思性思维到探究活动实践所要求的各种知识与能力。知识的正统性是在问题的解决中得

① ［日］佐藤学．教师：两难问题［M］．横滨：世织书房，1997. 68—69.
② 金龙哲．试论日本关于教师职业的争论［J］．外国教育研究，1991（1）．
③ ［日］佐藤学．课程研究与教师研究［J］．钟启泉译．全球教育展望，2002（9）．

到“整合”的，而不是通过“论争”争得的。①

日本名古屋大学今津孝次郎教授针对教师专业知识能力与社会变动之间的关系，提出教师培养的“两个模式”：“教师个人模式”与“学校教育改善模式”。“教师个人模式”将教师的“质”落实在教师个人掌握知识、技术、态度上；“学校教育改善模式”是通过改善以传统“教师—学生”关系为中心的教师的职业行为，追求以“教学”为核心的学校教育的“质”的提高。今津孝次郎认为，教师的质量由三个层次构成：一是教师个人的“质”，即教师个人保持的专门知识和技术的特征，以及对教育的积极性和对儿童的爱；二是教育实践的“质”，即教师在教学上和对儿童各种实际问题的解决上的质量，是实践性特征；三是学校教育的“质”，即由各个教师的教育实践综合构成，表现为学校的教育水平、效果的整体特征。在今津孝次郎看来，日本教师的专业知识能力要求还是“教师个人模式”，局限于个人范围的封闭的思维方式。为了适应变动的社会，应转换为“教育实践的质”与“学校教育的质”相结合的“学校教育改善模式”。②

二、日本教师专业发展的机构

日本教师的培养经历了一百三十多年的更迭，发展起了被称为“日本教育大本营”的筑波大学，其发展变化的历程，在很大程度上反映了日本师资培养机构与课程设置的大致走向。

“二战”后，开放型师资培养制度在日本以法律的形式确立起来。《教师职员许可法》规定只要经文部省认可，无论是国立、公立还是私立大学，都可进行师资培训。这一规定除了在第三次改革中进行了局部改革外，大体上沿用至今。

20 世纪 70 年代以后，日本开始了第三次教育改革。在这次改革中，一是在东京教育大学的基础上改建了筑波大学；二是新建了兵库、上越和鸣门三所教育大学。

这样，筑波大学和三所新建的教育大学使日本教师的学历普遍提高，保证和强化了教师的专业知识和教学能力，为日本教师的专业化发展走到世界的前列提供了组织和机构保障。

---

① ［日］佐藤学．课程研究与教师研究［J］．钟启泉译．全球教育展望，2002（9）．

② 金美福．对日本现行教师教育制度的批判与超越（之一）——日本教师教育理论新成果［A］．张维仪．教师教育——改革与发展热点问题透视［C］．南京：南京师范大学出版社，2000. 338—339.

三、日本教师专业发展的特点

日本的教师专业化虽然起步相对较晚，但是其发展速度之快令世人瞩目。综观整个日本教育史，最突出的特征就是教育以经济发展为中心，在通过培养人才促进经济发展的同时，也获得了教师专业发展的物质保障。因此，日本教师专业发展的第一个特点就是，围绕经济中心进行师资培养。第二个显著特点是制度化和法律化，如前所述日本颁布了各项法律，从教师的地位、待遇、师资培养的方式、课程的设置、教师资格、教师考核，甚至到教师请假、津贴补助等都有相关的法律或制度规定，严格的立法程序使日本教师专业发展的每一个细节都有法可依，从法律上保障了教师专业发展。第三个特点是教师整体水平较高。日本除了将对教师的培养要求放在较高的位置之外，其政府非常重视教师进修，常常运用行政命令方式对待教师进修，各种制度措施促使日本教师专业发展起点高、保障好，促进其教师专业化水平迅速提高，最终使日本成为世界范围内中小学教师学历最高的国家之一。

从以上的美、英、日三国教师专业发展的历程和实践经验中，我们可以总结出如下一些特点：①教师专业发展一般都包括针对师范生的职前培养、针对初任教师的入职培训、针对工作若干年后的教师的职后培训三个阶段。②教师的在职培训一般包括三个方面：一是教师个人的自我教育，即教师在工作中自行研究、实验、学习等；二是教师参加校内的研讨、进修活动；三是教师参加校外的较为系统的在职继续教育。此外，教师团体的专业发展对于改善课程和教学质量具有重要意义，教师专业发展应立足于教师团体，并使其全体成员都得到发展。③由于以大学或教师培训机构为中心提供的教师培训存在教育理论与教学实践严重脱节的问题，培训中心下移，由中小学校、地方教育当局、大学或教师中心三方共同参与规划和实施，以中小学校为培训基地，从学校的需要出发培训师资。④教师专业发展的顺利开展需要以相关的制度和法律作保障。

第三章 基于“组织与制度”的教师专业发展

昌黎路小学教学研究制度

昌黎路小学

为了全面提高学生素质与教学质量，促进教师专业发展速度，使每位教师尽快适应新课程标准的要求，探究课堂教学方法和研究学生的学法成为每位教师当前的重要任务。为使我校教研工作落到实处，收到实效，特制定本制度。

（1）各教研组长每学期初要根据学校教学工作计划制订出教研活动计划，并组织实施。期末写出教研总结。

（2）教师要积极参加各级各类教研活动，不缺席，不迟到，不早退，认真做好笔记。

（3）教师要勇于承担各级公开课、观摩课任务，积极参加赛课活动。向同伴提供研究材料。每个任课教师每学年至少上一节公开课，供集体研究。

（4）落实教师听评课制度，每位教师每学期听课 10 节以上，教研组长 15 节以上。平时互听课，教师没课的也可参加。

（5）认真做好教学反思，找出教学中的疑难点，带着问题参加教研活动，讨论积极发言，阐明自己的见解。吸取好的经验或办法，改进自己的教学方法。

（6）对每次教研活动，教研组长应做好活动记录，期末上交教研活动记录表。

（7）教师要积极撰写教研教改论文，总结教学经验，认真进行学习交流。每个任课教师每学期至少向学校提供一篇教学经验论文。

努力创办教育科研特色学校

王振中

随着素质教育的全面推进，教师素质面临着重大挑战。教育理论的更新、教育思潮的涌现、教育改革的深化，都要求教师将素质提高至更高的层次。教师只有具备一定的科研能力，才有可能把教学实践、教学改革与课题研究结合起来，促进教学质量的提高。可以说，教育科研能力的有无是评价现代教师是否合格的重要标志之一。同时我们也看到，老牌、名牌学校正面临新的挑战，我们常说："不重视教育科研工作的学校绝不是一所好学校。"因此，开展教育科研工作和培养教师的教育科研能力成为学校管理工作的一项重要任务。多年来，我校非常重视并且有目的、有意识地培养教师的科研能力，积极开展教学研究，在提高教学质量的基础上进一步开展课题研究。特别是近几年所取得的课题研究的丰硕成果，为我校开辟了一条有特色的教育科研之路。

一、与时俱进，重视科研队伍的建设

一支拥有具备奉献精神和创造精神的校长、教师的科研队伍既是学校顺利开展教育科研的基础，也是完成学校具体科研任务的主力军，因而加强校长、教师科研素质的培养是学校教育科研的保证。多年来，我校特别注重这方面的工作，具体做法有：

1. 增强教育科研意识

我们认为科研意识是指对科研活动的意识，也就是人们对科研活动的认识、情感、意志和价值观。具体包括：对开展科研活动的重要意义和必要性的认识，透过科研活动反映出来的竞争意识和责任感、自觉性和毅力、成就感和价值观。

首先，学校邀请有关专家、教授为教师召开讲座，介绍现代教育理论知识和国内外素质教育最新的教学科研成果。在提高教师的教育科研理论素质的同时，增强教师的科研意识。其次，创设有利条件，让教师在参与教改和课题研究过程中充分发挥自己的能力，取得一定的科研成果，从而尝到科研的甜头，体验一定的成功感。再次，帮助部分教师克服开展教育科研的心理障碍，增强科研意识和树立信心。具体包括：克服自卑心理，如部分教师认为科研与自己距离遥远或害怕被人笑话；克服困惑心理，如部分教师因精力投入大效益小而产生的困惑，或科研水平短时间内得不到提高的困惑。我们在鼓励教师参与到教育科研的过程中，积极为教师开展科研活动提供机会，并创设各种条件，使教师的科研能力和水平得以充分发挥，科研成果得到肯定，从而增强教师的教育科研意识。

科研意识浓厚是搞好科研的重要前提之一。由于学校领导带头搞科研，参与科研的教师工作的积极性得到提高。越来越多的教师意识到：①在全面推进素质教育的今天，教师的科研能力的培养是非常必要的。②培养教师的教育科研能力是全面提高教学质量的重要措施。“为迁移而教”是课堂教学的高级境界，要达到这种境界，从科研的角度来看，教师就必须不断地追求教学内容和教学方法的革新，就必须不断地关心自己所教的或相关的学科的学术进展，不断地思考有关的学术问题和教学方法问题，因而才会不断地发现值得研究的新课题。③开展教育科研活动是个人成才的需要。“三百六十行，行行出状元”，每种职业中都有特定的专家。教师也不例外，在教书育人的活动中不断提高科研能力，努力使自己成为名教师、专家型教师，是教师成长发展的目标，也是个人成才的需要。

2. 重视教师培训

在世界范围的教育改革浪潮中，人们愈来愈认识到，教育改革的成败关键在教师，只有不断提高教师的专业水平才能创造高质量的教育水平。因此，人们对于教师的专业发展给予了强烈的关注。关注的内容有：教师职业的高学历化、教师教育的专业化、教师资格的制度化。这为我校培养教师专业素质指明了方向。我们着重抓好以下几项措施：①实施教师培训制度，充分发挥学校环境、老教师经验在教师培训中的作用，重点提高教师的教育教学水平。开展新教师的入职指导。培训的内容包括教师的教育理论（职业意识、教育理念），专业知识和技能（教育理论、计算机、多媒体教学）。②强化教师科研能力素质培养，通过举办各种形式的讲习班或培训班（内容涉及教育科研的基本方法、如何进行教学研究和开展课题研究等），力求做到学练结合。尤其是，针对即将进行的课题研究请专家开讲座，进一步促使教师直接把有关理论和方法应用于实际研究中，从而提高教师科研能力。③建设一支科研型的校长队伍。我们常说：“一位好校长就是一所好学校。”因此，我们要求校长们增强教育科研意识，带头搞科研。一方面，采取走出去、请进来的办法，运用典型例子，学习先进科研经验，开阔眼界，增强科研意识；另一方面，在教育管理的过程中，积极参与教育改革的科学研究，成为课题研究的带头人，最终实现由“经验型”向“科研型”转化。

二、讲求科学，有效开展课题实验

专家指出，培养和造就创造性人才的关键在于教师的教学方法、在于教师的创新，而教师的科研能力是必要条件。教学质量的全面提高有赖于那些善于吸收最新教育科学成果，将其积极应用于教学中，并且有独特见解，能够发现行之有效的教学方法的教师。而这些教师就是具有科研能力的教师。多年来，学校深入开展教学改革研究和课题研究。一方面，加强教学教改“大练兵”，并把现代教育技术引入课堂教学，不断提高教学手段和教学效果。另一方面，学校率先在粤东地区开展小学生心理的实践研究，申报并有效开展教育部规划重点课题（“小学学习指导理论与实践研究”）和省级课题（“小学语文中年级课堂电化教学模式的研究”）的实验研究。我校全体教师通过三年不懈的实验研究，现已按期完成两个课题的研究工作，取得丰硕的科研成果，得到现场结题专家组很高的评价。同时把科研成果在校内外推广，锻炼、培养了一大批青年教师，取得显著的育人效果和社会效益。实践告诉我们，教育科研成果的推广应用，能够更好地提高一所学校的整体科研意识，能够更有效地为领导决策服务，为教学服务，为管理服务。推进了学校规范化、科学化管理。

三、创办特色、注意探索、发展创新

经过多年的科研教改的探索和实践，我校已经走上一条具有特色的利用现代化教育技术手段培养学生学会学习的教学改革和运用课题实验指导实践操作，注意创新发展相结合的科研之路。课题研究的深层次开展，犹如一股鲜活的泉水，为我校教育教学改革带来了无限生机和活力，并在广大教师中迅速掀起“学理论、重实践、争创新”的科研教改热潮，为学校开辟一条“科研兴教”的希望之路。学校的教育科研成果得到广泛的重视和支持：在深圳召开的第二届全国素质教育研讨会上，学校作了经验介绍；学校课题组在上海召开的教育部重点课题结题总结大会上作交流，并被评为“先进课题实验组”。学校最近申报定项的教育部“十五”重点科研项目“中小学学科‘四结合’教学改革试验研究”和我校的子课题“信息技术与小学课程整合模式研究”已取得了初期成果；2012 年 11 月份，在杭州召开的第二届全国学科“四结合”教学教改试验研究的经验交流会上，我校参评的两个课例及一篇论文经专家的严格评审，分别获二、三等奖，其论文被收入全国学科“四结合”教学教改试验研究项目总课题组、全国中小学计算机教育与研究中心主编的《信息技术与学科整合》优秀论文集中，学校也被该科研项目总课题组定为“全国信息技术教育实验学校”。

新课程背景下的教学常规管理

周　娟

教学常规管理是学校管理工作的重要组成部分，是维持正常教学秩序、提高教育教学质量的重要举措，同时也是规范教师教学行为的重要手段。教学常规管理究竟是什么？新课程改革还需要教学常规管理吗？学校在新课改背景下应如何实施教学常规管理？这是我们在新课程改革背景下必须思索的问题。

一、对学校教师的现状与教学常规的历史分析

（一）学校教师的现状

本校有一百多名教师，年龄差距大，学历层次参差不齐，素质也良莠不齐，教学质量不平衡，有的教师还存在着对新课标的理解不到位，对教材的把握不准确，对教学内容的精选组织、对教学方法的选择、对教学手段的应用不当等情况。而作为教育的对象——学生的学习活动，绝大多数是在教师的启发引导下，按照教师设计的教学要求、教学程度、教学目标有序地进行的，学生愿不愿学、会不会学、学得怎样等都主要取决于教师的“教”。说到底，教学质量的优劣，很大程度上取决于教师的素质和工作态度。抓好教学常规管理，可有效地克服教学工作中存在的盲目性和随意性，正确引导教学改革，提高教学工作的整体效益，全面提高教育教学质量。因此，我们认为，搞课改不是不要常规，而是要在遵守常规的基础上推陈出新。有些教学常规不但不能忽视和丢弃，而且应更重视，只有做好解读课标、研究教材、备课、撰写教案、上课、评课等每一个环节，教师才有可能在课堂教学中真正体现新课程的理念。

（二）教学常规的历史

20 世纪 30 年代，苏联经过对当时“新教学大纲”的反思，倾向于赫尔巴特传统教育思想，其继承发展的成果之一就是著名的凯洛夫的《教育学》。凯洛夫把对教师教学规范的探求从课堂教学延伸到了课前与课后，形成了著名的教学工作“五环节”说：备课、上课、作业的布置与批改、课外辅导、学业成绩的检查与评定。在我国，自 20 世纪 80 年代改革开放以来，教学管理的规范化、制度化工作被提上了议事日程。学校管理者按照既定规范实行教学管

理，“在规范面前人人平等”，使管理客观化，减少主观、人为的影响。这些措施确实加强了学校的规范管理，对提高教学质量起到了一定的促进作用。要提高教学质量，对教学管理进行规范化、制度化是必要的。问题是，规范管理不一定是科学管理，我们的做法是：遵循规律，科学管理。

二、遵循规律，科学管理

（一）加强课程管理

学校严格管理课程，严格按照教育部和广东省教育厅颁布的课程计划、课程标准开展教学工作，开齐课程、开足课时；严格按照国家课程标准，使用国家审定或国家授权审定的教材实施教学，参照广东省教育厅印发的《广东省中小学教学用书目录》选用教学用书。与此同时，学校为优化课程结构，体现学校的办学特色，在考虑学生的需求、发展的基础上开设校本课程，如在全校各个年级中开设心理健康教育课，在一至三年级开设“三棋”课，在二至六年级开设综合实践活动课。

（1）开设心理健康教育课。学校结合课题研究，有针对性地对这些课程资源进行开发并编辑校本教材《小学生心理素质培养》，针对小学生的年龄特点及其在学习、生活、人际交往、升学与自我意识等方面遇到的各种心理困惑或问题，结合学校开展“小学生心理健康教育的理论与实践的研究”课题，在一至六年级全面增设心理健康教育课，定期开设专题讲座，帮助学生解决问题，调整学习心态，提高学习兴趣与自信心，克服厌学心理，体验学习成功的乐趣；培养集体意识，使之善于与同学交往；培养健全、开朗、合群、乐学、自立的健康人格。近期，本校还与韩山师范学院师范分院共建心理健康教育实践基地——学生健康教育活动中心，活动中心设大厅、宣泄室、个体咨询室、团体辅导室等，并配备了相关的心理健康教育资料和教辅书籍，拓宽了学生心理健康实践的活动空间，促进了学生的心理健康教育向纵深层次发展。

（2）设立“三棋”课程。学校主要在一至三年级设立“三棋”课程，编辑了《国际象棋》、《围棋》教材，向学生介绍中国象棋、国际象棋、围棋的入门知识，培养学生初步的弈棋技能和兴趣。学校经常性开展“快乐星期五”棋赛和一年一度的“昌黎杯”三棋比赛，进一步巩固学生的学习兴趣，提高其弈棋技能。在潮州市的各项棋类比赛中，我校选手成绩优异。

（3）开展综合实践活动。学校根据课程和教学需要，结合本校实际，在二至六年级开设综合实践活动课。本课程既有对教材的运用，又有教师的自主开发，力求体现学校特色，满足学生的个性发展，突出“四个利用”：一是充分利用校园资源，让学生在植物园观察、了解自然；二是利用学校的自理能力实践基地，让学生参加自理能力活动，学生在教师的指导下，几人一组，分工合作，确定菜谱，学会购物，动手做饭菜，洗餐具，在品味自己的劳动果实中体会集体的力量、合作的乐趣，学会做家庭生活的小主人；三是利用潮州市劳动实践基地，定期组织学生到基地参加劳动实践，学习一些基本的劳动知识和技能，培养学生正确的劳动观点、良好的劳动习惯；四是充分利用广东省教育厅编写的《综合实践活动》学习材料，通过课堂实践活动，增强学生的环保意识，培养学生的社会实践、动手操作和勇于创新、敢于创造的能力。在教学过程中，教师重视综合实践活动的指导，确保学生安全。

（二）加强教务工作管理

（1）按常态随机编班，不设重点班和非重点班，并为各班合理配置师资，确保各教学班教育教学服务水平基本均衡。

（2）根据教育主管部门的文件要求制订校务工作计划，各部门、教研组、备课组、班主任、科任教师等也相应制订学年、学期教学工作计划，并做好学年和学期教学工作总结，形成书面总结报告并备案存档。

（3）定期开展教学常规检查，通过深入课堂听课及对教师写备课教案、做听课笔记、布置和批改作业等工作进行检查，充分发挥备课组长、教研组长的作用，通过检查、抽查、座谈、随堂听课等多形式多渠道地了解教师的教学情况，及时发现教师工作和教师专业化成长中的具体问题，以积极互动的方式与教师共同切磋，探究改进教学的策略。

（三）加强教学过程管理

1. 抓好集体备课和个人备课的落实

备好课是提高课堂教学质量的前提条件，为更好地提高课堂40分钟的质量，我们首先强化集体备课意识，注重备课和上课的改革，要求各备课组从教材特点和学生实际出发，共同研讨教学的三维统一，确定教学重难点，研讨教学方式等。教师之间各持己见，大家一起分析，讨论哪种是更适合自己、更适合本班学生的最佳方法。备课组集体备课交流研讨做到“集体备课经常化、个人备课具体化、课堂教学艺术化、课外作业多元化”。备课活动既有教学进度的统一，又有教学过程的碰撞；既有教学设想的交流，更有教学生成的探讨。教学设计要有创意，不穿新鞋走老路，备课从“集体讨论、个人执笔、个性修改、教后反思”几个步骤出发，重视发挥每个步骤的功能，使教师们在行动中反思，在研究中提高，在课改中成长。教学反思是教学常规中备课的一种进化，它对教师的专业成长极为重要。我们要求教师从三个方面对一节课进行反思：教了什么？怎么教的？教得怎样？提倡每节课后都要有反思，不需要很长的文字，不需要新鲜的名词术语，需要的是深入的思考、自觉地总结经验教训。从而形成个人研究与集体研究相结合的备课制度，牢牢地把握“个人领悟，集体研究，把握课标，重组资源”的原则，变“教教材”为“用教材”，最终形成具有教师个人风格的教案。

2. 按新课标要求规范教学行为，提高教学效率

要求每位教师的课堂教学要贯彻新的教学理念，努力实现知识与技能、过程与方法、情感态度与价值观“三维”目标的有机结合和统一。要恰当运用现代教学手段，以情励学、以趣激学，充分调动学生主动参与学习。课堂不再是一种简单的知识传授与记忆的过程，而应该是符合新课程精神的“体现自主，创设合作，引导探究，注重过程”的学习活动。学生的学习应该是接受学习、自主学习、探究学习、合作学习、实践学习的多样化的统一，这就是上课的一种进步。

3. 抓好听课评课制度的落实，以评教促进教师业务素质提高

为进一步落实听课评课制度，学校行政人员经常深入课堂听课，同科、同级教师之间也经常互相听课、评课。我们建立促进教师不断提高的评价体系，强调教师对自己教学行为的分析与反思。建立以教师自评为主，教师互评、领导评为辅的评价制度。学校组织各学科分管行政人员和教研组长制定了各学科的课堂教学评价表，教师们用新课标的要求来审视课堂实践的现状，用新课程理念评价课堂中教与学的行为，以达到取长补短。使全体教师理念转变到位，教学行为得到规范，个人素质能力得到提高。

4. 认真探索和完善教学质量监测和评价方法

（1）探索教学评价方法。在教师教学评价、业务评估方面，学校不再单纯凭考试成绩论英雄，更关注的是教师的教学行为、教学过程。学校行政、教研组深入课堂听、评课，对青年教师公开课进行个案分析、个案跟踪，还通过举行课件制作比赛、教学观摩比赛、教案设计比赛、说课比赛和论坛交流（教学反思、案例分析）等竞赛活动对教师的业务进行评估，以此促进教师业务能力的提高。

与此同时，学校要求教师改进教学方式方法，建立师生互动，促进学生主动发展的教学双边关系；建立评价目标多元，评价方法多样的评价体系。对学生的评价，既要关注学生对知识、技能与方法的理解掌握，也要关注他们情感、态度与价值观的形成和发展；既要关注学生学习的成果，更要关注他们学习过程的变化和发展。除了和以往一样要做好终结性评价外，学校还要求教师应加强过程性、形成性评价，提倡采用成长记录的方式，收集能够反映学生学

习过程和结果的资料，在课堂上对学生在平时学习活动中所表现出来的情感、态度、信心和方法、策略等方面进行形成性评价，并引导学生进行自评和从正面进行互评，以鼓励、表扬的激励性评价为主，从而引导学生学会欣赏别人、欣赏自己，树立会学的信心，改变以往“一卷定优劣”的传统评价模式，打破了将考试作为唯一评价手段的方法，有效地调动学生的学习积极性，培养其学习兴趣，激发其创新潜能，使每个学生在评价中不断完善，不断进步，全面发展，走向成功。

（2）完善单元测验、期中检测和期末考试的质量监测管理。我们认为，质量监测不是简单的“统考”，既包括对学习结果的检测，也包括对学习过程的监控。除了采用纸笔考试，全面考查学科学习目标的达成度，还要采用非纸笔考试的方式，进行过程性、发展性的评价。纸笔考试命题要依据课程标准，紧扣教材内容，测试后要进行全面的质量分析，指出取得的成绩和存在的问题，提出有针对性的改进建议；而非纸笔考试，主要从口语交际、实验操作、表现性评价、成长记录等方面体现并纳入期末总成绩。

在质量监控的过程中，学校校长、分管教学副校长、教导主任注重研究教学质量监测的内容、方式、方法，树立全员监控的观念，充分发挥师生在监控过程中的主观能动性，强化教学全过程的管理，使教学过程成为一个不断反馈、调节、改进的动态过程，推动学校教学质量不断提高。教研组长带领备课组长和全体教师进行质量分析，针对存在的问题提出有针对性的教学建议和行为策略。教师们发挥主体精神，针对自己的教学工作，创造性地选择切合自己实际和所任教班级的实际的教学策略、教学方法、教学手段，使提高教学质量的措施落到实处，切实增加教学质量监控的针对性和实效性。

（四）加大教学研究管理力度，切实提高教学教研水平

1. 学校以新课程为导向，积极开展多种形式的校本教研活动

为了确保课程改革能够顺利开展，学校成立了由校长、教导主任、学科组长组成的课改领导小组，构建了由校长、中层干部、教研组长、备课组长组成的教研管理网络，负责学校课改实验的组织、管理、协调和实施的工作。我们以提高教师素质为关键，以提高课堂教学效果为核心，开展了多种形式的校本教研活动。近年来，我校除派出八十多人次参加省级、市级和区级培训外，学校充分利用资源，与韩山师院携手开展“走进新课程”的研究，请教授到校开办系列讲座，请市、区教研室领导到校上专题课，校长也为教师上辅导课，让教师感受到新课程理念下新的学生观、知识观、师生观，从而促进教学方式、学习方式、师生角色的变革，把观念转化为有效的教学行为。

2. 进一步加强教研组建设

学校各教研组充分发挥作用，落实教研制度，认真组织教师参与新课程标准的研讨，开展形式多样、生动活泼的教研活动，教研活动专题化、系列化，每场教研活动做到定内容、定专题、定中心、定发言人、定记录人，各教研组围绕新课程实验定期召开交流会、研讨会，深入分析教材特点，研究教学模式，讨论解决教学中碰到的问题。分别开展了“师徒结对”和“青蓝工程”活动，新教师主动与中老教师建立师徒关系，做到互帮互学，师徒每月互听评课一次，做到以老带新、以新促老、优势互补、共同提高，同时骨干教师还对“校性公开课”作案例分析，建立“个案跟踪”档案。通过教研活动，使新课程实验得以顺利开展，教师素质、教学质量得以提高。

3. 教师积极开展校本教研活动，促进自己专业化成长

学校教师积极参加教学“三个一”活动，特别是青年教师更要努力做到教学“六个一”，即参与一个课题研究，设计一个有个性的课例，制作一个实用的教学课件，上一节有特色的公开课，撰写一篇有价值的教学反思或论文，拟一份题型新颖的试题。大胆进行体现新课程理念的教研教改实验，不断提高自身的专业素质、教学能力和研究水平。

几年来，学校申报立项的国家、省级课题有“小学数学课堂学习方式的研究”、“实现课程标准提出的‘教学评价’的方法与策略研究”、“信息技术与小学课程整合教学模式研究”、“小学生心理健康教育的理论与实践的研究”等十多项。由于领导班子重视，教师们积极参与课题实验，进行学情调查，收集实验数据，认真上好实验课，积极撰写论文，以上实验课题都已顺利结题。自实施新课程实验以来，学校教师撰写论文获区、市、省、国家奖励的有147篇，刊登在市级以上刊物上的论文有82篇。学校被评为潮州市教育科研先进单位。

新课程下的教学常规管理应该有利于教师的专业成长，激励教师的创造热情，鼓励教师进行教学创新、常规创新，实现师生双方的可持续发展。总的来说，我们认为，新课程下的教学常规管理，要引导教师将时间投入到课前的准备中去，上课是中心环节，同时要抓好备课与教学反思。因此，我校坚持以教学为中心，完善教学管理，提高效能，把全校教师的热情、精力引导到教学活动中去，营造宽松和谐的环境，为教师提供成功的机会。

新形势下的教学常规管理究竟如何抓起，还有待我们不断地去摸索、探究、学习。未来的路漫长又艰辛，但我们一定会树立信心，不断进取，努力学习，迎接挑战。

昌黎路小学有效促进教师专业成长途径的探索

周　娟

教师专业成长是指教师参加工作以后的教育思想、知识结构和教育能力的不断发展。由于时代的发展日新月异，教育的改革发展也不例外，在基础教育课程改革实验中，如果不能有效地促进每一位实施者——教师的专业成长，学校就不能在教学改革中取得成效。如何使教师适应时代发展的要求，提高自己的专业素质，实现自己的专业发展，促进自己的专业成长呢？

一、组织多样化的学习活动，使教师在学习中成长

在推进新课程改革的过程中，要转变教师的教育思想、教学理念、教学行为、教学方式、教学方法等并不是一件易事，学校必须给教师提供良好的学习环境和优质的培训资源，使教师在学习和培训中成长。

1. 请专家、教授作讲座

学校充分利用高校先进的教育思想和高层次的理论引领作用，与韩山师范学院教育系携手开展“走进新课程”的专题研究，请教授到学校作系列讲座，使教师们不断地吸纳新的教育理念，摒弃旧观念，提高理论水平。

请区、市教研室领导到校上专题课，让教师们感受新课程理念下新的知识观、教师观和学生观，更好地认识自己、反思自己、改变自己，明确自己在课改中的责任和角色。

充分利用本校的省级名师、骨干教师和学科带头人的资源，为教师们上专题课。我校的省名师工作室负责人王振中校长为教师们作了多场辅导，帮助教师了解新课程改革的重要意义及目标、任务，其他省级骨干教师和学科带头人也分别对各学科的新课程标准作了解读。

2. 组织教师外出培训进修

课程改革要得以全面地顺利开展，必然要求每位参与者积极参与。为了推进教学改革的发展进程，我校先后派出多位骨干教师参加各级培训，并以点带面有效促进教师专业发展，共派出十多位教师参加广东省中小学骨干教师省级培训，二十多位教师参加潮州市中小学骨干教师市级培训，还派出六十多位教师参加“英特尔未来教育”培训，以此提高教师们的现代教育技术水平，提

高教师使用现代教育设备服务教学和搜集教育信息的能力。我们要求参加省培、市培的骨干教师都必须带着研究课题参加培训，回来之后给其他教师作专题讲座、上汇报课，学校及时总结这些骨干教师的教育教学艺术、个人成长经历和教学风格，成就一批有现代教育理念的研究型教师。

为了让全体教师能把学到的新理念与教学实践有机结合，避免出现理论与操作脱节的现象，也为了学习先进的课改经验，改进教学行为，提高教学效果，从而建设一支能适应新课程实验要求的教师队伍，学校结合实际，组织教师到广州、珠海等地的省级学校参观、听课，优越的教学设施、富有特色的校园文化、先进的教学资源和师生积极参与、互动和谐的课堂教学都让教师们感受到教育的新气息，感受到新的教育理念、教学行为在课堂上的体现。教师们以“他山之石，可以攻玉”为题撰写心得，对课改实验进行深入、理性的思考。

3. 精读书籍，鼓励教师自学

为了使每位教师能不断拓宽知识结构，思想与时俱进，用先进的教育思想、教育理念武装头脑，充分为自己“充电”、“蓄能”，我们要求教师读好“四类书”：读经典名著，打牢文化底蕴；读教学专著，提高教学能力；读教育心理学，加强对学生心理的了解；读报纸杂志，感受时事风情。学校为教师的阅读提供条件，并要求教师积极交流读书心得，撰写读书笔记、教学随笔等。

形式多样的学习活动，能使教师的教育思想、知识结构和教育能力得以发展，大大提高教师群体对新课程的适应能力，也可以提高教师队伍的素质。近年来，学校涌现出了一批课改骨干教师，王振中校长被任命为广东省名师工作室负责人，还有几位教师被评为潮州市、湘桥区教育系统名教师。

二、发挥教研组、备课组的功能作用，使教师在交流中成长

为了确保课程改革能够顺利进行，除了组织形式多样的学习活动来提高教师群体对新课程的适应能力外，学校还充分发挥教研组、备课组的功能作用，提高教师个体对新课程的驾驭能力。

（1）以教研组培训为着眼点。学校各教研组认真组织教师参与新课程标准研讨会，开展形式多样、生动活泼的教研活动，使教研活动专题化、系列化，每场教研活动做到定内容、定专题、定中心发言人、定记录人，各教研组紧紧围绕各自的研究课题，解决教师在新课程实验中遇到的难题，充分发挥骨干教师在实验中的中流砥柱作用。各教研组分别开展了校级公开课的听课、评课活动，教师们通过实例进行观察、分析、评价，使新的教育、教学理念得以

渗透，教学方法得以应用，教学策略得以拓展，对教师的专业成长具有重要的意义。学校还开展“青蓝工程”和“名师工程”活动，新教师主动与老教师建立师徒关系，做到互帮互学、以老带新、以新促老、优势互补、共同提高，从而形成勤学、乐研、善带的良好氛围。

为了切实落实课程改革的各项目标，使每位教师能将新课程的理念落实在日常的教学工作中，我们将制定“昌黎路小学课堂量化评估表”的任务交由各教研组，由教研组长组织学科教师共同探讨。经过反复酝酿、修改，学校制定出了语文、数学、英语、信息技术、音乐、美术、体育、科学、综合实践各学科的“课堂量化评估表”。全体学科教师对校性公开课进行课堂量化评价，教研组长及时进行总结反馈，既总结了各项评价要求的得分，又对课堂教学特色与存在的问题进行了综合评议，这样使教者和听者都得到学习提高。

（2）以备课组培训为突破口。学校强化各年级备课组集体备课的意识，注重备课和上课的改革，要求各备课组从教材特点和学生实际出发，共同研讨教学的三维目标，确定教学重难点，研讨教学方式等，教师之间各抒己见，大家一起分析，讨论哪种是适合自己和本班学生的最佳方法。备课组做到：集体备课经常化、个人备课具体化、课堂教学艺术化、课外作业多元化。既有教学进度的统一，又有教学过程的碰撞交流、教学设想交流，更有教学生成的探讨。备课组从“集体讨论、个人执笔、个性修改、教后反思”几个步骤出发，重视发挥每个步骤的功能，使教师在行动中反思，在研究中提高，在课改中成长。

三、举行系列竞赛活动，使教师在实践中成长

在全体教师领会新课程改革的精神之后，为了使理论联系实际，使新课程理念和日常教学工作紧密结合起来，也为了给教师的专业成长创设展示的平台，使教师的专业能力得以不断发展，从2005年开始，学校便举行了“走进新课程，效果在课堂”系列活动。

（1）教师基本功比赛。为了进一步推进课程改革的不断深化，树立教师终身学习的理念，进一步全面提升教师整体专业水平，为教师的专业成长营造良好的环境，推动教师的知识结构均衡发展，学校每学期都举行一次教师教学基本功比赛，包括普通话朗诵比赛、书法比赛（钢笔字、粉笔字、毛笔字）、课件制作比赛、课堂教学比赛、教学设计比赛。

（2）说课比赛。说课是教师主要用口头语言对自身的教学设计、教学实施等情况进行分析和说明的教学行为，是课堂教学行为的延伸与扩展，是教师总结教学经验、发现教学问题、提高教学智慧的重要手段和桥梁。为培养、鼓

励青年教师积极投身教学改革，学习应用教育理论、钻研课堂教学，学校每学年都举行一次青年教师的说课比赛。

（3）教学反思。著名美国教育心理学家波斯纳曾提出一个教师成长公式：成长 = 经验 + 反思。教学反思是实实在在的教研活动，能使教师在以后的教学中不断发扬优点，改掉缺点。教师们或是亮出教学设计的奇思妙想，教学方法的精心安排、巧妙之举，师生交流的精彩发言、火花显现；或是就课上的不足之处，作出深刻的反思和剖析，从而不断提高自己的教学质量和驾驭课堂的能力。

（4）案例分析。案例是教师成长的不可缺少的中介，通过案例分析可以让教师把新的教学理念落实到教学实践中去，做到理论与实际紧密结合，把教学行为提高到新的教学理念的高度进行审视，促进自身的专业发展。

（5）论坛交流。教师们就自身在新课程实验中的体会、感悟、困惑、思考进行交流，探讨课改中的“疑点”、“难点”、“热点”、“焦点”话题，还聆听专家画龙点睛的点评，并对台下听众提出的问题进行现场答辩、研讨。通过营造良好的对话情景，有效促进教师对新理念的理解，提高实施新课程的能力。

教师的专业成长取决于教师自己的心态和作为，但在很大程度上受教师所处环境的影响，所以学校应努力为教师搭建专业成长的平台，学校领导更要做教师专业成长的促进者，并努力寻求促进教师专业成长的有效途径。只有教师专业成长了，新课程改革才得以成功，学校的教育教学工作才能更上一层楼。

加强心理健康教育　构建新的教育平台

王振中　蔡汉潮　杨慕辉

昌黎路小学心理健康教育历时近十年，现已进入深化阶段。在不断探索和实践中，积累了不少科学教育方法和经验，有效地促进学生身心全面和谐发展，加强了学生思想道德建设，取得了骄人的成绩。一分耕耘，一分收获。学校心理健康教育的论文，在市、省、国家级刊物上发表计二十多篇，并多次获奖。如《小学心理健康教育的探索和实践》获全国中小学教育论文大赛一等奖，《如果发生……》和《如何调节情绪》等心理健康教育课例被全国课程导学研究会评为优秀课例。还有十多篇论文也都获得了多个其他奖项。

一、洞察学生的内心世界

昌黎路小学校长王振中说得好：“心理健康教育是培养学生良好的心理素质。善于洞察学生的内心世界，是搞好心理健康教育的前提。”他认为，一个人内心的痛苦根植于意识的矛盾，心理的困扰源于认知的模糊。学生的言行举止，从其心理活动轨迹可以找到答案。为此，学校把心理健康教育作为思想道德建设的一个重要部分来抓，成立了“小学生心理健康教育科研课题组”。通过问卷、家访、心理对话、行为分析等方法，全面了解“问题学生”的心理症结，打开学生的内心世界，有效地开展教育。学校以提高学生的心理素质、促进学生的心理发展作为教育重点，扩大教育实效性。

透视学生的内心世界，给学校提供了教育的主渠道、主战场。学生的心理现象，不仅受遗传因素的制约，而且受学校、家庭、社会环境和教育的影响。为此，学校以个性、交往、求知、自控力和适应力五个方面作为教育主渠道，以学校、家庭为主战场，建立“问题学生”个案，全程跟踪开展心理健康教育。

昌黎路小学有学生近 3 000 名，来源广，素质参差不齐，“小皇帝”、“小公主”，加上单亲孩子、孤儿，以及家长的心理偏差和教育缺失，尤其是社会上各种丑恶现象的负面影响，学生的内心世界纷呈多变。有的出现了沮丧、焦虑、怨恨的非正常情绪和顶撞、自卑的心态，造成个性偏激，打骂同学等不良行为时有发生；有的出现孤独、多疑、消极等特征，用“哥们”义气作为人际交往的标准；有的出现厌倦、畏难、不安等不良心态，造成无心向学，成绩差；有的出现冲动、消沉情绪等，造成了盲目模仿以及不良行为习惯的产生；有的出现了困惑、退缩、萎靡等状况，造成了侥幸的心理，自为自立能力十分脆弱等。心灵的污垢和腐蚀，带来了不良的行为方式。学校从学生的心灵入手，育人育“心”，努力缔造学生的“心态乐园”。

二、一把钥匙开一把锁

在实践中，学校领导班子深刻认识到：学生的心理现象存在着许多普遍性和共同性，有着自身的特点和规律，这是科学制订心理健康教育计划的依据。然而，在个案教育中，由于心理现象的主观性、差异性、偶然性，就必须根据不同学生的心理特点，一把钥匙开一把锁，通过启发、诱导、教育，开锁解瘩才显功效。为此，学校对每一件个案都进行详细调查、心理分析和跟踪矫治的记录。下面略举两例：

（1）陈某某，男，14 岁。滋事，打骂同学，常搬弄是非，无心向学。调查情况：家长重男轻女，娇生惯养，其父教育方式简单粗暴。该生心理现象：高傲、好强，有逆反心理。矫治过程：①情感优化。班主任和科任老师从关爱入手，让他懂得人际交往必须充满真爱。②开展活动。通过演绎帮助残疾人的真实故事，启发他应有帮助弱势群体的心。③让他演唱《爱的奉献》等歌曲，体味爱的力量。④心理辅导。用心理置换法，让老师变成“他”，让他变成受欺侮的“同学”，引发他心里的感受。⑤发掘他身上的闪光点，增进他纠错的信心。同时，通过家访，纠正其父的错误教育方式。经过 7 个月的心理健康教育，其不良行为得到矫治。

（2）小黄，男，14 岁。以捣乱为乐，课内外常搞恶作剧，扰乱学校秩序，师生们不胜烦恼。调查情况：父母离异，失去管教。喜看武打片，想充当英雄。该生心理现象：缺爱造成心灵扭曲、多疑、焦虑，产生报复心理。矫治过程：①控制情绪。利用他喜欢打乒乓球的兴趣爱好，说服同学让他加入训练，规范他的行为。②谈话。从打乒乓球的规则谈起，诱导他认识一切行动必须遵章守则。③融洽。从教师、球友到同学，注意与他友好相处，让他体味人与人之间应平等和睦相处。④自信训练。让他参加军训，自理生活，提高他的自为自主能力。⑤角色扮演、编故事。模拟困难环境中如何“支援前线”，增强他的坚定信念。⑥谈心。疏导他正确认识父母离异的现象，树立正确的世界观、人生观、价值观。经过 10 个月的心理健康教育，该生改掉坏习惯，进步快，成绩优良。

在心理健康教育中，学校坚持以人为本，努力塑造学生美丽的心灵，构建学生自尊、自爱、自信、自强的人格，使学校的思想道德教育锦上添花。一年来，以一把钥匙开一把锁的方式，矫治了四十多名心理行为不良的学生。全校学生思想品德优良率达95%，少先大队被评为全国“红旗大队”，学校被市、区评为“文明单位”。

三、拓展教育工作思路

昌黎路小学的心理健康教育坚持将科学性和人文性紧密结合，努力培养学生良好的心理素质。从内容、途径、方法创新上，拓展工作思路。学校切实抓好：

（1）夯实两个基础。即夯实课题组力量基础，由校长负责，吸纳政教人员、骨干教师等各方面精英，定时间、定计划、定经费，分工负责，层层落实。夯实教师、学生家长、关工人员的素质基础，聘请韩山师院教科部教授、专家到校授课。近年来举办三十多场讲座，提高心育的基本功。同时，掀起学习心理学、教育学的热潮，提高全面素质，尤其是加强师德修养，令师者有良好的心理素质。学校要求每位教师应有整洁端庄的外表，昂扬向上的精神风貌，文雅风趣的谈吐，还要有关爱学生的仁慈之心。要学会和掌握心理健康教育的技艺，不断提高教育水平，要以身教带动言教，用身教去塑造学生的健康人格。

（2）实施“三全”模式。即全员参与、全面推进、全程跟踪，拓宽育人渠道，开发育人资源，提高实效性。学校要求全校教师、学生家长、关工人员都参与到心理健康教育中来，形成齐抓共管的良好氛围。同时，把心理健康教育渗透到课堂中去，渗透到素质教育中去，渗透到少先队工作中去，渗透到家长学校中去，渗透到家庭教育中去，全面推进学生的心理健康教育工作。全程跟踪是指对“问题学生”实行负责制，精诚协作，相互配合，跟踪教育，一抓到底，矫治“问题学生”。

（3）紧紧抓好教育的“四个环节”。其一，设立心理咨询室，让学生吐露心声，指导帮助学生排解心理压力，还通过网页“扬扬心帆信箱”，让学生打开心灵之窗，以便增进师生的沟通，增强教育的针对性。其二，开设心理活动课，根据学生的心理现象，设计课例，集体辅导与个人辅导相结合。如学校在培育自信心上，采用讲故事、角色扮演、布置场景、再现情景等形式，进行心理辅导。其三，营造优雅的校园环境，丰富校园文化，举办各种愉悦心灵的活动。如学校举办“艺术节”、摄影、科技创作、作文、体育等比赛活动，丰富学生的精神生活，陶冶心灵，塑造心灵美。其四，开展心理训练，一方面通过军训、野营、自理生活、到贫困地区去等活动形式，磨炼意志，铸造良好个性。另一方面以对话形式，深入学生心灵深处，运用理性情绪法，如心理置换法、分析法、疏导法、测试法等，帮助学生解开心结。

昌黎路小学开展的心理健康教育，为未成年人思想道德建设构建了新的教育平台，效果卓著。

第四章　基于“教学”的教师专业发展

第一节　基于“教学反思”的教师专业发展

《鸟的天堂》教学反思

唐　琳

为了推进我国教育信息化的进程，教育部对21世纪第一个十年我国信息技术教育的发展作了全面的规划。“网络的普及和应用，使学生学会充分利用网上资源”是规划的一个重要层面。众所周知，网络已悄然走进我们的课堂。在对基于网络环境的教与学进行尝试的时候，我一直在不断地思考：网络究竟能给目前的教学带来什么？在教学中该如何最大限度地发挥网络资源的优势而尽可能地避其弊？在网络环境下如何建构更有效的教与学的模式？网络教学环境中的教师与学生的角色分别该怎样定位？在进行《鸟的天堂》这一课的网络课教学设计构思和实践中，我也同样思考着这些问题。

本节课，我组织学生分组浏览教学网页，合作探究，学习课文；贴一贴，说一说，写一写……创作交流，全班展示。在整个教学过程中，学生思维活跃，面带笑容，始终保持着积极、快乐、专注的学习态度。哪怕是学习较差的学生，其创作依然具有可圈可点之处。究其原因，大抵有以下几点：

（1）教材自身的魅力。《鸟的天堂》是我国著名作家巴金的名篇，是一篇蕴含着丰富人文内涵的文章，不但文笔优美，而且包含哲理：只要人类尊重自然，大自然就会给人类以丰厚的回报，鸟的天堂这一人间奇景的产生，正是人与自然和谐相处的结果。正是因为有了这样的内涵，给“鸟的天堂”网站增添了深厚的文化底蕴，也给这次活动增添了许多人文气息。

（2）拓展了学生的学习空间。要想让学生有自由的发挥，就必须给他们提供一个适度的空间。网络资源的利用，突破了语文学习活动原有的封闭状态，把学习置于一种动态、开放、生动、多元的学习环境中，改变了学生获取知识的方法和渠道。在这里，学生的身心是完全放松的，他们可以自由自在地了解关于“小鸟天堂”的一切知识，如“小鸟天堂”的历史、名称的由来，现在的状况及以后的发展等。这种获取知识的方式是主动的，是出于学生自己的需求，它比灌输式学习的效果要好得多。

（3）突出了学科间的融合。通过网络，学生不但可以看到群鸟齐舞、百鸟归巢的动人景象（视频欣赏），还可以听到各种鸟的动人歌声（音乐欣赏）。在这一过程中，学生既要熟练地操作计算机，还要创作交流并展示出来。所以这一活动，充分体现了语文与信息技术、美术等课程的融合。在活动过程中，学生的综合表达能力、收集处理信息能力及互助合作精神都得到了很好的培养。通过主动的学习和积极的思考，学生对课文的人文内涵的体会也更加深刻了。在这一教学过程中，真正达到了让学生综合运用所学知识技能解决实际问题的目的。

（4）体现了语文课程的工具性和人文性、综合性和整体性的统一。小学语文的人文性主要体现在尊重儿童的天性，诱发儿童的灵性，鼓励儿童的创造性。学生自编歌词或导游词等，给了学生广阔的自由创作空间，既是一种尊重，又是一次释放创造潜能的机会。小学语文的工具性，是语文本体的核心，从学生的成果看，学生的语言实践既充分又富有个性化。“说一说”这一环节的设计表现了学生的生命灵动，是充分展示学生想象力的最好体现。

综合性和整体性则体现在创设的任务综合性强，有利于学生在语言实践中学习语文、应用语文，也有利于超越语文、超越自我。

然而，由于教师经验不足，在教学过程中还是出现了诸多不尽如人意之处：

（1）小组间交流、配合不够。小组交流时，对问题的研究还不够深入，运用语言的能力也有待提高。另外，教师对学生的作品指导、评价力度不够。

（2）朗读既是理解课文的基本手段，又是获得语感及审美情趣的方法，如果能结合网络提供的画面多一些配乐朗读，就可以促使学生产生用声音再创情景的更大欲求，从而对语言文字有更深的感悟。

这一节语文网络课也许是一次不太成功的尝试，但毕竟让我们领略了网络资源的巨大空间和神奇魅力，今后我们将更加积极地探索、尝试，开展丰富多彩的网络课程学习活动，使学生在更加自由、广阔的空间里学语文、用语文。

（本文获得潮州市湘桥区小学语文教学反思评比活动二等奖）

读书如吃饭

曾敬香

古往今来，许多文人墨客都对读书作过精辟的论述。莎士比亚说：“书籍是全世界的营养品。”高尔基说：“读书就应像饥饿的人扑在面包上一样。”我是一个凡夫俗子，说不出那么高深的理论，但经历告诉我：读书就如我们每天吃饭一样重要，应是一种内在的需要和习惯。

读书如吃饭，作为一个语文教师，我每天读得最多的就是语文教科书和相关的教参，这是我每天的主食。也许有人会问：“你教语文都有十几年了，教科书你都能倒背如流，你干吗还要读呢?”这个问题其实很容易回答，我们每天都吃白米饭，而且吃了几十年了，但你不会因为吃多了就弃而不吃吧？同理，读教科书也如每天吃白米饭一样，你总能从中吸收新的营养。就如英国著名作家尤安·艾肯在《走遍天下书为侣》中所说的那样：“你总能从一本书中发现新东西，不管你看过多少遍。”每天，我都会花时间认真地研读教科书和教参，重温教材里的各个教学重点、难点，反思以往教学中存在的不足，提炼出新体会、新感悟。然后根据每一届每一班的班级特点和学生的认知水平，选择恰如其分的教学方法。读教材和教参使我学会“用教科书教”，而不是“教教科书”，更不是对教材亦步亦趋，力争做到“用好教材”、“超越教材”。如此一来，课堂上我教给学生的知识，学生容易消化和吸收，当然也容易转化为巨大的能量。

作为教师，如果只是一味地钻教材教参，闭门造车，那他是失败的教师，其教育也是失败的教育。一个有智慧的教师应有“他山之石，可以攻玉”的思想，能够吸纳古今中外的教育理念，并化为己用。因而，阅读中外教育家的名著名作是我每天的主菜。读读苏霍姆林斯基《给教师的建议》，卢梭《爱弥儿论教育》，《陶行知论教育》，《叶圣陶教育文集》……穿越时空，聆听教育先贤亘古不变的教育理念；看看《中国教育报》、《小学语文教学》、《语文教学与研究》，跨越空间，学习王崧舟、支玉恒、贾志敏等现代教育家的教学新理念和优秀的教学案例。这些能提高自身教育理论水平和教学实践能力的“理论书”和“实践书”，都是我的主菜，它大大地弥补了主食的营养，为我的教育教学活动提供更多新视角，让我能紧跟时代的步伐，及时更新教育观念，改革教学方式，提高自身的综合素质，加快专业化成长。

即使主食和主菜再好吃，营养再好，也不能一年三百六十五日都仅吃两样，一会造成营养不良，二会令人望而生厌。同样的，如果我们每天阅读的书每一种类别都论述“教育”，每一本图书都围绕“教学”，那么在这种单一的食谱中，我们的阅读越来越集中在功利性的旗帜下，而这样的“功利性”将非常隐蔽地“侵害”着我们教师阅读的健康，进而产生各种各样的问题。以前我也是这样读书的，应“教”阅读，但越读越没劲儿，老觉得自己的路越走越窄，灵感越来越枯竭，创造性思维越来越停滞，而且课堂语言似乎越来越没吸引力了。后来我意识到，其实教育专业化素养阅读并不是教师素养阅读的全部，我们还需要另一种人文素养阅读。这种人文素养的阅读可比作应时的家常小菜。我们应该多关注身边发生了什么——订一份《潮州日报》供我每天晚饭后品味，使我时刻关心我们周围人的命运；在学校中利用课间读一读《人民日报》、《南方周末》，使我了解我们这个社会关于各种新闻的主流民意、主流观点，从而进行我独立的判断；到图书馆读读《上下五千年》、《鲁迅全集》、《老舍作品选》，重温我们基本的历史、文化等，甚至读读《窗边的小豆豆》、《儿童文学》、《绿山墙上的安妮》、《森林报》等，这些儿童作品有助于我进一步了解孩子的心声，与孩子有更多的共同话题，师生的交流话题更广，更有趣味性。这样，鼓励学生阅读也就不会只是空头理论和空头口号，教师阅读与学生阅读之间形成“共生”效应，教师“肚子饱了”，学生“肚子也不饿”。

读书如吃饭，但并不是吃得越多越好。古希腊的哲学家亚里斯提说过，一位能够摄取必要营养的人要比吃得很多的人更健康。同样的，真正的学者往往不是读了很多书的人，而是读了有用的书的人。因此，我们每个人都要结合自己的实际，制定适合自己的读书食谱，这样，保证每天的阅读既有营养又有益于我们的健康，自然而然地就腹有诗书气自华。

《确定位置》的案例分析与教学反思

丁仰纯

一、教学理念

1. 生活中处处有数学，到处存在着数学思想

教师要善于结合教学内容去捕捉“生活现象”，利用捕捉到的“生活现象”引入新知，使学生对数学产生一种亲切感，觉得数学与“生活”同在，并不神秘，同时激发他们的学习兴趣。爱因斯坦曾说：“教育应当使所提供的东西让学生作为一种宝贵的礼物来领受，而不是作为一项艰苦的任务要他去负担。”“生活化”的数学是学生乐于接受的宝贵礼物。

2. 数学源于生活，寓于生活，又服务于生活

课堂教学不能受书本限制，教师找到教学内容在生活中的原型后，就应让它在生活中得到丰富与延伸。

《确定位置》一课具有很强的生活性，所以我定了这样的教学目标：

（1）能在具体情景中，根据行、列确定、描述物体的位置。

（2）在探索物体位置关系的过程中发展空间观念。运用所学知识和方法解决简单的问题，培养实践能力。

（3）在合作与交流的过程中获得良好的情感体验。

二、教学过程与意图

（一）创设情境，激趣启疑

同学们，我们每学期调换一次座位，这次你能向大家介绍一下你前后左右的同学是谁吗？（让两三名同学介绍，然后同学之间互相说一说。）

（从学生们都非常熟悉的学习环境入手来激发学生的参与意识，同时复习以前学过的知识，为学习新知识作铺垫。）

（二）置身情境，研究位置

1. 介绍自己的座位

（通过各种活动形式，加深学生对行、列的理解与认识。）

教师：学校要开家长会了，我们班要求家长坐在自己孩子的座位上，你应该怎样向家长介绍自己坐在什么位置呢？（同时揭示课题：位置。）

（请一两名学生介绍，然后同桌互相说说。）

学生：从左边数我坐在第×组，从前边数我坐在第×座，从右边数我坐在第×组，从后边数我坐在第×座。

（1）认识“行”。

教师：从前边数第二个座位上的同学起立，这些同学他们是怎样排成一队的？

学生：横着排的。

教师：像这样横着排成一队的，我们就说是一“行”，还可以说成是一“排”。（板书：行。）

教师：他们就是从前边数的第几行？第几排？

教师：从前边数第三行的同学起立，第五行、第八行起立……

第四行前边的同学向大家招招手，第六行后边的同学向大家笑一笑……

教师：第几行或第几排除了从前边数还可以从哪边数？

学生：从后边数。

教师：从后边数第二行的同学拍拍手，第九行的同学点点头……

（2）认识“列”。

[（教法同上）使学生在各种活动中加深对“列”的认识，同时体会到第几组或第几列可以从左、右两个方向来数。]

2. 介绍好朋友的座位

（创设问题情境，通过设计开放性问题培养学生思维的灵活性，发展学生的个性。）

教师：老师有一位好朋友，他每次上课都能认真听讲、积极思考，他现在就坐在第一列第二个座位上，大家来找一找他是谁？（这是一个开放性的问题，学生的答案很多，如下。）

学生：从左数第一列，从前数第二个座位。

从右数第一列，从前数第二个座位。

从左数第一列，从后数第二个座位。

从右数第一列，从后数第二个座位。

教师：你们说得都很有道理，刚才是老师没有说清楚。他应该坐在从左数第一列，从前数第二个座位，现在你们能找到他吗？（找到后，该生站起和大家打招呼。）

教师（指着好朋友）：他的位置除了用刚才的语言来描述，还可以怎样来描述？

学生：从前数第二行，从左数第一个座位。

从前数第二行，从右数第六个座位。

从后数第八行，从左数第一个座位。

从后数第八行，从右数第六个座位。

（这一曲折寻找的过程，给学生留下了深刻的印象，水到渠成地完成了教学重点。）

教师：你还想和我们班的哪些同学成为好朋友？请你说出他的位置。（同学互说，然后点名说。）

教师：你能用更多的方法再说说自己的位置吗？（同学互说，然后点名说。）

教师：大家能用这么多的方法说出同一个位置，真不简单。其实在日常生活中人们为了便于活动，减少这些麻烦，总是习惯上把从哪边数看成是第一行？

学生：从前边数看成是第一行。

（三）实践应用，巩固拓展

1. 找电影院座位

（充分运用现代信息技术创设问题情景，使学生主动地融入问题中，通过自主探索、合作交流等学习方式，掌握“找电影院座位”的基本方法，并且通过学生的实践真正掌握这项本领。）

（1）创设情境。

（课件动画演示：星期天小明第一次自己去看电影。他买了一张 4 排 5 号的电影票，当他拿着票走进电影院时，发现有两扇门：“单号门”、“双号门”。小明看了看手中的票想：“我应该进哪扇门呢？”）（教师边演示边叙说情境。）

教师：谁能帮助他？（分组讨论。）

（学生回答后课件演示小明由单号门进入，看到电影院内有很多座位，他急了：“这么多座位我应该坐哪一个呢？”）

教师：谁能帮他找到座位？（小组讨论：先找到 4 排，再找 5 号。）

（2）模拟影院。

（事先在座位上贴好和电影院一样的号码，每个座位上有一张电影票。）

教师：座位上都有号码，仔细观察这些号码是怎样排列的。（分组讨论得出：从中间起左边是双号，右边是单号；中间的号码小，向两边逐渐变大。）

教师：请你们从座位上拿出电影票，排好队去找自己的座位。（学生们在门外自觉排队入场找座位，教师鼓励学生互相帮助。）

教师：请同学们互相检查自己是否坐对了。（请几个同学说出自己的座位号，其他同学检查。）

2. 介绍住所

同学们，家住楼房的请举手。谁来介绍自己住在哪儿？（表扬介绍详细的同学。住平房的同学介绍自己住在哪一条街、几号。）

（通过介绍住所，培养学生应用数学的意识。同桌互相介绍，在整个过程中同学们思维活跃，学习积极性高。）

三、课堂总结

同学们，这节课我们认识了“行”和“列”，它是我们确定位置的必要条件。大家说这节课的内容可以概括成哪四个字？

学生：确定位置。

教师：关于确定位置还有什么不明白的问题吗？（提问解答略。）

四、教学反思

这节数学课，我根据新课标的思想，精心设计了大量的让学生动手操作、用眼观察、动口表达、用心思考的小组合作学习的活动。学生始终在我创设的具体场景中轻松、愉快地学习。我觉得这节课做到了：

（一）密切联系生活实际，创设学习环境

学习生活中的数学是《数学课程标准》的重要精神，它强调数学与生活密切联系，培养学生学数学、用数学的意识。本节课由学生熟悉的实际生活空间切入教学，设计了“介绍自己的座位”、“介绍好朋友的座位”环节，以此吸引学生主动参与，使他们的学习与生活紧密相连，让他们在现实情境中学习数学，感受到数学就在身边，数学知识来源于生活。最后通过“找电影院座位”、“介绍住所”环节，培养学生运用所学知识解决实际问题的能力，使学生从中体会数学的价值。这样不仅可以增强学生的数学意识，而且可以坚定他们学好数学的信心。

（二）给学生提供生活化的学习内容

“数学的生活化，让学生学习现实的数学”是新课程理念之一。生活中的数学，必须依赖实践活动，使数学成为看得见、摸得着、听得见的现实，是有源之水、有本之木。所以我把数学知识融于生活，如在上面的案例中让学生说

出自己和朋友在教室的位置、在队列中的位置，让学生切实地感受到数学在教室里，在队列中，在自己身边，从而感悟出生活中处处有数学，生活中人人用数学，体会数学的社会价值，形成“人人学有用的数学，有用的数学应当为人人所学，不同的人学不同的数学”的学习风尚。

（三）遵从学生的原认知

新课标指出：“学习数学知识应从学生已有的生活经验和学生熟悉的生活情景出发，为他们提供观察和操作的机会。”本节课中“介绍座位”这一活动来源于学生所熟悉的生活空间。在日常的生活和学习中，学生对第几组、第几排已经有了初步的认识，并且初步掌握了一些找座位的简单方法，但存在一定的局限性、模糊性。为了让学生获得空间知觉，建立正确的表象，本节课先以班上学生的座位作为学习的素材，在学生原认知的基础上，引导学生把平时找座位的经验用于本节课的学习，同时也发挥了教师作为学习的组织者、引导者与合作者的作用，效果良好。

（四）发挥计算机功能，突破教学重难点

计算机进入课堂是社会发展的必然趋势。本节课为了解决“找座位的方法”等重难点，利用计算机课件演示“小明买票进场”创设问题情境，使学生主动地融入问题中，并通过自主探索、合作交流等学习方式解决难点，掌握了“找电影座位”的基本方法。在一系列知识准备完成之后，我从课件中电影院的画面回到实际中来，把教室模拟成电影院，放手让学生自己进场找座位。学生通过自己的实践，真正掌握了这项本领，完成了学习任务。在整个教学过程中，学生们思维活跃，学习积极性高。

（五）重视对学生的数学学习过程的评价

教学中，教师十分注重学生的情感与态度、知识与技能的形成和发展。有意识地为学生创设了良好的数学交流情景，鼓励学生发表自己的见解，使每个学生都有表现的机会，获得成功的体验。

对小学语文课堂教学语言的反思

方 杨

当前的小学语文教学中，教师重视教案和课件的设计，但往往忽略了语文课堂中最纯粹、最根本的东西——教学语言。当前的主流教学思想是大力倡导“将课堂归还给学生”、“学生为课堂主体，教师为课堂主导”等。但是，教学语言这一教与学的介质如果过于琐碎、冗长、呆板、华而不实的话，课堂教学质量势必遭受严重影响，提高课堂教学效率、减轻学生学习负担也就无从谈起。如何将课堂四十分钟的学习时间还给学生呢？也许，提炼课堂教学语言的准确性和有效性是其中的关键。

一、不做课堂“留声机”，让教学语言更简洁

参加工作以来，我旁听过的大大小小的公开课已经数不胜数，在汲取同行们课堂教学精华的同时，也时常为“留声机”这一现象所困惑。不知是为了肯定学生的回答，还是为了强调教学的重点，或是教师个人的语言习惯，一句话常常被重复好几遍。这种大量的无谓重复不仅压榨了课堂的教学时间，影响教学效果，而且让教师感觉很疲惫。

案例一：《桃花心木》

教师：听了种树人的一番话，使“我”非常感动。“我”从中得到哪些启示呢？

学生：不只是树，人也是一样，在不确定中生活，更能经得起生活的考验，锻炼出一颗独立自主的心。

教师：没错，只有在不确定中生活，经得起生活的考验，才能锻炼出一颗独立自主的心。这个“不确定”你是怎么理解的？

学生：是人所遇到的“不确定”，例如生病或学习、工作上遇到的困难。

教师：是的，人的“不确定”的确有很多，就像生病、下岗这些，那树所遇到的“不确定”又是什么呢？

学生：树所遇到的“不确定”是老天下雨算不准。

教师：没错，人和树都一样，常常是在“不确定”中生活。所以我们要

像桃花心木一样，勇敢地面对生活中的“不确定”，锻炼出一颗独立自主的心。

以上这一案例所暴露的问题就是语言重复。重复学生发言不会加强教学效果，反而是画蛇添足挤占了学生的时间。师生所扮演的角色似乎也颠倒了，以“学生为主体”的教学模式变成了“众星拱月”的舞台。如果教师的语言更加简洁、精炼，由学生自己朗读、质疑、提问、解答，效果不是会更好吗？

二、杜绝“填空式”教学语言，让课堂教学语言更完整

学生语言能力的学习，除了通过听说读写的训练外，还离不开“耳濡目染”，教师的教学语言正是小学生模仿的典范。作为教育工作者，我们常常会发现这样一个现象：如果教师的谈吐字正腔圆、条理清晰分明，那么这个班级的学生也一个个能言善辩；如果教师的书写端正得体，那么这个班级的学生的作业本一摊开肯定清秀悦目。也就是说，除了教师施教的内容，教师的教学方式也深深影响着学生。不可否认，诱导式的教学语言是课堂教学的重要手段之一，但如果“填空式”的教学语言充斥课堂的话，将会严重干扰学生形成正确的语感。

案例二：《北京的春节》

教师：春节是我国民间最隆重、最热闹的一个古老传统的节日，北京的春节更是热闹非凡，家家户户都洋溢着喜庆的节日气氛。老舍先生的笔下，重点叙述了——

学生：腊八、除夕、元宵。

教师：腊八来临，各家都要——

学生：熬腊八粥、泡腊八蒜。

教师：除夕夜，各家都要——

学生：做年菜、穿新衣、贴对联、放鞭炮、吃团圆饭和守岁。

教师：元宵上市，春节的又一个高潮到了。家家户户都——

学生：看花灯、放花炮、吃元宵。

以上这一案例中的“填空式”教学语言常常在低年级的语文课和新教师的公开课中出现。整个课堂表面上看是一唱一和、热闹非凡。实际上，学生只零碎地掌握了“北京的春节”各个时间段的习俗，对语言的组织和表达却没有得到锻炼。在这一个环节中，可以把班级分为若干小组，通力合作填写下列

表格，再由各小组选派代表进行汇报。这将对学生的协调能力、逻辑思维能力及语言表达能力有显著的促进。

时间	风俗习惯
腊月初八	
除夕	
元宵	

三、避免“演员式、主持人式”教学语言，让教学语言返璞归真

大概受电视里铺天盖地的娱乐节目和谈话节目的影响，不少教师一踏上讲台就“技惊四座”，夸张的肢体动作，煽情的教学语言，一节课由始至终学生情绪高涨。这种强势、密不透风的教学方法，让旁听者都有一种“被压迫”的感觉，课堂上的学子们更是无所适从。如果这是一档“脱口秀”节目，那应是相当不错的，但放在课堂这样一个传承知识、交流思想的时间与空间中却显得格格不入。

案例三：《跨越百年的美丽》

学生：这点美丽的淡蓝色的荧光，融入了一个女子美丽的生命和不屈的信念。玛丽的性格里天生有一种更可贵的东西，她坚定、刚毅、顽强，有远大、执着的追求。这种可贵的性格与高远的追求，使玛丽·居里几乎在完成这项伟大自然发现的同时，也完成了对人生意义的发现。

教师：对，正是这个句子。读了这个句子，你看到了一个怎样的居里夫人？

学生：坚定、刚毅、顽强，有远大、执着的追求。

教师：太对了！同学先别坐下。你所读的是居里夫人那可贵的性格与高远的追求，那你能将这位具有美丽的生命和不屈的信念的女子带到我们眼前来吗？请你再读一读。

学生：她坚定、刚毅、顽强，有远大、执着的追求。这种可贵的性格与高远的追求，使玛丽·居里几乎在完成这项伟大自然发现的同时，也完成了对人生意义的发现。

教师：是的，就是这样一位女子，用她柔弱的肩膀，扛起了探索放射性金属元素这一重任，不顾自己的青春容颜在实验室中渐渐消退，不顾社会各界对

女性科学家投来的有色眼光，甚至不顾那一吨工业废料是否真的能提炼出想象中的放射性元素……就让我们怀着崇高的敬意再次朗读这一段。

学生：……

教师：读得真好。这是一位伟大的科学家，这是一位坚强的女性，这是一位不向命运屈服的科学斗士。

以上这一案例，教师为了让学生体会居里夫人对“人生意义的发现”，迟迟不进入主题，而是不断渲染、铺垫。表面看起来光芒四射，但在这个光芒下却反衬出学生的被动与无奈。学生们无法用自己的语言流利地反馈自身的感知，即使个别学生作答，语言也被反衬得生涩、苍白。因而，教学语言不必冗长，也不必华丽，只要能够准确恰当地表达出该表达的意思就行。从这一点来说，不善言辞的教师更有魅力，因为他们懂得多说、浮夸都无益，准确简明才是硬道理。

课堂的教学是一种艺术，是一种思考、交流、反馈、总结的过程。如果把课堂当成一幅画，那教师就是画笔，教学语言就是蘸在笔上的颜料。轻轻地勾勒，轮廓初现，剩下的色彩任由学生自己增添，一幅幅别具特色的画面就会逐渐呈现；而酣畅淋漓地挥毫泼墨，即使是“曹衣出水，吴带当风”之作，但留给学生的，只有那可怜的丝丝缝隙了。

新课程改革引发的教学行为变化

郭永波

《数学课程标准》重视引导学生在自身的生活经验和已有知识中学习数学和理解数学，指出："数学教学必须从学生熟悉的生活情景和感兴趣的事物中提供观察和操作的机会，使他们感受到数学就在身边，感受到数学的趣味和作用，对数学产生亲切感。"

在新课程改革实验中，围绕"从生活中引入知识，将知识还原于生活"实施教学攻坚，提出：数学教学要想方设法让学生感受到数学的趣味性和应用价值。数学教学过程要充分把数学和学生的实际联系起来，让数学贴近生活，要结合学生的生活经验和已有的知识来设计富有情趣和意义的活动，让学生切实体验到身边有数学，用数学可以解决生活中的实际问题，使学生对数学产生亲切感，增强学生对数学知识的应用意识，培养学生的自主创新能力。新课程改革实验使教师的教学行为发生悄然变化，"从生活中引入知识，将知识还原于生活"在数学教学中得到充分体现。"数学教学生活化"的研究使我真切地感受到源于生活的数学的价值与魅力，给教学改革带来新气象，教师的教学行为发生明显变化。

1. 重视挖掘生活化的教学内容

《数学课程标准》指出，数学教学必须注意从学生身边的生活情景和学生感兴趣的事物出发，为他们提供参与机会，使他们体会到数学就在身边。现行人教版新课程实验教材重视教学与现实世界的密切联系，提供了现实的、有趣的、富有挑战性的学习内容，如商店购物、货物装车、体育锻炼、集体租船、公园购票、收集数据等，许多例题都创设了有趣的生活情景，引出数学知识。如一年级教材创设了许多生活中的情景，学生通过看图观察，有顺序地"数"；二年级下册创设"学生入学测量体重"这一情境，引导学生学习"统计"，学完统计的知识后再让学生统计本班同学喜欢吃的各种蔬菜。这样的教学内容可使学生带着浓厚的兴趣主动地参与新知识的探索，学生自然对数学有一种亲切感。

在数学教学中，教师以多方面"找"数学素材和多让学生到生活中"找"数学、"想"数学，使学生真切感受"生活中处处有数学"。例如，在教学

“百分数（或分数）应用题”时，教师会根据本班中男、女生的人数和全班总人数之间的关系设计练习。又如有的教师在教学“万以内数的读法”的前一天，布置调查作业，请同学收集日常生活中常见的万以内的数，学生从报纸、杂志、网络等媒体中发现了许多万以内的数，在课堂上首先让每个学生就他们找到的数在小组内交流，然后每组选择两个最喜欢的数写在黑板上，接着请同学们对黑板上的数进行分类，学生很快便分出了四类：没有0的数、中间有0的数、末尾有0的数和中间末尾都有0的数。这样，将教材中枯燥、缺少生活气息的题材改编成学生自己找到的活生生的数，从而激发他们学习数学的兴趣，提高应用数学的能力。

2. 重视创设生活化的教学情境

儿童数学学习的特点与成人不同，数学是他们对自己生活经验中数学现象的一种解读或升华。《数学课程标准》中指出：“数学教学是数学活动，教师要紧密联系学生的生活环境，从学生的经验和已有的知识出发，创设生动的数学情境……”教学时教师如果采用他们喜闻乐见的素材，他们便会感到亲切、实在、有趣、易懂。三年级的教师在教学“积的近似值”时，制作一学生到商店买商品的对话情境课件，学生提出“每千克10.52元的什锦糖，买3千克”，营业员说“请付31.6元”，学生问“不是应付31.56元吗”。课件至此，其他学生也纷纷提出同样的疑问，此时，教师再引出学习内容。用发生在学生身边的生活化情境引出教学内容，使学生体会到数学就在身边，对学习不再感到枯燥乏味，对数学产生亲切感，有效地激发了学生的求知欲，调动起他们学习数学的积极性。

3. 重视研究生活化的教学过程

“探索发现的，是充满生命的活知识，是知识之源，是发展之端；而灌输授予的，是孤立静止的死知识，是知识之终，是发展之末。”新课程标准下的小学数学课堂不再是单纯地教给学生知识，也不再是简单地向学生说明“我们今天要学什么”，而是让学生在学习中把知识当作一种现象、问题去研究，经历观察、思考、讨论、合作甚至争辩、动手实践等过程后构建知识，而后再发现自己学会了什么、掌握了什么。如学完了“时、分、秒”，让学生判断“时针、分针、秒针重合时只有12时”，此时有不少学生有这样的想法：“1到12时都有重合的时候。”他们举出的例子是：“1时5分，时针指着1，分针也正好指着1。”教师知道学生们忽略了1时5分已过了1时，此时时针会偏离1一点点，这时教师不急于把结果告诉学生，而是让他们拿出钟表，自己动手拨一拨、看一看、想一想、说一说，从而亲自验证这句话的正误。又如在教学三角形、长方形、正方形和圆形的认识时，教师借助多媒体辅助教学，出示平时生活中常见的课桌、书、红领巾、皮球等实物，然后课件再隐去实物留下角、三角形、长方形、正方形和圆形等几何图形，让学生发现这些图形原来就在我们身边。这样的教学过程从内容上看是生活化的，从方法上看是活动化的，从过程上看又是具有研究性的。

4. 重视运用知识解决生活问题

《数学课程标准》指出："教师应该充分利用学生已有的生活经验，引导学生把所学的数学知识应用到现实生活中去，以体会数学在现实生活中的应用价值。"现行教材中安排了"生活中的数学"、"数学广角"、"解决问题"、"实践活动"等内容，就是将实际生活搬到课堂上，通过教师精心设计的活动，让学生从熟悉的生活实践中，真真切切地体验和感受到生活中处处有数学，如买菜时的估算、人民币的使用、搭配和选择等策略活动，引导学生有序地思考，提高解决问题的能力，渗透应用数学的意识。又如学习了有关时间的知识后，在生活中的应用更广泛，可记录自己穿衣、刷牙、吃早饭、整理书包等的时间，可制定每天的作息时间表，也更加了解自己喜欢的电视节目开始和结束的时间等，既让学生感受数学知识的应用，又可以培养学生合理安排时间的习惯，渗透惜时的教育。

除了充分利用教材编排的内容外，每教学一个知识点，教师们都会编出一些实际应用的题目让学生练习、思考，培养学生运用所学知识解决实际问题的能力。数学在生活中的应用是很广泛的，如教学三角形的稳定性后让学生解释：为什么房顶要架成三角形的？木工师傅帮同学们修理课桌为何要在桌脚对角处钉上一根斜木条？教学平行四边形的特性后，请同学说明：为什么拉栅门要做成平行四边形的网格状而不做成三角形状？教学平行与垂直后指导学生发现：跑道为什么要做成平行的？通过解释一些生活现象，使学生更深地感受到数学与现实生活的密切联系。另外，要让学生运用数学知识解决实际问题，如在统计的初步认识教学中，让学生搜集自家几个月用水的情况，通过收集、描述、分析数据的过程，得出自家用水是否合理的判断，并作出今后用水情况的决策。既渗透了环保教育，又使学生感受到数学知识的应用价值，逐步培养学生的应用意识和解决实际问题的能力。

在实践中我体会到，只有将数学教学与现实生活紧密联系起来，体现数学源于生活、寓于生活、用于生活，构建生活化的数学课堂，让数学教学充满生活气息和时代色彩，才能真正调动起学生学习数学的积极性，切实地提高学生学习数学和应用数学的能力，才能培养出一批具有较高数学素养、真正适应未来社会需要的人才。

飞出“手心”的创作，彰显未预约的精彩

——浅谈作文教学中如何让学生“有话可写”

何枋丹

一、缘起

写作教学是小学语文教学中一项非常重要的内容，也是教学工作中的一个难点。“教师怕教作文，学生怕写作文”成了当前小学写作教学中的普遍现象。许多孩子轻松愉快、一气呵成写就的日记或书信，用文学的标准看就是一篇不错的散文。但他们在完成教师布置的作文时，情形却变了，他们搜肠刮肚，内心的苦思冥想不是互相打架就是顾此失彼，曾经轻松的笔顿时重得难以握起，作文难免“空话、大话、套话”连篇。作为语文教师的我，曾经苦恼、迷惘过，但我一直未曾放弃探索如何让学生明确“我要作文”而不是“要我作文”。一次偶然的机会，我运用我的教学智慧指导学生写作，收到了意想不到的教学效果，让我的写作教学有了“山重水复疑无路，柳暗花明又一村”的感觉。

二、叙事

三年级是小学作文的起点，也是作文教学的一个难点，记得我第一次布置的作文是：抓住自己的特点向同学和老师介绍自己。我们班的杨立同学一共写了两段话，第一段是“我叫杨立，是个男孩，今年十岁”。第二段是“我的爱好是跑步，缺点是字写得不好”。看看其他孩子的作文，也是写了简单的几段话。

如何让学生的作文“有话可写”呢？我陷入了沉思。其实，教学是需要智慧的。教学智慧是教师个体在教学实践中，依据自身对教学现象和教学理论的感悟，深刻洞察、敏锐机智并高效便捷地应对教学情境，从而生成融通共生、自由和美的境界的一种综合能力。新时代呼唤教学智慧和智慧型的教师，智慧地教、智慧地学，才能使学生更有智慧。我想，不妨巧用教学智慧，尝试运用新的教学方式来提高学生的写作水平。

我们班学生最大的特点就是爱说话，不过是在下面说“悄悄话”，想起他们在作文课堂上那无精打采、愁眉苦脸的样子，到底该怎样调动起他们的兴趣

呢？其实我自己觉得作文并不难写，只是把你自己的真实感受写出来而已，为何孩子们觉得作文如此难写，还抱怨说“老师，我真的没什么可写的，我无话可说呀”呢？

“报告老师，我有个问题想问您！”

一个稚嫩的声音打断了我的思绪，原来是我们班的“调皮鬼”林跃，这个机灵鬼平时点子最多，看看他今天又想来干吗。“什么问题呢？”我微笑着摸摸他的头。

“老师，您能不能告诉我您的QQ号码？”他那会说话的眼睛骨碌骨碌地转着，看来他一定想到了我不会轻易告诉他，正想什么办法呢！

“老师可以告诉你，不过你得告诉老师，你要这个号码来干吗？”看着他一本正经的样子，我不想太快拒绝他。

“我建了一个我们301班的‘聊天群’，想邀请老师加入。我，我知道我们小学生不能沉迷于上网，不过我建这个群是有益处的，平时大家课余或者节假日可以上网聊天，学习上有什么困难也可以互相帮助，如果老师您也加入我们这个群，不仅可以监督、引导我们往好的方向发展，还可以了解我们，和我们成为更好的朋友呢！”他说完习惯性“嘿嘿”地笑着。

看他说得头头是道，仔细分析还真有点道理，于是我把我的QQ号码告诉了他，当天晚上我发现我已经被拉入了301班的QQ聊天群。在聊天群里，孩子们似乎有说不完的话，原来他们的内心世界是如此丰富多彩，这是我和许多教师都未曾涉足的世界。看着他们饶有兴趣地聊天，我也加入了他们。我发现自己和孩子们似乎也有说不完的话，这是我从教以来和学生的心灵走得最近的一刻。

我忽然眼前一亮，原来聊天可以激起他们的兴趣，激活他们的思维，习作课我何不用聊天的方式来进行？突来的意外收获让我高兴得一夜辗转难眠。第二天的作文课，我一改往日眉头紧皱的样子，迈着轻快的步伐来到了教室，也许是我的这种良好状态感染了学生，也许是昨晚与他们心灵的近距离接触，今天的他们仿佛也和往常不同，异常地精神抖擞。我微微一笑说：“同学们，你们喜欢聊天吗？”

“喜欢！”伴着这响亮的回答，学生的眼睛都瞪得老大。呵呵，他们还真不知道老师的葫芦里卖的是什么药呢！

“好，那今天我们就进入聊天室聊个够，想怎么聊就怎么聊，怎么样？”

“耶——太好了！”

“那我们要先给聊天室起个名字，然后围绕名字聊天。”顿时，教室里热闹起来，同学们争先恐后地喊着自己起的名字：“有趣的世界”、“欢乐园”、

“无忧谷”、“友情的港湾”……

学生的兴致如此高，我从内心感到高兴，我没有像平时那样打断学生，任由他们的小脸喊得通红，任由他们的笑声淹没了我的声音，平时觉得吵闹无比的声音，今天听来却是那么悦耳。我在心里偷着乐，这就是我期望看到的结果。经过讨论，我们决定进入“我喜欢的人”聊天室。

我把学生分成几个小组，以小组为单位聊这个话题。我在学生身边巡视着，看着他们眉飞色舞、指手画脚的样子，听着他们滔滔不绝、口若悬河地讲述，我感觉到他们智慧的火花在迸射、闪耀……

有学生说：“我喜欢我的表妹，她长得胖胖的，白白的，最有意思的是她的那双手，胖得像两只小猪蹄……”“哈哈哈哈……”同学们开心的笑声充满了整个教室，我知道这个平时被我认为是“金口”的孩子，经过了今天的锻炼，她的收获一定很多。

最让我感动的是杨立口中的我：“有一次，何老师正津津有味地讲课，我的手痒了，便在课桌底下玩起了玩具。没想到被老师发现了，我想这下可完了，老师的批评一定免不了，我多想找一个地缝钻进去，好躲过这场灾难。但老师只是用余光瞥了我一下，不动声色地继续讲课……”

学生谈的内容五花八门，有的说爸爸，有的说小伙伴，有的说老师。对人物的刻画真实自然，虽然没有什么妙词佳句，但他们的态度是认真的，内容是真实的，表达了发自内心的真情实感。今天我有机会真正走进了学生的内心，倾听到他们最真实的表白。我深深地被感动了，因为学生的创作灵感已经飞出了我的“手心”……

下课了，学生兴致未减，我趁势说：“大家今天聊得高兴吗?”“高兴！我们还没聊够呢……”我微笑着对学生说：“没聊够没关系，你把你想聊的内容写下来不就行了？如果把你们聊天的内容写下来，就是一篇很好的文章。你们有信心把聊天的内容写出来吗?”“有!”声音是洪亮的，他们对自己充满了信心。

是啊，作文不就是把嘴上说的话写在纸上吗？聊天室进课堂，把学生带入特定的情境之中，使学生的情感得到激发，不吐不快。有兴趣的学习必将事半功倍，相信我的学生一定会喜欢上作文的！

三、我的思考

1. 创设情景，明确“我要作文”而不是“要我作文”

写作教学是小学语文教学中一项非常重要的内容，针对学生害怕写作文，提笔就抓耳挠腮、冥思苦想的情况，我们教师应该运用教学智慧引导学生进入特定的情境之中，使学生的情感得到激发，不吐不快。

叶圣陶先生曾经说过："生活如泉源，文章犹如溪水，泉源丰富而不竭，溪水自然活泼地流个不歇。"作文教学首先应为学生创设良好的自主学习的环境，帮助他们树立本体意识，帮助学生挖掘生活中积累的素材，让学生明确是"我要作文"而不是"要我作文"，这是区分主动作文与被动作文的重要标志。大量的成功作文，经常是"我要作文"的宠儿而不是"要我作文"的产物。

一个"成功"的课堂，一个"精彩"的课堂，更多的来自教师的教学智慧。在某些忽然来到的美妙的瞬间，常会灵思涌动、妙语连珠，尽管这时只有三言两语，却依然能够激起"我要作文"的强烈冲动；而随着美妙瞬间的悄然逝去，"我要作文"的强烈冲动也会烟消云散。因此，教师要提醒学生及时把握这些在美妙瞬间涌起的写作冲动，哪怕是点滴灵思、几行妙语，也应不失时机地将它们记录下来，这是大有益处的。因为在以后的学习生活中，也许会碰到与这些灵思妙语相关相承、相得益彰的人和事或景与物。到那时，孕育已久的思想火花就会在人和事或景与物的撞击中升腾起来。

2. 不失时机地抓住教学契机，运用教学智慧彰显课堂精彩

课堂是一个点燃奇迹、创造奇迹的地方。在作文教学中，我重新认识了自己的学生，同时充分感受到了教师身上蕴藏着无穷的教学智慧。而如何抓住这神奇的智慧和力量，引导学生享受教学的乐趣，是教师必须去思考的。在教学中，如果教师善于捕捉学生的闪光点，果断抓住教学契机，将会使得教学的有效性更加突出。因此，在教学中，我要求自己要灵活施教，随机应变，善抓"教学契机"，力求在教学中充分调动学生的积极性，激发其学习的兴趣。在本节作文课中，我的目的在于引导学生如何突出人物形象，学生在聊天中对人物的刻画正是我想要的。我想，正是教学智慧，激发了学生学习的兴趣和潜能，让课堂变得如此令人期待。课后和学生讨论起这节课，学生普遍反映这节习作课给他们的印象很深，尤其是突出人物形象这一点在他们的脑海中留下了很深的印迹，本节习作课收到了意想不到的效果。

在今后的语文教学中，我要巧用教学智慧，关注教学契机，抓住契机中的闪光点，给学生一个表达的机会，一个自由思维的时空，引领学生在意外中"自主学习"，积极思考对策，合理解决问题，让学生在自己的实践中闪光。或许这些未曾"预约"的精彩会给我们带来更多意外和惊喜，让学生收获更多！

（本文获2008年潮州市小学语文教学反思、教学叙事、教学随笔评比活动三等奖，同时获得2008年湘桥区小学语文教学反思、教学叙事、教学随笔评比活动二等奖）

《克和千克》教学反思

陆 畑

小学数学二年级下册第六单元《克和千克》是在学生对日常生活中的质量概念有了感性的认识，建立了初步的质量观念的基础上进行的教学，也是学习“吨的认识”的前提和基础。在日常生活中，学生对物体的轻重已经有了感性认识，但大部分学生对质量观念还比较淡薄，况且物体的质量不像物体的长度那样直观、具体，很难靠眼睛观察得到，所以本单元知识对于二年级的学生来说有些难度。

根据《数学课程标准》的要求，遵循儿童的认知规律，结合教材特点，我确立了以下教学目标：

知识与技能：在具体的生活情境中，使学生感受并认识质量单位“克”和“千克”，初步建立1克和1千克的观念，知道1千克＝1 000克。

过程与方法：使学生学会估量的方法，知道用秤称物体的方法。

情感态度与价值观：在感知体验活动中，培养学生估量物体质量的意识及小组合作意识。

其中，使学生感受并认识质量单位“克”和“千克”，知道1千克＝1 000克是本节课的教学重点。建立1克和1千克的观念则是本节课的教学难点。

我在教学中以情境教学法为主，结合学生好动、好玩、好奇心强的特点，创设学生喜欢、熟悉的生活情境、活动情境，让学生充分去感受、发现，获取新知，同时还采用启发式教学、直观教学等教学方法，既突出了教师的主导作用，又充分发挥了学生的主体性。

为了更好地突出学生的主体地位，体现并优化多样化学习方式，在学法上我采用了让学生掂一掂、说一说、估一估、称一称等多种形式的活动，让学生积极动手、动口、动耳、动脑，在这种主动参与、自主探究、合作交流的过程中感悟新知。

具体做法如下：

一、突出数学与生活的紧密联系

1. 创设情境，激发兴趣

数学来源于生活。有效的数学活动应建立在学生已有的生活经验上。所以在课堂上我一开始就创设了学生非常熟悉的“逛超市”的情境，激发学生的学习兴趣，调动学生参与课堂活动的积极性。接着我出示两包大小不一的物品，提问学生：“这是小红陪妈妈逛超市时买的两样食品，猜一猜，哪袋轻，哪袋重?”让学生凭直觉任意猜测，然后引导学生探究“有什么好办法可以检验”，最后学生发现：要知道物体的轻重，可以用秤来称。

这个环节通过“猜一猜”的活动，让学生在实践中明白用眼睛观察或用手掂一掂并不能准确判断物品的轻重，用秤称一称才能准确知道物品的轻重。然后通过师生交流“表示物品有多重，用什么做单位”来引出课题：“克”和“千克”。

我通过创设熟悉的生活情境使学生感受到“克”和“千克”的知识是真实的、亲切的，在我们的生活中，为学生学数学建立了充足的信心。

2. 走进生活，发现数学

在教学的过程中我同样注重把数学学习与学生的日常生活紧密地联系起来，使学生“学有价值的数学”。“克”是一个较轻的质量单位，要结合实际让学生充分感受。在认识“克”之前，我先让学生了解生活中常见的几种秤，先让学生说一说在日常生活中在什么地方见到过这些秤，使学生感受数学与日常生活的紧密联系。其中重点认识天平、盘秤、电子秤，为下面的学习奠定基础。

当学生对质量单位“克”有了初步的认识之后，接着我让学生找一找、说一说生活中有哪些物品的质量大约是1克，学生结合自己的生活经验，会说出“一颗图钉、一枚队徽、一个乒乓球”等答案。我继续鼓励学生积极动脑，联系生活实际，思考“还有哪些物品的质量以克为单位”。学生通过不断地探究，不断加深对“克”的感受，明确“克”在实际生活中的重要作用。

而认识了“克”之后，我再引导学生思考“还有哪些物品的质量以千克为单位”。有的学生会说出自己的体重，也有的学生会说出家里的大米、洗衣粉等物品。在我的引导下，学生进一步走进数学生活，体验生活数学。

二、关注过程体验，重视引导学生自主探究

1. 运用多样化学习方式建立1克和1千克的表象

在教学的过程中，我让学生通过“称、掂、找、说”四个层次，来认知

“克”是用来表示比较轻的物体的质量的单位。学生通过用天平称出1克的2分硬币，再用手掂一掂，充分地体验1克到底有多重。接着我让学生找一找、说一说生活中有哪些物品的质量大约是1克。在教学“千克”中，我继续给学生提供充分的机会，让学生积极、主动地去建构知识。我拿出准备好的一袋重1千克的盐，让学生动手称一称、掂一掂，初步感知1千克物品的质量。接着，我又鼓励学生自己动手，小组合作称出质量约为1千克的苹果，再相互交流大约几个苹果的质量是1千克，放在手中再掂一掂，从而把抽象的质量单位与熟悉的实物结合在一起。在我的引导下，学生通过主动探究、合作交流，明确了在生活中较轻物体的质量可以用“克”来做单位，较重的可以用“千克”做单位，从而掌握“克”和“千克”在生活中的运用。

在这个环节中，我引导学生在观察、思考、动手操作中自主发现“克”与“千克”的知识，使学生既掌握了新知，又感受到了成功的喜悦，真正成为数学学习的主人。

2. 小组活动拓宽学生的体验空间

在教学中，教师要发挥学生学习的潜能，调动多种感官积极参与，拓宽学生的体验空间。在“巩固深化，应用拓展”环节，我让学生分小组进行活动，拿出准备好的各种常用的物品，先猜一猜，再称一称，然后交流活动结果。

这项活动调动了学生的参与热情，使学生在轻松愉快的氛围中掌握所学知识，从而感受数学在生活实际中的运用。

在整节课的教学中，我借助多媒体课件辅助教学，创设符合低年级学生年龄特点的问题情境，激发学生的学习兴趣。通过学生的动手实践与合作交流，自主探索“克”和“千克”的知识。让学生在活动中掌握新知、运用知识，使学生真正成为数学学习的主人，使课堂充满生机活力。

第二节 基于“教学设计”的教师专业发展

《畅游韩江》教学设计

黄桂丽

教学内容：将纵横汉字输入法综合应用于中年级学生的词、句、段学习。

教学对象：小学四、五年级学生。

教学准备：将纵横汉字输入法、教师 CAI 辅助课件、学生配置的学习课件、自制船票若干张、自制礼品若干份。

教学类型：中年级学生的词、句、段学习。

教材分析：本课将“畅游韩江”这一活动情境的创设、感染、激发和优化贯穿于整个教学过程，引发学生参与活动的兴趣，内容贴近学生已有的生活经验，结合学生实际认知水平，教师以引领者的姿态与学生共同活动，并在活动中启发学生自主模仿与创新，力求在体验参与过程中自主学习、自主发现、自主发展，最大限度地挖掘学生的潜能，利用课堂教学资源，合理运用肢体语言，以情境的再现引发兴趣，达到参与活动和身心愉悦的目的。

学情分析：这是针对小学中年级学生设计的一节语文课外综合学习课。学生对象为四、五年级的小学生，此阶段的学生能熟练运用已学的信息技术基础技能和校本教材（纵横汉字输入法）的基本知识，自主录入学习的词、句、段，基本形成运用信息技术进行语文学习的习惯。此外，中年级学生已经掌握了一定量的词汇，也具备了一定的分析能力，但仍局限于表象的分析，这就要求本课的教学着重于引导学生整理知识，形成作品。

教学设想：这是为小学中年级学生创设的一节纵横汉字输入法综合应用课。课堂中积极创设贴近生活的情境，借助纵横汉字输入法自然地把学生引入汉字、词语及文章的学习，从而帮助学生积累语言，提高语文能力，最终实现提高学生语文素养的目标。

教学目标：

1. 知识与技能

（1）能运用纵横汉字输入法的取码特点，辨别、学习新字词；

（2）能熟练掌握纵横汉字输入法的录入，提高打字速度；

(3) 能将纵横汉字输入法各知识点巧妙运用于创作中；

(4) 能大胆发挥想象力，创作属于自己的诗歌或文章；

(5) 能更进一步了解潮州文化。

2. 情感、态度与价值观

(1) 强化学生的手脑并用，发展学生的实践能力；

(2) 激发学生的创作欲望，培养学生的创新精神；

(3) 提高学生对美好事物的审美情趣和表达能力；

(4) 培养学生友好学习、交流互助的学习态度；

(5) 强化学生热爱家乡、建设家乡的责任意识。

教学重点、难点：

(1) 加强学生对纵横汉字输入法知识点的应用能力；

(2) 挖掘开发学生创作文章或诗歌的能力。

教学过程：

教学环节	教师活动	学生活动	设计意图	课件辅助
创设情境，激趣引入	导游：游客朋友们，大家好！欢迎诸位来到“潮文化”的发祥地，国家历史文化名城——潮州。今天将由我带领大家一起游览我们潮州的母亲河——韩江，观赏韩江两岸美丽的人文景观，领略其中的潮文化。	边看屏幕边听导游词。	以旅游观光的形式使学生愉悦地投入课堂学习中（引出课题：畅游韩江）。 渲染轻松愉悦的意境，激发学生强烈的学习欲望	播放CAI课件的引入部分（潮州各风景名胜剪辑片断，导游旁白）。

（续上表）

教学环节	教师活动	学生活动	设计意图	课件辅助
学习新知	一、购票登船 （1）导游：游客朋友们，现在我们要购票登船，可是售票员给我出了个难题，你们能不能帮助我解决呢？ （2）出示题目。 题目：寻找票根上纵横数字对应文字的船票。 如：票根上数字为(097133)，对应船票上文字为（乘风破浪） 二、乘船游览 （1）导游：游客朋友们，你们看，韩江两岸风景如画，这边有新建成的金山大桥，它身姿挺拔，是目前国内同类桥型跨径最大的桥梁。 那边北阁佛灯依山傍水，自下而起，高低错落，雄伟壮观。“折地河声奔足底，脱天峰影落城头。”这两句诗就道出了北阁佛灯的气势。 快看，这就是我们的湘子桥。民谣唱曰：“到广不到潮，枉费走一遭；到潮不到桥，白白走一场。”湘子桥是国家重点文物保护单位，也是世界上第一座启闭式桥梁，与赵州桥、洛阳桥、卢沟桥并称中国四大古桥呢！	学生积极响应。 运用纵横汉字输入法，寻找自己的船票。 学生对号入座，静心观赏韩江两岸风光，聆听讲解。	将不同的成语做成不同的船票，让学生从娱乐中掌握成语，增加语言积累。 观看片断，聆听讲解，使学生进一步了解潮州文化。	打开课件中“购票登船”环节，在对应的票根上输入船票上正确的文字就可得到（不同的船票隐藏着不同的成语）。 打开课件“乘船游览”环节（景点片断，导游旁白）。

（续上表）

教学环节	教师活动	学生活动	设计意图	课件辅助
学习新知	游客朋友们，今天你们正好赶上第一届“湘子桥杯”现场征文比赛，只要献上一篇关于湘子桥的美文，获奖就可以得到奖品喔。你们有兴趣吗？	学生兴趣高涨，跃跃欲试。		
	（2）欣赏湘子桥景点片段，引导学生感觉湘子桥的美。		让学生感觉美，从而进一步抒发美。	
	（3）谈谈你看到的、想到的。	让学生初步把构思形成口头语言说出来，为创作作准备。		
	（4）创作美文（文体不限，要求把自己船根和船票上的词语运用于美文中）。	运用纵横汉字输入法把口头表达变为文字，创作一篇自己的文章或诗歌。	提高学生对纵横汉字输入法的综合应用能力和写作水平。	学生打开“湘子桥杯”征文写字板，创作过程配音乐背景。
	（5）分享作品。让学生自由到课堂各个角落交流创作的作品。	学生离开座位，自由交流。	实现培养学生之间友好学习、交流互助的目的。	
	（6）展示点评学生作文，充分肯定其优点，同时特别鼓励学生的想象力。	自由推荐自己或他人的作品，学着评价和欣赏。	师生共品新创的文章或诗歌，共同欣赏美。	转播受点评学生的作文给全班学生。

（续上表）

教学环节	教师活动	学生活动	设计意图	课件辅助
	（7）评选获奖学生，颁发奖品。		肯定学生的学习成果，表扬鼓励，提高学生的自信心和创作热情。	
学习新知	三、美化韩江 （1）导游：再过三分钟我们就会到达凤凰洲公园了，这是一个建于韩江中的美丽公园…… 小游客：咦……导游，江面上漂浮着什么啊？ （发现江面漂浮着一层垃圾，破坏韩江景观）	学生发现问题，提出问题。		打开课件“美化韩江”。
	（2）导游和游客朋友们谴责这种不道德的行为，迫切希望还韩江一个清洁美丽的环境。			
	（3）导游说明清理方法，大家一起动手。 方法：每人一个垃圾袋，请将与垃圾袋上首数字相同的垃圾捡起来。 如：垃圾袋首数字为0，垃圾有070401（身体力行）、009481（饮料瓶）、879403（塑料袋）等。 导游：游客朋友们，谢谢你们，让我们的母亲河恢复了往日的干净美丽。	学生动手清理江中垃圾。 运用纵横汉字输入法，清理江面上的垃圾。	让学生感受到这些不文明的行为对环境的重大影响，进而培养自身爱护环境、保护环境的好习惯。	根据垃圾袋首数字，在课件中输入相应的纵横汉字输入法词语，即可回收垃圾。

（续上表）

教学环节	教师活动	学生活动	设计意图	课件辅助
归纳总结	四、满载而归 导游：韩江两岸风景如诗如画，今天我们畅游其中，领略了潮州人文景观的风采，同时为美化韩江献出了绵力，希望这期间能给大家留下美好的回忆，也希望下次大家能再会潮州，再会韩江。	聆听导游的寄语，感受本节课学习的成果。	末尾依旧渲染着浓厚的潮州文化气息，让学生更深刻感受到家乡美，增强建设家乡的决心。	打开课件“满载而归”环节（播放潮州本土音乐《潮州有座广济桥》）。

板书设计：

畅游韩江

船根　　船票

（本文获中央电化教育馆“十一五”全国教育技术研究重点课题“珠江三角洲地区中小学信息资源应用模式与绩效研究”项目2008年经验交流会优秀成果三等奖）

《寻找海底的星星》教学设计

钱瑞扬

教学设想：本课是一节由纵横汉字输入法切入小学生识字学习的应用实验课。本课以“寻找海底的星星”这一充满童话色彩的故事作为线索，创设“水草钥匙”、“贝壳朋友”、“密码小鱼”、“海龟地图”等各种有趣场景，有机地将汉字、词组的学习嵌入其中，让学生快乐地认识生字，同时注重培养低年级学生的美好品德。

教学目的：

（1）利用纵横汉字输入法四角取码的优点更快、更易地掌握汉字特点；

（2）学会用纵横汉字输入法同码多字的优点，举一反三，认识更多的形近字；

（3）掌握使用纵横汉字输入法学习辨别各类词组的方法；

（4）鼓励学生的个性化思维，从而培养其善于自主探索问题、解决问题的能力。

教学重点、难点：

（1）引导学生利用纵横汉字输入法的特点识字；

（2）创设有趣情境，巧妙地把字形、字音、字义串起，使对字的识别更加全面、丰富；

（3）会用纵横汉字输入法辨析各种词组。

教学过程：

（1）引入。

播放《闪烁的小星》MTV，让学生们一起打起节拍唱。（缓和紧张的情绪，愉悦地投入课堂学习。）

教师：天上的星星一闪一闪亮晶晶，现在让你们来猜猜：在神奇的海底世界中也有星星吗？

（学生争议。）

教师：究竟有没有呢？今天，就让我们一块去寻找海底的星星吧！

（引出课题：寻找海底的星星。）

（渲染童话梦幻的意境，激起儿童强烈的学习欲望。）

（2）新课学习。

教师：在深蓝的海底中，有一只活了八百多岁的海龟伯伯，听说我们要来寻找星星，它可高兴了，听听，他说什么了？

（播放 CAI 海龟的录音——一份寻找星星的地图。）

一、“水草钥匙”

（1）教师：沿着海龟伯伯的地图，我们出发吧！

第一关，水草钥匙。看到没？有三只小螃蟹被水草锁住了，要想解锁，我们就必须找到与螃蟹相应的水草钥匙！

（2）请学生用纵横汉字输入法打出螃蟹及水草钥匙上的字。

（3）为螃蟹配钥匙解锁。

教师：我们用纵横汉字输入法将字打出来了，现在请你们利用纵横汉字输入法中的两个字词功能配出正确的钥匙吧！（让螃蟹上的字与钥匙上的字成为一个词组）

齐认读，学习词组。

词组为：堤坝　筑巢　机翼

二、“贝壳朋友”

（1）教师：小贝壳们与它们的好朋友走丢了，你们能帮帮它们吗？

小贝壳都是一些部首，让我们根据编码猜出部首是什么。

（如贝壳上出现 37——言字旁、49——木字旁……）

（2）请为贝壳找朋友！（学生两人一组，为一个部首找朋友。）

利用纵横汉字输入法为这些部首加上偏旁，如 37 + * *， * * 由学生用纵横汉字输入法自由加偏旁，能加多少加多少。

（3）教师：你为贝壳找到多少位朋友呀？能用其中的某一些组词吗？

（4）教师：词组出来了，你们再试试用其中的一个造个句子吧！

（5）通过请学生反馈情况、互相交流，学习更多部首的知识。

三、“密码小鱼”

（1）教师：前面游来了一群小鱼，奇怪，它们的身上都写着密码……

这些密码其实就是它们的名字，请根据它们的密码找出它们的名字。

（密码 A：以码识字，学生根据鱼身上的编码打出相应的字。）

（2）一起认识、拼读这八个字：匪、益、全、贯、受、神、注、益

（3）教师：鱼的名字咱们解出来了，但现在又来了一个密码！

密码 B：按＊＊＊＊＊＊这个编码找到两个相对应的四字词组（成语）。

（4）用纵横汉字输入法打出成语，解析成语，应用成语造句。

四、“海龟地图”

教师：顺利地闯过了三关后，现在我们又遇见海龟伯伯了，它说我们离星星很近了，如果我们能帮它解开这些谜语……

（1）出示汉字的任意三个码，让学生猜打出这个字。

（以此检验本课的学习效果。）

（2）出现猜字谜语。

五、“夺取星星”

教师：同学们，我们经历了千辛万苦，终于找到了海底这么多明亮的星星，在寻找星星的过程中，我们用我们最厉害的武器——纵横汉字输入法，成功地帮助了海底中许许多多的好朋友，其实你们就像这些星星，“爱心、勇敢、团结、机智”！

海龟伯伯让我把这些闪亮的星星送给你们，希望你们能永远像这些星星一样闪闪发光！

“一闪一闪亮晶晶，满天都是小星星……”（在歌声中结束本课。）

《搭石》教学设计

卢 燕

教材简析：本教学设计内容选自义务教育课程标准实验教科书四年级上册第六组文第21课《搭石》。本组教材旨在通过体会重点语句来感悟课文内容，感受人与人之间纯真美好的情感，感悟生活中相互关爱带来的快乐。《搭石》一课，语言朴素清新，意境秀美。文章截取了农村生活中几个非常平凡的镜头，但平凡中透出深意，朴素中闪烁出乡亲之间那种极淳朴、原生态的人性美。

学情分析：这篇课文文字并不深奥，但其传递的情感却是丰富的，为学生的个性化阅读提供了想象的空间。四年级的学生已在一定程度上具备对语言文字的感悟能力，能在阅读中获得自己的体验，并且具有交流的能力。部分学生已经有了更高层次的能力，即把其他同学的感受内化，再形成自己更全面和深入的体验。因此，在教学过程中要注重引导学生通过情境对话、想象说话、重点词理解来体会文中的人性美。

设计理念：阅读，是语文教学的根本之法，是理解内容、激发情感的基本途径；是培养语感、发展语言的重要手段；也是语文学科工具性与人文性相统一的最佳结合点，而“注重情感体验”是《语文课程标准》关于阅读的基本要求。这节课教学设计时重视语文的熏陶感染作用，运用多种阅读方法，恰当地安排表达训练的时间，学生的学以“诵读”为主，在合作探究的学习中，在舒展想象翅膀时，用“诵读”贯穿整节课的学习，力求做到富有层次性、感染性、实效性、个体性。

教学目标：

（1）知识与能力：能正确理解“清波漾漾”、“人影绰绰”、“理所当然”等词语在文章中的意思；在朗读课文时能把自己想表达的感情展现出来；培养留心观察、用心感受的习惯。

（2）过程与方法：用心去朗读课文，在文章的字里行间体会美的存在；学会发现作者表达美的方式。

（3）情感态度与价值观：通过阅读，能感受到乡亲们默默无闻、无私奉献的精神，并能在日常生活中自觉养成这样的精神。

教学重点、难点：引导学生体会作者是怎样通过平凡的事物让我们感受到美的。

教学准备：多媒体课件。

教学过程：

一、导入

提问：我们学习了课文第一段，知道了什么叫“搭石”，请同学们说说什么叫“搭石”？

（从河的两岸找来一些平整方正的石头，按照二尺左右的间隔，在小溪里横着摆上一排，让人们从上面踏过，这就是搭石。）

学生齐读什么是搭石。

二、默读第二、三、四自然段

引入：让我们继续走进课文，去欣赏一幅幅美丽的画面。

课件出示学习要求：

（1）自由阅读第二至四自然段，用波浪线画出家乡的人们走搭石的相关语句。

（2）选择你最喜欢的一个画面仔细品读，谈谈从中体会到怎样的美。

（设计意图：这个教学环节的设计以“走搭石”为切入点，不仅因为“走搭石”中含着“看得见的美”和“看不见的美”，更重要的是符合学生的阅读兴趣和阅读期待，把“教”和“学”有效地融合在点上。）

三、深入体会，品味搭石

（根据学生的回答灵活品读第二、三、四自然段。）

（一）学习第二自然段

（1）提问：你喜欢的是哪个画面？（调整搭石）是从哪些语句感受到的？

（课件出示“上了点年岁的人……直到满意了才肯离去”。）

（2）学生动笔画出描写老人搭石的动词。

（根据学生的发言点击课件，显示：放下、找来、踏、离去。）

（3）这些描写表现了老人的什么优秀品质呢？（板书：无私。）

（4）学生齐读“上了点年岁的人……直到满意了才肯离去”一段。

（5）过渡：多么质朴的老人，让我们放飞想象的翅膀，想象老人放搭石的情景。

（课件出示：一位老人急着赶路，突然踩到了不稳的搭石，心想……于是，他找来合适的石头搭上，再在上边踏几个来回，满意地点了点头，心想……然后笑着走了。）

（6）学生发言。

（7）小结。

多么可亲可敬的老人啊！让我们用最深情的朗读来感谢他们吧！

（8）学生齐读第二自然段。

（二）研读第三自然段

（1）引入：你从“紧走搭石”这一画面感受到了怎样的美？读一读你画的语句。（课件出示“每当上工、下工……给人画一般的美感”。）是从哪些词语感受到的？

（协调有序、清波漾漾、人影绰绰。）

（2）提问：怎样的动作才是“协调有序”呢？

（很有顺序，配合得很好。）

（3）与学生互动理解“协调有序”。

（设计意图：通过创设走搭石的情境，让学生与教师反复合作读前面的——“抬起脚来”，后面的——“紧跟上去”，与走搭石形成通感，使学生身临其境地体会“抬起脚来，紧跟上去”的和谐，体现了对语言的深入品味和揣摩。学生通过朗读模拟，感受行人过搭石的情景、其中的乐趣，甚至是搭石的小窍门，再现了节奏和韵律美。）

（4）过渡：“踏踏的声音，像轻快的音乐”运用了什么修辞手法？（比喻）作者把什么比作什么？（把走搭石的脚步声比作轻快的音乐。）

（5）理解“清波漾漾”、“人影绰绰”。

引导学生从文段中描写的画面来理解“清波漾漾”、“人影绰绰”。

（设计意图：“清波漾漾”、“人影绰绰”是诗一样的语言，创造了诗一般的情境。引导学生把语言读成一幅画面，化“话”为“画”，感受美好情感。）

（6）读诗，感受美。

引入：真美！这既像是一幅美丽的画，又像是一首清丽的小诗，你看——（点击课件使文段变成诗的语段，音乐起，教师范读。）

过渡：请喜欢这首诗的同学站起来读，读出诗一般的韵律美。

（设计意图：将课文改成小诗的形式，让学生在柔美的配乐中美美地朗读诗文，使学生再一次随着流淌的溪水，感受那一份和谐和诗意的美，促使学生理解“协调有序”的韵味和乡村的画面美、人情美，富有创意，从而培养学生的语感能力、想象能力。）

（7）提问：文中有一句俗语概括了村里人走搭石的特点，你能找出来吗？（紧走搭石慢过桥。）说说你对这句话的理解。（大家走搭石配合得好。）

（8）学生发言。

（9）小结。

“紧走搭石慢过桥”的画面描写一行人走搭石时动作的——（指板书学生回答“协调有序”），像——（轻快的音乐），仿佛在我们的眼前展现了一幅有声有色的美丽画卷。正是人们的和谐共处给了我们这么美的体会。（板书：和谐。）让我们有感情地齐读这一画面吧。

（10）学生齐读第三自然段。

（三）学习第四自然段

1. 学习“为对方让路”的画面

（1）引入：你从“为对方让路”这一画面感受到了怎样的美？读一读你画的语句。

（2）谈谈你对这幅画面的感受。（板书：谦让。）

（3）齐读这一画面。

2. 学习“背老人过搭石”的画面

（1）引入：你从“紧走搭石”这一画面感受到了怎样的美？读一读你画的语句。

（课件出示：假如遇上老人来走搭石，年轻人总要伏下身子背老人过去，人们把这看成理所当然的事。）

提示：这个句子读一遍是不够的。你们再读读，读着读着，有的词语会让你的心头轻轻一颤，你就抓住它，多读几遍 。

学生自由读“假如遇上老人来走搭石，年轻人总要伏下身子背老人过去，人们把这看成理所当然的事”。

（2）理解“伏”、“理所当然”。

提问：哪个词语打动了你？

a. 理解“伏”。

点名让学生示范“伏”的动作。（学生深深地弯下身子。）

过渡：你做得真好，这样，老人就能轻而易举地趴在你的背上，舒舒服服、安安全全地过小溪了。

b. 理解“理所当然”。

提问：到了对岸，你需要老人向你道谢吗？为什么？

学生发言。

c. 情感提升。

①透过这个“伏”字，你看出了什么？（板书：敬老。）

他们的这份美好情感也是——（家乡的一道风景）。

②透过这一代又一代人的“理所当然”，你又看出了什么？

③透过这个“伏”、“理所当然”你看出了什么？（板书：敬老。）

④小结。

这已经积淀成山村淳朴的乡风、民风。景美情更美，这更是家乡的一道风景。让我们捧起书，读课文“背老人过搭石”这一画面，再次去感受走搭石的美。

⑤学生齐读。

⑥激发想象，联系表达。

（课件出示：小小的搭石，演绎着人间的真情，请你试着说一说：

假如遇上老人来走搭石，年轻人就要伏下身子背老人过去，人们把这看成是理所当然的事。

假如遇到了小孩子来走搭石，__________，人们把这看成是理所当然的事。假如遇到______________________，人们把这看成是理所当然的事。）

（设计意图：把课堂的想象说话放在学生已经对文本有深入的体会后，再引导学生拓展想象，补充画面，让学生想象说话，提炼情感，水到渠成地达到语言与情感的共振。）

⑦学生自由发言。

⑧小结。

淳朴的民风已经在你心中播下了种子，这真是一道感人的风景！

（设计意图：“深入体会，品味搭石”这一教学环节的设计是引导学生学习时，抓住中心句“搭石，构成了家乡的一道风景”，围绕“一行人走搭石”、“两个人面对面走搭石”、“年轻人背老人走搭石”的画面，层层深入地去阅读，叩击文本，深化对“一道风景”的理解。）

四、学习课文最后一段

（1）过渡：课文学到现在，你觉得这搭石还是普通的石头吗？透过这一排排搭石，你感受到了什么？

（2）学生发言。

（3）小结。

是的，搭石蕴含着乡亲们美好的情感，它静静地躺在溪水中，任人踩踏，却无怨无悔，这不正是乡亲们默默无闻、无私奉献的写照吗？让我们一起来赞美它！

（4）学生齐读第五自然段。

五、总结

搭石的美，我们看在眼里；搭石人的美，我们记在心里。作者就是从一件件很小的事物中发现了美，其实这样的美也在你我的身边。生活中并不缺少美，而是缺少发现美的眼睛。只要我们有一双发现美的眼睛，世界将会变得更美好。

六、布置作业

（1）摘抄文中你喜欢的语句。

（2）课外寻找美的事例，写一篇有关“美”的作文，题目自定。

（设计意图：作业的设计体现了本节课的教学主线：在阅读中“发现美”、“寻找美”、“感觉美”、“抒写美”。）

七、板书

搭　石

摆搭石	奉献
调整搭石	无私
紧走搭石	和谐
互相让路	谦让
背老人过搭石	敬老

（本文在2011年广东省优秀教学设计评比活动中获得二等奖）

《去年的树》第二课时教学设计

陈虹宏

教学目标：

（1）知识与能力目标：读通课文，品味重点词句。能入情入境地演读课文。

（2）过程和方法目标：学会多元交流、多向对话。学会把课文读薄、读厚的方法。

（3）情感、态度、价值观目标：体会小鸟与大树之间真挚的友情。使学生感悟到真正的友谊是建立在诚信的基础上的。

设计理念：阅读教学过程就是引导学生与文本多次对话的过程。在对话过程中，要注意对话环境平等化、对话方式多样化、对话主题深刻化、对话结果个性化。学生个性化解读文本与教师的价值观导向要有机统一。

流程设计：

一、媒体激趣，导入新课

播放媒体：听，一只美丽的小鸟站在大树上，正动情地为他的好朋友——大树唱歌，大树摇曳着茂盛的枝叶，正入神地听着……这是一幅多么美丽、动人的图画呀！围绕这只美丽的小鸟和这棵枝繁叶茂的大树，将发生怎样动人的故事呢？让我们继续来学习《去年的树》。

二、初读课文，读中感悟

（1）让学生把书打开，用自己喜欢的方式来读书，可以自由读，小声朗读，边读边做笔注。

然后让学生说出自己的感受、收获、疑问等。

（2）交流初读心得。读到现在你有什么想说的吗？你的收获、疑问、感受等，都可以说。

（3）小结：同学们初次与课文亲密接触，就有这么大的收获，这是很大的进步。

三、演读课文，倾心对话

（1）让我们走进课文，继续深入地读书。也许你的问题就能得到解决，你的感受能引起大家的共鸣。课文中多次写到了小鸟和大树是好朋友，你能把这些句子找出来吗？

①……是好朋友。

②……又来找他的好朋友大树了。

③……我的好朋友大树在哪……

（2）交流。

①“天天……”一句。

真是朝夕相处，令人羡慕啊！

②分别时的对话。

从他们的对话中，你听出鸟儿和树分别时的心情了吗？（伤心或乐观、难舍难分。）

自由找朋友练读，点名读，男女生读。

小结：分别时是那么难舍难分，因为他们是朝夕相处的（好朋友）。

③“怎么找”的语句。

为了找到自己朝思暮想的好朋友，他是怎么样地找？历尽千辛、百折不挠、心急如焚、坚定不移地找，因为他们是（好朋友）。

④出示小鸟问的三句话。

- “站在这儿的那棵树，到什么地方去了呢？”
- “门先生，我的好朋友——树在哪儿，您知道吗？”
- “小姑娘，请告诉我，你知道火柴在哪儿吗？”

任选一句自由练，点名请同学读。

——你着急了。

——你在为大树担心。

——你体会得真好。

——你是那么迫切地要找到你的好朋友大树。

这回，咱们都是正焦急地寻找朋友的小鸟，让我们一起读。

——你们都着急起来了。

——这边的孩子眉头都皱起来了，老师感觉到了你们心中的焦急。

——那一声声急切的询问流露出小鸟对大树的无限深情。

A. 读着读着，谁被小鸟的真情感动了？来，请刚才在练习表演时演小鸟的同学上来。你就是那只小鸟了。你在教室里边飞边询问着你的好朋友大树，想让谁做你的配角跟你对话，你就可以在谁的跟前停下来。

B. 学生做小鸟，自找合作伙伴练读。

C. 小鸟，你找到朋友大树了吗？找不到朋友，小鸟都快急疯了。让我们再一起读这三句话。

D. 教师采访“小鸟”。（可怜的小鸟，找不到朋友大树，你心里怎么想？你在心里呼唤大树是吗？怎么呼唤的？）

E. 总结：小鸟在寻找大树的过程中是那样焦急、担心，因为他们是（好朋友）。

F. 引导想象，补充对话。

图：村子里，煤油灯旁，两个好朋友相聚了，读课文的最后一段。

（课件出示插图及句子：15—17 自然段）小鸟最后找到的是由大树做成的火柴点燃的灯火，信守诺言的小鸟对着灯火唱起了歌，此时，小鸟的心里充满了忧伤和惆怅。

让学生思考这两个“看”字有何不同，大胆想象，如果你是小鸟，你会怎么想呢？先引导学生说出小鸟两次看着灯火时心里不同的想法，然后教师总结：第一个“看”仿佛在说：“朋友，我终于找到你了，我来给你唱歌了！”第二个“看”是小鸟实现了诺言，仿佛在说：“朋友，我唱的歌你听见了吗？再见了朋友！”从而体会小鸟对大树无比的深情和留恋，再指导学生通过自己的朗读表现出来。

接着，提出问题：从小鸟与大树的友情中，我们认识到什么？引导学生把童话与现实联系起来，懂得要像小鸟那样信守诺言、珍惜友情。

“同学们，这会，你就是那只小鸟，你历经千辛万苦，终于找到了已化为灯火的好朋友大树。”此时此刻，引读课文最后一段，把小鸟换成“我”。再指导读第二遍。[你们的朗读，把我的心也深深打动了。你们是这么读的（模仿表情“睁大眼睛、盯、看、又看”），再动情地读一次好吗？]

采访：亲爱的小鸟，你现在终于看到朋友了，你睁大眼睛，盯着灯火看了一会，想说什么？（点名请同学说。）你要走了，可又对着灯火看了一会儿，你还想说什么？（再点名请同学说。）

你们真是守信、重情的小鸟啊。

总结：这对朝夕相处的伙伴分别时是那样难舍难分，因为他们是______。小鸟历尽千辛、百折不挠地寻找大树，因为他们______。如今，面对已化为灯火的大树，他还是遵守诺言深情地唱起去年唱过的歌，因为他们是______。

小鸟飞走了，带着淡淡的伤感飞走了。但它给大树留下了歌声，留下了友情，留下了世间最宝贵的诚信。如果大树有知的话，你想他会对小鸟说些什么？

四、拓展延伸、多向对话

课文学到这儿，其实已经学完了，但是，作为这篇美妙的文章的读者，你还有什么话要说吗？想对谁说？把你想说的写下来。

互相交流（从大树、伐木人、作者等角度，引导学生说出多元、个性化的语言。如环保问题、奉献话题等）。

五、回归课题，升华理解

去年的树，今年已不复存在，让我们无限留恋地读……

去年的树，为什么会不复存在？留给我们太多太多思考，让我们意味深长地读……

六、布置作业

根据学生能力的差异设计多层次的作业，让不同层次的学生自主选择。

（1）把《去年的树》这个感人的故事讲给家长或朋友听。

（2）从课外读物中选择 2—3 篇童话读一读，摘抄好词好句，做读书笔记。（推荐读物：《格林童话》、《安徒生童话》）

（3）自己创编一个童话故事。

《梦想的力量》教学设计

吴晓洁

设计理念：本课是这一单元的一篇略读课文。略读课的教学，更要注重阅读方法的运用，用多种阅读方法获取重要信息，尤其是要进行略读能力的训练，训练学生提高阅读的速度，读懂文章的大意。略读课文是学生独立阅读的实践机会，要引导学生把在精读课上学到的读书方法用于略读实践，培养独立阅读的能力。个体自读和合作交流是略读课文学习的重要方式，所以课堂大部分时间应用于自读与交流，应放手让学生自读自悟。

教学目标：

(1) 认识6个生字，读读记记“放弃、下旬、募捐、水泵、颠簸、节奏、簇拥、迫不及待、辛辛苦苦、一声不吭”等词语。

(2) 有感情地朗读课文，继续练习快速阅读，并能简要地复述故事。

(3) 读懂课文内容，体会题目的含义。

过程与方法：领会课文表达上的特点，并能运用到自己的习作中去。

情感与态度：从字里行间感受瑞恩心灵的美好，并懂得仅仅有梦想是不够的，还要通过不懈的奋斗才能梦想成真。

教学重点、难点：

(1) 教学重点：引导学生体会瑞恩的精神品质，领会作者的表达方法。

(2) 教学难点：体会“梦想的力量”所蕴含的深意。

课前准备：

(1) 学生准备：了解非洲儿童缺水的状况。阅读江菲发表在《中国青年报》的原文《梦想的力量》。

(2) 教师准备：莱特兄弟发明飞机的故事；有关非洲儿童生活情景的图片、课件等。

课时安排：1课时。

教学过程和环节设计意图：

一、故事引入，激趣导入

（1）同学们知道世界上第一架飞机是谁发明的吗？想听一听他们是怎么发明的吗？（讲述莱特兄弟发明飞机的故事。）

（2）听了刚才的故事，大家一定会问：梦想的力量真的这么伟大吗？是的。不信？下面我们一起来学习这一篇《梦想的力量》，你就明白了。

（3）板书课题：梦想的力量。（齐读课题。）

设计理念：人类最可贵的本能就是对未来充满幻想，对明天充满激情。尽管这幻想有许多不确定因素，尽管有些孩子的梦想永远不能实现，但是，每一个人都在憧憬未来，并为了或远或近的“未来”投入他们全部的力量。此设计意在激活学生实现梦想的潜能，激起学习《梦想的力量》的欲望。

二、自读交流，整体感知

（1）出示课件：非洲孩子在沙漠生活的情景图。（导语：想一想，在沙漠中生活的人们最需要的是什么？生答：水。那么实际情况你了解多少？学生交流课前搜集到的有关资料。）

（2）点名请同学读课文前面的阅读提示，提问：学习这篇课文有几点要求？学生回答后课件出示以下学习要求：①用较快的速度默读课文，说出课文的主要内容。②和同桌讨论瑞恩的梦想是什么，并在文中画出相关的语句。③小组讨论瑞恩是怎样实现自己的梦想的。

（3）学生自学，小组交流。（教师巡视并小声询问了解学生的学习情况。）

（4）反馈自读效果：

①说出课文的主要内容。

预设：课文主要讲述6岁的瑞恩听老师说非洲成千上万的孩子因为喝了受污染的水死去了。“如果能捐出70元钱，就能帮他们挖一口井。”于是，他通过做额外的家务，攒齐了70元钱。当听说打一口井其实需要2 000元钱时，他仍然没有放弃。在他的执着精神的感召下，很多人加入捐钱打井的行列，终于打出了第一口井，并命名为“瑞恩的井”。一年后，“瑞恩的井”基金会已经为非洲的8个国家打了30口井。

②瑞恩的梦想是什么？请你先用自己的话说一说，再把你找到的相关句子读出来。

预设：

A. 他要给非洲的孩子挖一口井，好让他们有干净的水喝。

B. 他想让非洲的每一个人都能喝上洁净的水。（在这里课件出示相关资料，让学生更能理解瑞恩梦想的由来。）

③指导有感情地朗读文中相关句子。（自由读，再齐读。）

④瑞恩是怎样实现自己的梦想的？（点名请学生回答，教师相机点拨梳理。）

预设：

A. 为攒够第一笔款项70元，瑞恩做了很多额外的家务活：为地毯吸尘、擦窗子、捡暴风雪后落下的树枝等。

B. 当得知70元只能买一个水泵，而打一口井需要2 000元时，瑞恩没有放弃，决定干更多的活来挣够2 000元。

C. 妈妈的一个朋友被瑞恩的执着感动了，把他的事写成文章登报后，故事传遍了加拿大，人们纷纷加入捐钱打井的队伍。两个月后，瑞恩筹到了可以打第一口井的钱。

D. 当听说人工凿井很艰巨，瑞恩又想着怎样攒钱买钻井机，老师也被感动了，号召班上的同学加入捐钱打井的行列，还帮助瑞恩和非洲的孩子们通上信。就这样，瑞恩的梦想慢慢地变成了现实。

⑤根据课堂进度，适时进行板书并指导朗读相关的段落和语句。

设计理念：默读是阅读的一种形式，学生根据提示在默读中思考、记忆。默读后的交流是思维火花的碰撞。点名回答是检验不同层次的学生阅读效果的好方法，在教师的点拨下，学生的思路得到了更好的梳理，语言的表达也得到了训练。教学预设为教师应对课堂生成做好充分的准备。

三、合作探究，感受“梦想”的力量

（1）请大家再读读课文，说说瑞恩的第一口井打好后，他又做了什么事？

（2）检查再读效果。

①学生相互补充回答。

预设：2000年7月，瑞恩和爸爸妈妈坐着火车到了乌干达的安格鲁，受到了5 000多名孩子的热烈欢迎，看到了由他的名字命名的井——瑞恩的井，听到了老人的夸赞，流下了激动、幸福的眼泪。

②适时出示课件“瑞恩的井”。

（3）组织学生讨论：瑞恩的梦想，就停留在打一口井上吗？如果不是，那么他的执着精神还会产生什么样的影响呢？请认真读读课文最后两个自然段，然后和小组同学交流你的看法。

（4）学生讨论后互相补充回答，教师适时完成板书。

预设：瑞恩的梦想是让非洲的每一个人都能喝上洁净的水。在他的执着精神的感召下，2001 年 3 月，“瑞恩的井”基金会正式成立。一年以后，该基金会已为非洲的 8 个国家打了 30 口水井。梦想的力量竟如此神奇。

(5) 联系实际感悟“梦想的力量”。

①课件出示：一个梦想，竟有如此大的力量！（男、女生读，齐读。）

②思考：梦想的力量究竟有多大？体现在哪里？

③小组合作探究，组内人人发言，推荐代表参加全班交流。

④小组代表发言。

预设：梦想能引起人们爱的共鸣，瑞恩的梦想是为非洲人民解除死亡的威胁，带来生存的希望。只要我们坚持不懈地为梦想奋斗，不因其他的原因改变自己的目标，坚定自己的理想信念，我们的梦想就一定会实现。“瑞恩的井”就是有力的证明。

(6) 读了瑞恩的故事，你受到了什么启发，准备如何实现自己的梦想呢？

设计理念：新课程强调“倡导自主、合作、探究的学习方式”。并指出：“语文课程还应重视提高学生的品德修养和审美情趣，使他们逐步形成良好的个性和健全的人格。”此环节的设计，意在让学生在细读中积累，在互动中碰撞出激情的火花，由课文拓展到生活实际，激励学生超越自我，实现自己的梦想。

四、课堂小结，课外延伸

(1) 教师小结：是啊！正如广告所说的：“心有多宽，天空就有多远！心有多大，舞台就有多精彩！”梦想的力量是巨大的，它可以让你创造出无法想象的奇迹！同学们，为实现我们的梦想不懈努力吧！让我们记住——（齐读两句广告语。）

(2) 检查生字词掌握情况。

(3) 如果你被这个故事感动了，请你课后把这个故事的内容复述给家长听。

(4) 每个小组合作再搜集一些有关梦想的故事，办一份手抄报，报名就叫《梦想报》。下周我们就办一个《梦想报》的展览。

设计理念：此环节的设计，既体现了“学生是语文学习的主人”，又体现了“教师是学习活动中的组织者和引导者”。复述故事让学生回归整体、加深印象；办手抄小报是沟通课堂内外、开展综合性学习的重要手段，体现了“语文知识的综合运用，听说读写能力的整体发展，语文课程与其他课程的沟通，书本学习与实践活动的紧密结合”，使语文学习的三个维度有机地融合在一起。

五、布置作业

（1）复述课文。

（2）完成手抄小报。

六、板书设计

梦想的力量

挖井（喝上干净的水）

瑞恩——————→非洲孩子

自己挣钱、得到帮助

水泵——→挖一口井——→钻井机——→“瑞恩的井”基金会——→8 个国家 30 口井

70 元　2 000 元

设计理念：板书设计是课文内容的高度集中和概括，它体现了教师对课文内容的把握和理解，它能帮助学生对课文内容的掌握和内化。

（本教学设计获 2009 年广东省优秀教学设计评比活动优秀奖）

《丑小鸭》教学设计

谢映慧

教材分析：《丑小鸭》是人教版《义务教育课程标准实验教科书》小学语文二年级下册第七单元中的一篇课文。本单元课文围绕“正确看待问题，善于思考”的专题组织材料，内容丰富。《丑小鸭》是根据安徒生作品改写的一篇拟人体童话。文章描写了一只“丑小鸭”出生后，历经种种磨难，最后发现自己是一只漂亮天鹅的非凡经历。文中“丑小鸭”艰难曲折的经历，以及它身处逆境仍不懈追求美好理想的精神，深深地打动了每一位读者。本课内容浅显，故事性强，情节引人入胜，符合低年级儿童的年龄和心理特征。文中的字词极富表现力，词汇丰富，具有较强的可读性。

学情分析：小学低年级学生对直观形象的动画比较感兴趣，因而生动活泼、形式新颖、色彩鲜艳的刺激物最容易成为他们注意的对象。好动爱玩、富于想象、善于模仿、表现欲强是该阶段学生的另一显著特点。二年级的学生已初步积累了一些阅读经验，但个性阅读潜能有待进一步开发；对故事感兴趣，但大部分学生缺乏自主探求文本内涵的意识。

因此，教学中要抓住教材的特点和学生的年龄特点，关注人物的命运、心理特征，强调自主阅读、自主感悟。要给学生充分的自由朗读时间和吸收内化时间，以激发学生读书的兴趣，引发学生自主学习的积极性，培养学生丰富的想象力和创造力。充分利用教材的趣味性和直观性，指导学生有感情地朗读，使学生的情感得到升华。

设计理念：《语文课程标准》指出：“阅读教学是学生、教师、文本之间对话的过程。”学生是教育教学的主体。情境教学正是依据儿童的心理特征、认识规律，从生动、直观的形象思维入手创设情境，作为教学过程的启动契机，从而带动语言的训练，促进智力的发展和审美情趣的培养。因此，本课将从创设良好的教学情境开始，在情境中鼓励学生质疑，在情境中促使学生结出个性解读文本的果实，让学生在对文本产生心灵感悟时喷发出阅读的激情。

《语文课程标准》还指出：“培养学生的高尚的道德情操和健康的审美情趣，形成正确的价值观和积极的人生态度。”自主阅读，展开想象，体会文章的情感。让学生声情并茂地朗读，让他们纯真的心灵与“丑小鸭”美好的心灵产生共鸣，从而感悟到文章的主旨，初步体验人生的真谛，努力实现“工具性”与“人文性”的统一。整个教学过程，教师始终把自己放在引导者、参与者、服务者的位置上，真正让学生成为课堂的小主人。

教学目标：

（1）会认 14 个生字，会写 12 个生字。

（2）正确、流利、有感情地朗读课文，鼓励个性朗读。积累好词佳句。

（3）能够抓重点语句，读文悟文；发挥想象，培养口头表达能力。

过程与方法：

（1）学会抓重点语句、发挥想象理解课文的阅读方法。

（2）学会采用自主、合作、探究的方法理解课文。

情感与态度：懂得善待他人，互相尊重，同时要正确地认识自己。

教学重点、难点：

（1）教学重点：学会认字和抓重点语句、发挥想象理解课文的阅读方法。

（2）教学难点：对“讥笑”、“悄悄”和“羡慕”等词的理解，深入感受丑小鸭的生存意志。

教学安排：2 课时。

教学准备：FLASH 课件、教学贴图、生字卡片。

教学流程：

第一课时

板块一：揭题

（1）简介作者安徒生，导入课题。

（2）板书课题，指导书写。

“丑”的第一笔是横折。“鸭”的左边是个“甲”字，右边是“鸟”字旁。这是个左窄右宽的字，右边的“鸟”要写得大一些。

（3）学生填空，齐读课题。

（设计意图：通过对安徒生的介绍，让学生对安徒生以及他的童话有了初步的了解。激起学生走近安徒生以及学习故事的兴趣。）

板块二：初读

（1）初读课文，完成学习任务。

初读要求：

①自由朗读课文，要求读准字音，标出自然段的序号。

②把不懂的字词圈出来，多读几遍。利用工具书弄清意思。

(2) 出示重点生字词语（图文结合），检查读音。

暖烘烘 剩下 裂开 欺负 讨厌 孤单 篱笆 讥笑 芦苇 冻僵 幸亏

(3) 识字反馈：你有什么好方法记住这些生字？跟大家分享一下。

(4) 游戏巩固识字：如当小老师、开火车、赶鸭子等。

(5) 指导学生读好长句子。结合课文理解重点词语。

①太阳暖烘烘的。鸭妈妈卧在草堆里，等她的孩子出世。

②一只只小鸭子都从蛋壳里钻出来了，就剩下一个特别大的蛋。

③过了好几天，这个蛋才慢慢裂开，钻出一只又大又丑的鸭子。

④丑小鸭来到世界上，除了鸭妈妈，谁都欺负他。哥哥、姐姐咬他，公鸡啄他，连养鸭的小姑娘也讨厌他。

⑤小鸭感到非常孤单，就钻出篱笆，离开了家。

⑥丑小鸭来到树林里，小鸟讥笑他，猎狗追赶他。

⑦秋天到了，树叶黄了，丑小鸭来到湖边的芦苇里，悄悄地过日子。

⑧丑小鸭趴在冰上冻僵了，幸亏一位农夫看见了，把他带回家。

(6) 分段指读课文，师生评议，纠正读音。

（设计意图：识字教学是小学低年级语文教学的重点，在课堂教学中通过各种方法进行识字教学，并通过不同的语境复习巩固要求认识的字，提高识字教学效率。）

板块三：熟读

(1) 教师范读课文，学生小声跟读，进一步把课文读正确、通顺。

(2) 熟读课文，完成学习任务。

熟读要求：

①用自己喜欢的方式读课文，难读的地方多读几遍。

②边读课文边看图，思考：你读懂了什么？

(3) 全班交流读书感受，理清文章的内容。

(4) 质疑问难：你还有哪些地方没有读懂？师生交流，适当点拨。

（设计意图：指导学生从文章整体入手，自主阅读，学会默读，鼓励学生质疑，培养学生的认知能力、质疑能力。整体感知课文，为下节课深入学习课文铺路搭桥。）

板块四：写字

(1) 出示“我会写”中的生字和词语。引导学生观察分析字形及结构特征。

(2) 学生试写“灰、冰、鸭、鹅、讨、厌、欺、负”，教师巡视指导，及时鼓励，强调重点笔画的书写及需要注意的问题。如：“厌”是厂字头，里是“犬”，不能少写一点，注意写好“竖撇”。鹅：“我”写得小一些，“鸟”应稍微写大一些。

（3）教师指导书写“蛋壳”、“翅膀”。

（4）学生自由练习，同桌评议，把优秀作业在全班展示。

（设计意图：本课中需要会写的生字较多，但书写的难度不大，因此采取了引导观察、尝试书写的办法，教师及时巡视指导，及时鼓励，培养了学生的写字能力。）

板块五：作业

（1）制作词语卡片。

（2）和家长比赛用词说话。

（3）将课文读给家长听。

（设计意图：制作词语卡片既避免了抄写的机械枯燥，又能巩固学生对生字的记忆。和家长比赛用词说话和读课文，营造家长和孩子一起学习交流的氛围，进一步培养学生创造语言、表达语言的能力。）

第二课时

板块一：复习，激活阅读期待

引语：乡下真是非常美丽。这正是夏天！小麦黄澄澄的，燕麦绿油油的。一群可爱的鸭子正在农场里悠闲地散步。瞧，他们来了。每只鸭子的身上都藏有我们上节课刚刚学过的一个词语。谁能准确地把它们读出来？

（1）出示生字：暖烘烘　剩下　裂开　欺负　讨厌　孤单　篱笆　讥笑　芦苇　冻僵　幸亏

（2）赶鸭子游戏：开火车读，全体齐读。

（3）导入课题：散步的鸭子里，唯独没有鸭妈妈。太阳暖烘烘的。鸭妈妈卧在草堆里，等她的孩子出世。一个特别大的蛋慢慢裂开，钻出一只又大又丑的鸭子，大家都叫他——（生：丑小鸭。）

（4）齐读课题。

（设计意图：配乐朗读《丑小鸭》原著中优美的语句，通过安徒生精致生动的语言吸引感染学生，把学生带入丑小鸭的世界，拉近学生与文本的距离，激起学生的阅读期待。）

板块二：想象，拨动情感之弦

（1）大家为什么叫他“丑小鸭”？点名请学生读第二自然段，学生边听边画出描写丑小鸭的句子。

课件出示：一只只小鸭子都从蛋壳里钻出来了，就剩下一个特别大的蛋。过了好几天，这个蛋才慢慢裂开，钻出一只又大又丑的鸭子。他的毛灰灰的，嘴巴大大的，身子瘦瘦的，大家都叫他“丑小鸭”。

（2）点名请学生回答：丑小鸭长什么样子？（出示丑小鸭贴图，板书：毛灰灰的　嘴巴大大的　身子瘦瘦的）

（3）小结：丑小鸭只是长得和别人不一样。

（4）教师指导朗读：抓住“灰灰的、大大的、瘦瘦的”几个词读出丑小鸭的特别。

☆ 入情品读，感受丑小鸭的艰辛

（1）学生默读课文第三至六自然段，思考：这是一只（　　　　）的丑小鸭。

（2）学生找出能够感受到他的可怜的句子，读给同桌听。

（3）学生反馈。

反馈预设：

①哥哥、姐姐咬他，公鸡啄他，连养鸭的小姑娘也讨厌他。

想象“讨厌”：讨厌丑小鸭的小姑娘给鸭子送水、喂食时，会怎样对待丑小鸭？鼓励学生个性朗读。

②丑小鸭来到树林里，小鸟讥笑他，猎狗追赶他。

理解“讥笑”（板书）：注意“讥”是“言”字旁，小鸟会说什么？用讥笑的语气说。指导朗读句子。

③秋天到了，树叶黄了，丑小鸭来到湖边的芦苇里，悄悄地过日子。

创设情境（播放背景，音乐渲染），想象：丑小鸭是怎样悄悄地过日子的？

引语：可怜的鸭子呀！当漫长的黑夜来临的时候，四周静悄悄、黑乎乎的，只有一轮月亮高高地挂在天边。丑小鸭孤单极了。丑小鸭望着天空自言自语地说什么？（出示图和句式：丑小鸭自言自语地说：“＿＿＿＿＿＿＿＿”）

引导学生走进角色，抒发情感。指导朗读句子。

④丑小鸭趴在冰上冻僵了。幸亏一位农夫看见了，把他带回家。

理解“冻僵”：动作表演。想象朗读句子。

（4）小结：从家里到树林，再到湖边，丑小鸭历经了磨难。（板书：磨难）

（5）学生配乐齐读第三至六自然段，读出自己的感受。

☆ 深入研读，感受丑小鸭的意志

（1）小组学习讨论：这是一只历经苦难的丑小鸭，更是一只（　　　）的丑小鸭。

预设的句子有：

◆丑小鸭感到非常孤单，就钻出篱笆，离开了家。

◆秋天到了，树叶黄了，丑小鸭来到湖边的芦苇里，悄悄地过日子。

◆丑小鸭望着洁白美丽的天鹅，又惊奇又羡慕。

（2）全班交流。

重点学习第三句。理解“惊奇”和“羡慕”，指导朗读句子。

理解“惊奇”：想象会是怎样的表情？一起学着做做惊奇的样子。他惊奇地说……

理解“羡慕”：丑小鸭看到那么美丽的白天鹅，心里多羡慕啊！（板书：羡慕）他心里一定在想着什么？谁听到了他的心里话？

引语：要是能变成天鹅，那该多好啊！这就是羡慕。他多想飞向那些美丽的鸟。这美丽的天鹅，成了丑小鸭心中的——（板书：梦想）

（3）用上“苦难”和“梦想”，说说丑小鸭，你想说什么？

（4）小结：这不只是一只历经困难的丑小鸭，更是一只坚强地追求梦想的丑小鸭。

（5）感情升华，重读句子。

☆ 感情朗读，感受丑小鸭的快乐

引语：然而，冬天来了，那些让丑小鸭拥有梦想的天鹅飞走了，飞向那温暖的国度去了。终于熬到了第二年的春天，丑小鸭又一次来到湖边。这次，他飞翔了起来！

（1）教师配乐范读第七自然段。

课件出示：一天，丑小鸭出来散步，看见丁香开花了，知道春天来了。他扑扑翅膀，向湖边飞去，忽然看见镜子似的湖面上，映出一个漂亮的影子，雪白的羽毛，长长的脖子，美丽极了。这难道是自己的影子？啊，原来我不是丑小鸭，是一只漂亮的天鹅呀！

（2）这只天鹅美在哪？点名请学生回答。（板书：雪白的羽毛，长长的脖子）指导朗读句子。

（3）看图回顾：这还是原来那只丑小鸭吗？（教师指图引说）那只毛——（生：灰灰的），嘴巴——（生：大大的），身子——（生：瘦瘦的）丑小鸭吗？不，这只丑小鸭有——（生：雪白的羽毛，长长的脖子），美丽极了。他不再是丑小鸭，他已经变成了一只天鹅，一只漂亮的天鹅。

(4）教师引导学生抒发情感：丑小鸭心里……

(5）渲染情感：此刻丑小鸭心里该是多么高兴啊！他忍不住惊呼——（生:这难道是自己的影子?）他还是不敢相信——（生：这难道是自己的影子?）他依然不敢相信——（生：这难道是自己的影子?）相信吧！丑小鸭，这就是你的影子。这就是你。终于，他快乐地欢呼起来——（生：啊，原来我不是丑小鸭，是一只漂亮的天鹅呀!）

(6）师生串读，感受丑小鸭的快乐。

(7）教师出示动画录像，学生给录像配音。

(8）口语练习：正因丑小鸭有着执着的追求，走着走着就来到广阔的世界，走着走着梦想的花就开了。走着走着就飞了起来，成为飞翔的天鹅！此时丑小鸭心里会想些什么？

(9）出示原著句子：当丑小鸭变成白天鹅时，他感到非常难为情。他把头藏到翅膀里，不知道怎么办才好。他感到太幸福了，但他一点儿也不骄傲。因为一颗好的心是永远不会骄傲的。

(10）小结：如果说丑小鸭的过去是苦难的，那现在就是——（板书：幸福）

（设计意图：学生在朗读、想象、演说等语文实践活动中学习品读课文，同时运用联系上下文、联系生活实际的方法来理解文中的重点词语，在演读、引读等多种形式中体验、内化情感，从而感悟到文章的主旨。文学化的教师语言、形象化的视听冲击，营造浓郁的童话氛围，进一步拨动学生内心的“情弦”，使学生进一步走进角色的内心世界，也训练了学生的语言组织和表达能力。）

板块三：倾诉，绽放心灵之花

引语：读到这里，同学们的心中一定会有许多感慨。你们想对故事中的谁说些什么吗？拿起笔，写下你最想说的话。

(1）我想说：

①对丑小鸭说……

②对丑小鸭的哥哥姐姐说……

③对鸭妈妈说……

④对养鸭的小姑娘说……

⑤对小鸟及猎狗说……

⑥对农夫说……

(2）最后，你想对自己说些什么？请写下来。

(3）教师小结，齐唱《隐形的翅膀》（丑小鸭 MV）。

（设计意图：每个学生的阅读能力、生活经历、价值取向都大相径庭，他们对语文材料的感受和理解往往是多元的。我们应当允许学生对同一文章有不同的理解和看法，尊重学生独特的阅读感受，让学生学会从不同的角度表达自己内心的真实感受，这样，他们的情感才得到升华，思维和语言表达能力也才得到发展。将经典故事与励志歌曲结合，使学生产生共鸣，让学生纯洁的心灵之花得以绚烂绽放。）

全课总结：一只孤单的丑小鸭，历经苦难，依然追求自己的梦想，最终成为一只幸福的天鹅。创作这篇童话的作者从小也经历着丑小鸭一样的孤单和苦难，但他最终成为世界著名的童话作家，他就是——安徒生。他在童话里写到：“当我还是一只丑小鸭的时候，我做梦也不曾想到今生会有这样的幸福！”同学们，当我们在遇到困难时，我们应该充满希望，选择坚强。在别人遇到困难时，我们应该怀着一颗炽热的心，伸出热情的双手。

板块四：延伸，点燃阅读心灯

（1）把《丑小鸭》这个故事讲给爸爸妈妈听。

（2）照样子，积累词语，制作读书卡。

如：漂亮的影子　嘴巴大大的

（3）阅读安徒生的其他童话故事。

（设计意图：让学生回家讲故事，把课文的语言内化成自己的语言，进一步培养学生创造语言、表达语言的能力，营造家长和孩子一起阅读的氛围。说词、写词、读词，既丰富了学生的词汇积累，又充分体现了个性化的阅读。让阅读活动从课内走向课外，引领学生走进安徒生的童话世界，让童话成为他们最亲密的伙伴。）

板书设计：

丑小鸭

毛灰灰的
嘴巴大大的
身子瘦瘦的

（苦难）

（梦想）→

（幸福）

雪白的羽毛
长长的脖子

（本文获2011年广东省优秀教学设计评比一等奖）

《我们关心天气》教学设计

刘绍财

教学设计思路：

（1）本课教学内容共分三个部分：不同的天气，生物预告天气，预测未来的天气。

（2）“不同的天气”是让学生通过交流的形式，了解自然界里各种各样的天气，感知不同的天气带给我们不同的感受。让学生们尝试用简单的图画来记录天气情况。

（3）“生物预告天气”是简单介绍生物能预告天气的道理，有很多生物都有比我们人类更早地知道天气的本领。让学生收集和天气有关的谚语、儿歌等。激励学生去观察动物和植物的变化与天气变化的关系。使学生养成长期注意观察身边事物变化的良好习惯。

（4）“预测未来的天气”是让学生讨论通过哪些途径和方法可以了解明天的天气。

（5）了解天气预报。为了更方便地生活，人们可以根据天气预报更好地调整自己的生活方式或生活行为。

教学目标：

（1）了解自然界各种各样的天气，感知不同的天气带给我们不同的感受。

（2）激励学生去观察动物和植物的变化与天气的关系。

（3）使学生能坚持观测天气和长期测量与记录天气数据。

（4）在观察和研究天气的活动过程中，使学生激起对周围世界的好奇心和求知欲。

教学重点、难点：

（1）教学重点：教师和学生观察天气，认识天气，预测天气。

（2）教学难点：推测天气变化的经验和用物象预告天气的活动。

课时安排：1 课时。

器材准备：学生搜集各种与天气有关的资料（包括文字的和图片的、生物预告天气的谚语和图片），参加活动时用于交流。尝试通过不同渠道了解明天的天气。

教学过程：

导入：同学们，自然界里有各种各样的天气，你有没有关心天气的变化？你看过（听到）天气预报吗？请同学们看一段录像。

谁能说出录像中的天气预报有什么？

学生可以说：明天的气温，是不是阴天、下雨等。

学生回答后教师说：这节课我们就来共同关注和我们生活密切相关的有关天气的一些问题，我们今天来学习《我们关心天气》这一课。（板书：我们关心天气。）

一、不同的天气

（1）小组交流不同天气的状况。

教师提问题：同学们，在过去的日子里你们遇到过什么样的天气？

学生回答：学生甲说：我遇到过下雨……

学生乙说：我遇到过阴天……

学生丙说：我到北方遇到过下雪……

学生丁说：我遇到过晴天……

学生回答后，教师对学生的回答给予肯定，例如：同学们刚才的回答都很好，你们真细心，好样的！

（2）用图画记录天气。

教师：看来天气的好坏和我们的关系非常密切，老师想每天都在日历上记录天气的情况，怎么记？大家帮助我想一个既方便又形象的办法好吗？

学生回答：可以用符号来表示。

教师：那么我们就在组长的带领下，以小组为单位来设计一个表示晴天的符号。（你们来比赛，看哪一个小组设计的符号最漂亮。）

学生画完晴天的符号后，给予展示，教师同时问学生：你为什么用一个太阳作为晴天的符号呢？

那么阴天可以用什么样的符号来表示呢？

学生画完阴天的符号后，给予展示，教师同时问学生：你为什么用一朵云作为阴天的符号呢？

学生回答：因为阴天时云朵把太阳挡住了，我们只看到云朵，所以我们用一朵云来表示。（教师说：你们真棒！）

那么下雨可以用什么样的符号来表示呢？

学生画完下雨的符号后，给予展示，教师同时问学生：你为什么用一朵云并在云朵的下面点几点作为下雨的符号呢？

学生回答：因为下雨我们是先看到云朵，然后云朵下面落下了雨点，所以用一朵云并在云朵的下面点几点作为下雨的符号。（教师说：你们是好样的！）

学生回答后，教师把符号贴在黑板上：

晴	阴天	雨

学生用其他的符号来考其他同学。

二、预测未来的天气

教师说：同学们刚才认识了不同的天气，并用符号来表示不同的天气。请根据上面的图片来讨论我们该准备什么。（以小组的形式来讨论。）

学生回答后，教师说：同学们懂得真多，真聪明，老师相信以后你们和爸妈出去旅游时，一定能够利用今天学到的知识为活动做好准备的。

三、生物预报天气

教师：同学们，我们除了通过以上的途径来了解未来的天气，你们还知道天气的相关知识吗？请同学们打开课本第38页，并在组长的带领下交流还有什么途径可以了解未来的天气。

学生交流后回答：根据生物的活动情况。

教师说：在大自然中，生物也能预测天气，那什么生物可以预测天气呢？

学生回答：（1）有松果，松果开表示天气干燥，松果闭合表示天气潮湿。

（2）泥鳅出水，燕子低飞，蚂蚁上树等都预示着快要下雨了。

教师说：同学们回答得都很好。你还知道哪些生物可以预告天气？

（课前教师布置同学们收集有关天气的资料，把喜欢的天气谚语等表达出来。）

学生回答：有这样一句谚语“蚂蚁搬家，必有雨下”。

教师说：这句天气谚语是在说什么？

学生回答：表示要下雨。

继续由其他同学讲出自己准备的天气谚语……

教师一一给予肯定。

四、总结

教师：通过今天的学习，我们交流了有关天气的话题，你有什么收获？

学生1回答：我们认识了不同的天气，学会了用符号来表示不同的天气。

学生2回答：知道了可以通过看报纸等来预测未来的天气，还知道生物也可以预告天气。

学生3回答：学到了好听的天气谚语。

教师：同学们，你们真聪明，让我们用今天学到的知识为我们以后的活动做好充分的准备，好吗？

五、板书设计

我们关心天气

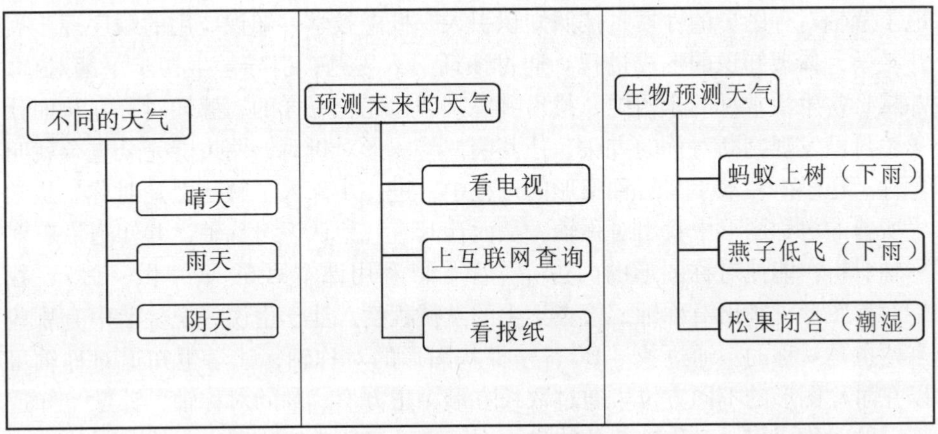

（本文获潮州市科学优质课评比“一等奖”）

《对称》教学设计

刘漫漫

教学理念：对称是一种最基本的图形变换，自然界和日常生活中具有对称性质的事物很多，学生对于对称现象并不陌生。本节课借助生活中的实例和学生的操作活动，让学生判断哪些物体是对称的，找出对称轴，并初步地、感性地了解轴对称图形的性质，按照知识引入—概念教学—知识应用的顺序逐步展开教学，体现知识的形成过程。通过谈话引入主题，引导学生初步了解对称。并从日常生活常见的东西中，找出哪些是两边完全一样的，感知对称。从而让学生自己发现判断对称的方法，让其明白将图形对折后，两边能完全重合就叫对称。让学生在动手剪对称图形的过程中，进一步深入了解什么是对称。从学生所剪的对称图形中找出对称轴，从而让其直观地认识对称轴，并知道沿着对称轴对折，能使对称图形的两边完全重合。利用课本第 68 页“做一做”，找出对称图形，画出对称轴，检查学生的掌握程度。让学生说一说生活中有哪些东西也是对称的。通过找“E”、楼梯状图形的对称轴，让学生知道对称轴可以在对称图形的不同方位。通过数长方形、正方形、圆的对称轴，让学生知道不同的对称图形，对称轴的条数也不同。最后，欣赏对称美，并体会对称在生活中的广泛应用，让学生体会到数学来源于生活，应用于生活。

教学内容：人教版二年级上册第 68 页。

教学目标：

（1）知识目标：结合生活实例，使学生通过观察操作，初步认识轴对称现象，能正确找、画对称图形的对称轴。

（2）能力目标：发展学生的空间观念，培养学生的观察能力、想象能力和动手操作能力，学会欣赏数学美。

（3）情感目标：通过学生活动，培养学生的合作意识，让学生在合作中交流、学习，并体会到数学来源于生活，应用于生活。

教学重点、难点：

（1）教学重点：能准确判断对称图形。

（2）教学难点：能找出对称图形中的对称轴。

教具准备：课件、彩纸、剪刀、长方形、正方形、圆形和各色彩纸。

教学过程：

一、创设情境，初步感知对称

1. 谈话引入

教师：课前，老师准备了一件小礼物，同学们想知道是什么吗？

（课件显示：2 只小白兔。）

教师：你喜欢哪一只？为什么？

教师：两边完全一样的小兔，看起来比较美，所以大家都喜欢它。

教师：小兔想和爱学习的同学做朋友！你们愿意吗？

2. 感知对称

（课件显示：找对称图形。）

教师：好，现在大家一起看着大屏幕，这些都是日常生活中常见的东西。你能说一说，哪些是两边完全一样的吗？

教师：你是怎么发现的？

学生回答后，教师将课件显示的图形发给部分学生，演示判断的方法。

教师：同学们真聪明！像这样将图形对折后，两边能完全重合就叫对称。

板书课题：对称。

二、动手操作，亲身体验对称

1. 动手剪对称图形

教师：请翻到课本第 68 页。生活中很多东西应用对称，大家知道是怎样裁剪衣服的吗？（教师演示：先把布对折，再画出衣服的一半，沿着线剪，衣服的样式就完成了。）

教师：你能剪出一个对称图形吗？那么，请大家向小组里的同学说说你要怎样剪，剪出来的图形才对称。

小结：这个方法真好！剪对称图形的时候，先把纸对折，画出所要剪的图形的一半，再沿着线剪，打开就是一个漂亮的对称图形了。

教师：大家先想清楚要剪什么，想好的同学可以动手剪了，看谁剪得又快又美。

2. 认识对称轴

（展示学生作品。）

教师：同学们的手真巧，剪出这么多美丽的对称图形！有……其他同学剪的图形也非常漂亮。

教师：虽然同学们剪的图案不一样，但剪对称图形时我们要先把纸对折，这样使每个图形的中间都有一条折痕，沿着折痕可以画出一条虚线，我们叫它对称轴。

（在黑板上画出一个对称图形的对称轴。）

教师：沿着对称轴对折，能使对称图形的两边完全重合。

教师：让我们一起记住它的名称！（齐读。）

教师：凡是对称图形，都有对称轴。

教师：其他图形的对称轴呢？谁能指出来？

教师：下面请同学们找一找，第68页“做一做”的这些图形中哪些是对称的？请画出它们的对称轴。

3. 走进生活，寻找对称

教师：同学们真棒！大家都能找出对称轴了！大家来说一说，生活中哪些东西也是对称的？

教师：同学们的想象力真丰富！看来生活中对称的东西还真不少。

三、拓展延伸，巩固深化

（1）出示“E”。

教师：同学们认识这个字母吗？它是对称图形吗？它的对称轴在哪里呢？

（2）出示“”。

教师：这个图形的对称轴又在哪里呢？（回答后课件演示，填空。）

教师：原来对称轴可以在对称图形的不同方位，只要沿着它对折，能使两边完全重合，它就是这个对称图形的对称轴。

教师：是不是所有的对称图形都只有一条对称轴呢？

（3）拿出长方形、正方形、圆形。

教师：我们认识的长方形、正方形、圆形都是对称的图形吗？它们的对称轴在哪里呢？折一折，然后和小组的同学数一数各有几条对称轴。

小结：不同的对称图形，对称轴的条数也不同。长方形有2条对称轴，正方形有4条对称轴，圆形有无数条对称轴。

教师：我们通过学习，懂得怎样找出对称图形的对称轴。那么，你能按对称轴画出图形的另一半吗？请完成第70页练习十五（3）。

小结：先找出对称点，再连线，这样就能画出对称图形的另一半了。

四、师生总结，欣赏对称美

教师：今天，我们一起动手画出了对称图形的对称轴，也剪出了对称的图形，日常生活中还有好多美丽的对称图形呢！好，请同学们和老师一起去对称的世界里欣赏对称的美吧。

（播放课件。）

教师：同学们，人们应用对称，美化生活，服务生活。谁能说说，对称应用在生活中的哪些方面？

总结：是啊！对称在建筑设计上，在工艺品的制作上，在日常生活用品生产上等都有广泛的应用！

※课外作业：

找找看，☆共有几条对称轴？

板书设计：

对　称

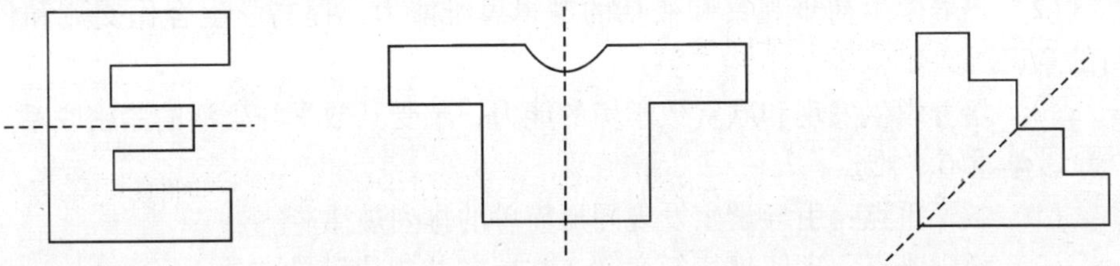

对称轴

《找规律》

设计与反思：潮州市湘桥区昌黎路小学　黄露盈
指导与评析：潮州市教育局教研室　林秀君

教学内容：人教版《义务教育课程标准实验教科书·数学》一年级下册第88—89页。

教学目标：

（1）通过观察、比较、猜测、推理等活动，让学生发现图形简单的排列规律，理解规律的意义，掌握找规律的方法。

（2）培养学生初步观察和概括的逻辑思维能力，提高学生合作交流和创新的意识。

（3）培养学生发现和欣赏数学美的能力，感受到数学与生活的紧密联系。

教学重点、难点：

（1）教学重点：引导学生发现图形简单的排列规律。

（2）教学难点：理解规律的意义、掌握“找规律”的方法。

教具、学具准备：

（1）教具：多媒体课件、彩花等。

（2）学具：蛋糕图、正方形、三角形、圆形、彩色笔等。

教学过程：

一、魔术表演，感知规律

1. 情境导入

教师：同学们，你们最喜欢看的动画城节目就要开始啦！今天播放的会是哪部动画片呢？请看！

播放动画：羊历3131年，青青草原上住着可爱的喜羊羊、美羊羊和它们的小伙伴们。

2. 感知规律

教师：春天来了，大肥羊学校的操场上开满了五颜六色的鲜花！（出示图片。）漂亮极啦！同学们，你们喜欢吗？

教师：下面老师给大家表演一个魔术，把这些花变出来！怎么样？

教师表演空手变花，先变出一朵红花，再变出一朵黄花，并贴在黑板上，形成花串。

教师：同学们，请你们猜一猜！老师接着会变出什么花？

（此时花串的排列没有形成规律，学生会有多种猜测。）

到底谁的答案是正确的呢？大家看！原来是小红花！（教师变出红花。）

教师：同学们！你们还想要吗？

教师接着又分别变出一朵黄花、一朵红花、一朵黄花、一朵红花。

教师：同学们一起猜猜！老师这次又会变出什么花？

（此时黑板上花串的排列已经形成了规律，学生都能肯定地说出黄花。）

确定吗？让我们看看正确的答案。（教师变出黄花。）

提问：为什么一开始很多同学都猜错了，而这一次都猜得又快又准呢？

让学生在花串无规律和花串有规律两种情况下进行猜花活动，初步感知规律。

3．揭示课题

教师：同学们，一般事物像花串这样按照一朵红花、一朵黄花为一组（画虚线。）依次重复出现，（板书。）至少重复出现三次，就是有规律的排列！其实，规律在我们的生活中经常出现，这节课，就让我们共同来“找规律”，欣赏规律的美！（板书课题。）

评析：本节课以学生喜闻乐见的动画片“喜羊羊与灰太狼”作为主线，以魔术表演“空手变花”作为情境引入，激发学生的好奇心和求知欲，使新课的教学充满了神秘色彩，学生的学习热情空前高涨。

二、体验规律、探索规律

1．找一找——颜色的变化规律（教学例 1）

A．导入：今天恰巧是慢羊羊校长的生日，小羊们在学校的操场上为它准备了盛大的生日 Party！你们看，它们精心布置的会场多漂亮呀！（出示主题图。）小客人们还高兴地围成圆圈跳舞呢！

B．教师出示主题图，让学生仔细观察图中哪些事物的排列有规律，与同组的小伙伴进行交流。

C．集体汇报交流：教师分别对图中“彩旗、彩花、灯笼、小朋友”四种有规律地排列的物体，展开不同层次、不同深度的提问，帮助学生理解什么是“依次重复出现”，再引导学生用完整的语言说规律，加深学生对“有规律的排列”这一现象的认识。

最后采用抢答的形式，让学生回答各组图的后面一个应该是什么，并说出理由。

D. 小结：彩旗、彩花、灯笼和小朋友的排列都是按照一定的顺序依次不断重复出现的，它们的排列都是有规律的。其中彩旗、彩花、灯笼都是按照一定的颜色变化重复出现的，就是颜色的变化规律。

2. 摆一摆——形状的变化规律（教学例2）

A. 导入：同学们真棒！这么快就学会了找规律。而此时此刻，在不远处的大森林里，一心想吃大肥羊的灰太狼又在干什么呢？（播放动画。）

狡诈的灰太狼假惺惺地送来了装着定时炸弹的生日礼物！这该怎么办呢？

（课件播放。）喜羊羊：同学们，只要你们齐心协力将礼物上欠缺的图形正确地补充完整，就能成功地拆除炸弹，解救羊羊族群啦！

教师：同学们，时间不多了，让我们赶快行动吧！

B. 出示例2图1：

提问：请同学们认真观察这组图形的排列，再思考最后一个应该是什么？为什么？

小结：这组图形按照一定的形状变化依次重复出现，就是形状变化的规律。（课件演示：去除图形颜色。）

提问：这组图形的排列除了有形状变化的规律以外，你还能找出其他规律吗？是怎样的规律？

小结：这组图形是按照一个蓝色正方体、一个粉红色圆柱为一组，依次重复出现的。不但有颜色变化的规律，还同时存在着形状变化的规律！

过渡语：同学们，两种不同形状物体的变化规律大家都可以找到，三种不同形状物体的变化规律你们能找到吗？

C. 出示例2图2：

教师：这组图形的最后两个又应该是什么呢？下面请同学们从学具袋里拿出这些图形，根据这组图形的排列规律，试着摆出最后两个！

请个别学生上台演示，并说说为什么这样摆。

D. 引导学生观察并发现这组图形存在的两种变化规律。

小结：同学们，你们看！在我们的共同努力下，炸弹的计时系统已经自动解除了！羊羊族群得救啦！（课件演示。）

3. 规律小屋（教学例3）

A. 导入：同学们真了不起，用智慧战胜了诡计多端的灰太狼，学识渊博的慢羊羊校长最近设计了一间“规律小屋”，想请大家一起去参观！你们愿意吗？让我们一起去寻找藏在小屋里的规律吧！（课件出示“规律小屋”的一角。）

教师：你们看！规律小屋里多整洁、多漂亮呀！同学们，你们能找出藏在里面的规律吗？是怎样的规律？

请学生上台指出图中有规律地排列的物体，并说出它们是怎样排列的。

B. 组织学生运用在“规律小屋”里发现的规律完成课本第89页例3。

C. 让学生在小组里互相交流。

4. 寻找生活中的规律

A. 说一说生活中的规律。

教师：同学们，有规律的布置使我们的生活环境变得更加美丽！那么生活中还有哪些事物的排列也是有规律的？

教师引导学生用完整的话来描述所发现事物排列的规律。

B. 欣赏生活中有规律地排列的事物。（课件演示。）

评析：把例题教学渗透到动画片的故事情节中，把枯燥乏味的数学教学引进生动有趣的故事王国，以动感的课件加以演示，使学生学得轻松、快乐、有趣，在体验和探索中学会了“找规律”。

三、创设规律、欣赏规律

1. 涂一涂

导入：同学们，你们听，钟声响起来了，切蛋糕仪式就要开始了。可是蛋糕上不小心掉了几个图案！同学们，你们能够帮忙补上吗？（课件演示。）

教师：下面我们来比一比！看看哪位同学可以在最短的时间里为蛋糕补上合适的图案，使上面的各组图形变得有规律！

（1）学生根据蛋糕上图案排列的规律，为蛋糕贴上空缺的图案。

（2）展示作品，集体校对，说一说蛋糕上各组图案排列的规律。

（3）为获胜者颁奖。

2. 动作上的规律

（1）导入：庆祝仪式开始了，我提议，我们一起为慢羊羊校长唱生日歌吧！

（课件播放生日歌，教师带着学生边做有规律的动作边唱歌。）

（2）发现：同学们，你们怎么这么快就把老师的动作学会了？

引导学生发现动作的规律、歌词的规律。

（3）创设：再次唱起生日歌，学生上台展示自己创设的有规律的动作。

评析：把课堂练习题贯穿于动画片故事之中，激发了学生的创作热情。通过自主探究、合作交流、作品展示等一系列学习活动，并配合创设有规律的动作，再为整节课的教学掀起新的高潮。

四、课堂总结

教师：同学们，这节课你们学会了什么？

其实，规律在我们的生活中无处不在！有规律的事物能给我们带来美的享受，只要我们多观察、多动脑，就一定能够发现和设计出美丽而有趣的规律！

五、布置作业

请同学们回家寻找生活中的规律。

六、板书设计

找规律

依次重复出现

总评：本节课黄老师尝试创新课堂教学形式，促进了自身的专业发展，开阔了学生的视野，把握了低年级学生好奇心强的特点，把神秘的魔术表演引进数学课堂，空手变出有颜色规律的花朵并粘贴于黑板上，充分调动了学生探究新知识的欲望，让学生初步感受到“规律”，学会欣赏“规律”的美。为了激发学生的学习兴趣，黄老师把教材中的三道例题和课堂练习题全部贯穿于动画片故事情节中，为学生创设了鲜活的、富有趣味性和挑战性的学习情境，这样的教学方法学生喜欢，乐于实践和探索，从而使课堂充满生机和活力，也让教师体验了大胆尝试创新课堂教学所带来的精彩与成功。这样的课堂教学使学生有所收获，教师有所发展。

教学反思：上完了这一节课后，我感触颇深，下面谈一谈几点体会。

1. 创设情境，激发学习兴趣

针对一年级学生的年龄特点，我以热播中的动画片《喜羊羊与灰太狼》中的情境为学习线索，将整节课的知识点融合到主人公“慢羊羊”的生日Party中，通过色彩鲜明、形象生动的CAI课件，让学生在新奇、有趣的学习活动中自主地发现规律、应用规律、欣赏规律。整节课教学紧凑、连贯，形式多样，教学效果较好。

2. 导入新颖，突破教学难点

要让一年级的学生一下子理解“规律”这个概念，传统的讲授对他们来说很抽象也很枯燥。为了激发学生的学习兴趣，我大胆地选择了魔术表演“空手变花”，并将变出的花朵贴于黑板上，形成有色彩规律的花串，学生们发现了花串是按照红花、黄花、红花、黄花的顺序排列的，神奇的魔术表演让学生初步感知了“规律”、欣赏了“规律”的美。

3. 呈现“错误”，点亮课堂教学

为了使学生通过观察、猜测、实验、推理等活动发现图形的规律，我创造性地将例3中的两组图形作为“规律小屋”墙面、床面上的花纹出现，同时也故意在“规律小屋”中加入几组无排列规律的图形。我让学生仔细观察，找出藏在小屋里的规律，融数学于生活之中，学生通过认真的对照、比较，在辨析中进一步掌握了找规律的方法。

4. 巧设质疑，营造探究氛围

“质疑”是学生进行探究性学习的前提。在教学主题图时，当学生感知了图中物体的排列规律后，我巧设“照这样排下去，最后一朵彩花应该是什么颜色”这一问题。学生不假思索地说出答案：“黄色！”我没有急于肯定答案，而是提出了质疑：“有没有可能是红色的？”经历了思维的碰撞，使学生对“规律”的理解更加深刻。

5. 动手操作，注重自主探究

操作是思维的起点，认知的来源，也是认识事物的开端。在教学过程中，我把操作活动放在了首位，让学生动手参与画一画、贴一贴、摆一摆等活动，运用多方感官参与认知，让学生在动手操作中学习，在自主探究中掌握、巩固、运用知识。

当然这节课也有不足之处，由于本课是省赛课，面对的是陌生的学生，在教学中，学生总会提出我没有预料到的问题，由于我担心教学任务不能完成，所以对有些问题不敢充分展开，怕延误时间。教师要敏锐地捕捉“动态”的问题，让预案顺情而变，使课堂真正成为师生互动的舞台，在教学中，教师的课前预设及随堂机智尤为重要，而隐藏在随堂机智背后的恰恰是教师的观念和专业素养。

今后，我将在教学实践中不断探索，开拓进取。

第三节　基于“教育教学研究”的教师专业发展

如何对学生的数学学习进行评价

丁仰纯

随着新课程改革的不断深入，教学方式和学习方式发生了很大的变化。课程改革的最终目标是促进学生的全面发展，学生数学学习评价是评价学生发展水平的一个组成部分。课程评价对课程的实施起着重要的导向和质量监控的作用。下面我就新课程理念下学生数学学习评价的实践探索谈一点个人看法。

一、评价内容的多元化

评价内容的多元化改变了过去单一的以学生考试分数为唯一依据的评价方式，而是以多角度、多层次的评价内容，全面地衡量学生的学习状况。因此我尝试从以下几个方面对学生进行多元化的评价。

1. 学习过程的评价

在传统教学中，教师单纯重视学习结果的正确性，往往忽视对学生学习过程的评价，相对于结果而言，过程更能反映每一个学生的发展变化，体现学生成长的历程。因此，数学学习的评价既要重视结果，也要重视过程。过程评价指的是对教学过程中的活动与事件的评价，其重点是了解师生双方在教学过程中的具体表现，以及对不同的教学活动的性质和意义作出判断。对学生数学学习过程的评价，包括学生参与数学活动的动机和态度、完成数学学习的自信、独立思考的习惯、合作交流的意识、数学认知的发展水平等方面。如在上数学课《认识人民币》时，教师出示课件，学生很快就说出了各张人民币的面值，这时教师进一步提出问题：“你们是怎样认识的?”许多学生根据自己的想法说出了不同的认识方法，如图案、大小、颜色等，教师对学生的回答过程予以相应的评价，这样，学生能清晰地识别全套人民币，同时，以识别过程为载体，培养学生自主探索、交流合作的能力。

2. 知识、技能的评价

掌握基础知识与基础技能是最基本的教学目标，《数学课程标准》总体目标中对知识与技能目标阐述如下：经历将一些实际问题抽象为数与代数问题的过程，掌握数与代数的基础知识和基本技能，并能解决简单的问题；经历探究物体与图形的形状、大小、位置关系和变换的过程，掌握空间与图形的基础知识和基本技能，并能解决简单的问题；经历提出问题、收集和处理数据、作出决策和预测的过程，掌握统计与概率的基础知识和基本技能，并能解决简单的问题。我们往往会存在一个误区，那就是习惯把概念、法则、定理等看作基础知识，而将知识的运用看作一种技能。其实这样忽略了学生在探究这些数学事实过程中所取得的经验和方法，这对学生来说是研究新知识的基础。对基础知识和基本技能的评价应结合实际和解决问题的过程，更多地关注对知识本身意义的理解和在理解基础上的应用。如对空间与图形学习的评价，应主要考查学生对基本几何事物的理解、空间观念的发展，以及合理推理能力和初步演绎推理能力的获得。如《平行四边形面积》一课中，平行四边形的面积公式是学生应掌握的基础知识，在评价时，除客观评价其对基础知识的掌握外，还要评价在研究面积计算过程中，其所获取的经验、方法及推导过程，如平移、剪拼等方法，以及转化的思想，这些都是评价的重要内容。

3. 情感、态度体验的评价

《数学课程标准》中的情感和态度包括：能积极参与数学活动，对数学有好奇心与求知欲；在数学学习活动中获得成功的体验，锻炼克服困难的意志，建立自信心；初步认识数学与人类生活的密切联系及其对人类历史发展的作用，体验数学活动充满着探索与创造，感受数学的严谨性以及数学结论的确定性；形成实事求是的态度以及进行质疑和独立思考的习惯。我们在评价学生的数学学习时，要注意观察学生是否在教师的指导下，参与数学学习；是否在小组的合作中发表自己的见解、提出质疑，进行小组合作，并选择恰当的方法解决问题。在数学学习中，要培养学生大胆质疑、勇于创新的精神；要引导学生在解决问题中不断地思考，从最佳的角度去选择答案，探索数学的奥秘，感受数学的严谨。如我和学生一起探讨这样的一个问题：从甲城往乙城运 60 吨货物，如果用载重量是 5 吨的大卡车运一趟费用为 120 元，用载重量是 2 吨的小卡车运一趟运费为 50 元，请你设计几种运货方案，比较一下，哪种方案最省运费。设计几种运货方案并不难，但要算出所有方案中运费最省的一种，就要看从什么角度思考了。大卡车运一趟要 120 元，每吨运费 $120 \div 5 = 24$（元），小卡车运一趟要 50 元，每吨运费 $50 \div 2 = 25$（元）。因此，应尽量用大卡车运，$60 \div 5 = 12$（辆）。可见，用 12 辆大卡车运货最省运费。这种在数学学习中体现出的情感态度是我们需要评价的。

二、评价主体的多元化

学生、教师、家长是参与评价的三大主体，我们过去偏向于教师对学生的评价，如今新课程改革要实现“以人为本”，教学过程就要体现以学生“自主学习、合作探究”为主旋律，那么我们就不能忽视学生的自评和互评。对于学习过程中的一些情感体验，学生的感觉是最真实的，可见学生的自评是很有必要的，也是很有价值的。而数学学习又是一个合作的过程，对于学生在小组合作中所表现的各种素质，小组内的同学是最有发言权的，因此学生的互评也是至关重要的。并且家长和孩子之间有着特殊的关系，家长的评价影响力不可低估。由此可以看出，对学生的评价，学生、教师、家长缺一不可。因此，我设计了多元评价表，其中包括说说我自己、同伴眼中的我、家长心中的我、老师眼中的我四个部分。（分别见表1、表2、表3、表4）

表1

说说我自己	
内容	评价
1. 我喜欢上数学课。	
2. 我有信心学好数学。	
3. 我能认真听老师讲课、听同学发言。	
4. 遇到我会回答的问题，我都举手了。	
5. 老师提出问题，我能积极动脑筋思考。	
6. 我愿意和同伴一起合作。	
7. 我能在同学们面前大声说出自己的想法。	
8. 我敢于提出问题。	
9. 我能按时、认真完成作业并及时改错。	

表2

同伴眼中的我	
内容	评价
1. 他经常举手发言吗？	
2. 他能认真听老师讲课、听同学发言吗？	
3. 他回答问题时声音洪亮吗？	

（续上表）

同伴眼中的我	
内容	评价
4. 他在小组活动中能积极发表自己的意见吗？	
5. 他能在同学学习有困难时主动帮助别人吗？	
6. 他的书写整洁吗？	

表3

家长心中的我	
内容	评价
1. 您的孩子经常和您谈数学课的学习吗？	
2. 您的孩子喜欢学习数学吗？	
3. 您的孩子能自觉完成老师布置的数学学习任务吗？	
4. 您的孩子能从日常生活中发现并提出简单的数学问题吗？	
5. 您的孩子在家里遇到数学问题能独立思考并解决吗？	
6. 您的孩子能将一些数学知识运用到实际生活中吗？	

表4

老师眼中的我	
内容	评价
1. 他能独立思考问题，积极举手发言吗？	
2. 他能仔细听老师讲课、听同学发言吗？	
3. 他回答问题时声音响亮吗？	
4. 他能有条理地表述问题吗？	
5. 他能认真完成老师布置的学习任务吗？	
6. 他乐于与同伴合作吗？	
7. 他善于发现问题、提出问题吗？	
8. 他思维超脱吗？	

在这样的评价中，学生体验了评价的过程，发挥了主动性，认识了自我，学会与他人交流、合作。教师在评价过程中也摒弃了旧的评价观，树立了新的

评价观。

三、评价方法的多元化

评价学生数学学习的方法是多样的，每种评价方式都有自己的特点，教师应结合评价内容与学生学习特点合理进行选择。下面介绍我在日常教学中经常用到的几种评价方法：

1. 数学日记

新课程改革提出评价方法多样化，为了更清晰、准确地描述学生的发展状况，我尝试让学生写数学日记。“数学日记”是让学生以日记的形式记录他们在数学课中学习的内容，学习活动中的真实心态和想法，以及在生活中运用数学知识解决了哪些实际问题等。数学日记不仅可以评价学生对数学知识的掌握情况，而且可以评价学生运用知识的能力。通过日记的形式，学生可以对他所学的数学内容进行总结，像和老师谈心一样地写出他们自己的情感、态度、困难之处或感兴趣之处。如有一位学生这样写：“今天老师给我们出了一道难题：老师到市场买了64粒奶糖，要分给4个小朋友，而且后一个小朋友总比前一个小朋友多2粒。谁能帮老师分呢？我思考了好一阵子，也想不出有什么好的办法。平时，我们所学的分法大多是‘平均分’，虽然这种分法在日常生活中经常出现，但怎样用数学知识解答，我也摸不着头脑。能不能转化成平均分呢？我苦苦思索，终于找到了解决难题的三种方法，动脑筋的结果真好。今后，碰到问题只要多想想，发挥自己的聪明才智，就能找到解决问题的窍门。”实践证明，“数学日记”记录了学生所学的知识，使数学与生活紧密联系，并且能让教师了解学生在心理、思维及非智力等方面的个体差异，提高了学生学习数学的能力，培养了学生学习数学的自信心，能让学生更好地进行自我分析、自我评价。

2. 建立每位学生的数学评价档案

每个学期一开始，我都为每位学生建立数学评价档案。什么是数学评价档案呢？说到底其实是准备一个本子，把学生的姓名按学号分页排好，然后把每位学生在数学学习过程中的重要成绩或重要事情记录下来。如每次的单元测试成绩，某一次作业特别优秀，某一次上课发言特别精彩等，或者记录学生学习过程中的一些缺点，一些挫折。建立数学评价档案的目的还是了解学生，我可以根据评价档案适时地找学生谈心，鼓励他们；还可以分析学生最近的发展趋势，并依次改进教学的方法。同时，数学评价档案的建立也拉近了我和学生之间的关系，每位学生都能感受到教师的重视，从而对数学更加感兴趣了。

3. 口试、面试、笔试相结合

口试的主要内容是说理，即说算理、说解题思路、讲公式的推导过程等。面试的主要内容是操作，如操作小棒演示算理、拼学具推导公式、测量、制作等。笔试的主要内容是考查基本知识和解题能力，包括平时的作业、单元考试、期中考试及期末考试等。加强口试与面试，有利于减轻学生学习的负担，了解学生的思维过程，有利于教师及时为学生提供帮助，有利于提高学生的临场心理素质。因此，在教学中，教师应把口试、面试、笔试有机地结合起来，对学生作出全面的评价。

总之，通过过程性评价，真正做到保护学生的自尊心、自信心和进取心，评出了发展的动力和创新的活力，发挥了评价的激励、教育和反馈功能，使评价真正成为促进学生健康成长的“助跑器”，使学生真正成为数学学习的主人。

如何有效地开展小组合作学习

丁仰纯

合作精神是未来人才必备的基本素质之一，小组合作学习是培养合作精神的有效途径。长期以来，我国传统的教学模式不利于学生主体作用的发挥，更不利于培养学生的合作意识和能力，同时也使学生缺少自主探索、合作学习、独立获取知识的机会。新课标里指出的“合作交流”是针对传统集体教学的弊端而提出并逐步推广的。小组合作交流体现了教学活动中各种动态因素的多边互动，尤其是“生生互动”占据了课堂教学的重要地位，改变了在传统集体教学中师生单向交流的被动局面，对于发挥学生学习的积极性、主动性、创造性起到了不可替代的作用，真正体现了以学生发展为本，全面提高学生素质的教学方式。但必须真正做到小组合作学习不“流于形式”、不“为了合作而合作”。针对低年级学生年龄小、自律性差、合作技能弱等因素，我是这样开展“小组合作学习”的：

一、合理组建合作小组

合理组建合作小组，既是学生进行合作的基础和前提，也是实现学生群体合作的基本手段。我根据学生的性别、性格、成绩、能力的差异优化组合，通常以四人为一组，成员之间分工明确，并落实具体任务，谁是小组长，谁负责记录，谁负责汇报，使学生各尽其责。还注意在一定的时间内互换角色，使得每个人在不同角色、位置上得到锻炼与提高。组建的原则应做到组内异质，组间同质。即每组的优等生、中等生、学困生的比例相当；小组间应力求均衡，无明显差异，便于公平竞争。同时，要求各个小组的成员要相互友爱、坦诚相待、民主平等。

小组合作学习要开展组内合作，组间竞争，合作与竞争相结合，会使学生的思维不断碰撞出新的火花。作为学生个体，不仅要完成自己的学习任务，还要关注组内成员的学习状况，明确每个人都有帮助他人进步的义务。在小组学习中，形成人人教我，我教人人的氛围。当一个人回答问题不完整或遇到困难时，其他同学及时补充，在主动参与和合作中完成学习任务，真正起到“合作”作用。由于小学生好胜心强，都不甘心自己组落后，都非常关注本组的成功与失败，所以每一位学生都更加积极、努力地投入到学习之中。

二、把握合作学习的时间和空间

教师是小组合作学习的组织者、调控者，又是直接参与者，要积极创设一个有利于学生合作学习的时间和空间。在教学过程中，对于学生提出的疑难或有争议的问题，教师如果急于让一些尖子生回答，就会剥夺大部分学生的思考权利，使他们没有机会参与到教学活动中，学生的学习积极性就会受到打击，所以要留给学生足够的思考、合作、交流的时间，使每个学生都有机会进行切磋，都有权利发表自己的意见，都有表现自我的时间和空间。

（1）创设合作探讨的时间和空间。

教师要灵活地运用教科书上所创设的情境图，给学生提供较大的思维空间。如教学一年级数学下册第 20 页时，我用课件呈现课本中的小动物图，然后提问：“看着这幅画，你能提出什么数学问题？”让学生进行小组合作讨论，学生通过认真观察、合作学习之后，一系列的问题出现了：①树上还有几只小鸟？②草地上还有几只小鹿？③还有几条小鱼？④飞走了几只小鸟？⑤跑了几只小鹿？⑥游走了几条小鱼？……紧接着，我让学生再以小组为单位任选一个问题来解答，最后小组汇报交流“解答问题时用什么方法？为什么用这种方法”。这样，教师给予充裕的时间和空间，大胆放手让学生小组合作去探索新知，培养了学生利用已有知识经验提出问题并采用多种方法解决问题的能力，使学生的思路得到开拓。

（2）给予交流、汇报的时间和空间。

在平常的教学中，经常会有教师由于学生没有按照其事先预设的轨道进行，或由于学生的回答“吞吞吐吐”，害怕不必要的问题出现和时间的浪费，随便地打断学生的发言或活动。如有一位教师在教学“认识钟面”时让学生学会看整时之后，在屏幕上展现白兔和乌龟赛跑到达目的地的情境，让学生观察屏幕上的两个钟面，讨论回答谁是获胜者。有一位学生站起来滔滔不绝地讲述了白兔和乌龟赛跑的故事，在她还没有讲完的情况下，教师急忙让她停止，这时本组内的一位男生赶快站起来，想把故事补充完整，也被教师毫不留情地打断了。因为这位教师要的是学生根据屏幕上的两个钟面的时间来回答，所以他怕耽误教学时间，只能自己向学生解释了。

这种合作学习只是形式上的合作学习，这样会削弱学生学习的积极性。因此，在学生进行合作学习时，教师要让学生拥有充足的发言、补充、更正和辩论的时间和空间，让不同程度的学生的智慧都得到尽情的发挥。

同时，在学生进行合作操作时，教师要进行巡视，关注学生的学习状况：

学生如何交流；如何倾听别人的意见；如何评价别人的优点、缺点。教师要及时诱导学生，为其解难释疑、把握航向，及时地了解与掌握第一手信息，并及时进行调控。同时，教师应常用鼓励性语言，如“你别急，慢慢讲”、“你真勇敢”、“你的想法很独特”、“你的发言很精彩”等，让学生感受教师的信任和期望，增强学习的信心。这样，就能使学生在宽松的合作学习环境中学会、会学、乐学。

三、抓住合作学习的契机

教师要选择适当的时机组织小组合作，不是一遇到问题就让学生讨论，而是根据教材的重难点和学生的实际，选择富有思考性和开放性的问题，抓住适当的时机，让学生进行小组讨论、学习。如：

（1）当学生独立思考出现困难时倡导合作。

合作学习是建立在学生个体需要合作的基础上的，当学生自己独立解决某个问题遇到困难，需要寻求他人帮助时，进行合作学习才有价值。

（2）当学生个人的思考不全面时引导合作。

教学内容是较为抽象和深刻的，解决问题的方法也是多种多样的，有时由于学生个人认识问题的局限性，单靠一个人往往很难将问题回答全面，这时可以考虑小组合作学习的形式，让组内的几个成员一起讨论、相互补充，从而对数学问题认识得更加深入和全面。通过小组合作学习，让学生从别的学生那里，看到解决问题的另一个角度，培养学生全面思考问题的能力，拓展解题思路。如教学二年级数学上册第56页例5时，我引导学生观察图意后设计了这样的问题：“要求还剩几个玉米棒？你准备怎样解决这一问题？说说你的想法。”我让学生小组合作讨论，结果学生的奇思妙想出乎我的意料：①“$3+3+3+2=11$，我是把4棵玉米上的玉米棒个数全加起来。”②“$3\times3+2=11$，我先把左边3棵算出来，再加上右边1棵玉米上的2个。”③“$2\times4+3=11$，我是把每棵玉米都看成2个玉米棒，再加上多出来的3个。”④“$3\times2+5=11$，我先把左边2棵算出来，再加上右边2棵上的5个。”……这锻炼了学生不断探索与创新的意识和能力。

（3）解答“一题多解”的问题时设计合作。

有些数学问题的解题策略不唯一，答案不唯一，而一个人的思维能力毕竟有限，很难多角度地思考，需群策群力才能展示各种策略和结论。如教学“求一个数比另一个数多（少）几的问题”之后有这样一道练习题：图中画了李伯伯家养的家禽。我把“你能提出不同的数学问题吗”放到各个合作小组中进行讨论。随着成员们激烈、投入的探讨，一系列的问题出现了：①鸭比鹅少多少只？②鸭和鹅一共有多少只？③鸡比鸭多多少只？④鸡、鸭、鹅一共有多少只？……这样，群体之间的互补作用可以得到充分发挥，学生的合作能力、思维能力、创新能力得到挖掘和展现。

四、适时评比，增强合作信心

评比的目的是了解学生的学习状况，鼓励学生的学习热情，促进学生的全面发展。对自己、对别人能够充分客观地进行评价，是学生自主性的体现。为此，教师要在适当的时候给学生一定的时间和空间进行小组评比，如在小组合作活动后，教师及时对小组学习时的参与程度以及解决问题的方法和策略进行评价，这样不仅使小组成员能体会到成功的喜悦，从而增强合作的信心和兴趣，而且不同的小组之间也可以互相学习，不断改善自己小组的学习方法。以小组为单位的互评也是合作学习中不可缺少的，有时学生对来自伙伴的鼓励与帮助更容易接受，这样的互评可以穿插在合作学习的活动中，也可以专门组织小组互评的活动。如在教学“认识物体与图形”时，我最后设计让学生争当“小小设计师”、“小小建筑师”的活动，学生通过拼、摆、搭出有趣的、有创意的图形之后，教师要求小组互相交流，评一评谁设计得最好，最好将小组认为比较好的作品进行展示。在这个过程中，互评没有评出矛盾，却使得全组同学齐心协力解决问题，增强了合作意识，也使学生感受到自己在集体中的作用。

总之，合作学习并不仅仅意味着安排学生按小组坐在一起，共同完成一个任务，它需要教师对小组活动过程的各个方面，尤其结合数学学科的特点及学生的实际给予认真的思考和关注，使学习者积极参与，使教学过程远远不只是一个认知的过程，同时也是一个交往和审美的过程，使每个学生在这种合作交流、实践活动中体会到集体的智慧和力量是无穷尽的。

经过一年多的具体实践，小学生的参与意识、合作意识及竞争意识都有所增强，小组成员之间建立了一种非常和谐友好的伙伴关系，他们能够相互关心、相互帮助，学习数学的热情高涨，教师的教育、教学质量得到了全面的提高。

追求有效的小学数学课堂

丁仰纯

新一轮基础教育课程改革实验已经进行了好几年，课改的全新理念带来了全新的课堂教学，教师的教育观念、教学方式和学生的学习方式也都发生了可喜的变化。随着新课程的实施，“以学生发展为本”的教学理念在教师的思想中逐步确立和巩固，课堂教学中出现了许多让人耳目一新的教学设计和教学行为。乘着课改的春风，数学课堂终于摘掉了“比较枯燥、乏味和缺乏激情”的帽子，取而代之的是充满快乐的学习，自主探究的自我发现，体验成功的喜悦和对待学生的多元化、肯定式的评价。课堂呈现出勃勃生机，充满着和谐而愉悦的学习氛围。然而，理性地反思课改推进的过程，纵观我们的课堂教学，我们还是发现了不少问题：有些数学课堂教学重形式、轻实质，课堂效率较低，影响了学生真正的发展。提高数学课堂教学的有效性成为大家开始关注、思考并探索的问题。下面，我结合教学实践，谈谈自己的几点看法：

一、教材使用要有创造性

教育家陶行知说过：“教材只能作为教课的依据，要教得好，使学生受益，还要靠老师的善于运用。”的确，教材不是圣书，教材内容仅是教学内容的一个部分，而不是全部。尽管教学内容主要来源于教材，但教师可以根据教学实际，大胆地对教材内容进行取舍与弥补，使其结构更趋于合理。要灵活地改变教材的呈现方式，科学地进行教学加工，把现成的结论变成适合学生年龄特点的问题情境，为学生发现问题、提出问题和自主解决问题创造机会。同样的教学内容、同样的学生基础，由于教师对教材内容的处理不同，其教学效果就不一样。新课程理念下，提倡教师要有自己的教学风格，对教材的研读和感悟是第一步。只有品出了其中的内涵，悟出了其中的精髓，把握住了新课堂的脉搏，才能有效地实现教学这一再创造的过程。为此，教师在教学设计中要客观地认识和理解教材，把握每课教学的知识点和技能点，充分发挥教师处理教材的主动性和创造性，真正体现用教材，而不是教教材。

例如，教学三年级上册《可能性》一课时，我根据学生的年龄特点和生活经验，利用学生非常熟悉而且感兴趣的“剪刀石头布”游戏来代替教科书的主题图，引入本节课的教学内容，这不仅加强了数学学习与学生活动的联系，更贴近学生的实际生活，使学生直接感受到所要研究的“不确定现象”是这样地普通、平凡、有趣，而且让学生在有趣的情境中学习数学。培养学生解决问题的能力是课程标准的一个基本要求。在“例1”的教学上，我根据学生的实际，大胆地让学生先分别在两个盒子里摸三角形，把摸出的三角形的颜色记录下来，再通过比较、分析、猜想，最后让学生打开盒子验证自己的猜想。这样调整教材，不仅使“摸三角形”活动更有趣味性、挑战性，而且渗透了用统计方法解决问题的新理念，突出了思维的途径，让学生在有趣的活动中形成初步的数学思想。

二、情境创设要有实效性

让学生在生动具体的情境中学习数学，是《数学课程标准》对数学教学提出的要求。创设有效的数学情境能激发学生的学习兴趣，为学生主动构建知识提供良好的学习环境。

如教学《吨的认识》时，我创设这样的情境：

教师：课前，老师请同学们带一些质量已知的物体，谁来给大家介绍一下？还有不同质量的吗？（学生纷纷介绍自己带来的物体的质量。）

教师：有没有同学带来以“吨”为单位的物体呢？为什么？

学生：以“吨”为单位的物体太重了，所以不能随身带来。

教师：那在生活中你们见过哪些用“吨”作单位的物体？

部分学生很茫然：没见过。

个别学生很激动：见过。

教师：其实，“吨”在我们的生活中随处可见，只是有的同学没有留意，我们通过屏幕去看看吧。（课件出示：2架钢琴大约重1吨，这辆卡车大约重2吨，这头大象大约重6吨，这架客机大约重30吨，这头鲸大约重50吨，这列火车大约重100吨……）

这里，从学生熟悉的生活场景引入，运用多媒体展示学生在日常生活中接触到的物体，让学生初步感知较大的，而且非常重的物体可以用“吨”作为单位，并在此基础上展开教学。在这个教学片断中，情境的创设是教师和学生共同营造的，是为学生认知的需要而创设的，是在学生思维的活动中自然生成的！

但是我们不得不承认，在以创设探究情境为主的课堂上，情境越来越复杂，而问题总是姗姗来迟。有的教师为创设情境而创设情境，创设一些与探究问题无关的、与探究目标脱节的牵强附会的无效情境，使数学课成了看图说话课；有的教师为了激发学生的学习热情，追求情境的新、奇、异，忽略了情境的真实性，创设了许多杜撰的情境；有的教师忽视学生的已有生活经验和年龄特征，创设一些小学生难以理解的、远离其生活实际的空洞性情境；有的教师创设情境时不管探究内容如何直观和有利于操作，总是花大量时间制作色彩鲜艳、富有动感的多媒体课件，创设了一些多此一举的摆设式情境。

如在《0 的认识和有关 0 的加减法》的教学中，有位教师是这样创设情境的：（多媒体出示可爱的小猴和美丽的画面）一天，小猴下山去玩，走了很多很多的地方，玩得非常开心。天黑了，小猴感到肚子有点饿了，就回到了家里。可猴妈妈不在，只留下一张纸条告诉小猴："冰箱里有吃的，你自己拿来吃吧。""小朋友，请你猜一猜，冰箱里有些什么？"学生兴趣高涨，猜的都是自己喜欢吃的东西。（注：这种"猜一猜"有思考价值吗？）在学生胡乱猜的基础上，教师告诉同学："冰箱里放的是 3 个桃子。"然后出示小猴的图片，提问："小猴看到这些桃子，表情是怎样的？"学生又胡乱说了一通。教师继续问："小猴吃了一个桃子，冰箱里还剩几个桃子？这时候小猴的表情又是怎样的？"就这样，一直讲到"0"的出现，已用去了宝贵的 15 分钟，而多数学生还沉浸在对小猴表情的想象当中，全然不顾教师精心设计的"0"的出现！一节课结束了，教学任务没有完成，学生对"0"的认识也不到位。

所以，教师在创设情境时，要关注情境的有效性，是否有效就在于能否促进学生快乐、有效地学习，而不是关注情境本身的形式、呈现的方式等。要结合教学条件、学生生活实际、简单方便操作等方面考虑。要让情境为学生的数学学习服务，要善于让学生用数学的眼光关注情境、分析问题。总之，我们的数学课堂只要创设好有效的情境，课堂教学的实效性将得到很大的提高。

三、小组合作要有科学性

随着素质教育的深入发展，小组讨论、合作交流的学习方式被越来越多地引入课堂。小组合作学习体现了"与人合作"并与同伴交流思想的过程和结果，不但充分地体现教学的民主，也给予学生更多自由活动的时间和相互交流的机会，是学生取长补短、展现个性的舞台。因而，在新课程的背景下，在很多的课堂上都可以看到小组讨论式的合作学习。但是我们有些教师却把它演绎成为课堂教学中的"点缀"，成了形式和走过场的"合作"。如有位教师在教学《年、月、日》一课时，在第二环节，教师有这样一句引言："大家拿出年历表，在小组中讨论，看一看，你有什么发现？"学生随后组成四人小组，大声在组内各说各的，表面看来是在开展小组合作学习，实质上是大家坐在一起，各说各的，十分吵闹。

小组合作学习是一种内涵丰富、有利于学生主动参与的多样化的教学组织形式。有效的小组合作学习可以在小组成员间形成开放、包容的学习氛围，使小组成员间相互激励、相互促进；可以提高学生的学习效率；可以培养学生的合作精神；可以激励学生的学习兴趣；可以促进学生的共同进步。但是是否采用小组合作学习要根据学习内容而定，对于那些学生能独立解决的问题，就无须安排合作学习。只有对于那些学生不能单独解决的，并能最大限度发挥学生之间优势互补的问题，合作才有价值，才是为了学生发展的有效合作。因此，教师在备课时，必须在钻研教材和了解学生的基础上，对哪些问题应该由学生独立解决、哪些问题应该通过小组合作共同解决做到了然于胸。在具体操作中，教师要注意三点：一是做好合作准备。在小组合作学习之前，教师一定要留给学生充足的独立思考的时间，学生必须对所需要研究的问题有初步的认识和了解，然后再进行小组合作学习。二是明确合作目标。在小组合作之前，教师要让学生明确小组合作的目的是什么、通过合作要达到什么目标、各自在小组合作中担任什么角色、需要完成什么任务，从而让学生有的放矢地进行小组合作学习。三是形成合作机制。在小组合作的过程中，组内成员应该有明确的分工，每一个合作小组都要有一名“领头羊”来负责组内活动的组织与协调，确保合作学习有序进行，保证组内成员有平等的参与机会。成功的小组合作学习需要教师在平时的教学中有意识地逐渐培养学生的合作学习能力，如学会收集资料，学会表达自己的观点，学会讨论问题，建立互相信任、团结互助的关系，以友好的方式对待争议等。另外，要关注课堂教学的效果。在课堂教学中，过多地安排合作学习会影响正常的课堂，为不影响正常的教学，一节课内安排一两次即可。

四、动手操作要有针对性

波利亚曾说过：“学习任何知识的最佳途径是通过自己的实践活动去发现，因为这样发现理解最深刻，也最容易掌握内在的规律、性质和联系。”在新课标理念下，动手操作成为重要的学习方式，在操作中学生能够感悟并理解知识的形成与发展。但是，在低年级学生的动手操作活动中，如果教师的要求不明确，指导不到位，学生放开手脚后，就会变学具为玩具，活动收不到预期的效果。例如，在教学一年级数学上册《圆柱的认识》时，教师安排了一次动手操作活动：“请同学们拿出一个圆柱形的物体，在手上玩一玩、看一看，你会有什么发现？”于是同学们便开始玩了，有的翻过来倒过去地看，有的当成望远镜望，有的把圆柱形物体当成武器，互相打闹，场面十分热闹，实际上这一环节是让学生通过动手操作，摸一摸、看一看，增加直观感受，但是如果没有教师明确的要求和适时的指导，学生怎能“玩”到点子上？

由于小学生好动、好奇心强、自制力差的特点，教师在安排动手操作之前一定要明确操作的要求，让每一个学生都明确先做什么，再做什么，不能只说一句“好，下面动手操作吧”就结束。并且，在操作中也要适时进行指导，维持课堂教学秩序，以保证正常的课堂教学。有一位教师是这样处理的，方法值得我们借鉴：“同学们拿出圆柱像老师这样，把它放在桌子上，让它滚一滚，你发现了什么？再拿在手上，两手夹住它转一转，用手摸一摸它的上面和下面，你又有什么发现呢？”这样，在教师的指导下，学生们通过动手操作，对圆柱有了初步的感性认识，使操作活动达到了应有的效果。

五、多媒体使用要有适度性

传统教学使用的是粉笔、黑板。有人戏言：一支粉笔走天下。这种单调的教学手段，制约了数学教学质量的提高和学生的发展。因此，提高课堂教学效率，要注意优化教学手段。合理地运用多媒体辅助教学，结合声音、动画等，把“静止”的内容变为“活动”的形象，更能提高学生的学习兴趣，激发求知欲，使他们积极、主动参与学习。这对于发挥学生的想象力和创造力，发展学生的智力，培养学生的观察、思维、解决问题等能力，实现课堂教学最优化，都具有十分重要的意义。

“几何图形”是小学数学学习的重点，也是难点。解题需要学生有一定的空间想象能力。由于年龄关系，学生的思维发展处于由具体形象向抽象过渡的阶段，解答相对复杂的图形就显得力不从心。如果利用多媒体教学，让静止的几何图形动起来，问题就变得简单了。例如：教学计算组合图形面积的时候，我们可以通过电脑演示，用平移、加线、旋转、重组、重叠图形等方法化解难点，找到解题的突破口，让学生看到具体形象的过程，理解图形的组成，从而找到解题方法。

但在多媒体的选择和使用上，要注意“度”的把握。在公开教学的时候，有些教师为了追求时髦，片面追求形式上的花哨，在课堂上，每一个环节、每一个步骤都使用多媒体课件，其实他们并没有发挥现代教育技术的真正作用，太多的刺激会让学生疲惫不堪，降低课堂的教学效率。而只有适当使用，才能发挥其优越性。多媒体技术毕竟只是教学的一种手段。

总之，我们要从课堂的有效教学出发，从学生的自身发展出发，合理运用和安排各种教学手段与环节、才能使我们的数学课堂教学更加富有实效性，才能使新课程理念在常态下发挥对小学数学课堂的指导作用，从而提高课堂教学效率和育人质量，使学生在有效的数学课堂中学到知识，提高能力，发展素质。

（本文获全国小学数学课程教材研究论文评比二等奖）

说真话·写真实·抒真情

——小学作文教学初探

唐　琳

生活是五彩缤纷的，每个人眼中、心中的生活，更是异彩纷呈。作文，本来就是对认识到的生活的真实反映。叶圣陶先生指出：在作文教学中，首先要求学生说老实话，绝不允许口是心非，弄虚作假。这是作文指导的根本和生命。但综观当前小学生作文，一个突出的问题仍然是人物“塑造”、事情“编造”，这种违反作文自然规律的写作，怎能不使学生对作文产生厌烦心理呢？我认为，小学作文教学需要教学智慧，需要教师加以恰当引导，让学生说真心话，写真实作文，表达真情实感。

一、教师要运用教学智慧，引导学生学会观察

丰富多彩的大自然和社会生活是取之不尽、用之不竭的写作来源。许多学生都抱怨作文时无事物可写，其实他们并非如此，而是他们自己平时没有发现，没有留心，也就是俗话说的“熟视无睹”。“生活是作文之本”，只有认真细致地观察，才能对事物有全面、细致的了解，写出来的文章才能真实感人，因此，教师要引导学生做生活的有心人，时时处处留心观察周围的人和事。

首先，要引导学生从自己身边的生活着眼，调动多种感官，怀着真挚的感情去观察、体味生活，对生活中的每一个片断、每一个细节以及人物的音容笑貌、行为举止，对环境事物、时令变化、日月星辰、花草树木等进行有条理的观察与思考，及时地记录其颜色、气味、冷暖、态势等。其次，要注意培养学生学会分门别类，循序渐进，有目的、有计划地观察；学会抓住事物的特征，由此及彼、由表及里地按照一定的逻辑顺序进行观察，全面认识和了解事物。再次，要引导学生学会在观察的同时深入思考和感悟。只有对观察到的素材进行不断的思考提炼、加工整理，善于从中挖掘和捕捉生动的瞬间，才能使笔下的生活充实、人物鲜活，写出的文章才有可能别具特色、真实感人、富有新意。

学会了观察，作文时，学生手中有素材，就会个个跃跃欲试，便可写出丰富生动的作文来。例如，班里一个学生随父母回农村老家，闲来无事，看到了

邻居家一只快要下蛋的母鸡，他想起作文课上老师说的“写作文首先要学会观察”，便蹲在一旁端详，回来后他在日记中这样写道：“……母鸡脸涨得通红，眼睛也闭了起来，尾巴上的羽毛都竖了起来，身子也蹲下了。‘啪’地一声，蛋终于生下来了……”写得很有情趣。如果他没有细心观察，就不能写得这样有声有色，生动具体。

二、教师要展示教学智慧，走进学生的生活

学生的世界是多姿多彩的，只要教师走进学生中去，了解他们的生活，接触他们的世界，用心捕捉、开掘童趣，释放童真，定能让学生写出真实的作文。

1．在生活中开掘童趣

叶圣陶先生在《文章例话》的序中说：“生活就如源泉，文章犹如溪水，泉源丰盈而不枯竭，溪水自然活活泼泼地流个不停。”因此，教师应走进学生的生活，在生活中寻找素材，开掘童趣。问问学生吃的、看的、想的是什么；看看他们穿的、玩的、用的是什么；听听他们谈的、唱的是什么，这样作文的题材就会取之不尽，作文的内容就是他们真实的生活写照。例如：学生都爱吃肯德基，就让他们写写《我看肯德基》，既锻炼了作文能力，又引导学生正确认识洋快餐；学生爱看动画片，就让他们自己也编一编童话故事；学生爱幻想，就让他们写写《我的梦想》、《如果我是……》；学生关心环保问题，就让他们写写《我当环保小卫士》……这些作文题大大地拓展了学生的写作思路，内容又是他们最感兴趣、最为熟悉的，他们的真情实感自然流露出来，学生一见作文题就想一吐为快。作文有话可说，学生何须再去编造、拼凑呢？

2．在玩中释放童真

爱玩是所有孩子的天性，玩耍中，孩子会尽情展露自己的灵性，释放自己天真的一面。例如，前一阵子，溜溜球在学生中风靡一时，他们个个玩得精彩绝伦。我也亲自把玩了几回，却怎么也玩不好。看来，玩中自有学问，值得一写，我便给学生布置了题为《我玩溜溜球》的作文。没想到，学生一见题目竟高兴得欢呼起来，胸中有话说，下笔如有神。这次作文，写得最差的学生也写了400多字。学生从溜溜球的结构、变化多端的玩法技巧、其中隐含的原理、带给人的乐趣等诸方面娓娓道来，写得既具体又生动有趣。趁热打铁，我又布置了一篇半命题作文《跟我玩……》，这次学生的作文更让我大开眼界，出现了许多新奇有趣的玩具、游戏，我闻所未闻，《跟我玩四驱车》、《跟我玩陀螺》……学生作文中释放出的那一份天真，勾起我对童年的美好回忆。走进学生中去，和他们一起玩，并让玩走进学生的作文，让作文变成学生感兴趣

的一样东西，让学生爱写，并能通过作文表达自己的观点，表现出自己真实的内心世界。这样可使作文从令学生厌烦、乏味变成让学生由衷地向往。

三、教师要发挥教学智慧，在作文命题上有所创新

作文的教学改革，首先应是观念上的转变。为了改变作文教学的现状，必须在培养学生作文创新意识上下功夫，这要求教师在命题上应有新的突破。让学生参与命题，写他们想写的东西，写出来的作文才有真实性可言。

1. 命题应有趣味性

一个好的作文题目，就像鲜花吸引蜜蜂那样吸引学生，从而激发学生写作的兴趣。如同样是写人记事的作文，“我的童年”命题就有点成人化，而“妈妈叫我小淘气”、“我真聪明”这样的题目学生就很喜欢，因为题目有助于激发他们回味童年的乐趣，使他们感到有话可说、有事可写。有些命题文学色彩太浓，如“六一抒怀”显然超越了儿童的实际知识水平，如果改成“快乐的六一节”或是“二零零四年的六一节”，就能为小学生插上想象的翅膀，帮助他们写出充满儿童真情实感的内容。

2. 让学生自由命题

小学语文教学大纲指出：“要引导学生写熟悉的人、事、景、物，做到说真话，表达真情实感。”如何让学生写“真实”呢？教师不妨在作文教学中还给学生“作文自由”，让学生自己参与到命题中来，鼓励学生放开胆子去思考，心里想什么就写什么，要求写真实的话，做诚实的孩子，真正做到“我手写我心”。把作文和做人结合起来，教师指导时，主要活跃学生的写作思路，促使他们无拘无束地写自己的真实情感，这样才能使人感动，引起共鸣。

陶行知先生说：“千教万教，教人求真。千学万学，学做真人。”在平时的教学实践中，教师就要注重培养学生养成求真知、说真话、写真事、抒真情、做真人的习惯。在进行作文教学时，教师要采取各种行之有效的方法，引导学生从“要我作文”转变成“我要作文”。让我们的孩子将来成长为敢想、敢做、敢说、敢写的新世纪创造性人才。

挖掘语言训练因素　培养学生能力

卢　燕

“义务教育课程标准实验教科书”是一套具有时代特点、现代意识的，符合学生发展规律的教材，充分体现了“实施创新教育，培养创新人才”的教育思想。教师应深入钻研教材，挖掘教材中的积极因素，发展学生各方面的能力，从而提高学生的语文素养。

由于我们处于方言地区，学生欠缺练习普通话的环境，说普通话的机会也较少。小学一年级刚入学的学生因受知识、能力、环境等方面的限制，语言表达能力也较差，常常词不达意或表达不清楚，更不会运用语气、语调的变化和语音的顿挫来表达自己的思想感情。因此，在课堂上要求学生一步达到用流利的普通话表达意思是不可能的，也是不符合实际的。于是，针对这种实际情况，我在语文科的课堂教学中多方面地创设情境，着力挖掘教材中的语言训练因素，培养学生的口头表达能力，提高学生说普通话的水平。

一、在汉语拼音教学中培养语言表达能力

汉语拼音是小学一年级语文教学中的重点内容。它是帮助学生识字、阅读和学习普通话的有效工具，也是提高读写能力的重要前提。教师应该善于挖掘这部分教材中的语言训练因素，积极创造环境让刚踏入校门的新生接受规范的语言训练。

古代教育学家朱熹说：“教人不见情趣，必不乐学!”一年级小学生的注意力不能长时间集中。如果教师在教学中不能吸引学生的注意力，调动他们乐学的情绪，那这将是失败的教学。小学生很爱得到教师的表扬，教师一个赞许的目光、亲切的微笑都会使他们感到无比地自豪。所以，在教学中，教师要让学生在成功体验中感到快乐，变“厌学”为“爱学、乐学”。例如在教“ai”的四声时，我先指导学生懂得“ai”的四声各可发出哪几个常用字的音后，让学生选其中一个带词韵母进行说话训练。如果不会用普通话表达的可以用方言（潮汕话）代替，之后教师再给予适当的指导，转说为普通话。这样就使抽象的拼音形象化了。在教完本课句子后，再让学生联系实际，用“你、我、他（她）”说说“如果你是老师，会怎样安排值日生打扫教室卫生”。这又使语言

训练贴近生活，使学生有话可说。这样的教学，课堂气氛较活跃，学生在说话的过程中不断积累词语，并学习普通话，也提高了语言表达能力。

新的课程标准在汉语拼音教学内容中还编排了大量的儿歌，有机地把拼音与识字结合起来，这样可以帮助学生巩固和正确运用汉语拼音，并借此掌握一部分构字率较高的独体字，为接下来学习合体字准备条件。儿歌又是学生较喜欢的学习材料，教师可以抓住这个积极因素，对学生进行语言训练。如在教《小白兔》这首儿歌时，教师可以先引导学生复习学过的音节，再让学生找出带有“ai、ei、ui”这些韵母的音节，自己练习拼读。等学生达到对儿歌已能熟练地朗读的程度时，再出示生字，从而强化学生对生字的识记。之后，再要求学生给儿歌加上动作来表演、朗读。这样的训练，不但能充分发挥学生学习的主体作用，丰富学生的词汇，提高他们认识事物的能力和口头表达能力，也给学生创造了一次动手、动脑、动口表现自己的机会，是学生很喜欢的教学形式。

二、利用插图、发展语言、训练思维

“义务教育课程标准实验教科书”语文一年级上册中有大量色彩明丽、内容浅显易懂且富有童趣的卡通插图，让人一看就喜欢上这本教科书了。在教学中，教师可以根据学生爱听故事、爱讲故事的年龄特点，让学生给课文插图编故事。例如上《汉语拼音》第2课，可以让学生先观察课文插图，看看图中画了些什么？有什么人？他们在干什么？让学生根据图意编个故事说给大家听。由于知识、能力等有限，许多学生只能简单地描述出图中的内容，不能把它编成一个故事。这时，教师可以再引导学生观察图中各个人物的表情，发挥想象，想想发生了什么事，他们会说什么，做什么？再重新编个故事。有一个学生就编出了这样的故事：早上，妈妈在屋后的小河边洗衣服，小明起床看见了就连忙跑去帮忙。衣服很快就洗好了，妈妈去晾衣服，小明和小鲤鱼做起了游戏。一条鱼用嘴和尾巴顶起了两个小水泡，小明看见了就高兴地叫起来：“小鲤鱼真棒！小鲤鱼真棒！”这时，河边树上的一只乌鸦被小明吵醒了，就生气地说：“谁呀！这么早就在大叫，吵死人了！还让不让人家睡觉啊！”全班学生都被逗乐了，学习兴趣也高涨了。这样的教学方式，能培养学生的观察能力、发散思维和创新意识，同时也提高了学生的口头表达能力。

富于想象是儿童的天性，教材中还设计了“空白”让学生“填”。如口语交际课《小兔送南瓜》共有三幅图，第二幅图故意留“空白”，把“说话权”留给学生。学生的答案是各式各样的，教师对于不合理的答案不要简单地给予否定，而应引导学生自己去找出不合理之处，这又是对学生的创造性思维的培养过程。学生在班上交流后，教师进行小结，再让学生动笔写一写（不懂写的字用拼音代替），这样就能把听、说、写结合起来，为学生今后的写作打下良好的基础。

本套教材的插图具有丰富的人文色彩、情感因素，既能使学生学习语言，又能使其在思想上得到启迪，情感上受到熏陶和感染。执教者要善于挖掘和利用。如教《小熊住山洞》一文时，教师可先出示课文的第一幅图和最后一幅图，让学生仔细观察后提问：小熊有没有让熊爸爸砍树造木屋？为什么呢？学生讨论后教师再小结，然后让学生说说：我们该如何用实际行动来爱护树木、保护动物？这样的教学，充分利用了教材提供的积极因素，使学生懂得了环保的重要性，懂得怎样爱护花草树木、保护小动物；培养了学生的爱心，激发了学生的想象力。

对于一年级刚入学的小学生来说，语言训练尤其重要。学生不但要学好知识，还要适应教学中的课堂常规。更重要的是要把知识运用到日常的生活中去。俗话说：良好的开端是成功的一半。教师可以挖掘教材中的语言训练因素，设计符合学生年龄特点的教学环节，灵活地运用于课堂教学，使教学内容变难为易，并营造愉快的学习气氛，让学生“爱学、乐学”，从而提高学生的语文素养，培养其语文能力，也为他们以后的写作打下良好的基础。

（本文在第三届全国教师语言文字基本功大赛暨优秀论文评选活动中获得三等奖）

小学语文古诗教学方法创新微探

蔡泽涛

自《小学语文课程标准》颁布以来，古诗已成为小学生重要的语言文学学习材料。《小学语文课程标准》的总目标提出了：“在语文学习过程中，提高文化品位和审美情趣；在发展语言能力的同时，发展思维力，激发想象力和创造潜能……能初步理解、鉴赏文学作品，受到高尚情操与趣味的熏陶，发展个性，丰富自己的精神世界。”古诗本身的语言与情感值得学生体味，其本身所具有的文学价值、审美价值和情感价值理应得到人们的关注，因此，古诗教学应该也能够体现总目标的基本要求。

一、古诗的特点及意义

首先，古诗具有简洁、抒情、篇幅短小而内涵丰富的特点，学生要充分理解诗中的意境、诗句的言外之意，就要靠自己领悟和补充，这当中就发挥了学生的想象力。

其次，古诗把色彩美、画面美、意境美与艺术妙笔融为一体，有着特殊的审美功能，学生从中能受到美的熏陶。“诗中有画”、“诗中有情”、“诗中有理”，古诗既闪耀着美的光彩，又给人以深刻的启迪；既抓住“亦画、亦情、亦理”的特点，又使学生的思想情操受到美的陶冶和升华。

再次，古诗教学可以汲取古诗的有益精髓，弘扬民族传统文化。古诗不仅体现诗人对社会事物、人情哲理的深刻认识，更是千百年来劳动人民的思想结晶。它能激发学生的爱国热情以及思乡惜友之情，阐明事理，教给学生为人处世之道，使学生珍惜拥有、珍惜生活，在潜移默化中提高了学生的思想道德素质。

最后，古诗还可以培养学生在音乐、建筑、绘画等方面的兴趣，促进学生全面发展。

因此，古诗学习不论是对学生语文能力的培养，还是对学生综合素质的提高都有积极的意义。作为教师，在古诗阅读教学中应充分重视、挖掘古诗的人文内涵和工具作用，实现古诗教学的价值和意义。

二、古诗阅读教学中的弊端

长期以来，受应试教育的影响，我们许多教师在古诗阅读教学中明显表现出观念落后，教学方法、手段单一的弊端。具体表现在：

（一）教师教学观念落后

在传统的古诗教学中，一般是以教师为主宰，教师讲什么，学生就听什么，教材上有什么，教师就教什么。学生的主动性被忽略，主体地位被忽视，个性得不到张扬，更谈不上个性最优化发展。正是这些落后的观念使我们的古诗教学呆板、机械、教条化，缺乏生机和活力。

（二）教学目标取向单一，古诗阅读教学方法陈旧

受传统教育观念的影响，在传统的古诗教学中，教师基本是围绕试卷中的题目式样来教学，功利思想较重。因为考试时，对于古诗知识的考查一般只考默写诗句，解释字词或诗句的意思。所以在实际的教学方法上，古诗教学常常都遵循“背景介绍—字词分析—逐句理解—诵读体会—白话翻译”的传统教法，教师在教学中把教学目标停留在诵读与了解古诗大意的层面上，而忽略了古诗文丰富的内涵及丰厚的意蕴，这样的教学方法与总目标的要求相去甚远，在一定程度上也不利于对学生创造力及想象力的开发和培养。长此以往，学生学习古诗文的兴趣也就逐渐消失殆尽了。

因此，作为一名教师，特别是中小学语文教师，应时时清醒地认识到自己的责任，结合学生特点和自身实际，更新观念，精心组织古诗教学。

三、古诗阅读教学新尝试

我认为，小学生正处于智力及语言发展的关键时期，大脑需要更为丰富的刺激。熟读与背诵绝不是古诗教学最重要的手段和最终的目的，只有使学生获得情感认知，达到精神性体验，才能体现古诗教学的真正价值。

对此，教师必须在不断实践中寻找科学的教学方法，以达到学生对古诗意境科学而有效的感悟的学习目的。

（一）合作探究悟诗情

首先，在了解诗的背景的基础上，教师为学生搭建一个小平台，同桌互相帮助，先初步感知全诗，互相读一读、评一评，读出节奏与停顿，然后再借助注释分解诗句中的字词，逐个理解，连词成句，说说诗意。如教学《春夜喜雨》一诗。教学开始，我指导学生在初步感知全诗的基础上，针对诗的特点，先引导学生把一句句诗分解成一个个独立的字或词组：“好雨”、“知”、“时

节”、“当春”、“乃”、“发生”……这是小学生学习古诗的起步环节，同桌两人得心应手地解体句子的过程，实际上是一个意会诗意，开动脑筋的积极思维过程。接着，引导学生同桌之间互相协作，理解每个词语在具体的语言环境中的内涵，对词语进行准确解释，在此基础上分析每个词语之间的有机联系，并用现代汉语连缀成句。这个环节不是词语的简单堆砌，而是在深刻了解词语间内在联系的基础上进行的复杂逻辑思维活动。其次，再引导学生分析句与句的关系，将句子连接起来，口述一段前后语意贯通、上下语调和谐、服从于一个中心的译文，从而理解诗意。由于诗人在创作时，往往把自己的情操、理想等融入景物描绘中，或给人以鼓舞，或给人以启迪，或诗中暗含哲理。所以在理解诗意的基础上，教师应进一步为学生搭建合作平台，为学生营造探究氛围，让学生围绕感兴趣的问题或是不懂的问题探究，引导学生从不同角度探究诗的语言、意境、表达特点、情感体验等方面，从而悟出诗中的情感，受到感染与熏陶。如杜甫的《春望》可让学生探究：“花儿为什么落泪？鸟儿的鸣叫为何让人心悸？”从而理解战争给诗人带来的巨大伤害；如苏轼的《题西林壁》：“横看成岭侧成峰，远近高低各不同。不识庐山真面目，只缘身在此山中。”可让学生探究，从而感悟出“当局者迷，旁观者清”的哲理；又如朱熹的《观书有感》中“问渠那得清如许，为有源头活水来”这一诗句，可让学生思考：“一条河流，如果有旺盛的清澈源头，那么它必将清水长流，永不停息，这个生活实例使你感悟出什么人生哲理？”在这个环节中，让学生充分展开讨论，各抒己见，体会情感，培养学生的合作精神和探究欲望。

（二）绘图想象会诗意

小学语文教材所选古诗大都景致生动，诗境鲜明。古诗教学过程中，教师也可利用诗画相通的特点，利用绘图想象的教学方式创设意境。

首先，教师可在体会意境的教学时鼓励学生拿起手中的画笔，抓住诗中的各种特定景物，先描绘出古诗所表达的物象。绘画后，教师指导学生进行议画、评画，对所画景物深入体会，由画中之景至画中之情，再至诗中之情，一步步接近诗歌所表现的意境，充分调动学生的积极性，引发学生探究的浓厚兴趣，以达到培养想象力、感悟诗歌意境的目的。

其次，教师和学生通过对话、问答等互动方式，激发学生的想象力，让学生将古诗意境充分融合，展开想象和联想，在脑海中构造出一幅景致协调、情景相融的完整画面，再现诗人所创造的诗歌意境，让学生通过脑海中的自主想象感悟诗的意境之美。

如杜甫《绝句》一诗：

两个黄鹂鸣翠柳，一行白鹭上青天。

窗含西岭千秋雪，门泊东吴万里船。

教学中，教师可以采用绘图想象的方法，在讲解了“黄”、“白”、“青”、“鸣”、“上”、“含”等需要重点理解的字词后，让学生进行绘画，教师指导学生绘画的角度、色彩、形状等，绘画结束后师生共同探讨，充分发挥想象力，呈现对古诗意境的感悟。学生的作品虽只是涂鸦，但这却是学生对古诗富有个性的意境的感悟。

（三）故事作文品诗味

古诗阅读教学是培养学生创新能力的主渠道，教师在教学中应积极创造机会训练学生的创新思维，培养学生的创造力。小学语文教材中的叙事诗都是诗人通过对一定事件的详细描述表达自己的内心情感，诗中所述事件情节完整，或直叙、或插叙、或倒叙，每一首诗如在诉说一个故事，意境极富感染力。

在叙事诗的教学中，故事情节也要通过想象串联起来。教师可以在初步介绍了古诗的内容后，要求学生运用想象，将古诗中事件的情节完整联结，采取改写、续写古诗情节的形式组织成文。如在《黄鹤楼送孟浩然之广陵》一诗教学中，教师进行这样的启发：诗中送别的场面如此感人，我们在生活中也会遇到离别的场面，同学转学，亲人远行……在依依惜别之时，大家一定会有许多心里话想说，能否将心比心地想象一下诗人的情感，把这首诗歌的内容改写成一则动人的故事呢？又如《秋思》一诗中的“洛阳城里见秋风，欲作家书意万重”，可引导学生思考：洛阳城中是怎样的一番秋容秋貌？作者在见到信差的时候心里想到了什么？背井离乡的诗人提笔写家书，心中有什么话想倾诉？在教师的鼓励下，学生的灵感得到激发，跃跃欲试，兴趣盎然，纷纷依据古诗的内容写成故事。故事作文法让学生将寥寥数字的古诗扩展为白话式的记叙文，更贴近学生的生活环境，更符合学生的接受能力，有利于帮助学生更好地把握诗的意境，从中获得启发，体会思想感情。

总之，教学有法，教无定法。古诗教学以培养学生的情感体验能力与想象力为目的，以学生获得情感认知、达到精神性体验为价值目标，在此基础上形成新颖的、科学的教学方法，这必然是一项极具创意的工作，对古诗阅读教学的探索创新有着积极的作用和意义！

（本文于2008年10月30日获得全国教育科学教育部“十一五”规划课题“创新智能教学理论与实践研究”子课题阶段研究优秀成果一等奖）

寻觅 ·感悟 ·仿写

——在阅读教学中进行习作指导

曾敬香

一、引言

《小学语文课程标准》在关于写作的教学建议中提到："写作能力是语文素养的综合体现。"可见，学生的写作能力最能反映学生的语文综合素养，又是检验教师教学水平高低的最终试金石。目前，网络媒体上随处可见对学生作文水平低下的批评声，社会舆论普遍认为当前学生的书面表达能力较以往下降了，在与教学质量有关的全部问题中，很难找出另一个对象如作文这样成为"千夫所指"的标靶。显然，探讨教师如何引导、提高学生的写作水平具有普遍的现实指导意义，本文试着就以上问题提出我个人的见解。

二、现状

当我们冷静地反思如何提高学生的写作能力，走出作文教学费时低效的泥潭时，却陡然发现我们曾经高调提倡的读写结合早已变成了读写分家。在我们的语文教研活动中，当研究、谈论作文教学时，基本只字不提阅读教学；在研究阅读教学时，也经常只字不提作文教学。在教学课堂上，依然存在阅读和写作"各自为政"，鲜能有效融合的现象。这样一来就造成阅读课文篇篇精美，教师讲解课课费劲，学生写作水平却停滞不前的不良现状。

三、理论基础

唐代著名诗人杜甫写过："读书破万卷，下笔如有神。"郭沫若写过："胸藏万汇凭吞吐，笔有千钧任翕张。"从这些名句可见，古往今来，人们就充分肯定了阅读和写作之间的内在关联：阅读是提高写作水平的不二法门。现代写作学研究也表明：读是写的基础，读可以促写，读写关系密不可分。作文的"求成"必须强调"读"，以读为写之起点，以读为写作铺垫。

四、方法指导

（一）备课中教师总结作文知识

叶圣陶说：“课文是例子。”例子意味着还有很多，例子意味着隐含规律，例子意味着是一种示范。现在，课程标准实验教材中的选文都具有典范性，文质兼美，富有文化内涵和时代气息，题材、体裁、风格丰富多样，难易适度，非常适合学生学习、模仿。这些文章为学生的作文作出了实例示范，几乎在每一篇文章中都可以挖掘出很多写作知识。但是我们不可能在阅读教学中将每一课中的每一个写作方法都讲明、讲透。所以作为教师首先要吃透教材，即深入地对一篇教材进行研究，找出它写作上的亮点，在阅读教学中渗透这种写作特点；其次教师在钻研文本、构思教学时，要结合各类典型课文的阅读教学，让学生掌握多方面的写作常识，如篇章结构、布局谋篇、表达顺序、遣词造句等，让学生在平常的习作实践中加以运用。另外，我们更要了解本班学生在作文中存在的共性、特性问题，结合本班学生的写作能力，在备课中有的放矢地从教材中寻觅到符合本班学生实际的写作方法。

以《地震中的父与子》的教学备课为例，教师在备课过程中可以抓住以下两个作文知识点：第一，确定写作对象。学生的习作中时有发生偏离作文题目要求的情况，如作文要求写《我和同桌》，学生写成《我的同桌》。于是，通过分析文题《地震中的父与子》，明确文章写作的对象是“父与子”，写作的目的是赞扬深厚的父子之情，而不是单纯描写“父”或“子”。第二，人物描写的方法。这篇文章是一篇渗透写人方法的好范文，文中“他挖了8小时，……他满脸灰尘，双眼布满血丝，衣服破烂不堪，到处都是血迹”。“只要我爸爸活着……他总会和我们在一起。”这些描写人物的句子刻画深刻，形象生动，具有较强的示范作用，教师可用于指导学生掌握通过抓住人物的外貌、动作、语言进行描写，来表现人物特点和品质的写作方法。

（二）教学中学生感悟写作知识

能力的形成都必须经历一个感悟的过程，学生的阅读和写作都是很重要的能力，因此都需要经历一个感悟的过程才能获得。但感悟是需要一定条件的，就阅读而言，就需要文本、阅读实践、教师启发、思想碰撞和重复强化等条件。因为文本只是一种表面的语言现象，它所体现的思想、规律是隐含在语言现象背后的，阅读对其并不能直接感知、一览无余。作者当时创作的背景、情境、动机、场合、对象、心情，作者的语言素养、功底等，都决定了作者必须这样写。我们认为他写得好，具有示范性，并编进教材，是编者的意图。而对于为什么这样写，用什么方法写，为什么要让我们学，则需要教师引领学生去感悟。教师除了在备课中总结各篇课文的写作方法外，还要在课堂的教学中指导学生感悟这些写作知识。为此，教师在课堂上要在引导解决问题和朗读上下功夫。继续以教学《地震中的父与子》为例，为了在教学中体现教师所要讲的作文知识，我提出这样的问题：①浏览课文，你会用哪个词来形容文中的这对父子呢？②默读课文，用下划线画出说明父亲了不起的句子；用波浪线画出说明儿子了不起的句子。③如果文章只写父亲或只写儿子，那么题目应改为什么？

学生解决前两个问题后不仅从整体上理解了课文内容，还明确了作者谋篇的思路，能领悟到文章既写“父”又写“子”，这样写能紧扣题目“地震中的父与子”，突出“父子之情”这一中心。学生通过讨论第三个问题，又进一步提高了审题、拟题的能力，让学生明确写作的对象要因题而异。

为了让学生真切地领悟人物描写的方法，我承接上面内容提出了这样的问题：这些表现父与子了不起的句子分别是什么描写？你从这些描写中体会到什么？你是怎样体会出来的？接着，引导学生重点品读第12自然段描写人物的句子：“父亲挖了8小时，12小时，24小时，36小时……他满脸灰尘，双眼布满血丝，衣服破烂不堪，到处都是血迹。”学生在词句品读中感悟到：父亲有着惊人的毅力！他忍受着常人所不能忍受的肉体上和精神上的痛苦！这都是因为爱。作者抓住了人物的外貌、语言、动作进行描写，细致刻画，让我们深刻地体会到父亲对儿子的爱。

语文教材以丰富的情感魅力深深地感染着读者，而情感作为一种内在的体验是不能强加给学生的。只有在教师的启发和引导下，学生反复朗读，才有可能获得某种情感体验。为了让其再次感悟人物描写的好处，我让学生反复地朗读，把无声的语言变为有声的语言，实现了对文字信息的再创造。再次让学生感悟到作者抓住人物的外貌、动作进行细致的描写对突出人物品质、文章中心的重要作用。

（三）仿写中学生运用写作知识

当然，通过阅读感悟而形成的思想积累和情感体验还不够深刻，这就需要我们结合阅读教学，适时地安排学生动手，在阅读教学中启发和指导学生通过模仿实现由读到写的迁移。“仿写”是指导学生依照课文的写作方法，写出自己的所见、所闻、所感，主要目的是让学生学习作者的表达方法，并在学习过程中能够进一步体会课文内容，同时达到训练作文的目的，顺利实现由读到写的迁移。对小学生而言，因为写比读难，在心理上就会怕写作文。如果学生只是在阅读中领悟到写作的知识，但不会运用写作知识，那么教师的教学是失败的。要消除学生这种习作的心理障碍，最有效的方法莫过于让学生从自己的写作活动中获得成功的体验。因此，教师要趁热打铁，及时让学生把学到的写作知识运用到实际写作中。

同样以《地震中的父与子》的教学为例，为了让同学们巩固、运用在这篇课文中学到的人物描写的方法，我先设置情境，对比刚才父亲的紧张、担忧，引导学生闭上眼睛想象当时的情况：阿曼达的处境如何，同学们有什么反应，曾遇到哪些问题。在想象后，让学生进行写作：“在废墟中的时间似乎过得特别慢，黑暗笼罩着他们，死神的魔爪随时会伸向任何一个孩子。8 小时，24 小时，38 小时，面对饥渴，面对黑暗，面对恐惧，阿曼达，你是怎么想、怎么做的，又会怎样安慰你的同学们呢？任选你在废墟中的一个场景写一写，注意写出人物的心理、语言、动作。”

这样做能使学生产生情感上的共鸣，同时初步学会揣摩人物的心理，初步学会抓住人物的语言、动作、心理活动用恰当的语言进行描写，表达自己内心的真实感受，巩固了学到的写作知识，实现了课程标准中“语文教学要注重语言的积累、感悟和运用”这一目标要求，实现了写作知识的迁移。

五、结语

一堂课只有 40 分钟，作为教师，要时刻在阅读教学备课上下功夫，时时备一点写作知识，多给学生一点写作的启示，让学生感悟到这些写作知识，并实现写作知识迁移，在仿写中运用这些写作知识。相信时间长了，学生得到的知识点多了，他们一定会运用这些知识点去构筑一幅幅美丽的画面。

（本文获第三届全国教师语言文字基本功大赛暨优秀论文评比三等奖）

在教学中强化训练　使学生规范使用语言文字

方　杨

语言和文字是人类知识文化传递的载体，是人类表达思想、交流情感的纽带。难以想象如果失去语言和文字，煌煌五千年的中国文化如何能延续至今。规范地使用语言和文字，能让学生了解祖国语言所传承的丰富灿烂的文化，加深对母语的情感，明确学习和规范运用语言文字的重要性，提高文化品位和审美情趣，促使学生形成积极的人生观和正确的价值观，从而全面提高学生的语文素养。

事实上，语言文字的规范受到了严峻的考验，面临着众多挑战。来源有以下几点：

（1）地方语言的多样性、复杂性与群体性。

就我们广东省而言，广府文化、客家文化与潮汕文化三足并立，每个文化都有自身的语言体系，哪怕是单纯的潮汕文化，在不同的地域，仍衍生着自主的特色语言。同时，广东是一个外来人口较多的省份，五湖四海的人流必然带来更多的语种，祖祖辈辈流传，耳濡目染的牙牙学语，地方语言的乡音根深蒂固。这给语言文字规范带来一定影响。

（2）网络语言的影响。

作为当今首要的文化信息载体与传媒，网络到处充斥着奇异的语言文字表达方式。如“不要”表达成“表”，“喜欢”说成“稀饭”，“这样子”说成“酱紫”……或者用单纯的数字和英文字母来表达，或者胡乱套用电影、电视剧及小说中的“经典”对话。这种语言文字表达，在网络上或许显得轻松、方便、自由、有趣，但毕竟不通之甚，难登大雅之堂。

（3）广告的不当影响。

广告是一种简洁而易让人接受的信息载体。但不少广告为吸引消费者注意，凭借语言文字中的谐音，颠三倒四地使用一些词语。错词、病句对语文学习刚起步的小学生有着极不良的影响

说普通话，用规范字是时代发展的必然趋势和要求，是提高国民素质的前提条件，更是提升国家形象的一项重要的基础工程。面对着众多的需求和困难，让学生掌握和准确运用祖国语言文字这一重任当仁不让地落在语文科教师

的肩上。一名合格的语文教师，除了要有过硬的“三笔一话”教学功底，更要有一套切实可行的教学方法，加强对学生语言文字的训练，以培养学生的语感，激发学生的情感，使其热爱祖国灿烂的语言文化，规范使用语言文字。

在教学过程中，每个语文教师都要注意自身素质并对学生进行强化训练。

（1）提高教师自身素质，加强教学基本功。

自古以来就有“名师出高徒”一说，学生无论是在写字、说话还是思考方面都有教师的“影子”。因此，教师要具有“开口提笔即是教育时”的意识，要有意识地写好每一个范字，读好每一个范音，向学生呈现最完美的形象。同时，教师要具有“全程意识”，教学中的板书、作业批改中的评语，课堂的讲授、与学生的对话，都要努力做到规范，收到示范的功效。

（2）引导学生多查字典辞书，正确认读。

叶圣陶先生说过：“无论什么人都应该把字典作为终身伴侣，以便随时解决语言文字的疑难。”不少学生懒于动手，继而懒于动脑，不久便“债台高筑”，学习效果不理想。教会学生查字典辞书是规范语言文字的工具性手段，必须让学生克服依赖心理，“逼”学生自己去查询，使他们明白“看过不如读过，读过不如查过”的道理。

（3）朗读与吟诵，双管齐下。

朗读与吟诵是语言能力训练的重要内容之一，更是学习语言的必经之路。古今的语言大师和在语言上有所造诣的学者都十分重视通过诵读学习语言。叶圣陶讲：“语文学科，不该只用心与眼来学习；须在心与眼之外，加用口与耳才好。吟诵就是心、眼、口、耳并用的一种学习方法。”运用多种感官诵读有助于加深对语言的理解，进而形成良好的语感，正确使用语言文字，有助于语汇的积累和准确运用。

（4）加强课堂对话训练，规范语言文字。

课堂的对话练习是规范语言文字的一个“测试仪”，它能锻炼学生的逻辑思维和口头表达能力。这一教学操作的方式多样化：可以是师生对话；可以是学生提出问题，其他学生进行解答；可以是教师出示类似半命题作文的小习作，要求学生继续进行口头表述；也可以让学生根据不同的答案进行辩论。学生说对了，这对他们是一种运用语汇的实践，可以品尝到成功的喜悦；如果说错了，等于是一处改错练习，可以帮助他们纠正自己的错误；说得和其他同学意思相同，用词各异，他们可以体会语汇的丰富。不管哪种情况，这都可以看作一种语言的测试，一种没有考卷、无人监考、轻松自娱的语言自我测试。这种测试能充分体现学生学习的主体作用，其优势和效果是常规测试望尘莫及的。

（5）学会比较，印证鉴别语言文字表达。

学习语言文字离不开比较。有比较才有鉴别，有鉴别才识优劣，识得优劣才能规范语言文字的使用，才能学到语言文字的精华。比较的方法有两种：

第一种，相互比较。“他山之石，可以攻玉。”让学生相互印证语言与文字的叙述和表达，可以借他人之长补自己之短。

第二种，自我比较。让学生隔一段时间就翻阅一下自己以前的习作，并与现在的习作相比较。通过比较，发现自己有所长进，这对学生是激励；发现旧病如初，对学生规范语言文字则是鞭策。

阅读时，特别是阅读名家名篇时，试着将文中的某些语句换一种说法，并与原文的说法相比较。通过比较便可窥见作者的匠心，悟出作者用语的精妙，同时也看到了自己语言的不足之处。总之，教师应该让学生学会比较的方法，养成比较的习惯，学会通过比较学习，规范语言文字。

（6）明辨是非，剔除谬误。

无论是电视、报刊、广告还是一些公共设施，经常出现错字、错音、误读、语病。学生对这些不正确的语言文字若缺少警觉，视而不见，听而不闻，就会自觉不自觉地受其影响。久而久之，就会以误为正，以讹传讹，非但学不到规范的语言文字，反而会使自己的语言文字错误越积越多。无论是在课堂的教学过程、课后作业还是在课外活动中，教师务必使学生在语言实践中经常保持高度的警觉，时刻以一种审视的态度、“挑剔”的眼光严肃、认真地对待，自觉辨识正误，从而减少语言文字错误，提高正确使用语言文字的能力。

（7）积极学习，规范运用。

“学以致用”，学习规范的语言文字是为了正确使用语言文字，用是学的根本目标，为了学好语言文字，必须试着去用，通过用来掌握它，这时运用又可视为学习的方法，这正是“读书是学习，使用也是学习，而且是更重要的学习”。

在课堂中，教师要做到以下两点：第一，培养学生使用语言的自觉意识和强烈欲望。要努力使学生达到这样一种境界：学了一个成语、一种句式或一种修辞，应马上化为己用，无论是在课堂问答还是在书面练习中，一有机会，即用之而后快。有了这样的意识和欲望，学生才能形成自觉用好语言文字的习惯，才能把语言文字学好。第二，鼓励学生大胆使用所学知识。教师应鼓励学生不要害怕写得不好或说得不好，切勿因噎废食。只有教师积极鼓励，学生才能大胆使用。学生只有在运用语言的过程中才能学会语言的运用。

汉语是世界上最优秀的语言文字之一，它内涵丰富，表现力强，极具文采，有很强的生命力。正因为如此，语文学习是一个日积月累、熏陶渐染的过程，宜采取不断反复，螺旋式上升的训练方式，切忌企图一蹴而就。同时，我们必须充分发挥学生的主体作用，最大限度地调动学生学习语言文字的积极性，使学生形成良好的规范习惯，这样语文教学才能从课堂拓展、延伸到课外，才能促成语言文字的规范化，真正提高学生的语文素养。

（本文获第三届全国教师语言文字基本功大赛暨优秀论文评比二等奖）

小学数学教学中如何实现学生的主体地位

杨思丽

21 世纪是以知识创新和应用为重要特征的知识经济时代，创新人才的培养成为影响整个民族生存和发展的关键。基础教育是科教兴国的基础工程，对提高中华民族素质，培养各级各类人才，促进社会主义现代化建设具有全局性、基础性、先导性的作用。在传统的课堂教学中，往往是教师“满堂灌”，学生处于被动接受的状态，没有学习的自主权。教师包办代替、讲得辛苦；而学生则学得被动，兴奋不起来，动不起来。这样的教学模式使学生的个性得不到发展，能力得不到提高，培养出来的“人才”无法适应当今快速发展、极为强调个性的时代要求。

建构主义学习理论认为：学习是获取知识的过程，知识不是通过教师的传授得到的，而是学习者在一定的情境，即社会文化背景下，借助其他人（包括教师和学习伙伴）的帮助，利用必要的学习资源，通过意义建构的方式获得的。这种学习理论，强调学生的认知主体作用，认为学生是信息加工主体，是意义的主动建构者，同时又不忽视教师的主导作用，认为教师是意义建构的帮助者、促进者。《基础教育课程改革纲要（试行)》也指出，要让学生在学科教学活动中主动地建构知识，使其知、情、意、行各个方面得到全面的、和谐的、有个性的发展，并培养其实践能力和创新能力。“主导—主体相结合”的教学结构成为当前课堂教学改革的热门话题，这就要求在新课程教育环境下，应改变传统教学中以教师为中心的教学结构，变知识的传授者、垄断者、控制者为教学过程的组织者、指导者、合作者及学生意义建构的促进者、帮助者；使学生从被动的知识接受者变为知识建构者，成为学习的主体。在新学习理论和新课标指引下，我主要从以下几方面实施数学教学，以实现学生的主体地位。

一、创设情境，使学生产生强烈的学习动机，变“要我学”为“我要学”

学习动机是直接推动学生学习的一种内部动力。学习动机中最现实、最活跃的成分是兴趣。当学生对学习产生兴趣时，就能积极主动地学习，不觉得学习是一种负担，而认为它是一种享受。有学者认为一定社会行为总伴随行为所依赖的情境，如果要求学习者理解这种行为，最好的方法是创设同样的情境。新课程标准指出：“数学教学，要紧密联系学生的生活实际，从学生的生活经验和已有知识出发，创设生动有趣的情境，引导学生开展观察、操作、猜想、推理、交流等活动……激发对数学的兴趣，以及学好数学的愿望。”因此在平时的教学中，我经常把学习内容的呈现与学生已有的生活经验联系起来，提供学生熟悉的活动情境，使学生认识到数学学习与自己的生活是息息相关的，体会数学学习的重要性，产生学习的欲望，乐于主动探究知识，变“要我学”为“我要学”。

例如在教学一年级上册《分类》这一课时，我利用多媒体课件出示这样一个场景：早上起床后，小明急着要去上学，东西扔得满地都是，有皮球、衣服、鞋子、课本……利用这个生活中常见的画面来引入新课，让学生帮小明整理房间，把物品进行归类，在学生整理完房间后指出，像这样把不同的物品分门别类地收拾起来，就是“分类”，使学生认识到数学学习与日常生活是密切联系的，从而产生强烈的学习欲望。“兴趣是最好的老师”，当学习主体对所学的知识产生兴趣后，就能顺着主导者设计的路线准确到达终点。

二、使学生掌握一定的学习策略，变“我学会”为“我会学”

传统的教学模式过于强调学生的接受学习、死记硬背、机械记忆，而忽视了对学生学习技能、方法的培养。现代教育理论认为：学校教育应着眼于教会学生学习、自主地学习，夯实学生“终身学习”的基础。所以教师不仅仅要教给学生书本的知识，更重要的还要培养学生的独立性和自主性，引导学生质疑、调查、探究，在实践中学习，促使学生在教师的指导下主动地、富有个性地学习，使学生的创造力潜能、天赋得到发挥，个性得到发展。如何培养学生的学习技能、方法，为其终身学习打好基础呢？我主要从以下三方面进行。

1. 在实践中发现问题、解决问题

“学源于思，思源于疑。”教师单纯的讲解，可能会使学生在最短的时间内获取教材的内容，但学生是否能够真正理解、掌握呢？著名数学家波利亚说过：“学习任何知识的最佳途径是自己去发现，因为这种发现理解最深，也最容易掌握其中内在的规律、性质和联系。”因此，教学的关键在于引导学生通过自主探究获取知识、发现问题、解决问题。

在教学二年级上册《观察物体》这一课时，我通过让学生观察生活中一些常见的图形（如飞机、蜻蜓、衣服……），鼓励学生动手进行操作，通过折、比、剪等方法去找这些图形的共同点。刚开始，学生都很纳闷，怎么可能

有联系呢？但当他们把这些图形进行对折后发现：左右两边的形状都相同。这时我进行小结，告诉学生像这种“从中间开始，左右两边形状完全一样的图形就叫做对称图形”。但也有学生质疑，像五角星、英文字母B、圆形等，并不一定是从中间开始左右对称的。针对这个问题，我放手让学生小组讨论交流、动手操作：对称图形是否只有一条对称轴，是否一定左右对称。最后学生通过小组合作及动手实践，把对称图形的概念进行延伸，认识到有的对称图形不止一条对称轴；对称图形并不一定是左右对称的，只要沿着对称轴，能分成完全相同的两边，它就是对称图形，从而使学生对对称图形的认识更加深刻。通过实践活动，使学生有充分的动眼、动手、动脑的机会，在亲自感知、操作、实践及思考的过程中建构知识。

2. 在“说”的过程中自主归纳知识

有很多教师认为，“读”、“说”是语文教学的事情，在数学教学中只要学生会做、会算就可以了，但是否如此呢？在教学实践中，我发现“读”、“说”对学生理解数学、探索数学有着重要的作用。只有当学生读懂了题意，能够通过自主阅读课本获取知识，从中寻找问题，并学会通过查阅、询问、实践解决问题后，我们教师的教学才能算得上成功。而“说”对于学生思维能力的发展有着更加重要的作用：学生可以通过“说”理顺自己的思路，总结学习方法；教师可以通过学生的“说”了解学生的思维方式和思考过程，有利于及时发现问题、解决问题。如在教学“乘法口诀”时，学生掌握了1—5的乘法口诀，已经能够自己编写口诀了，所以6—9乘法口诀的教学如果还继续按照书里的内容按部就班地进行的话，学生提不起多大的学习兴趣。教学时，我让学生课前进行预习，先去编写口诀，课堂的关键在于让学生说出：你是如何编写口诀的；在编的过程中发现了什么规律；如何更快地记忆口诀……

3. 在自主探索的过程中获取知识和技能

叶圣陶说过：“凡为教，目的在达到不需要教。”教学的目的在于通过教师的引导，使学生学会自主学习，掌握学习技能，为其终身学习打下基础。因此，在教学中，教师应充分挖掘教材，寻求机会，使学生能够自己去探索，自己去辨析，自己去历练，从而获得正确的知识和熟练的技能，让学生的思维能力得到锻炼。

如二年级下册《整百、整千的加减法》，这部分的内容其实是“100以内的加减法”与“万以内数的认识”两部分内容的综合体现，学生通过自主思考完全有能力解决。因此，在教学中我出示“800＋700”、“1 200－900”两道题目，让学生小组交流解决。学生的汇报让我体会到他们对知识的掌握与运用。他们把800、700简化为8和7，先算8＋7＝15，再把15后面的两个0还原，变成1 500，真正做到了举一反三，运用学过的知识解决问题。

当学生会用、能用已有的知识时，我们的“教”就能真正达到“不教”的目的了，使学生从“我学会”真正变为掌握学习技能、方法的“我会学”。

三、激活学生的学习积极性，变被动“学”为主动“学”

影响学生学习积极性的根源，在于学生的内部动机。学生是学习的主人，一旦学生失去了主人的地位，就会失去主人的责任，因而不会积极主动地学习。如果学生把自己置于主人的地位，学习就会成为自愿自觉的事，当学生面临难题时就会克服学习的困难，改变游移不定的心态，形成积极主动的学习态度。在教学中培养学生的学习自觉性，需要多方面的训练，不断给予学生问题，教给其一定的方法，引导学生进行思考，训练其自主思考的习惯。同时，对学生进行监督，培养学生对学习的自我意识和自我监控，使其慢慢地从不自觉变为自觉学习，培养学生坚毅的精神，养成习惯，促使他们勤学苦练，能够持之以恒。

虽然，建构主义学习理论强调学生认知的主体作用，认为学生是信息加工的主体，是意义的建构者，但是，在课堂教学中，真正要落到实处，仍离不开教师的主导作用。所以，教师主导作用的发挥与学生主体地位的体现并不矛盾，教师主导作用发挥得越充分，学生的主体地位也就必然会体现得越充分，这正是“主导—主体相结合”教学结构所追求的理想境界。

（本文获广东省2006年小学数学教学优秀论文评比二等奖，潮州市2006年小学数学教学论文评比一等奖）

浅谈信息技术手段如何为创新教育服务

杨思丽

创新教育是根据现代先进教育理论和创造性教学的科学原理，遵循人的创新活动的心理发展规律，全面培养学生的创新意识、创造性思维、创新能力，塑造学生的创新人格，培养创新型人才的教育。营造自由、和谐的学习氛围，把学习的主动权交给学生，培养学生的创新意识和初步解决现实问题的能力，则是创新教育所追求的效果。在广泛应用信息技术的今天，如何有效地利用信息技术手段为创新教育服务呢？下面就谈谈我的一些看法。

一、利用多媒体教学手段激发学生的学习兴趣

创新教育要求教学方法新颖。小学生特别是低年级学生的注意力稳定性不高，以无意注意为主，因此在教学过程中，教师对于需要引起学生注意的内容，应当尽量赋予其无意注意的特性。多媒体教学给我们提供了一种非常有效的手段，充分利用多媒体教学，制作一些动画效果，设计富有儿童情趣的学习素材和活动情境，营造声像结合、图文并茂、形象直观和动态逼真的课堂教学情境，可以激发学生对学习的浓厚兴趣，为解决数学教学问题和提高教学效率发挥显著的作用。

美国教育学者研究发现："我们从视觉获得80%的知识，但仅记住了它的11%。听觉与视觉的组合可以获得更高的效率，使记忆力上升到50%。"多媒体教学则把各种信息，如图像、文字、声音、视频等融为一体，把学生的各个感官充分调动起来，通过视觉和听觉的组合，学生获得更高的学习效率。如在教学《时、分、秒的认识》时，我们利用电脑制作了龟兔赛跑的flash：小白兔绕着一个圆跑了一圈，而乌龟只跑了其中的一格，然后圆变成一个钟面，小白兔和乌龟分别变成了分针和时针。通过情景的演示加深了学生对时钟的认识，与传统教学相比，学生对知识的掌握更快、更牢，对所学的知识更感兴趣。

二、设计开放性情境，使学生的创造性得到开发

创新教育坚持把学生看成能动的、有个性发展潜能的学习主体，相信每个学生都有创新潜力。作为教育者，我们应为学生创造宽松、积极、开放的学习

氛围，使学生能够得到个性的发展。

在教学过程中运用多媒体创设情境能为探索数学提供丰富的素材或信息。教师只提供给学生学习的材料，但并不要求学生根据教师的思路进行思索，而是由学生自主发现，寻求题目中的数学问题。通过引导学生认真观察、积极思考，加深学生对知识的理解，同时也使学生的思维能力得到更好的开发。例如在教学《比较》时，由学生熟知的故事《三只小猪》引入，利用多媒体技术出示图像，让学生通过小组合作交流，找出图画中的数学问题，分析出小猪比小兔少，椅子的数目与小兔的只数同样多等，加深了学生对“同样多”、“多”、“少”的理解。

三、利用信息技术手段进行个别教学

创新教育还有一个必须遵守的原则，那就是个性化原则。个性化教学原则要求教师根据每个学生的不同特点，采用不同的途径、方式、内容和时间等进行教学。由于每个学生的生理特点、学习兴趣、接受能力、认知风格各不相同，在教学中，我们只有承认学生的个体差异，重视因材施教，才有可能把学生身上的各种特性充分地发掘出来。而电脑技术的普及，信息技术手段的运用也给我们提供了一个舞台。

在运用信息技术进行教学的课堂里，学生可以根据自己对知识的掌握程度，自主选择练习题进行测试；也可以在已经掌握基本知识的基础上，选择适合自己的、自己感兴趣的内容进行学习、扩展。这样就适应了不同程度学生发展的要求，使每一个学生都能在各自已有的基础上得到提高，获得发展。

现代信息技术为学生营造了一个理想的学习环境，使其更好地为创新教育服务，为创新学习服务；使每个学生得到个性的发展，达到创新教育的效果。

（本文获全国教育科学“十五”规划课题“创新学习研究与实验”优秀成果二等奖）

让传统与创新精彩结合

蓝玉婷

新课程标准提出："识字教学要将儿童熟识的语言因素作为主要材料，充分利用儿童的生活经验，注重教给学生识字方法，力求识用结合。"新课程标准实施以来，识字教学成为让许多教师感到困惑的问题之一。尤其在低年级，由于识字量增大，难度相对提高，教师们似乎被这平均每天识字量超过10个的重担压得喘不过气来，深感"识字难，识字教学更难"，有些教师连上公开课都避开讲生字，觉得乏味、单调、没有意义，影响课堂整体气氛。其实，学生的识字是一个自我构建的过程，我认为，教师应该在传统的识字教学基础上，充分利用直观、形象、生动的方法引导学生，注入一些创新、灵活的元素，使识字教学由孤立走向综合，由课堂走向生活，让原本"枯燥乏味"的识字教学变得活跃，让传统和创新精彩结合。近年来，我进行了一些新的探索，总结出以下几点：

一、在新奇中识字

学生的认识能力总是超乎想象的。低年级的学生，其实对一个字的笔画、位置、结构等特点都已经有一定的分析能力。不同的字有不同的结构特点和实际意义，也就适合不同的识字方法。从一年级开始，新课标教材中每一个单元的"语文园地"中都非常具体详细地向学生介绍一种新的识字方法，例如"加一加、减一减、作比较、猜字谜"等，而新课程标准在识字教学中更是十分注重识字方法的积累和运用。怎样才能使学生充分、实际地积累和运用识字方法呢？我认为，首先在识字教学过程中要注意灵活多变，让学生在新奇中识字。例如：教学"摘"字时，可以配上相应动作的图片——小猴摘桃，让学生说说"小猴子正在干什么。"认识"够"字时，可以通过编字谜"你的话可真多"，让学生通过猜字谜，理解本义，加深印象。又如"吾"字，可以用"减一减"，用"语"去部首来认识，"杏"则可以用"加一加"，把"木"加上"口"来识记。再如"茂密"的"密"和"蜜蜂"的"蜜"，可以引导学生观察、比较，提问："他们是不是很像一对双胞胎？这对双胞胎有没有不一样的地方？请你把它找出来！"这样可使学生在新奇中辨认出来……让学生用多种识字方法把生字与生活中认识的字结合起来，和教师一起开展一场新奇生动的“识字交流会”。

二、在生活中识字

引导学生在生活中识字，我们力求做到形式多样、活泼生动，体现趣味性；力求做到课内外相结合，校内外沟通，体现开放性。如通过教室的“学习园地”、校园里的告示牌、橱窗里的标语进行学习。带领学生一边参观校园一边引导其识字，问问学生：“这儿写的是什么?”很快学生连“静我校园，不喧哗追赶”等复杂的字都认识了。开学初，给每个学生印发全班学生的座位表，让家长在家辅导，帮助孩子尽快地熟悉全班同学的姓名。还可以为每个学生做两张精致的姓名卡，一张贴在课桌上，方便学生随时认识该同学的姓名，一张供检查用，如让学生分发姓名卡，检查谁识字最多、最快。这样，学生很快就认识同学的姓名了。再如，教室里有很多现成的实物，如门、窗、讲台、黑板、电视机、电脑、投影仪、录音机等，我都在上面贴上字卡，让学生看到什么就认表示该实物的字。另外，还可以开展分类识字比赛，比一比谁认识的字多，如学习用品类、水果类、蔬菜类、植物类、动物类等。

三、在兴趣中识字

兴趣是调动学生积极思考、探求知识的内在动力。学生有了兴趣，学习就变得轻松，不再对识字产生厌烦情绪。在教学实践中，要注意选择适合儿童年龄特征的话题，激发学生学习汉字的兴趣。低年级学生最容易受感情因素的感染。教师可适当顺应儿童的心理，巧妙创设各种有趣的情境，使学生饶有兴趣地主动投入到汉字的学习中去。并且他们天真活泼、合群、爱交朋友。根据这一特点，在引导学生识字或复习生字之前，我总是将生字生动形象地设为“生字宝宝”、“生字小列车”或“生字苹果树”等，让学生有好像走进一个五彩缤纷的“生字王国”的感觉。识字的过程也随之变成了“与生字宝宝交朋友”、“为生字找找列车座位”、“看谁摘的生字苹果最多”等轻松活泼的游戏，这自然而然地唤起了学生的注意力，学生的学习兴趣和情绪也随之被调动起来。

其实识字的途径有很多，我们应利用生活中一切可利用的资源，保留传统识字教学扎实的基础，加上创新灵活的元素，让识字课堂变得精彩！

如何引导高年级小学生进行自我教育

张植涛

苏霍姆林斯基说:“只有能够激发学生进行自我教育的教育,才是真正的教育。”对学生进行自我教育,不仅要使学生弄懂理论知识和社会道德规范,更重要的是培养他们自我观察、自我评价、自我体验和自我监控的能力。这样有利于他们养成良好的道德品质和正确的行为规范,使他们少犯错误甚至不犯错误。

(1) 自评与他评相结合,横向比较与纵向比较相结合,引导学生正确进行自我评价,认识“现实自我”。

自我评价是自我认识的核心,是自我教育的重要方面,它既能使学生得到自我评价的反馈信息,又能加深学生对自身行为的自我认识,是深化了的认识过程。五、六年级的学生处于自我意识发展的第二个上升期。他们的自我评价、自我监控能力,以及独立性都有了新的发展。因此,教师要创设条件,引导学生正确进行自我评价。

①自评与他评相结合。

学生的自我评价是根据成人对自己的态度与评价形成的,也是在与同伴交往的活动中形成与校正的。高年级学生自我评价的独立性、全面性和稳定性有了进一步的发展,已经能初步认识和评价自己。但是,教师的态度和评价对他们自我评价的形成还是起主导作用的。因此,教师在对学生评价时要做到客观、公正、实事求是、恰如其分,同时还要对那些自我评价不当的学生进行及时的引导和调控。这样,通过自评与他评相结合,让学生较深刻地认识自己。

②横向比较与纵向比较相结合。

有比较才有鉴别,才能分清是非、荣辱和善恶,才能分清先进与落后,进而明白在各种场合下如何进行自我教育与自我管理。学生在与他人交往的过程中,认识到他人有什么品质、特点,然后用自己的品质、特点与他人相比较,作出比别人好或差、高或低的自我评价。同时将自己的过去与现在对比评价,帮助学生看到自己的变化,更有利于正确评价自己。

比如小杨同学,他的成绩不错,可是跟以前比较,学习的积极性降低了,我跟他说说以前他留给我的一些好印象,跟现在的表现对比,促使他较好地完成自我评价。

通过引导学生正确认识自己和评价自己，形成积极的自我评价，使他们找到了自己与他人的差距，看到自己的优点和缺点，提高自己的道德判断能力，从而进一步认识自我，产生自我完善的心理需求，明确自己努力的方向，为自我设计打下基础。

（2）自我把握和他人修改相结合，引导学生对自己进行自我设计，形成“理想自我”。

①把握时机，引导学生设计自我教育方案。

魏书生说过：“人皆可以为尧舜，向真向善向美之心人皆有之，这是肯定的。咱们就是去发现这些，然后帮着人家壮大和发展人性中最美好的那部分。”在特定的时候（开学或者学生生日等时候），让学生结合自己的实际，对自己所要达到的理想自我进行设计，这是主体对心理发展目标和行动计划的自我设定。由于学生对自我有了一定的认识，明白自己的优点和缺点，在教师的引导下，会结合自己努力的方向设计自我教育方案。在设计的时候，教师要引导学生把大目标分解成一个一个小目标，这有利于学生不断得到成功，从而更好地实现理想自我。

如有的同学上学期有拖欠作业现象，自己设计方案的时候，确立了按时完成作业的目标，我就让他把这个目标分解成每个星期的作业按时完成，有必要的话，再分解成每天的作业按时完成，第二天自己评价目标实施情况。

②教师以及家长要帮助学生制订切实可行的计划。

由于学生自我要求不同，制订的自我教育方案可行性也不一样。一些学生自我要求过高，即使做出最大的努力也不可能达到目标，如果要求不降低的话，会使学生怀疑自己的能力，达不到自我教育的目的；而另一些学生由于自卑心理或自我要求过低，自我教育方案大目标不高，需要修改。教师和家长要帮助这些学生制订恰当的方案，使学生心中有数，一步一个脚印，踏实进取，稳步提高，达到自我教育的目的。

比如有一个学生，考试成绩不是很理想，我让他把目标定为提高 10 分，而不能定为考取 90 分以上。

③方案的形式可以多样。

自我教育方案可以通过主题班会或周记、演讲等多种方式形成，这可以降低部分学生的反感心理。

（3）自我调控和集体监督相结合，通过实践活动，形成自我教育能力，促使“现实自我”向“理想自我”的转变。

自我教育能力的形成，不是一朝一夕的，必须有持久的努力，自我调控和集体监督相结合，引导学生在实践中进行自我教育，在自我教育中进行实践，实现大目标。

①通过实践活动增强学生的信心，让学生不断体验成功，快乐成长。

西赛罗指出："自信是一种感觉，有了这种感觉，人们才能怀着坚定的信心和希望开始伟大而光荣的事业。"学生只有拥有自信，才可能最终实现"理想自我"。

比如，学生小刘以前经常迟到，所以，自我教育方案中就提到要做到不迟到。我提议他先从第二天开始，注意让自己不迟到。同时，暗中联系家长，让家长多加留意。果然，第二天，小刘很早就来到学校。上课的时候，我在全班同学面前表扬了他。下课的时候，我要求他第三天做到不迟到……这样一天天地坚持，一个个星期地累积，到了学期末，小刘做到了不迟到，他很高兴地说，自己成了一个不会迟到的学生。同时，他对于自我教育方案中的其他目标的实现显得很有信心，整个学期有了很大的进步。

②自我调控和集体监督相结合，让学生在实践中自我教育，在自我教育中实践。

为了更好地促进学生自我教育能力的提高，结合自我调控和集体监督，我在班上开展小组竞赛活动。每四人为一个小组，一个星期为一个单位时间，在班会课上各组进行学习、思想、纪律、活动等方面的比较。在班会课上，每组四个同学一周一人，轮流对自己组的情况作简单介绍，说说自己这一组在上一周的学习等各方面的表现，当各组说完后，再集体讨论班里同学的表现。讨论后让陈述的同学投票，一组一票，选出上一周表现最好的三组，奖励红花一朵。

如果小组长自我介绍的时候说出自己组的某个同学出现的问题，就让这个同学进行反思，想想别人说得对不对，说得对的话，能不能改……在投票后，该同学自我总结，如果认为确实出现问题，自己认为能改，就请全班同学共同监督，在下一周的时候作评价，有进步的当众表扬。这样，逐步培养学生剖析事物的习惯和能力，判断事情的是与非，并让其自主决定能不能改正，有效地促进学生自我教育能力的形成和提高。

通过小组竞赛的形式，实现了参与对象的全体性，每个学生都有参与和取得成功的机会。小组之间以竞争的形式为主，各组每个学生都愿为本组获胜多出力，这样能最大限度地发挥各组成员潜在的积极性和主动性。各小组内部以合作为主，同学之间能相互关心、支持、鼓励和监督，能较好地发挥自我教育的作用。发现问题，让集体监督和个人调控相结合，一周周地，让学生在实践中自我教育，在自我教育中实践，最终实现自己的大目标。

魏书生说：“真正的教师应当引导学生进行自我教育，使学生学会自我认识、自我克制。”希望我们都能正确引导学生进行自我教育，促使学生主动地自我完善，提高自我调控能力，充分地发展学生的主体性，使学生成为一个“真正的人”。

（本文获2008年潮州市湘桥区中小学德育论文班级德育类二等奖）

实施多元教学　促进学生自主创新学习

张　珩　洪　风

语文教学大纲指出："要提倡灵活多样的教学方式，尤其是启发式和讨论式，鼓励运用自主创新的学习方式。"那么，什么是自主的学习方式？在语文教学中怎样运用创新性的学习方式？多元智能理论为我们提供了促进学生自主创新学习的理论依据。从多元智能理论的角度来看，学生是有差异的。我们不能用一把尺子来衡量学生的优与劣。教育发展的要求和新时代学生的状况向我们教师提出了空前的挑战，需要我们吸收多元智能理论的新理念，在教学实践中不断探索。多元理论从本质上帮助我们树立了面向全体学生、全方位面对学生各个方面的观念，并强调发展学生语言能力不仅需要探索语言智能本身的发展途径，还要利用学生在其他方面的优势智能来为发展语言智能服务。因此，我们把多元智能与语文教学相结合，根据教学内容和学生的智能倾向的不同，在课堂上变换组合各种教学方法，采用多元化的教学方法，以使各种类型的学生都能得到发展。

一、实施多元教学，目的在于激发学生学习的兴趣

自主创新学习就是学习材料、学习问题的探索研究，探寻追究。这种学习方式突出主体性原则，让学生主动地学习，积极地求知。今天学生的学习方式应变被动接受、训练作业为自主创新学习，应激发学生的学习兴趣，培养他们的参与意识。如小学语文综合性学习活动课《我和春天有个约会》中，教师围绕"寻春"、"颂春"的主题，结合相关的词语、诗句、篇章、音乐、画面，利用课前搜集的资料，让学生透过视觉、听觉，感受春天里的生机勃勃。学生在教师的鼓励下，动手制作作品，还把自己搜集的照片、歌曲向同学作介绍，学习热情高涨、学习兴趣浓烈，收到良好的学习效果。这在自主创新学习中，激发了学生学习的兴趣，让学生真正感受到语文世界的魅力，语文学习成为一件快乐的事。

二、实施多元教学，突出学生是学习的"主体"

《语文课程标准》指出："学生是学习和发展的主体"，"学生是语文学习

的主人”。这强调了学生在语文学习中的主体地位。而学生语文能力的提高更多的是通过学生亲身的、反复的语言实践和运用才能得以实现。因此，在小学语文教学中教师的任务是：要有效地激发学生的创造性思维，给予其创造的机会，让学生的心灵相互碰撞。

首先，让学生自己提出问题。学生是认识过程的主体，能动性是学生作为主体的特征。教师引导学生积极主动地参与到教学活动中，以自己的知识经验和兴趣动机为基础，主动地获取知识、形成技能、发展智力，使学生真正成为学习的主人。如在二年级上册课文《我是什么》中，教师鼓励学生大胆质疑，于是学生提出了“‘极小极小’是什么意思”等问题。然后学生进行讨论、交流，教师有针对性地进行归结，让学生谈感受。这样既让学生熟悉了课文的内容又拓展了学生的思维。

其次，教师不应该以自己的领悟代替学生的领悟。对于学生的不同收获，教师应允许他们说出真实感受，并作适当的引导、教育。学一遍课文，明白什么道理，受到什么启发，都应该让学生自己感受。

三、实施多元教学，凸显学习效果

（一）转变教师角色，发挥群体创新学习优势

《语文课程标准》指出：要“充分发挥师生双方在教学中的主动性和创造性”。教师和学生都是教学过程中的主体，都是具有独特人格价值的人，平等的师生关系是实现学生自主创新学习的重要保证。教师首先要尊重学生，以学生发展的实际需要来确定教学；尊重学生的自主选择，个性化的学习，自我发展的权利。根据学生当前的实际表现及时调整或矫正教学，从而发展性地完成教学。同时，“教师是学习活动的组织者和引导者”。教师应当在学生自主创新学习的过程中，积极地提出建设性意见。当学生意见难以统一时，教师要作适当的集中，适时点拨、讲解，设计精当的练习，学生的自主创新学习水平才能不断提高。通过自主创新学习，充分发挥群体优势，使学生的智慧、知识、能力相互交融、传递和互补，使之出现增值的趋势。

（二）营造和谐学习氛围，增强学生创新学习的积极性

教学是教师的教与学生的学的统一，要通过交往互动，师生间建立起和谐的、民主的、平等的关系。在这种师生关系中，学生体验到平等、理解、宽容与关爱，受到激励、鼓舞，形成积极的、丰富的人生态度与情感体验。这样也可点燃他们求知的火花，激发他们自主创新学习、探究的兴趣，从而使他们的创造能力得到发展。教学中，只有让学生感到“安宁和自由”，学生的记忆力

才会大大增强，联想才会更加丰富，自主创新学习的兴趣和热情才会不断得到巩固、增强。因此，教师在教学中要最大可能地给予学生以心理上、学习中交流讨论、作业与练习等各个过程中的自由；提出问题和回答问题的自由；支配学习时间的自由；选择学习伙伴的自由。让学生充分享受学习的自由，有利于学生调整和保持良好的心理状态，增强学习的自信心，创造一种讲进步、讲成功、积极向上的良好氛围。

（1）提供机会、创造机会，让学生全身心地充分参与学习。教师要尽量让学生能自始至终地参与整个学习的过程；创造条件，让每个学生都能参与；主导方法，让学生全方位参与。善于发现成绩中下等学生的学习长处，尽可能多给予其表现的机会，使他们在充分展示自己才能时享受参与所带来的喜悦，增强学好语文的信心。

（2）创设学习交流氛围，平等地参与学生的学习。教学中师生平等地讨论、研究、争论。教师要注意倾听学生的意见，鼓励学生敢说、爱说，甚至提出跟教师不同的想法。当学生进入自由的、充满情感的学习状态时，他就会不断超越自己原有的认知经验、智慧水平和想象能力，就会自主理解内容、体会情感、品味情感，就会形成积极的创造精神，促进其语感、想象、思维的发展。从而真正做到理解与感悟的交融，人文性与工具性的交融。

（三）优化学习过程，提高自主创新学习能力

教学中，教师要大胆地放手，让学生享有充分的自主权。新大纲强调："要重视学习思维发展"，"重视学生的创造性思维"，"鼓励有创意的表达"。而自主创新学习给予了学生个性发展的空间，有利于其创造性思维的发展。

（1）大胆放手，激发自主学习意识。课前，要放手让学生探索新知，自己发现问题，并试着寻找解决问题的最佳途径，激活学生自身的潜能，使学生获得体验探求新知、解决困难的乐趣。课堂上，教师要放手让学生去读书、体会、感悟、体验，让学生主动融入学习情境，感受祖国语言文字的神奇魅力，理解内容，品味、积累语言，提高语文素养，获得美的感受及情感的熏陶。课后，让学生扩展想象，积累升华，进行语文实践活动。这样，学生的自主意识得以唤醒、巩固，主动参与意识得到增强，自主学习才能真正得到落实。与此同时，教师要及时了解学生的学情，有针对性地给予必要的引导和帮助，发挥教师的主导作用，使学生能举一反三，从"学会"变为"会学"。如综合性学习活动课《我和春天有个约会》中，教师通过精心的设计，在"找、品、诵、说、猜"的教学环节中充分发挥教师自身的语言智能、人际关系智能、音乐智能、观察智能指导学生进行学习、创作"颂春"作品，从而培养学生的创新学习能力，达到提高学生的语文综合素养的目的。

（2）把握时机，重视联想和想象的训练。通过想象式自主创新，让学生插上想象的翅膀，在思维的蓝天中自由飞翔。这样的课堂教学更能促进学生自主创新学习。如在《丑小鸭》一课中，在体会丑小鸭变成白天鹅时又惊又喜的心情时，有学生嘀咕：“鸭子会变成天鹅？骗人的!”课文差不多学完了，学生还有这样的问题，说明学生对课文读得还不够深入，理解还不够透彻，但也说明他有思维的独立性。教师趁机引导学生深入地阅读课文。经过一番“击石求火”，最后学生一致认为：鸭子是不会变成天鹅的，“丑小鸭”之所以能变成天鹅，是因为那个蛋本来就是天鹅蛋，而不是鸭蛋。学生思维的积极性已经得到调动，创新意识已经被唤起，于是趁热打铁，教师再次提出：这个天鹅蛋是怎么跑到鸭窝里来的呢？大家来当一回作家，编一段童话故事，好不好？学生先是“哗”地欢呼起来，接着就都全神贯注地进入了创作的“艺术构思”阶段，一双双明亮的眼睛扑闪扑闪的，好像看到了那活生生的场面。没过多久，一个个生动有趣的童话故事被创作出来了。这种想象式自主创新，既能激发学生的学习兴趣，又能训练其想象能力。

自主创新学习对小学教育来说是一个全新的课题，有待于教师在实践中不断探索，总结经验。我们应时刻注意审视自己的行为和标准，改进教学方式，不断接受并传递前沿的理论与新知，朝着“授人以鱼不如授人以渔”的方向积极探索教学新途径。

数学教学“生活化”初探

周 娟

我国教育家陶行知先生早于1919年就提出“给生活以教育，用生活来教育”的生活教育理论。荷兰数学教育家汉斯·弗赖登塔尔主张“数学来源于现实，存在于现实，并且应用于现实，数学教学过程应该是帮助学生把现实问题转化为数学问题的过程”。国家新《数学课程标准》也十分重视数学与生活的联系，明确指出：“学生的数学学习内容应当是现实的、有意义的、富有挑战性的。”分析传统的数学教学不难发现：教学内容机械陈旧，数学知识与生活实际脱节，教学方法以教师的讲授为主，学生不能主动参与教学活动，不能生动活泼地学习，个性潜能得不到充分发展。如此的数学教学已经不适应实施素质教育的需要。于是我们提出“构建小学数学生活化课堂，提高学生应用数学的能力”的专题研究，要求每位数学教师要充分把数学和学生的实际联系起来，让数学贴近生活，使学生真正体验到数学不是枯燥无味的，不是抽象的，其实数学就在我们身边，是实实在在的，从而感受到数学的趣味性和应用价值。我们的做法是：

一、创设生活化的教学情境

数学是对客观世界数量关系和空间关系的一种抽象。数学的特性决定数学跟生活存在非常密切的联系，生活中处处有数学。儿童数学学习的特点与成人不同，数学是他们对自己生活经验中数学现象的一种解读或升华。《数学课程标准》中指出：“数学教学是数学活动，教师要紧密联系学生的生活环境，从学生的经验和已有的知识出发，创设生动的数学情境……”教学时教师要善于发现生活中的数学问题，创设贴近学生生活实际的情境，采用他们喜闻乐见的素材，他们便会感到亲切、实在、有趣、易懂。生动活泼的课件、引人入胜的魔术都能激发学生的兴趣。如一年级教师在上《找规律》一课时，把学生喜闻乐见的魔术引入课堂，创设情境。教师表演空手变花，并将变出的花贴于黑板上形成花串，让学生在花串无规律和有规律两种情况下进行猜花活动，学生兴趣盎然。二年级的教师在教学“统计”时创设“学生入学测量体重”的情境；三年级的教师在教学“积的近似值”时，在课件中创设一学生到商店购买商品的对话情境，学生提出：“每千克 10.52 元的什锦糖，买 3 千克”，营业员说：“请付 31.6 元”，学生问：“不是应付 31.56 元吗?”课件至此，其他学生也纷纷提出同样的疑问，此时，教师再引出学习内容。这样，用发生在学生身边的生活化情境引出教学内容，使学生体会到数学就在身边，感受到数学的趣味性、现实性，对学习的内容不再感到枯燥乏味，对数学产生亲切感，有效地激发了学生的求知欲，调动起他们学习数学的积极性。

但是，生活化教学情境的创设也要把握得当。对动画片《喜羊羊与灰太狼》学生百看不厌，用它来创设情境能激发学生的学习兴趣，促使学生主动建构知识，符合学生的心理特点。但有一位教师在上三年级《比一比》一课时，却用了 3 分钟的时间问学生：“你喜欢什么动画片?”然后才引出此动画情境，白白浪费学生的学习时间。可见，生活化情境的创设不仅要结合知识内容，还要灵活、适时、有效，要紧密联系学生的思维本质，无关的因素不仅干扰学生的思维，而且导致课堂效率低下。

二、挖掘生活化的教学内容

心理学的研究表明：学习内容和学生的生活背景越接近，学生自觉接纳的程度就越高。《数学课程标准》中指出：数学教学必须注意从学生身边的生活情境和学生感兴趣的事物出发，为他们提供参与机会，使他们体会到数学就在身边。在教学过程中，教师应充分利用学生的认知规律、已有的生活经验和数学实际，努力挖掘学生身边的学习资源，灵活处理教材，根据实际需要对原材料进行优化组合，为他们创设一个发现、探索的思维空间，使他们能更好地发现、创造。现行人教版新课程实验教材重视数学与现实世界的密切联系，提供了现实的、有趣的、富有挑战性的学习内容，如商店购物、货物装车、体育锻炼、集体租船、公园购票、收集数据等，许多例题都创设了有趣的生活情境，引出数学知识。如一年级教材创设了许多生活中的情境，让学生看图观察有顺序的“数”；二年级上册第 8 页从学生要外出参观对车辆的安排引出两位数的加法；二年级下册创设“学生入学测量体重”这一情境，引导学生学习“统计”，学完统计的知识后再让学生统计本班同学喜欢吃的各种蔬菜，这样的教学内容可使学生带着浓厚的兴趣主动地参与新知识的探索，学生自然对数学有着一种亲切感。

除此之外，在数学教学中，教师要从多方面“找”数学素材和多让学生到生活中“找”数学、“想”数学，真切感受“生活中处处有数学”，例如在教学“百分数（或分数）应用题”时，教师们都会根据本班中男、女生人数，全班总人数之间的关系设计练习，或让学生编题。如六年级有学生 65 人，其中男生 35 人，女生 30 人，男生人数占全班人数的百分之几？女生人数占全班人数的百分之几？男生人数比女生人数多百分之几？女生人数比男生人数少百分之几等题目。又如有的教师在教学“万以内数的读法”的前一天，给学生布置调查作业：请搜集日常生活中万以内的数。学生搜集到很多从日常生活中见到的和从媒体中看到的万以内的数，如电视机每台 2 608 元，全球原油平均日产量约 8 000 万桶，全校有学生 2 766 人等。在课堂上，教师首先让每个学生把找到的数在小组内交流，然后每组选择两个最喜欢的数写在黑板上，接着请同学们将黑板上的数进行分类，学生很快便分成四类：没有 0 的数、中间有 0 的数、末尾有 0 的数和中间末尾都有 0 的数。这样将教材中枯燥、缺少生活气息的数字变成学生自己找到的活生生的数，既让学生感到万以内的数在生活中的普遍应用，也使他们认识到学习这部分知识的重要性，从而激发他们学习数学的兴趣，提高应用数学的能力。

三、研究生活化的教学过程

有这样一句话：“探索发现的，是充满生命的活知识，是知识之源，是发展之端；而灌输授予的，是孤立静止的死知识，是知识之终，是发展之末。”新课程下的小学数学课堂不再是单纯地教给学生知识，也不再是简单地向学生说明“我们今天要学什么”，而是让学生在学习中把知识当作一种现象、问题去研究，经历观察、思考、讨论、合作甚至争辩、动手实践等过程后构建知识，而后发现自己学会了什么、掌握了什么。因此，在教学过程中，教师应从现实生活中选取素材，为学生提供大量的实践活动和参与机会，让他们亲身感受到数学问题的真实存在，认识现实中的生活问题和数学问题之间的联系，从而学以致用，举一反三，真正掌握数学知识，学会解决生活中的实际问题。例如学完了“时、分、秒”，教师让学生判断“时针、分针、秒针重合时只有 12 时”是否正确，此时不少学生有这样的想法：“1 到 12 时都有可能重合的时候”，他们举出的例子是：“1 时 5 分，时针指着 1，分针也正好指着 1。”教师知道这是学生忽略了 1 时 5 分已过了 1 时，此时时针会偏离 1 一点点，这时教师不急于把结果告诉学生，而是让他们拿出钟表，自己动手拨一拨、看一看、想一想、说一说，从而自己验证这句话的正误。再如在教学三角形、长方形、正方形和圆形的认识时，教师借助多媒体辅助教学，出示平时生活中常见的课桌、书、红领巾、皮球等实物，然后课件再隐去实物，留下角、三角形、长方形、正方形和圆形等几何形，让学生发现这些图形原来就在我们的身边。这样的教学过程从内容上看是生活化的，从方法上看是活动化的，从过程上看又是具有研究性的。

在实验中我们也发现一些教师片面地追求生活化，如在三年级上册“分数的初步认识”的教学中，有的教师在课上安排一些切割活动，让学生切月饼、分西瓜等，以激发学生的兴趣。这种“数学生活化”就应该质疑，因为学生在切月饼、分西瓜时，他们的数学思维已经被月饼、西瓜的色、香、味淹没，而把“平均”之类的数学思考抛在一边。我们提倡数学生活化，但数学课不能被“生活化”喧宾夺主。应该看到，学生的数学学习过程是一个不断提出问题、探索问题和解决问题的思维过程。问题是数学的核心，数学问题来自两个方面，一个来自数学外部即现实生活，一个来自数学内部。无论来自外部还是内部，只要能引发学生的认知矛盾，就能引起学生的内在学习动机，达到教学目的。如教学“三角形内角和”，如果教师让学生课前准备一副三角尺，让学生报每块三角尺的三个内角各是多少度，三个内角的度数之和是多少度，接着，引导学生猜想：其他三角形的内角和也是180°吗？这样只需三言两语，就能有效地激起学生的求知欲。

四、运用知识解决生活问题

《数学课程标准》中指出：“教师应该充分利用学生已有的生活经验，引导学生把所学的数学知识应用到现实生活中去，以体会数学在现实生活中的应用价值。”学生学习数学知识，是为了更好地服务生活，将之应用于生活，学以致用。现行教材中安排了“生活中的数学”、“数学广角”、“解决问题”、“实践活动”等内容，就是将活生生的生活搬到课堂上，经过教师精心设计的活动内容，让学生从熟悉的生活实践中，真真切切地体验和感受到生活中处处有数学。如买菜中的估算、人民币的使用、搭配和选择等策略活动，引导学生有序地思考，提高解决问题的能力，渗透应用数学的意识；又如“确定位置”这部分知识在现实生活中有着广泛的应用，教材中安排了找自己的座位、给楼房编门牌号码、在影院找座位等实践活动，使学生充分感受到数学与生活的密切联系，培养了学生综合应用有关数学知识解决问题的能力；再如有关时间的知识在生活中的应用更广泛，可记录自己穿衣、刷牙、吃早饭、整理书包等的时间，可制定每天的作息时间表，也更加了解自己喜欢的电视节目开始和结束的时间等，这既让学生感受数学知识的应用，又可以培养学生合理安排时间的习惯，渗透惜时的教育。

除了充分利用教材编排的内容外，每教学一个知识点，教师们都编出一些实际应用的题目让学生练习、思考，培养学生运用所学知识解决实际问题的能力。如教学《步测和目测》后，有意识地让学生到操场测量一下，体验步测和目测。这样做加深了学生对数学知识的理解，使其体味到解决问题是一种享受。数学在生活中的应用是很广泛的，如教学三角形的稳定性后教师可向学生提问："椅子坏了，要怎样加固它?"又如教学平行四边形的特性后，请同学说明：为什么拉闸门要做成平行四边形的网格状而不做成三角形状？教学平行与垂直后由学生发现得出，跑道为什么要做成平行的？通过解释一些生活现象，使学生更深刻地感受数学与现实生活的密切联系。另外，要让学生运用数学知识解决实际问题，如在统计的初步认识的教学中，让学生收集自家几个月用水的情况，通过收集、描述、分析数据的过程，得出自家用水是否合理的判断，并作出今后用水的决策。这既渗透了环保的教育，又使学生感受到数学知识的应用价值，逐步培养学生的应用意识和解决实际问题的能力。

我们提倡数学教学生活化，但不要形式化，不可因为追求"生活化"而忽视了数学的学科功能，忽视了计算能力、思维能力和空间想象力的训练与培养。在实际操作中，我们既要注重应用，又要注意抽象概括、推理，引导学生抽象出数学问题，提炼出数学模型，利用已有的知识经验，通过数学思考问题，在重视直觉思维的同时，还要注重对学生形象思维和初步的逻辑思维的培养，以提高学生的数学素质。

在实践中我们体会到：只有将数学教学与现实生活紧密联系起来，体现数学来源于生活、寓于生活、用于生活，构建生活化的数学课堂，让数学教学充满生活气息和时代色彩，才能真正调动学生学习数学的积极性，切实地提高学生学习数学和应用数学的能力，才能培养出一批具有较高数学素养、真正适应未来社会需要的人才。

新课标呼唤下的教育思想

方　杨

学校教育中，认真教书，提高学生的文化、技能素质，仅仅是教育目的之一。真心育人，努力提高学生的思想品质，培养学生形成良好的行为习惯，使学生拥有健康的身体和心理素质才是教育的根本任务和最终目的。小学思想品德课就是实施小学德育的主渠道，在小学德育中占有重要的位置。因此，教师在重视思想品德课教学的同时，还应符合新课程标准（以下简称新课标）的精神，注意创造教育与传统教育的区别，在思想品德课中对实施创造教育的教改实验进行探索。要想上好一节思想品德课，我认为应注意以下几方面问题：

一、完成教师角色的定位

在新课标下，教师不应该只是教科书的解说员，而应该是课堂上的一名“导演”，教师应该努力地创造适宜的活动环境和条件，灵活多样地设计教学活动和组织形式，结合教学与学生的实际，培养学生良好的品德与习惯，保护学生的好奇心并引发学生探索的欲望。教师的角色应从单纯的知识传授者转换成学生活动的指导者、支持者与合作者，应从课程的复制者转变成新型教学方式的创造者，应从发号施令、评判的立场转向交往、促进的立场。最重要的一点就是教师要融入学生之中。要使活动开展好，最大限度地缩小师生之间的距离是至关重要的。教师要在活动中充当好自己的角色，淡化教师作为训导者的形象，在可能的场合下，作为普通一员融入各种活动当中，真诚地向学生谈自己的生活经历、分享情感体验，做到思想认识上的师生平等与行动上的师生平等的统一。

二、创造性地使用教材

实行新课标的另一个重点是确定教材的地位。那什么是教材？教材已经不是知识的载体，因为教材上的知识非常有限，就好像《团结合作》一课中，能体现团结合作的只是几句话和一幅拔河比赛的图。而生活中团结合作的事例很多。教师可以首先引用典故“古人折筷”来阐明“兄弟齐心，其利断金”的道理，接着让学生自己讲一讲生活中团结合作的事例，并使用课件中已准备好的影片片断，让学生分析故事的主人翁为何成功，而另一个为何失败。创造性地使用教材，就是要根据原有教材，丰富、发展并延伸。同时还要关注学生提出的新现象、新问题并引进教学内容，吸取社会中的新信息、新科技，充实教材内容。

三、精心创设情境

什么是情境？有学者认为，情境带有教育者有意识地为儿童的心理全面发展创设一种最佳场合的意思。情境是心理辅导课达到理想效果的重要载体。

（一）运用直观型手段

借用蕴含一定意义的实物，如在课堂上展示学生的一幅获奖美术作品、一张运动会的奖状、一篇评高分的作文等，化抽象为形象，化静为动，触发学生情感，激发学生共鸣。在有条件的情况下，尽可能地运用现代化的教具，通过图形、图像、动画、音乐和语言的多种信息，构建使学生“如临其境，如闻其声”的情境，渲染情感，陶冶情操。

（二）运用审美化手段

直观手段可以创设情境，但它远不是全部，更多的必须借助审美化手段：或通过音乐的旋律、节奏、音色及和声渲染气氛；或通过文学语言构建一种意境、一种氛围、一种审美形象；或通过饰演角色活化情境，调动学生情绪，使其产生深刻印象。

无论采用何种手段创设情境，都必须注意三点：第一，充溢情感，驱使想象，以心造境，情境合一。第二，具体生动，和谐平等，不是我说你听、居高临下的训导模式，而是要缩短师生间的心理距离，提高心理相容程度。第三，精心构想，周密组织，在内容选择、程序设计、载体运用、手段更新方面都力争严细缜密。

四、准确体现新课标的性质

根据新课标，思想品德课程设计的思路是：一条主线，点面结合，综合交叉，螺旋上升。它应该具有以下几方面特性：

（一）生活性

一个好的教师是教人发现真理。其实真理就在日常的生活中。因此，思想品德课应贴近生活，以学生的现实生活为课程的主要内容和基础。课程要关注学生的现实生活，教育的内容和形式都要贴近学生生活，反映学生需要。要让学生从自己的世界出发，用自己的眼睛观察社会，用自己的心灵感受社会，用自己的方式研究社会，学习有关社会生活的常识，感受社会生活的美好，懂得社会生活的规范，掌握参与社会生活的知识和能力。

（二）活动性与探索性

思想品德课程的目标主要通过教师指导下的各种教学活动来实现。活动是教与学的中介，失去活动，整个思想品德课就回到了常规的理论灌输，无法激发学生学习的积极性和激发其共鸣。活动教案和活动指导既要有计划性又要有灵活性，让学生获得彼此的联系，不断深化经验和体验。实现人人参与，面向全体的原则。在《团结合作》这一课中，我设计了这样一个活动，把学生分为两组，让两组分别把带有符号的纸张按要求贴在表格中，看哪一组贴得对、贴得快。一组同学各贴各的；而另一组同学分工合作，有的负责把纸片分类，有的负责粘贴纸，有的负责将纸粘入表格，不一会儿就完成了任务。然后我让这两组同学来谈一下自己的体验，总结出“团结就是力量，合作才有效率”这一道理。学生亲身经历、探索与体会远胜于教师在讲台上大谈理论。

（三）主体性

思想品德课不是由外及里的单一性知识传授，而是帮助学生发现自我的过程。所以思想品德课就必须自始至终体现学生是学习主体的原则，一切教学活动都不能替代学生的自主体验，教师不能强迫学生接受，而应启发学生的学习动机。

教育不是一蹴而就的，它有一个循序渐进的过程，新课程标准是我们的目标。那我们是否走对了路子呢？假如走对了，那我们走了多远呢？你想知道答案的话，你可以问自己以下几个问题：

（1）你是否关注学生形成积极的学习态度和价值观？

（2）你是否关注学习内容的综合性、均衡性和可选择性？

（3）你是否关注学生的生活逻辑、成长规律、学习兴趣和生活经历？

（4）你是否关注学生学习方式的转变？

（5）你是否关注发展性评价小学生的自我发展和全面发展过程？

（本文于2008年9月获潮州市骨干教师市级培训“基础教育课程改革”课题研究成果一等奖）

如何提高体育课的教学效果

薛伟鑫

学校体育教育的目标在于有效地增强学生体质，指导学生掌握科学的锻炼身体的方法，培养学生自我锻炼的能力，养成经常锻炼的习惯。在实际教学工作中，教师要树立以“健康第一”为指导的思想，以学生的发展为中心，体现学生的主体地位，关注学生的不同需求，运用多种教学方法和手段，激发学生的学习兴趣，启发学生自学、自练、自创及合作练习，培养学生的合作意识和社会适应能力，从而形成积极主动的学习与生活态度。以下浅谈我在教学中的体会。

一、指导思想

必须树立“健康第一”的指导思想，把学生的健康放在第一位，要改变过去重视传授运动技术，而忽视学生身心健康的片面思想。因此，在体育教学全过程中都要按“健康第一”的要求进行思考、设计和操作，使“健康第一”思想得到体现和落实，从而培养学生良好的锻炼态度、锻炼意识与能力，为学生终身体育打下基础。

二、要了解学生、热爱学生

要了解学生，以学生的发展为中心，关注学生的需求，把学生看成学习的主体、学习的主人。这就要求根据每个学生的学习动机、兴趣、体能、体育基本技能的差异来确定教学目标、安排教学内容，让每个学生都有平等参与体育活动的机会，享受体育活动的乐趣。要热爱学生，建立良好的师生关系，营造和谐的课堂气氛，多注意、关心他们，要经常与学生一起活动，如一起踢毽子、做游戏等，通过切身交流，更好地了解学生。

三、要备好课、上好课

要深入钻研课程标准中提出的新思想、新理念，充分做到备教材、备学生、备场地和器材。要努力提高教学水平和教学质量，加强对学生体育学习方法和学习内容的指导，抓好课堂常规教学，使学生养成遵守课堂纪律、自觉投入锻炼的好习惯，让每一个学生都能在体育课中得到快乐、健康成长。因此，在体育教学过程中，教师要利用多种教学方法和手段组织好教学工作：①爱玩是小学生的天性，多利用游戏教学来引起学生的兴趣，让他们在玩中学，在学中玩，在愉悦的氛围中学习，在和谐的教学环境中得到锻炼，在快乐中发扬成绩，在微笑中认识不足，在激励与期待中增强信心。②利用小学生热衷模仿、想象力丰富、形象思维占主导的年龄特点，进行生动活泼的模仿式教学。如“小动物运动会”、“老鹰捉小鸡”等，让学生学习和练习用情境串联起来，让他们边学边练，边模仿，学生在想象和模仿中学会动作，教学充满乐趣。③通过小组合作学习，让学生相互交流，相互帮助，培养学生的团结协作精神，发挥团队的创新能力。如跳绳练习采用小组学习是最好的办法，跳绳的花样很多，教师提出要求，让学生通过互相学习，互相交流，优生帮助差生，使每个学生都能掌握多种跳绳的方法和技巧。④多运用比赛教学法，如紧张激烈的竞争、比赛场面，互帮互助的合作交流，胜负输赢的起伏变化，让他们体验到一种从未有过的“成就感”，觉得玩得“有劲”、“开心”，切身体会比赛所带来的乐趣，享受体育的快乐，做回课堂的主人，使学生在快乐、协作、竞争中锻炼身体。

四、要区别对待、因材施教

在一个班中，学生的身体素质、接受能力都是各不相同的，教师必须在“求大同存小异”的原则下因材施教。如把全班分成若干个兴趣小组进行不同项目的练习，以调动全班学生的学习积极性；教学内容要根据学生的实际情况，对每个学生的训练可以略有差异，如基础好、起点高的，可以增加其活动内容，身体素质差的，可以适当降低运动强度；让学生演练动作也应如此，对演练得好者要予以肯定、赞许或表扬，同时又要引导学生不能自满，对演练不成功或动作不规范者，要和蔼地指出什么地方做得不够规范，不成功的原因是什么，加强针对性的练习，增强他们的信心。

五、要清晰讲解、正确示范

体育课与其他课不同，课堂上教师必须做示范。一个优美的示范动作，不仅能让学生对你敬佩不已，而且会使课堂教学事半功倍，因此教师必须重视对主要基本技术动作的研究，在确保示范动作正确规范的基础上，做到漂亮优美，才能起到良好的示范作用；如果运用示范不当，就会事与愿违，影响教学效果。讲解是教师的教学基本功，讲解的语言要简明扼要，形象生动，又突出重点，有条不紊。语言是吸引学生注意力的工具，教师要学会控制语言的快慢、高低、轻重、缓急。在讲授技术动作要领时语言要清脆有力又通俗易懂。

形象生动的语言，能给学生一种直观感，使其兴奋；富于文采的语言，能使讲解润色生辉，更加形象生动，形成独特的魅力，使学生全神贯注。如果讲解既平淡无味，又脱离实际，就会降低讲解的效果，失去讲解的作用。

总之，在教学工作中，教师要不断学习新知识、新理念，认真思考，吸取经验，总结教训，努力提高教学水平和教学质量。

（本论文于2010年6月25日参加潮州市教育学会教育教学论文评比获得二等奖）

引导学生参与评价，提高学生整体素质

陈自勉

在全面推进素质教育的今天，“面向全体学生，使他们在德、智、体等方面全面地、生动活泼地、主动地得到发展”就成了衡量课堂教学优化与否的标准。新课程改革强调素质教育，重视人的发展，既要关注学生数学学习的结果，更要关注他们在数学学习过程中的变化和发展。因此在教学过程中应构建具有教育性、创造性、实践性、操作性的，以学生为主体的教学形式，以鼓励学生主动参与、主动探究、主动思考、主动实践为基本特征，把学生引导到评价中去，把评价的权利还给学生，让学生在评价中交流，在交流中学习，在学习中发展，以实现学生多方面能力综合发展。

一、培养兴趣，激发参与评价

爱因斯坦曾说过：“如果把学生的热情激发起来，那学校所规定的功课，会被当作一种礼物来接受。”兴趣是最好的老师，学习兴趣能有效地诱发学习动机，强化学习动力。在课堂上引导学生参与评价，是为了激发学生自主学习的兴趣，启发学生主动探索，尝试学习，培养学生的创新能力，从而提高学生的整体素质。在教学中，教师要尽量采用实物演示、课堂游戏，放映录像、幻灯片等方法吸引学生的注意，以这些直观形象的手段创设情境，激发学生评价的兴趣，调动他们参与评价的积极性。在学生初步尝试评价的时候，教师应当多采用激励性语言鼓励学生大胆说出自己的想法，观察学生细微的反应、变化，广施教育之爱，时时表达良好的期待，激发学生自我激励，增强学生自尊、自信、自强的自我意识，发挥学生自觉、积极、主动的主体作用。对发言流利、声音响亮的学生给予表扬，由此建立他们评价的信心。

课堂上评价意见的交流活跃，不仅改变了原来课堂上的沉闷气氛，激活了整个课堂教学，还有效地促使学生自主学习、主动探索，大大提高了课堂教学的效率。学生的语言表达能力有了明显提高，逻辑思维也得到发展。在学生基本掌握评价的方法后，通过组织学生与学生之间、小组与小组之间、教师与学生之间的多方面的评价，激活了课堂气氛，提高了学生的学习交往能力，激励了学生奋发向上、互相合作与竞争的精神，从而促进了学生人格的健康发展。

二、创造机会，引起自我评价

作为教师，我们应该注重学生发展的潜在性、主动性和差异性，在课堂上保证学生有自主表现和发展的空间，为每个学生提供积极参与课堂学习的机会。作为教师，要注意充分理解和尊重学生的发言，学会放下教师的架子，学会少“讲”多“听”。教师只有学会倾听学生的评价意见，善于发现学生问答中富有价值和意义的、充满童趣的世界，体验学生的情绪，学生才会在课堂上敢说、敢议、敢评。对于学生大胆的自我评价要给予发自内心的欣赏，使学生感受到自我评价的喜悦和乐趣。教师一方面鼓励学生自我评价，认真总结自己的优点和不足，充分发挥自主意识和主动精神，进行自我认识，提高自我评价能力。另一方面引导学生正确评价同学，“以人为镜，可以知己过”，对照别人找出自己的短处。通过教师的评价和引导，提高了学生对人对事的评价能力，慢慢地学会自我调控，实现了师生之间、同学之间的情感交流，增强了交往合作的现代意识。

在数学教学中，学生作为主体，带着自己的知识、经验、灵感参与课堂交流，从而使数学课堂呈现出灵性和丰富性。如：计算教学中学生出现错误时，可请学生说出计算过程，让学生自己发现错在哪里，自己改正；应用题教学中对学生的错解，可请学生说出列式道理，让学生自己发现错在哪里，自己改正。通过这样的训练，强化学生的正确思维，并形成在列式后不急于求解，而能沉思默想一下算理根据的习惯。在开放题的教学中，应尽可能让学生从多角度、多方面考虑问题，寻求合理的解题思路，设计不同的解题方案，通过自己计算，找出最佳的设计方案。

三、注重指导，掌握评价方法

要让学生参与评价，教师就必须发挥“引导”的作用，帮助学生掌握评价的方向，点拨他们评价的方法和要领。实施自我评价是学生在教学中听取其他同学的各种想法，结合教师的要求或提示对自己的想法进行评价，有利于学生学习能力的提高。因此，指导自我评价，可以从以下两个方面入手：①异中评长短。在一题多解的题目中，可以鼓励学生说出与别人不一样的方法，并评一评自己的方法比起别人的有什么优势或不足，通过这样的自我评价，培养学生的自信心和自我完善的能力，使其能以客观的眼光看待自己。②议中求完善。学习中常常会采取小组学习的方法，尤其以议论、交流、争辩等方式见长。小学生在议论中往往善于发现他人在学习中的优点与不足，却不能客观地评价自己。这时，教师就要指导学生在相互交流、相互赏识、相互评价中找出自己在思考、辩论等方面的优缺点。

四、体验乐趣，主动参与评价

引导学生参与评价，是让学生彼此交流、议论，以推动学习的深入。学生在课堂上的所想、所说、所议、所评都可成为课堂教学的焦点，它能激起学生强烈的好奇心，激发学生对智慧的挑战，也是学生学习的强大动力。学生在主动参与评价的过程中感受到思维劳动本身的乐趣，这极大地调动起学生学习的积极性。他们通过动脑、动口、动手去学习，不仅改变了原来课堂上的沉闷气氛，激活了整个课堂教学，还有效地促使学生自主学习、主动探索，大大提高了课堂教学的效率。

做好“问”的功夫，提高课堂质量

黄润珊

我长期从事小学高年级的语文教学，发现一个现象：课堂上，学生大多不爱回答问题，更别说质疑，教学效果也不理想。分析其原因是：受应试教育模式的严重影响，许多教师的教学重在对书本知识的传递，使学生在学习中的主体地位未能得到体现，导致学生失去了自主思考问题、探究问题的机会。因此我一直尝试着探索如何摆正教师的位置，“导演”好每一节课，而我收获最大的在于一个“问”字，做好“问”字这一文章，课堂教学可达到事半功倍的效果。

一、培养学生“问”的意识

新课程中，“以问题为中心”的学习是课堂教学的一种新模式，即教学时既让学生带着问题“走进”教材，又让学生带着问题“走出”教材。首先要解决学生“开口”的问题，鼓励他们克服心理障碍，激发他们提问题的欲望，锻炼他们敢问的勇气。科学家爱因斯坦说：“我没有什么特殊才能，不过喜欢寻根刨底追问罢了。”提出一个问题往往比解决一个问题更能体现学生的综合能力。基于此，在家庭作业中，我要求学生准备一个“问题本”，让学生在“课前预习”、“课后延伸”中，将疑难问题记下来，并在每堂课前、课后都留一定的时间让学生在小组内互相质疑问难，解答问题，营造轻松民主的氛围，使学生的学习过程变成不断提出问题、解决问题的探索过程。同时引进激励机制，指导各小组评出“谁提的问题多且有价值”，把这些“问题”和学生名字公布在班级的“问题园地”上，从而使学生既“敢问”，不怕出错，又懂得“如何问”。

二、提高教师“问”的技巧

西方学者德加默曾提出这样一个观点：“提问得好即教得好。”不错，提问是一门科学，是一种艺术，是组织课堂教学的重要环节，也是提高教学质量的有效手段，它不仅能启发学生思维，活跃课堂气氛，而且有利于激发学生的学习兴趣，培养学生的语言表达能力。

1. 提问要能激趣

情绪对学生学习效率和效果起着举足轻重的作用。教师所设计的问题可以是与学生生活实际密切相关的，从而为学生所“喜闻乐答”。如在教学《北京的春节》一文时，我先设计了一个问题：“同学们，你们喜欢过春节吗？为什么？”这唤起了学生对春节时热闹喜庆气氛的回忆，他们畅所欲言，有的说喜欢过春节是因为能收到压岁钱，有的说喜欢过春节是因为能吃大餐，还有的说喜欢春节时一家人团聚……此时，我又提出下一个问题：“那你们知道北京人是如何过春节的吗？让我们随著名作家老舍先生的《北京的春节》一起去了解吧！”这样，学生学习的兴趣被激发了出来，而且通过对比阅读，学生更深刻地了解老北京春节的习俗，领悟到民俗文化的丰富内涵。

2. 提问要能启发思维

提问要把握时机，要问到关键处，问到点子上，更要问出水平来，指导学生去思考、探索、发现，以提高学生的思维能力。如学生理解《卖火柴的小女孩》一文中“她曾经多么幸福，跟着她奶奶一起走向新年的幸福中去”这个句子里的两个“幸福”有一定难度，所以我问：“你认为幸福是什么样的？”有学生回答：“吃好穿好，有爸爸妈妈疼。”“那文中小女孩的处境是不是你想象中幸福的样子？”学生们肯定地回答：“不是。”“既然不幸福，作者为什么还要说幸福呢？”这样循循善诱，激起了学生智慧的火花，通过讨论，学生认识到现实中的小女孩是悲惨的，她只有离开这个世界才能获得幸福，从而深化了主题。

3. 提问题要能延展开去

延展提问是在把握文章内容的基础上，让学生展开丰富的想象，使教学内容得以加深或拓展，使学生的情感、态度、价值观有所升华，发展学生的语言表达能力和思维能力。在上完《匆匆》一文后，我因势利导：“作者因为八千多日子逝去，自己却没留下一丝痕迹而头涔涔泪潸潸。对照自己，你们有什么感受？”不算不知道，认真一算，学生们纷纷有感于时光飞逝，自己在不知不觉中度过四千多个日日夜夜，有学生说：“通过这节课，我终于懂得时间的可贵，更深刻地理解自己平时挂在嘴边的‘一寸光阴一寸金，寸金难买寸光阴’、‘少壮不努力，老大徒伤悲’的含义，我以后一定不会虚度光阴了。”

由于我一直坚持在“问”字上下功夫，设计的每个问题都能让学生真切地感知学习内容，通过有效地疏通开导，学生自主地对所识所感进行总结，在这个良性循环中，学生潜移默化地推陈出新，这对培养学生的整体思维、发散思维、创新思维有积极的效果。有效的问题更能引导学生勤思乐学，明确思路，各抒己见，所以学生对我的语文课也很是期待，这反过来也促使我更深入地钻研教材，吃透教材，以便更好地服务于课堂教学，做到教与学能够很好地互融，课堂教学效果既“实”又“活”。

有人说：“一堂好课往往起源于一个好问题，一个优秀学生往往也在于提出一个有价值的问题，是一个会提问的人。”所谓“学起于思，思起于疑，小疑则小进，大疑则大进”。把握好“问”的度和质，能使课堂出乎意料地精彩。

刍议基于网络环境下
课堂“情境—探究”学习课程的评价

王振中

随着科技的进步和时代发展的需要，越来越多的现代媒体进入教育领域。在现阶段，随着卫星广播电视网、多媒体计算机网络和校园网的逐步普及，特别是网络技术在教育中的应用日益广泛和深入，在现代教学理论的指引下，正全方位影响着教与学，改变着传统的教学模式，形成一种全新的网络教学方式。

在20世纪末，我校在各级教育行政部门的关怀和支持下，加强了信息基础设施和教学资源的建设，参加省、市一级的课题实验，积累了一定的科研经验。21世纪初，我们进行了网络化教育的尝试，在我校，网络教学正逐步成为重要的教学手段和学习平台。在网络化教学中，教师们结合小学生的年龄和学习特点，将数字化的课程学习内容放在网络化课堂教学环境中运行，并做了大量有益的试验，初步总结了网络化课堂“情境—探究”的学习模式，这个学习模式可表述为：创设情境—提出学习主题—自主探究—网上协作—教师指导意见—整合资料、实现意义建构—网上测评—主题延伸等八个环节。流程图如下：

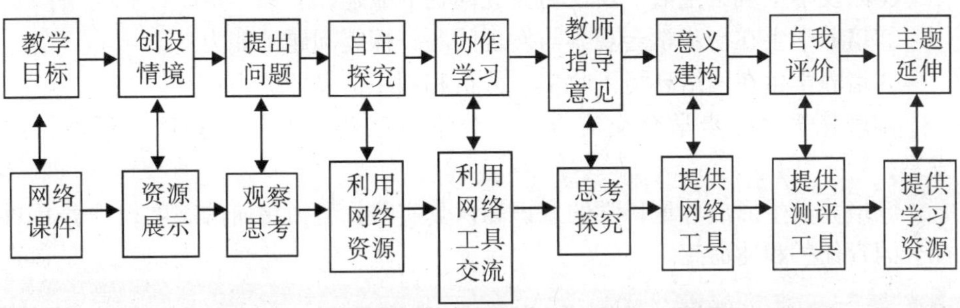

由于这一模式把学生放在学习的主体地位，网络已成为学生的认知工具，网络环境提供的大量学习资源使学生的视野不局限于几本教科书，网络提供的大量相关知识，成为学生进一步学习的资料。网络信息的多源性、可选择性和

易得性，改变了师生之间的教育关系，使教学趋于民主化，推进了我们教学改革的进程。然而，由于网络教学在教学环境、教学资源、教学设计等方面与传统的课堂教学有所不同，若继续沿用传统的教学评价方案，不但不适用，而且可能阻碍新教学观的发展与推广，因此，为网络教学评价探求新的价值取向迫在眉睫。申报“网络教学的设计与研究”课题之后，我们在总课题组的实验目标和研究步骤的指引下，根据我校的具体情况，开展了“基于网络环境下教学评价体系的研究”，学校成立研究性学习领导小组，建立校内外指导教师专家库；培训教师；做好后勤保障工作，收集学习资料；进一步完善网络环境下课堂“情境—探究”的教学设计；制定评价指标体系。企图通过研究，建立一个行之有效的评价体系和评价方法，保证我校网络教学健康发展。我们的做法是：

一、对“情境—探究”学习的目标定位

对一个学习过程的评价，要依据学习的目标，然后，对学习过程实施的条件和结果作出价值判断。因此，只有学习目标确定，评价才有依据。我们在开展新一轮教学设计，确定教学目标时，以《基础教育课程改革纲要（试行）》中的培养目标为依靠，并反复学习南国农教授提出的“行为主义学习理论建构主义学习理论、人本主义学习理论三者不是对立，而是相互补充的……从教学目标看，行为主义学习理论强调知识、技能的掌握，建构主义学习理论强调智能的发展，人本主义学习理论强调个性与创造性的培养”的论述。结合小学生的年龄特点和“情境—探究”学习方式理论依据，反复修改原有的目标定位，我们得出小学阶段网络环境下的学习目标有如下几点：

①激发学生观察生活、发现与探究问题的兴趣；

②培养学生在初步学会观察与发现问题、探究问题的能力；

③培养学生在网络环境下收集、分析和利用信息的能力；

④培养学生初步学会交流合作，分享自己获得的信息和探究所取得的成果；

⑤培养学生形成尊重科学的意识和认真实践、努力钻研的态度，培养其对社会的责任感和使命感。

二、制定“情境—探究”学习的评价原则

我国的基础教育课程评价长期存在的一些大问题是：过分关注对结果的评价，而忽视了对过程的评价；评价的内容过于注重学业成绩，而忽视对综合素质的评价和全面发展的评价；评价方法单一，过于注重量化和书面测试，而忽

视评价主体的多元性，大多是学校评价教师，教师评价学生，却不重视教师、学生对自身的评价。布鲁纳在《教学论》中提出：“评价，最好被看作一种教育智慧，它是指导课程建设和教学的。”他认为课程评价应该把评价过程与结果结合起来，评价本身不是目标，而是达到目标的手段，评价应该是多种多样的，而不是传统的测验。《基础教育课程改革纲要（试行）》也指出：评价不仅要关注学生的学业成绩，而且要发现学生多方面的潜能，了解学生发展中的需求，帮助学生认识自我，建立自信，发挥评价的教育功能，促进学生在原有水平上的发展。根据上述理论依据，我们认为“情境—探究”学习评价应遵照以下原则：

①主体性原则：“情境—探究”学习是以学生自主活动为主，教师为主导的课程，只有学生才能真实地评价它的实施过程是否满足了他们的需要，但同时也要重视学生的自我评价，其评价必须体现学生为主的原则。

②过程性原则：是指评价者要在学生学习的过程中用多种手段进行评价，即对学生的认知、思维、感情、态度、方法等方面进行评价，及时反馈与矫正，促进学生的发展，同时学生也应参与评价的全过程。

③应用性原则：是指“情境—探究”学习的评价要重视学生能否把学到的知识、技能应用到解决实际问题中，如在网络环境下收集、分析和利用信息的能力。

④发展性原则：为突破传统评价的甄别与选拔的影响，发展性原则要求以育人为本，重视评价的发展功能，主要看学生现在与过去相比取得哪些进步，要肯定每个学生竭尽全力的价值，以维持学生在探究过程中的积极性、主动性。

三、确定“情境—探究”学习评价的内容

“情境—探究”学习评价的内容，应从学生的认知、情感、能力、态度、行为等方面多视角出发进行综合评价。我们的评价内容主要有如下几方面：

①对学生自主学习态度、自主探索能力的评价；

②对学生理解和掌握基础知识与基本技能的评价；

③对学生基本能力和综合应用能力的评价；

④对学生创新意识和创新能力的评价；

⑤对学生在网络环境下取得有关信息与资料的能力、加工应用有关信息与资料的能力的评价；

⑥对学生的协作精神、态度以及分享自己获得的信息和探究所得成果的评价。

四、采用的评价方式

①问卷调查，行为观察法。

②学生自我评价。这是主要的评价方式。我们预先制定学习目标和要求，让学生明确目标和要求，对照自己的学习作出分析、判断，促使学生对自己的探索学习进行自我反馈、自我调节、自我激励。

③学习小组评价。这是一种辅助的评价方式。学生根据教师制定的学习目标和评价内容的标准对自己小组成员的学习作出分析，判断如协作态度、学习能力、学习成绩等，促使学生自我调控。

④教师评价。这也是一种辅助评价手段。教师根据已制定的评价内容和标准对学生的习作作出分析、判断，但要重视评价的发展功能，以维持学生的积极性和主动性。

⑤学生对教师的评价。学生根据教师在课堂中的指导作用、课件的导航效果，结合自身的学习效果，对教师的课堂导航作用提出自己的评价，进一步体现课堂的民主氛围。

五、评价结果的表示

我们采用以下几种方式表示评价结果：

①等级：采用等级，分优、良、及格、不及格。

②评语：对学生习作多采用评语认定。

③分数：对学生的学习过程认知程度采用先定性，对其学习成果再根据标准“赋值”，进行两次量化，使评价结果更加明确、直观。

六、评价实施案例

1. 信息能力调查

实验前随机调查302班的30名学生，对其上完一学期网络课程前后的结果比较如下：

能否打开新课课件

	能（2）	需要提示（1）	不能（-1）	F_i
前测	11	7	12	0.28
后测	22	8	0	0.87

学生掌握系数：

$$F_{后}=\frac{2\times22+1\times8+0\times(-1)}{2\times30}=\frac{52}{60}\approx0.87$$

$$F_{前}=\frac{2\times11+1\times7+12\times(-1)}{2\times30}=\frac{17}{60}\approx0.28$$

能否查看网上除课件外的其他内容

	能（2）	需要提示（1）	不能（-1）	F_i
前测	9	5	16	0.12
后测	28	2	0	0.97

能否通过网络与同学讨论问题

	能（2）	需要提示（1）	不能（-1）	F_i
前测	4	12	14	0.10
后测	23	7	0	0.88

上述调查统计显示，基于网络环境下的课程教学，学生获取信息的能力大大提高。

2. 知识评语评定

如在小学语文第三册略读课《群鸟学艺》的教学设计中，教师就设计了用评语表示角色扮演的评价：

教师首先提出目标——扮演要求：你对群鸟的了解有多少呢？它们学艺的态度分别是怎样的呢？请同学们先在《百灵天地》资源库中找一找有关群鸟的资料，然后跟你的小伙伴交流讨论一下：怎样才能把群鸟学艺的过程表演得更形象、更生动？请你们自己参考课文和资料，设计、组织一下，注意要把群鸟与众不同的特点和各自的学艺态度展现出来。等一下我们请想要表演的同学上讲台来演一演，看谁表演得最形象、最生动！

扮演过程：学生通过查找资料后，自己进行讨论、组织。教师请出想要表演的几位学生，分别让他们扮演猫头鹰、老鹰、乌鸦、麻雀、小燕子，教师客串扮演凤凰，他们各自用自己的语言、动作等把群鸟学艺的过程惟妙惟肖地表演出来。

扮演评价：教师请学生对大家的表演进行评价。学生通过表演者的各方面的优缺点进行全面、具体的评价活动（以提问方式进行）。

学生对猫头鹰扮演者的评价：表演者能够抓住猫头鹰“缩着脖子”、“哆哆嗦嗦”的特点，用自己的肢体语言充分展现在大家的眼前，说话的语气很傲慢，表现出猫头鹰的学艺态度。

学生对老鹰扮演者的评价：老鹰的扮演者虽演得很努力，但还不能把老鹰翱翔的姿势生动地展示出来，语言相对也比较平静，如果能用更生动的语言把老鹰学艺时那种自以为是的态度表现出来就更好了。

学生对乌鸦扮演者的评价：扮演乌鸦的两位男同学表现得很突出，他们能抓住乌鸦叫声沙哑、难听的特点，“呀呀”叫地滑稽登场，还在对白中穿插“乌鸦是不吉祥的兆头”等相关传说，将乌鸦一知半解的学艺态度生动形象地表演出来了。

学生对麻雀扮演者的评价：麻雀的扮演者对麻雀的特点分析得很透彻，在对白中介绍麻雀“爱吃稻谷”、“曾被人们列为四害之一，导致‘兄弟姐妹’越来越少”等资料，但他们的表演还不是很投入，语气比较平缓，表情也不是很生动，没能把麻雀学艺时认为“和我想的一样”那种骄傲的态度展示出来。

学生对小燕子扮演者的评价：小燕子的扮演者以高唱大家所熟悉的儿歌《小燕子》的方式“闪亮登场”，对燕子的知识也了解不少，在对白中介绍其“是捉害虫的能手”、“是一种候鸟”等知识，还把小燕子学艺时那种认真、虚心、耐心的态度用语言和表情表演出来，而且还很有礼貌，表演得很生动形象。

3. 上机测试评价

本评价主要在于评价学生的信息技术操作技能和对信息的处理能力。主要使用对比法，即将学生在期初的基本操作技能和信息处理能力同期末的基本操作技能和信息处理能力进行比较，由教师对学生进行量化测试。

量化测试是随机抽取实验班302班的10名学生进行汉字输入速度评价。结果如下：

学生基本操作技能评价表（汉字输入）

班级：302班　时间：2003年3月至2003年7月　单位：字/分钟

学生	期初	期末	学生	期初	期末
程田谷子	20	94	肖　越	24	104

（续上表）

学生	期初	期末	学生	期初	期末
卓之畅	32	106	陈增荣	29	122
杨晓萍	38	130	刘晓鹏	41	150
王　钏	30	125	蔡煜玲	31	111
吴育杭	13	102	吴南君	22	131

从上面的测试可以看出，参加实验的学生的信息技术基本操作技能有较大的提高。

4. 在线测试

在基于网络教室环境的学习课程中，为了便于教师检查学生的学习效果和学生检查自己的学习情况，教师可以利用计算机技术完成对课程习题的评判和对全班习题的各项指标统计。这里主要介绍利用 ASP + ACCESS 技术自动完成两项评价反馈：

（1）学生提交习题答案后即时反馈答题情况及成绩等级（优、良、及格、不及格）。

（2）全班学生提交习题答案后教师或学生能即时查询答题的各项统计（如各题的答对率），这有助于教师或学生发现自己教学或学习中的不足之处。

整个实现过程如下：

（1）设计三个表格，分别用于存放学生信息（姓名、座号）、习题信息（题目、答案）、反馈信息等。

①表 1 存放学生信息（座号、姓名、答题情况、答题成绩）。

②表 2 存放习题信息（题目编号、习题内容、习题答案）。

③表 3 统计信息（题目编号、答题人数、答对人数）。

（2）编写网页，实现习题的显示、答案的评判及答题统计。

①学生登录：登记学生的标识，如座号、姓名。

②显示题目：把练习题显示在计算机屏幕上，学生可以作答。

③答案评判：对学生提交的习题答案进行评判，把学生答题情况及成绩等级显示在计算机屏幕上，并修改表 1、表 3 相关内容。

④显示统计信息：把表 3 的统计信息以表格或柱状图的形式显示在计算机屏幕上，供教师或学生查询。

网页上显示统计数据柱状图，主要用图片表示，因为网页可以设定图片显示的宽（width）和高（height），只要我们把每个柱做成高度很小、宽度一定的图片，显示图片时根据每道题的答对率在网页上动态设置图片的高度［height = 图片高度 ×（答对人数/答题人数）×100%］，如果图片高度不够，可以再同乘以一个倍数，就可以得出每道题答对率的柱状图显示。

为了更加完善，必须有一个后台网页能对习题进行更改、设置等。

5. 学生对所学内容的掌握情况评价

主要用测验的方法进行评价，学生完成学习内容之后，教师将预先准备的试卷分发给学生，要保证学生有足够时间来完成这一测验，并必须由学生独立完成，试卷可由不同小组批阅，也可由教师批阅。如谢树德老师在教学《水资源对我们的影响》中有一个环节是引导学生浏览网上有关母亲河——韩江的资料，要求学生边看边思考：韩江的污染源是什么？这污染源对我们有什么影响？你认为应如何解决？学生通过上网浏览资料，小组协作，分工查资料，认真讨论，提出见解。然后教师将准备好的表格发给学生，要求学生单独完成。

试找出韩江的污染源及解决的办法

污染物及污染源	产生的影响	解决方法
泥沙	使江水混浊	加强绿化，不乱伐木
沿岸工厂排放废物	使江水有害成分增加	不能将污水、废物排放到江水中
垃圾	使江水受到严重污染	不乱倒垃圾

因为知识是由全组共同实现意义建构的，经教师评定后，对全组进行赋值：

测验日期	2003年5月18日		
测验内容	找出韩江的污染源及解决的办法		
学生姓名	基础分	测验分	提高分
余烁彬	90	100	30
陈晓晴	75	76	20
洪金达	80	67	0
陈钰莹	68	82	30
吴泽川	72	93	30
洪泳琪	84	93	20
小组分数	20		

说明：（1）以第一次测验的分数作为基础分或以上学期末考试分数作为基础分。

（2）提高分的计算：

测验分低于基础分10分以上，提高分为0；

测验分低于基础分1—10分，提高分为10；

测验分高于基础分10分以内，提高分为20；

测验分高于基础分10分以上，提高分为30；

完全正确的试卷（不考虑基础分多少），提高分为30。

（3）小组分数计算，以小组成员提高分总和除以小组人员数，取整数。

（4）小组分数计算出来之后，应对优胜小组进行奖励，运用基础分和提高分的目的在于尽可能地使所有学生都能为小组竞争而尽力，也强调学生在学业上的进步而不考虑其以往的成绩。

浅谈小学生心理辅导

蔡汉潮

“德育即政治、思想、道德与心理健康教育。”国家教育部明确地把心理健康教育作为德育的一个重要组成部分。在《关于加强中小学生心理健康教育的若干意见》指导纲要中又指出：“心理健康教育是提高中小学生心理素质的教育，是实施素质教育的重要内容。中小学生正处在身心发展的重要时期，随着生理、心理的发育和发展，特别是面对社会竞争的压力，他们在学习、生活、人际交往、升学就业和自我意识等方面，会遇到各种各样的心理困惑或问题。因此，在中小学开展心理健康教育，是学生健康成长的需要，是推进素质教育的必然要求。”

心理健康教育，是指根据心理活动的规律，采用各种方法与措施，以维护个体的心理健康及培养其良好的心理素质。立足教育，重在指导，遵循学生身心发展规律，保证心理健康教育的实践性和实效性。尊重学生，以学生为主体，充分启发和调动学生的积极性。积极做到心理健康教育的科学性与针对性相结合；面向全体与关注个别差异相结合；尊重、理解与真诚同感相结合；预防、矫治和发展相结合；教师的科学辅导与学生的主动参与相结合；助人与自助相结合。

小学生需要心理辅导吗？有何适合他们的辅导方法？这是新的历史时期，德育工作者面临的问题。小学生心理辅导属于儿童心理辅导的范畴，是心理辅导中的一个特殊领域，不同于对成人的心理辅导，需要考虑到儿童的身心发展阶段、环境等诸多因素，进而探讨适合儿童的辅导方法。在小学中进行的心理辅导，和在学校外的专业机构进行的也有所不同。学校是小学生生活和社会化的主要场所。他们在学校里的社会互动和家庭互动将对他们的人生产生深刻的影响，这种影响是长远的，因此对于其是成长性的还是伤害性的，往往在小学阶段看不出来。看上去简单、幼稚的小学生，在这一重要的心理发展时期可能出现的心理困扰，如果得不到积极有效的排解，是违背教育要以人为本、以学生发展为本的基本原则和价值追求的。但是，小学生又不可能像成年人那样借助言语和辅导人员探讨、澄清他们的心理困扰，更不能把对他们的辅导看成是按比例减少的成人辅导，而需要更多地采用非言语的方法。这对辅导者提出了更高的要求，辅导者既需要在基本辅导理论和技能方面有较好的基础，还需要在儿童，特别是小学生心理辅导方面，从理念到方法，从专业学习到实践辅导上有较好的训练和修养。对小学生的辅导在辅导动机、语言表达和环境的关系上与成人有所区别，必须遵循辅导的道德和自身职业规范，保护学生的权益，使学生身心健康发展，逐步实现小学生心理辅导的专业化和规范化。

20世纪90年代初期，学校率先在小学生中开展心理健康教育，进行“小学生心理健康教育的理论与实践研究”，以问卷调查、心理咨询、个案辅导、主题活动、专题讲座、学科渗透等形式，紧紧围绕心理咨询辅导室，让学生宣泄情绪、倾吐心声，诱导学生排解心理压力；开设心理活动课，设置情景故事、角色扮演、学科渗透活动；营造环境氛围，举行各种愉悦心灵、身心健康的校园文化活动；开展心理训练，运用理性情绪法、心理置换法、分析法、疏导法、运动法、测试法，让学生参与各种心理训练活动，有效推进小学生心理健康教育，促进学生身心健康的发展。

小学生需要心理辅导。小学生心理辅导更需要真诚，真诚相待，真诚配合，以心育心。著名的心理辅导理论家查里·考瑞强调：心理辅导是一种亲密的学习方式，所以需要辅导者乐于放下刻板化的角色，以真实人物在治疗关系中出现。在这种人与人的关系中，来访者才能体验到成长。如果辅导者把自己藏在专家角色的背后，则来访者也会隐藏起来；如果辅导者只以技术专家的身份出现，而把自己的反应、价值观和自我表现摒除在治疗工作之外，这则会是一种贫乏的咨询；如果辅导者作着生活导向的抉择，散发生命的光热，以真实面貌呈现在来访者面前，让来访者深刻认识，则这些身教将是最佳的启示。辅导者本身的真诚是来访者的榜样，对辅导者来说，真诚就是做一个表里如一的人。

案例一：对一个问题行为学生的辅导

个案身份：陈××，男，14岁，六年级学生。

个案起因：很长一段时间，该生常与有问题行为的社会无业人员交往，常滋事、闹事、打骂同学、无心向学。对教师的教育表面上能接受，但背后却说谎欺骗，没有悔改。

个体特点：身材矮小的他，有一对明亮清澈的小眼睛，反应机灵，常搬弄是非，无故打骂弱小学生，致使一些与他交往的人心生恐惧，但又不得不听他教唆。在校外，他与人打架，欺负弱小学生，别的学校的学生家长也来校投诉他；在校内，课间活动异常，寻事滋事，追逐、打骂同学；在课堂上，纪律松散，不尊重老师，对学习心不在焉，学习表现极差，影响很坏。被学校“警告”纪律处分，列入“问题行为”个体辅导对象。

个案调查：小陈家里有父母及姐姐，共四人，因父母重男轻女，虽有长女，但溺爱幼子。在小陈幼小时期对其娇生惯养，成长过程中只养不教，造就小陈的不良行为习惯。观其家长，教子方法贫缺，时而暴骂一顿，时而狠揍一番，从不与其沟通，使小陈萌发逆反心理，把教师的教育当作耳边风，得不到有效的教育。

分析与诊断：①个人因素：生性好强，稍有傲气，加上娇生惯养，善于察言观色，欺骗说谎，性情变化无常，不良行为成习。②家庭因素：父母对孩子教育简单、粗暴，与学校教育不协调。③学校因素：该生是后进学生，思想、品德、意识有偏差，行为规范和教育很难见效，尚未能完全改变其脾性。

辅导策略：一是从该生的逆反心理入手，寻找机会与他接触、聊天，建立平等关系。二是与该生班主任及任课教师联系，步调一致，适时选择，渗透辅导。三是对该生的校内外行为保持跟踪，从多方面获取他的学习、活动、生活资料。进行家访、电话访问，与其家长保持联系，加强家校协作教育。观察其行为的改变情况，约束其不良行为的发生。四是采取面对面辅导，潜移默化，协助其认识自我，悦纳自己，调整情绪，调整危机，端正学习态度，学会尊重别人，增进人际关系。

辅导过程：根据该生表现，阶段性进行心理辅导，与心理辅导室、政教处及班主任保持密切联系。

采用理性治疗法，与其进行面对面谈话，从该生整体的表现发现其闪光点，如“反应机灵”、“讲义气”等，并予以肯定，以心育心，唤醒他的共鸣和认同，消除他的逆反心理。跟进观察他在校内外、课内外的行为表现，让他知道他是被关心和被注意着的。

通过上门家访，与其家长沟通，了解小陈在家庭中的状况，也要求家长改变教子方法，要关爱孩子，而不是溺爱孩子，对待孩子忌用简单粗暴的方法，并将孩子在家中、校外的行为及时告知学校，以便有的放矢地辅导。

班主任及思想品德学科渗透教育。首先，对其讲解社会上青少年不良违法行为和学生中存在问题行为的现象。进而讲解《未成年人犯罪法》有关条文及对各种犯罪行为的处置办法。再进行角色扮演，对其提出问题：“假如剧中主角是自己，你会有什么感受？你又会怎么办呢?”让其深入思考问题，分析是非，感化、教育双管齐下，使其意识到问题行为的严重性，认识自己的错误，潜移默化地使其悔改。并抓住契机，与其约法三章，若能在毕业前夕有明显悔改行为，没有再犯错，经教师、同班同学同意，将撤销对他的纪律处分。又强调，若其不悔改，重新犯错，则加重处分，不予毕业。同时，还给他机会当卫生监管员，管理班级卫生，培养了他对班集体的认同感、责任感，以及处理人际关系的能力。

辅导效果：该生从接受辅导至毕业离校近7个月时间里，逐步减少与校外无业人员的交往，也没有在校外打人闹事，校内表现明显改善。课堂上虽有打瞌睡，但没有捣乱现象，课间打骂、滋事、闹事的行为大大减少，行为表现较为正常。毕业前夕，经本人申请，班委会讨论，科任、班主任教师同意，学校行政会议讨论通过，撤销对该生的“严重警告”纪律处分。

对该生的个案辅导告一段落，个体问题行为得到矫治，取得了效果。

案例二：小学生的运动辅导

运动作为一种提高和维持良好心理健康状况的手段，已越来越多地引起人们的重视。体育运动既是一种个体活动，又是一种社会性的行为，它通过竞争与合作的方式，增进了人与人之间的交往。从心理辅导的角度看，可以通过不同形式的运动，帮助来访者解除精神困扰和人格上的缺陷。

一个孤独、怪僻的来访者：小黄，六年级学生，男，14岁，单亲家庭。以捣蛋为乐，课内外常搞恶作剧，扰乱课堂秩序，使师生们备感烦恼。

情况调查：该生父母离异，失去管教。生活在外婆家，既孤独又怪僻，经常上网玩游戏。

心理现象：缺少父母之爱，造成心灵扭曲、多疑、焦虑、孤独、怪僻，报复心理严重。

辅导过程：采用运动辅导法。

A. 情绪控制。与其约定每天放学后在篮球场见面，让他与同班同学一起参加篮球活动，调理情绪，与同伴交往，逐步容纳同学，让他慢慢地消除孤独感，融入集体，热爱集体。

B. 诱导。分组进行五人篮球赛，中场休息时，与其谈话诱导，问其：“你运动时的心情怎么样？你知道篮球比赛有什么规则吗？”让其抒发运动时的内心感觉，懂得篮球比赛是有规则的，不能独来独往，随心所欲，需要同伴配合，遵章守则。学会控制、约束自己。

C. 交友。从教师、同学到球友，注意与他友好相处，让他懂得人与人之间应平等、和睦相处。不管课内外，不能搞恶作剧，更不能以捣蛋取乐。

D. 谈心。疏导他正确认识父母离婚的现实，正确树立世界观、人生观、价值观。激励其自强，坚定其信念，面对家庭环境困难，应该知难而上，犹如打篮球时突破“对方防线”，顺利完成进攻与投篮一样。让其感觉身边还有教师、同学、球友，增强他战胜困难的信心。

经过8个月的个案心理辅导，该生改掉了坏习惯，进步很快，成绩良好。

运动辅导对小学生心理辅导作用大，效果好。可作为治疗那些专注于不良情绪、感受或沉陷于破败、混乱状态而不能自拔的来访者的一个重要方法。喜爱运动是小学生的天性。借助运动辅导的一些理念和方法，少说多动，对于尚未能借助言语媒介深入沟通和表达的小学生来说，是获得帮助的一种有效途径或方法。

小学生心理健康教育重在塑造学生美的心灵，构建学生自尊、自爱、自信、自强的人格，为学校的思想道德教育和素质教育锦上添花。

当前，小学里的学生心理辅导工作刚刚起步，专业人员奇缺，学校很难实质性地开展这项工作。教育主管部门应该有目的、有针对性地以培养小学生心理辅导专业人员为目标，让辅导者了解和体会心理辅导的实质，形成初步的切身体验，掌握指导理论。

有了理论根据，辅导者才可以制订辅导和治疗计划。不同的理论和学派，对人有不同的假设和看法，对人的行为都有其独特的分析，因而要制定不同的架构，以便辅导者可以更容易地了解来访者的行为和心态。

其一，提高辅导者的理论水平。让辅导者接受专业培训，参加辅导实践，从事一些小学生心理辅导的实务工作。

其二，更新辅导理念。辅导者无论是理论还是方法，思想还是态度，其一言一行，都会直接影响来访者，需要引导来访者结合客观实际进行反思和个人探讨。无论是认同还是存疑，抑或反对，都是在个人感情的基础上得出的，而不只是理性思辨的结果。

其三，把握角色冲突。随着学校心理健康辅导专业化的发展，学校中将出现专职辅导者，在这种情况下，辅导者的角色较为单一，对发展辅导关系非常有利。但是，目前我国还做不到这一点，大部分辅导者还要兼任其他职责，如班主任、少先队辅导员、任课教师等。这样势必难以保证辅导关系的纯洁性。即使是专职辅导者，作为学校教师系统中的一员，也和社会上的辅导者不一样，要受制于学校体制，处理角色冲突是学校心理辅导员不可避免的挑战。

小学生心理辅导是一个新兴的事业，我们衷心地期待有更多的人加入到这个队伍中来，一道投身于心理辅导事业的发展，一道体验其中的美好与精彩。

班主任要治班有方

黄润珊

班主任工作是琐碎、繁忙的，而要当好毕业班的班主任是颇具挑战性的。由于受社会、家庭等诸多因素的影响，这些十三四岁的孩子趋于早熟，他们有个性、有思想、有强烈的自尊心，同时又有些叛逆，对很多事情他们也明白道理，却偏偏要和教师、家长对着干，这给班主任工作带来不小的难度。作为多年从事毕业班的班主任工作的我认识到：要当好班主任，教师本身要能根据不同班级的实际，灵活地运用各种行之有效的方法。下面我谈谈自己的几点做法。

一、作为班主任，要博爱

爱是人世间最美好的语言。她是付出，是给予，不是等价交换。作为一名教育工作者，我们都应该怀有“捧着一颗心来，不带半根草去”的奉献情怀，执着地去迎接一年年重复着的每一天。作为一名班主任，就更应以人文理念治班，以一颗博大仁慈的心去关爱每一个学生。“谁爱孩子，孩子就会爱他，只有用爱才能教育孩子。”班主任要善于接近学生，体贴和关心学生，和他们进行亲密的思想交流，让他们真正感受到教师对他们的亲近和“爱”。这是班主任顺利开展一切工作的基础。

二、作为班主任，要公平公正

要在班集体形成公平正义、诚信友爱的和谐班风，不是一蹴而就的，需要较长时间的磨合和积累，需要班主任凡事都处以公心。公平公正，一视同仁，这是班主任必备的品格。

有一则报道说：一名学习成绩不好的学生被班主任安排在最后一排，因为无聊，他在半年时间内把墙壁钻透一个大洞。这个案例虽然是特例，但足以引起我们的重视和反思。因而，我在选举班干部、排座位、课堂提问等直接关系学生切身利益的事务上很注意一碗水端平，为每一个学生提供平等的机会。对好学生和后进生的错误和缺点一视同仁，赢得学生的尊敬和信任，扭转了班风。像在选举班干部这个问题上，我一直都推行全班同学竞争上岗，民主选举制度，做到“机会面前人人平等”，同时在班内实行“分级管理制”，小到负责班内小范围工作，如灯长、门长、窗长、饮水机长等，把班内小而琐碎的工作分配到个人，大家都是班内的小主人，使同学们明白班级是一个大家庭，也能保持各个成员的心理平衡，获得集体归属感，同时收到了很好的民主激励效应，使平时那些好生是非、没有集体责任感的同学也积极地投入到班级的管理工作中来，班级各项工作有条不紊地开展。

三、作为班主任，要能以静制动

班级管理千头万绪，特别是当接任纪律性较差的班级时，班主任往往显得遇事急躁，学生犯严重错误时，更是怒火中烧，结果闹得自己整日郁闷，学生却不以为然，若无其事。因此，我们要提高自己的修养，使自己的心灵像天空一样开阔，学会以静制动。

2006—2007 学年度，我接的 605 班是出了名的乱班，这个班最大的特点是总能制造出很大的噪音。上课铃声响了许久，学生们讲话的热情依然不减；下课了，他们更是热衷于追逐打闹，似乎有用不完的精力。我曾尝试着提高音量遏制，却没效果。后来我仔细分析存在的问题，寻找问题的症结所在，对症下药。既然学生静不下来，那我更要静得下来。每天，我特意很早到校，在学生未进教室时先打开门窗，尽量让教室通风透气，不至于太闷热，然后找个位置坐下来，静静地等学生到校。每一个学生进入教室，我都微笑着向他点点头并示意他坐下，或者就是因为我的“先发制人”，学生浮躁的现象得到了控制；上课铃响了，我不急于喊“上课”，而是将双手重叠放在胸前，提醒学生端坐好，再引领学生做深呼吸，学生的听讲精神集中了，课堂教学收到较好的效果。这个班带下来，我最大的一点感受是：要是能让学生平心静气、踏踏实实地学习，班级管理已经成功了一大半。

四、作为班主任，要身体力行

子曰：“其身正，不令而行；其身不正，虽令不从。”班主任是一面旗帜，起着召唤与引领的作用；班主任是一面镜子，学生对着镜子自比，可以矫正自身。教育学生并不是完全给他们讲大道理，更多的应该从日常生活中点点滴滴的小事，以我们的身教去感知学生的心灵，启发学生的行为，以达到教育学生的目的，用教师的人格去塑造学生的人格。如在班级卫生管理方面，学生总是随手将废纸扔在地上，看到这一情况，我不是惩处他们，而是躬下身捡起纸团，下次当我走近时，学生们会主动地检查周围有没有纸团，并将纸屑也捡起。

五、作为班主任，要会适当地幽默

苏联教育家斯维特洛夫曾说过：“教育家最重要的，也是第一位的助手是幽默。”幽默的语言可以使事理变得浅显易懂。学生是能动的个体，特别是高年级的学生，他们对强加、灌输的思想往往不能接受，即使表面上被迫接受了，内心深处仍有抵触情绪，甚至产生逆反心理。此时班主任运用幽默，巧妙地指出学生的缺点，委婉地进行批评，使学生在笑声中心悦诚服地接受教育，能起到事半功倍的作用。

在2007—2008学年度我接606班时碰上这样一件事：上课了，可总有几位男同学迟迟没到教室，每次问及原因，他们总推托说上厕所，而且频率还很高，其实我心里明白，他们是想多在外面逗留一会。于是在下一周的班会课上我总结上周出现的问题之后，很兴奋地告诉学生：“人有三急嘛，对于同学们上厕所的问题老师可不敢怠慢，可任由同学们频频小便而影响了学习，老师又觉得对不住你们的父母，所以这几天我冥思苦想，想到了一个治尿频的‘方子’——每人发一个薄膜袋，保证上厕所和学习两不误。”全班爆发出一阵哄笑声。此后，这种借上厕所之便不准时上课的现象得到有效的遏制。

既然当上了班主任，就要对得起学生和家长，就要有一种神圣的使命感，与时俱进，在实践中不断探索，总结方法和经验，科学地管理好班级。

班主任要注重对学生个性的培养

卢　燕

社会的进步向教育提出了新的要求，班主任也要用新思路和新方法来管理班级，培养学生的个性。所谓个性，是指在一定社会条件和教育影响下的个体比较固定的特性。

班主任注重对学生个性的培养，必须要充分认识学生。要充分认识学生，应该从学生个性心理的多样性特点着手。个性心理的多样性一般表现在：未成熟性、以自我为中心、盲从性、个性的复杂性。

（1）未成熟性。

未成熟性包括生理与心理两个方面。学生生理与心理未成熟是普遍的，表现在学生思想观念、行为举止不成熟或不沉稳，遇到一些简单问题不知道如何解决。例如在一次班会课上，我向学生介绍地球上奇异的现象，说到死海，就提问："为什么不会游泳的人跳进死海也不会淹死，而会自动浮上来呢?"一个小男生把手举得高高的，大声回答："因为死海里面安装着弹簧。"又如一位学生介绍自己的生活趣事，她去买盐时不慎将盐撒了一地，重拾起时盐中已掺着沙石。她担心被妈妈责骂，恰见路旁一位老奶奶在淘米，就学着洗盐，结果盐被融化成盐水了。可见学生的想法是很天真的，也是未成熟的。

（2）以自我为中心。

现在的学生大多是独生子女，是家中的"小公主"、"小皇帝"。由于家庭早期教育方法不当，许多学生养成了以自我为中心的行事待人方式，常要求家长、同学顺着自己，要什么家长就得给什么，若满足不了其要求，就用各种方式逼迫家长应许。常有家长跟我反映，子女不自觉学习，家长一批评，子女就闹情绪，家长只好顺其意，其学习成绩自然就跟不上。在班里，学生之间的小吵闹也多是一方不小心碰撞到另一方，没等对方道歉就出手打人或恶言伤人，还理直气壮地认为自己的行为是对的。

（3）盲从性。

学生的这个特性一般表现在：看到别人有的东西，自己也要有；觉得他人的行为"酷"，就盲目地模仿，根本没有想过自己的行为会给家庭、学校带来怎样的影响。在学习方面，有的学生看到同学弹得一手好小提琴，就天天缠着家长要买小提琴，家长拗不过她，就买了小提琴，还送她去学琴，但她学不到半年就不肯学了。

（4）个性的复杂性。

生理学家研究表明：现在的学生都比较早熟，特别是性别意识的早熟促成其个性的复杂性，再加上新事物、新观念的影响，使其个性更显复杂。班主任常常对某些学生的个性捉摸不透，他们有时表现为内向型，有时又外向起来，个性张扬到极致，真让班主任费心思。

尽管学生的个性具有多样性的特点，但班主任若在方法上、管理上下些功夫，找到新的管理理念，就能把一个班带好，把每个学生带好。因此，班主任不仅要做学生的“良师”，更要做学生的“益友”。要做“良师益友”，就应该注重对学生人格、个性、创新等方面能力的培养。班主任可从以下几个方面做起：

（1）尊重学生的人格。

不管是家庭条件、性别的差异，还是职业、地位、收入的不同，人与生俱来是平等的。作为一名班主任，应该对学生一视同仁，不能因为这位学生家境较贫寒而蔑视他，这位学生学习成绩差而奚落他，而是要发现他们的闪光点，以此来鼓励他们学会取长补短，发挥个性。如小黄是班上的“捣蛋王”，开学伊始，经常因与同学发生小摩擦而大打出手，破坏课堂纪律的情况也常发生，他的学习成绩还很不理想。通过了解，我得知小黄来自单亲家庭，性格上有些叛逆，但在家很懂事。于是，我多次找他谈心，鼓励他克服缺点，并提出了我的期望：“你是个聪明的学生，我相信你能克服缺点，用实际行动来证明你在学习方面的潜力，为自己争口气。”并让他当班上的纪律巡查员。小黄倍受鼓舞，进步很快，语文科学习成绩由原来的三十多分提高到九十分，参加校体育节跳绳比赛还获得了三年级组男子第二名。可见，只有在尊重学生人格的前提下，学生才会信任班主任并接受教育。

现在的学生自尊心强，心理承受能力差，许多学生都很不喜欢当着全班同学的面被老师批评或被叫到办公室解决问题。针对这一特点，我和学生发起了“短信”，通过在上交的作业本中夹纸条与学生说“悄悄话”。我以这样的方式与学生谈心、交流，他们能体会到老师对他们的重视和关心，清除了师生之间的隔阂，使学生对老师产生亲近感，也能收到事半功倍的效果。

（2）尊重学生的创新思想。

江泽民同志曾指出：“创新精神是我们民族的灵魂，民族的希望……一个人如果没有创新意识，将很难适应信息化时代。”如果学生有了创新表现，尽管有时这种创新显得幼稚，班主任也应该从正面去引导、鼓励，绝不能挖苦、冷嘲热讽，这样才能增强学生的自信心，为其进一步的创新奠定良好的心理素质基础。

（3）注重个性教育。

一个人有了良好的个性，才会有所创新。班主任要注重个性教育，以适应新时期对人才的要求。班主任是学生的直接管理者，对每个学生的个性要有足够的认识，在此基础上针对学生个性的不同而采取行之有效的措施，顺应学生的个性进行引导、教育。让学生通过实践来学习和探索人的个性特点，以及不同个性在社会生活中所取得的不同结果。这样，学生的个性就会尽情地发挥出来，展现学生出色的一面。比如：学生的组织能力强，就让他当班干部；字写得好或歌唱得好，就鼓励他去参加文娱活动。其实，班主任的这种关爱，对学生来说是内心的一种触动，心灵的一种沟通，学生会觉得老师在乎他们，他们会把老师的这种关爱转化为学习的动力。如我班上的小陈同学是个内向的小女孩，学习成绩不拔尖，但组织能力强，在文娱方面很有才华。我就放手让她去管理班里的日常事务，每次有文娱活动都鼓励她去参加。渐渐地，她变得开朗了、自信了，学习成绩也进步很快。

培养学生的个性不是一朝一夕就能收到预期效果的事，只有班主任在工作中不断探索、研究、实践，才能培养出更出色的社会主义接班人。

（本文获2008年潮州市湘桥区中小学德育论文评比班级德育类二等奖；获2010年度全国中小学和中职学校思想道德建设优秀成果一等奖）

办好家长学校 提高家校协作的育子效能

——广东省潮州市湘桥区昌黎路小学家长学校解读

王振中

广东省潮州市湘桥区昌黎路小学办学历史悠久，文化积淀深厚，其校名是以潮州人民敬仰的历史名人、唐代伟大文学家韩愈的郡望“昌黎”命名的，家喻户晓，闻名遐迩。这所学校规模大、质量优，是广东省一级学校。尤其是在闪烁各种光环的育人典型中，突出办好家长学校，不断提高家校协作的育子效能，积累了成功的经验。

早在1984年5月，这所学校在全国率先办起家长学校。一年级新生入学时，其学生家长也同时成为家长学校的学员。校长兼任家长学校校长。同时，成立以学生家长为主体的家长学校理事会，每两年换届选举，密切家校联系与协作。随着家长学校的发展，家长育子能力的提高，1991年3月6日，原国家教委副主任柳斌视察该校时，挥毫写下了“普及家教科学知识是中小学的一项重要任务”的题词，既充分肯定该校创办家长学校的做法，又推介该校“普及家教科学知识”的经验，并将其列为中小学必须做好的一项重要任务。

遵照柳斌同志的重要指示，长期以来，昌黎路小学在办好家长学校中，突现多个跨越式的发展，先后经历了普及家教科学知识、专题系列教育、课题科研实验活动以及运用信息技术扩大教育效果等几个阶段，做到与时俱进，不断创新，使家长学校成为家校协作、良性互动的纽带，达到传播科学教子的理念、内容和方法，家校同心，育人同步，成果共享同乐的最佳效果。因而，该校先后荣获“全国家长教育先进单位”、“全国优秀家长学校”等称号。2001年12月，全国妇联、教育部授予该校“全国优秀（示范）家长学校”的称号。

2005年5月下旬，为贯彻省关工委在深圳宝安召开的全省家庭教育工作会议精神，由潮州市关工委、市妇联、市教育局联合在昌黎路小学召开全市家庭教育工作现场会，展示该校家长学校、家校协作的最新成果，开展了“五个一”活动，即由市关工委协助该校编辑出版家长学校工作经验专辑《纽带》一书；举办一场家庭教育工作经验交流会；观摩该校一个家庭教育成果展览会；举办一场咨询者近千人的大型家庭教育咨询活动；观看一场该校亲子同台演出的文艺汇演。“五个一”活动内容丰富多彩，生动活泼，受到与会者的高度赞扬，得到莅会的潮州市副市长曾晓红、市关工委主任余鼎臣等领导的充分肯定。《羊城晚报》的“粤东版”以首条新闻报道家教咨询的盛况；《潮州日报》和市电视台都在突出位置和黄金时段报道了现场会情况和昌黎路小学家庭教育经验。

一、构建家长与亲子心灵沟通的平台

昌黎路小学领导班子早就意识到，孩子的健康成长离不开家庭教育。他们从一件小事感悟到家庭教育的重要性和迫切性：学校有一高年级学生，动辄欺侮弱小学生，经学校教育已转好，但其父的一句话“在外宁可欺侮别人，切不可示弱受人欺侮”促使该生“旧病复发”，且变得更加蛮横。学校教育的效果居然顶不上家长的一句话，这给学校领导一个很大的震动，他们认识到，必须把家庭教育列为校务工作的一项重要内容来抓，要随着时代的发展和要求，增强家长育子的强烈时代感和责任感，凸显科学育子的理念。学校把培养家长与亲子心灵沟通的能力作为家长学校的重要课程，放在显著的位置。由于家庭一孩化的普遍性，家长的期望值过高，往往与孩子的心灵发生了碰撞，普遍出现了孩子心理逆反、顶嘴、不听话的现象，亲子关系变得冷漠，甚至发生冲突。从调查的情况来看，家长在育子理念上普遍存在两种不良倾向：其一是“恨铁不成钢”，这是家长期望值过高的表现；其二是“树大自然直”，这实际上是反映亲子关系难以沟通的一种无奈。因此，建立融洽的亲子关系，构建和谐家庭，是家长学校的主课，是搞好家长教育的基础。于是，我们一是引导家长学会赏识和评价孩子，尽量避免贬低孩子，伤害孩子的自尊心。俗语说：“知子莫若父”，子女是块什么“料”，应该说，父母是最清楚的。对孩子，要善于挖掘其闪光点，对其短处不应该一味指责，而是要循循善诱，无论表扬还是批评孩子，都应该让孩子感受到父母的关爱，要掌握一个“度”。二是要引导父母重在身教，以身立教。家长与孩子发生冲突时，要学会冷静反思，检讨自己是否有不妥之处，切不能意气用事，使孩子受到委屈。只有让孩子主动认识自己的错误，口服心服地接受批评，才是有效的教育。三是要尊重孩子，多倾听孩子的意见，洞察孩子的心声。作为父母，切不可盛气凌人，要讲民主平等的作风，对孩子更不能任意打骂，冷嘲热讽，从而伤害孩子的人格。四是要学会换位思考，要从孩子的角度思考问题，理解孩子的所思所为，让自己进入孩子的角色，与孩子有共同语言。这样，才能使孩子与父母真情沟通。昌黎路小学上好了这一课，收效甚大。许多家长反映，孩子更加尊重父母，更加懂得感恩，家庭和谐了，孩子得以健康地成长。如有一姓黄学生，好动、顽皮、脾气坏，父母总认为他是朽木不可雕，经常指责训斥，使孩子的逆反心理越来越严重，顶撞父母成为家常便饭，家庭终日处于“战争”状态。其父自从参加家长学校学习以后，掌握育子的正确理念和方法，多诱导、多鼓励，发挥孩子聪明爱动的一面，扬长避短，逐步使孩子既发挥了特长，又看到自己不良的一面，终于矫治转化为一名品学兼优的学生，并且参加全国华罗庚杯数学总决赛，获得个人银牌。

二、把素质教育引进家庭教育中去

在加强家庭教育中，昌黎路小学坚持以发展孩子个性为中心，以培养创新精神和实践能力为重点，把知识与能力、价值观与情感和行为习惯、过程与结果三者统一的素质教育新理念，不断渗透到家长学校课程的各个方面，使家庭教育更具有浓郁的时代感。

进入21世纪以来，学校积极开展建设“学习型家庭”、“课题实验型家庭”、“系列教育型家庭”的科研实验活动。根据不同类型的家庭，采取不同的教育方式，让素质教育走进每一个家庭。

与孩子一起读书。学校选择部分经济富裕、住房宽敞、有一定文化素质的家庭，开展“学习型家庭”活动。如304班家长陈朝毅设立书房，两个书柜装满了各种书籍，还订阅了多份报刊。夫妻工作再忙都坚持每天有一个半小时与女儿在书房共同读书。以读书为纽带，增进两代人的亲情。这样既提高了家长的综合素质，又达到以文育人，陶冶孩子心灵的目的。

与孩子一起践行。学校坚持用科研课题加强家庭教育。如围绕“荣辱观”和“爱国、守法、诚信、知礼”等公民道德教育的规范，让家长结合孩子的实际，选取其中一个内容，如“爱劳动”或“诚信”等，通过辩论、求知、共识，然后进行课题践行，提高家长的育子能力。如在培养孩子的行为习惯上，许多家长综合了六条措施：①从小事做起，坚持不懈，积少成多，聚沙成塔；②不断拓展行为规范，学会做人；③以古今中外杰出人物为榜样，让孩子懂得从小要有良好的行为习惯，长大才能成才的道理；④允许孩子犯错，启发诱导，使其自我改正；⑤多与孩子沟通，用正反典型事例，让孩子判明是非；⑥多让孩子践行，在践行中学习，形成良好的行为习惯。

侧重解决家庭教育的重点、难点问题。如对单亲家庭、放任型家庭、溺爱型家庭、家境不良家庭（贫困、夫妻不和）等，着力对家长进行诱导教育。通过家访、校访、电话访问、召开座谈会等形式，帮助家长解决家庭教育问题。学校关工组织也协力帮助家长改变影响子女的不良行为习惯和解决教育的缺失问题，提高家长的教子责任心和科学育子能力，还筹资七万多元帮助贫困家庭，从而改变了一批批家长教子方法不科学的状况。

在办好家长学校中，昌黎路小学着力抓两方面工作：一是规范化管理，健全机构，建立制度，制订计划，形成规范机制；二是采取灵活多样的办学形式，如开办专题讲座、设立家校咨询、办好《家校协作简报》、开设互联网与家校协作论坛等，让家长与孩子共学同乐，使家长学校越办越好。

三、建立社会齐抓共管的协作机制

家庭教育要搞好，必须借助社会力量，形成齐抓共管的格局。昌黎路小学在发挥社会力量的作用上是个典范。主要有：

聘请韩山师范学院学者、专家和关工委“五老”，为家长学校上好辅导课，举办讲座。韩山师范学院为该校开办了60多个讲座，关工委为其上了30多节辅导课，使家庭教育与时俱进，具有时代感。

联合当地公安部门开展对学校周边环境的整顿和治理，对一些哄骗和唆使学生吸烟、喝酒或抬价蒙骗的不良摊档进行教育、清理，共达231户，使一批小商贩坚持正当经营，为家庭教育创设良好的育人环境。

发挥市、区两级关工委的作用，关爱、教育好“问题学生”和“问题家庭”，对搞好家庭教育起到很大作用。每学年伊始，关工委的老同志主动配合学校深入学生家庭和居委、邻里进行调查摸底，对“问题学生”和“问题家庭”进行登记造册，跟踪教育。同家长交朋友，促膝谈心，共同探讨科学育子的方法。在家长学校中，关工人员为积极搞好家校协作出谋献策，参加家长学校各种教育活动，耐心细致诱导，矫治一些家长不良的育子理念和方法，还与家长一道教育好孩子。如湘桥区关工委员陈佩珊每年家访达百次，她循循善诱、深入细致的育人方法得到广大家长的赞同和敬佩。有些家长对孩子教育束手无策，陈佩珊就主动帮家长一起教育孩子。如学生小黄自幼体弱多病，家长事事迁就，养成其自私、狭隘、骄蛮的不良习气。家长管严了，怕孩子承受不了；放宽了，孩子自控力差，助长了坏习气的蔓延，家长对此十分苦恼。陈佩珊根据孩子好奇、好动的特点，与家长一起带他到福利院、孤寡老人家中，帮忙打扫卫生，整理房间，使其养成爱劳动、做好事的习惯。并让家长分配他做力所能及的家务活，从活动中启发孩子认识自私、蛮横的危害性，还送给他一本关于如何做人的书。经过细心疏导，小黄变好了，家长十分满意，也掌握了育子方法。陈佩珊还结合实际，做辅导课件，开辅导讲座。在家庭教育中，她以浓浓的亲情温暖了众多学生和家长的心灵。

小学心理健康教育的有效实践

谢树德

当前，中小学生的心理困惑、心理问题日趋突出，少年儿童心理健康教育问题已成为社会关注的焦点和热点，搞好学校心理健康教育显得尤为重要。

在多年的教育实践中，我认为：应注重将心理健康教育渗透在学校各项活动中，在常规教育、教学活动、管理活动中让学生掌握知识技能、形成良好行为习惯的同时，有意识地将心理学、教育学等现代教育理论运用于心理健康教育之中。通过专题课、学术讲座、课堂教学的渗透，系列教育活动的开展以及举办心理咨询活动等，进行不同层次、不同学科、不同年级、不同形式的尝试，有效地将心理健康教育在学校各层次的教育教学中展开。具体的方法是：

一、学科教学中渗透心理健康教育

课堂教学是学校教育过程的主体，更是学校实施心理健康教育的主渠道。在开展心理健康教育实践中，应始终将课堂教学当作攻坚战来对待，把心理健康教育渗透于其中。在教学目标的确定、教学方法和手段的选择、教学过程的导入和实施等方面都要巧妙地注入心育的内容，充分挖掘教材中蕴含的心理教育因素，找准切入点，创造尊重、信任、理解、关爱、激励、愉快的课堂心理气氛，以这种自然而然的方式，达到“润物细无声”的教育效果，使课堂成为学生潜能发掘、展示的好场所。实践证明，通过学科渗透模式学生在发展认知能力的同时，自信心、团队协作精神、竞争意识、情绪调控能力和坚强勇敢等意志品质均得到不同程度的发展。同时，也增强了各学科教学的魅力，使课程教学更贴近学生的心理，易为学生所接纳。进一步确保学科课程目标与功能的实现和发挥，更有效地促进了学生的全面发展。

如在《机智的葫芦兄弟》数学活动课教学中，把教材要求的年、月、日教学，通过“生日礼物”、“智斗蛇精”、“快乐大本营”三个环节展开活动。在活动中，注重知识性与趣味性相结合，借助动画片生动的形象，充分利用先进的多媒体教学辅助手段，引导学生动手算、动口说、动脑想，充分运用小组协作学习，引入竞争机制，使学生在紧张刺激、活泼愉悦的氛围中获取知识，形成良好的团队协作精神和敢于竞争的意识。

二、开展心理辅导，加强对学生的心理训练和指导

在教育实践过程中，应努力探索开展心理指导的方法和方式，寻求提高学生心理健康教育的有效途径。我认为，除学科渗透外，心理咨询和心理辅导也应成为学校整体工作的一个有机组成部分，通过心理咨询、心理辅导课，让学生在各类有益活动中认识自我，学会调控自己的情绪；了解环境，学习适应社会生活的基本技能，进而不断塑造健全的人格。

首先，设立心理教育活动中心。如我校与韩山师院潮州师范分院联合创办的心理教育活动中心，面积140多平方米，设立了大厅、宣泄室、个体咨询室、团体辅导室、办公室共“一厅四室”，室内设计了富有趣味的卡通图案，制定并张贴了“心理咨询室守则”和“咨询员道德规范”，配备了相关的心理健康教育资料和教辅书籍，咨询室成了学生倾吐心声、排解心理压力的场所。中心还配备有专用电脑，连接校园网与互联网，在网上设立“扬扬心帆信箱”，为学生提供了倾诉心中苦闷、吐露心灵秘密的渠道。此外，通过咨询室信箱，教师向学生伸出温暖之手，一次次的谈话，增进了师生间的沟通和理解，使学生获得了战胜自我的勇气和力量。活动中心的设立也利于学校开展心理测评，为学生建立心理档案，以便了解学生心理状况。另外，中心还充分利用学校少先队活动室，由队干负责与心理有偏差的学生进行交流，了解一些真实情况和产生心理问题的原因，以便让辅导教师进一步完善辅导措施。中心每周定期开播广播节目及电视节目，通过播放有关案例，教师为学生解答疑难问题，及时纠正学生的心理偏差。

其次，开设心理活动课。要有效地提高整体学生的心理素质，就必须开设心理健康教育课。如我校组织了专门的人力开发校本课程，精心设计增强学生身心健康的课例，以集体辅导与个人指导相结合的形式进行，取得了很好的效果。我根据小学生的年龄特征和现实生活，设计了“如果发生……”和“如何调节情绪”等课例。通过讲故事、情景再现、角色扮演等方式，使学生懂得如果遇到各类社会性事件时应提防受骗，增强社会意识和自我保护意识，提高对外界的应变能力，学会设身处地为他人着想，善于合理宣泄不良情绪，保持乐观开朗的心境。

三、创设良好的校园心理环境

学生心理品质、道德行为习惯的形成以及知识技能的增长，无不受到健康、优美、舒适的环境的陶冶。健康的校园文化是心理健康教育中宝贵的隐性教育资源，它使学生的心灵得到净化，情感得到陶冶，身心得到锻炼。为此学

校一方面必须绿化、美化校园，另一方面应积极开展丰富多彩的文化艺术活动，使学生在活动中体验自我、展现自我、把握成功、增强自信。如2007年学校举办“第四届艺术节”活动，内容有红领巾电视台节目主持人选拔大赛、“玉兰飘香漾校园”艺术表演、“我创作，我能行”学生摄影比赛、科技手工制作比赛和“红领巾飘扬在新世纪”作文比赛。这些活动丰富了校园文化和学生的课余文化生活，活跃了学生的身心，发展了学生的个性特长，展示了学校素质教育的成效。

四、纠正学生的不良行为，提高心育效果

小学阶段是儿童个体心理发展过程中的一个重要转折时期，也是培养良好心理品质、奠定健全人格基础的关键期。小学心理健康教育的主要任务是抓好学习心理、培养良好的行为习惯、促进个体社会化。因此在开展小学生心理健康教育实验的过程中，既要重视面向全体学生，也要注重对个别学生心理偏差的纠正。如六年级学生小珂常在班集体中扮演“捣蛋鬼”的角色，其恶作剧经常使师生们不胜烦恼。我在转化该名后进生时，了解到他因父母分居，在家庭中失去温暖，形成了一种严重的不信任他人及爱报复的心态，但他在课余喜欢打乒乓球且技术不错。于是我运用了心理学原理，允许他参加学校乒乓球队的训练，同时要求他必须学会时时控制自己的情绪，并将精力转移到打球与学习中来。我通过多次谈话取得了该生的信任，小珂亦将我当作朋友。经过一段时间的辅导和实际训练，小珂不但提高了自我约束力，学会与同学、教师友好相处，而且在期末成功解除了“警告处分”，并在考试中获得了90多分的好成绩，成为一位受师生喜欢的同学。

五、开展学习心理指导，培养学生良好的学习品质

开展学习指导，旨在帮助学生养成良好的学习心理品质，即教师对学生在学习过程中的学习观点、学习心理、学习内容、学习方法等方面进行全方位的指导，从而使学生学会学习，变“要我学”为“我要学”、“我会学”。要使学生学得主动、轻松，并有效地掌握知识、发展智力，形成良好的行为，就必须实施学习心理指导。因此，我紧紧抓住智力因素和非智力因素这两个在学生的学习中起左膀右臂作用的要点，如在数学教学中，指导学生如何变被动学为主动学，变单纯知识训练为突出思维训练，灵活多变，确立“自学基础为起点，培养能力为重点，指导方法为主线”的教学思路。构建的知识结构可分为三个阶段：①以“培养学生自学能力”为突破口，围绕教材特点和学生实际，尝试指导学生自主学习的方法，引发学生的学习兴趣，活跃课堂气氛。②课堂

引进“看、摆、讲、练、评”五种学习活动，提出“一法为主，多变交叉配合”的观点，促进课堂教师主导和学生主体作用的最佳配合。③课堂教学整体化，改变过去“题海训练”的倾向，使学生明算理、懂方法、精训练，减轻课业负担，发展学生的智力。

六、纠正家长心理偏差，掌握教子科学方法

家庭是学生成长的第一所学校，家长则是第一任教师。实践证明，家庭对学生健康人格的形成起关键作用，特别是父母的观念、态度、教养方式和行为习惯时时刻刻影响着孩子。许多事实表明，学生心理障碍形成的主要因素之一便是家庭教育功能的欠缺或丧失，而父母教育的不一致和重养育轻教育、重生理轻心理则是家庭教育功能欠缺的主要表现。通过调查发现，由于受潮汕传统文化观念的影响，我校家长的心理健康意识较淡薄，普遍存在“树大自然直”和“恨铁不成钢”的观念偏差，在家庭教育中直接表现为对子女或是溺爱、放纵、娇惯、袒护；或是训斥、打骂。这些错误的教育观念和不良的教养方式，使学生存在不同程度的反抗、屈从、自卑的心理，从而影响学生正常、健康地成长。因此，把心理健康教育与家庭教育有机结合起来，是促进学生心理健康发展的重要途径。

关注学生的心理健康问题是培养合格人才所必需的一环。现代教育模式认为，教育不仅是传授知识技能，更是塑造具有良好心理品质的健全人格的途径。心理健康教育研究是一个长期的、复杂的系统工程，其方法必然多种多样，只要是在实践检验中行之有效的方法，我们都必须充分利用。通过心理健康教育活动，必将更进一步地优化学校的教育行为，积极推动学校素质教育的蓬勃发展，全面促进学生的健康成长。

（本文于2007年6月获全国中小学思想道德建设优秀成果一等奖）

浅谈多媒体CAI课件的设计

黄桂丽

CAI课件是开展计算机辅助教学的一种基本的教学软件，其设计方法直接影响到课件的开发质量和课堂教学的实际效果。如何实现对小学CAI课件的优化设计，值得大家进一步地研究探讨。下面，我根据近三年来制作及参与制作一部分CAI课件的经验谈谈自己的一些看法。

一、CAI课件的主要类型

随着现代多媒体教学设计逐步由以教为中心的教学设计思想向以学为中心的思想过渡，作为现代教学设计的核心——CAI课件的设计与传统的设计产生了本质的区别。就目前小学学科的教学发展而言，从课件的内容及使用情况来看，我们主要运用了如下几种CAI课件类型：

1. 系统学习型课件

它主要针对某一完整课程、某一完整的教学项目。这类课件可以独立完成一定量的任务，譬如像我校所开发的《百灵天地》专题学习网站，它的容量大，系统性强。

2. 课堂教学课件

它是教师在教学环节中针对教学过程中的一章一节、一堂课或者一个演示实验所设计开发的教学课件，这些课件短小精悍，针对性强，创作简单，结合教师的教学活动，扩充了课堂教学信息量，活跃了教学气氛，引起了学生的兴趣，增强了教学效果。

3. 复习巩固型课件

它是学生为了掌握教学内容自主使用的课件，它包括知识复习和模拟测试、考核评价等方面。

二、CAI课件设计的基本原则

多媒体课件的设计有其自身的规律，由于小学生在心理、生理上的特殊性，使小学CAI课件的设计与一般课件有明显的差异。我们除了遵循课件设计的科学性、内容的针对性、操作的便捷性、界面的和谐性等原则以外，还应该从小学教学的实际出发，遵循如下几条基本原则：

1. 辅助性原则

多媒体辅助教学，顾名思义，只能充当一种辅助手段，它以优化教学环节、提高教学质量为目的。它表面上的声、光、色不能取代教师富有感染力的语言，更不能取代学生的语言。因此，小学 CAI 课件只能是教和学的辅助手段，不能替代学生的学习和思考。那种认为多媒体课件把教学内容展示得越充分越形象，学生就会学得越好的观点是不正确的。一个好的课件，最重要的是能够激发学生积极学习的兴趣，促进学生的主动探究与思考。我们绝不可用现代化的教学课件来进行落后的注入式教学。

CAI 课件的设计要注意小学生的知识结构、兴趣爱好、注意力保持程度、思维方式和动手能力等特点。对于小学生无法透彻理解的课文内容，教师要巧妙设计，充分挖掘计算机的潜力，给予学生发挥想象的空间，将更多、更丰富的信息呈现出来，鼓励学生从中发现、探索、创造，让小学教学跳出现有的框架，实现现代教育。

2. 实效性原则

小学 CAI 课件尽管可以发挥多媒体的优势，但也应该讲究实效。课堂上，从计算机到 VCD 再到录放机、录音机，或者通过计算机一体合成的多媒体，各种媒体让人眼花缭乱，甚至于连课本也被扔在一边。看似热闹，其实效果并不佳。事实上，并非所有的教学内容和教学环节都需要多媒体来发挥作用。多媒体的使用要适度，更要注意不同年龄段学生的特点，不应把课堂变成多媒体展示会。即使是为解决重难点或促进学生自主学习而设计的相关内容，也不应片面追求花俏，以免产生负面干扰。

如《翠鸟》（小学三年级语文下册）中关于翠鸟捕食过程的描写，我们运用动画方式展示，让动态的捕食过程清晰地展示在学生的面前。学生轻松地掌握了知识，培养了爱观察的兴趣，可谓独具匠心。但是如果把全文都转化成动画，甚至连教师的每一句话都在课件上展示出来，对于教学不仅没有什么意义，反而适得其反，无助于学生学习。这就要求我们在课件设计过程中，不应该贪多求全，而要突出重难点，注重实际，讲究教学实效。

3. 量力性原则

小学 CAI 课件的设计要充分考虑使用者的实际，遵循量力而行原则。在当前现代信息化教学环境及资源严重不足的情况下，多媒体课件的设计与制作应该量力而行，注意多样性，以满足不同层次的需要。对于拥有校园网、计算机网络教室的学校或家庭计算机拥有率高的教学班级，我们不妨多开发一些网络导学软件，从而实现学生的自主性学习，培养学生主动探究的能力。对于仅仅拥有视频展示台及液晶投影的教学环境，则更需要生动的展示型课件和简单的交互式软件，以优化课堂教学。

4. 艺术性原则

小学 CAI 课件的制作设计必须要遵循艺术性原则。无论是一个界面还是界面之间的转换，力求做到色彩鲜明协调，形体生动逼真，音乐和谐动听，真正起到美能益智的作用。特别是对小学生而言，他们往往是凭形状、色彩、声音和一般感觉来思考事物，因而更应注重艺术性，给之以美的熏陶和感染。

如《赵州桥》（小学三年级语文上册）一课，我们可用图片展示世界各地的名桥，再配上悦耳的歌曲，这样不仅丰富了插图内容，艺术地烘托了学习气氛，而且帮助学生进入课文情境，形象地感悟语言，提高了课堂教学的效率。当然，强调艺术性，也应该遵循学生的认知规律，避免干扰学生的注意力和因此产生的负面影响。

三、CAI 课件制作的基本步骤

多媒体课件的制作是一项富有创建性的工作。CAI 课件是一种教学软件，设计制作时应要求教学功能的完善，按照教材和教学内容的要求在教学设计的基础上进行设计。课件制作过程如下图所示：

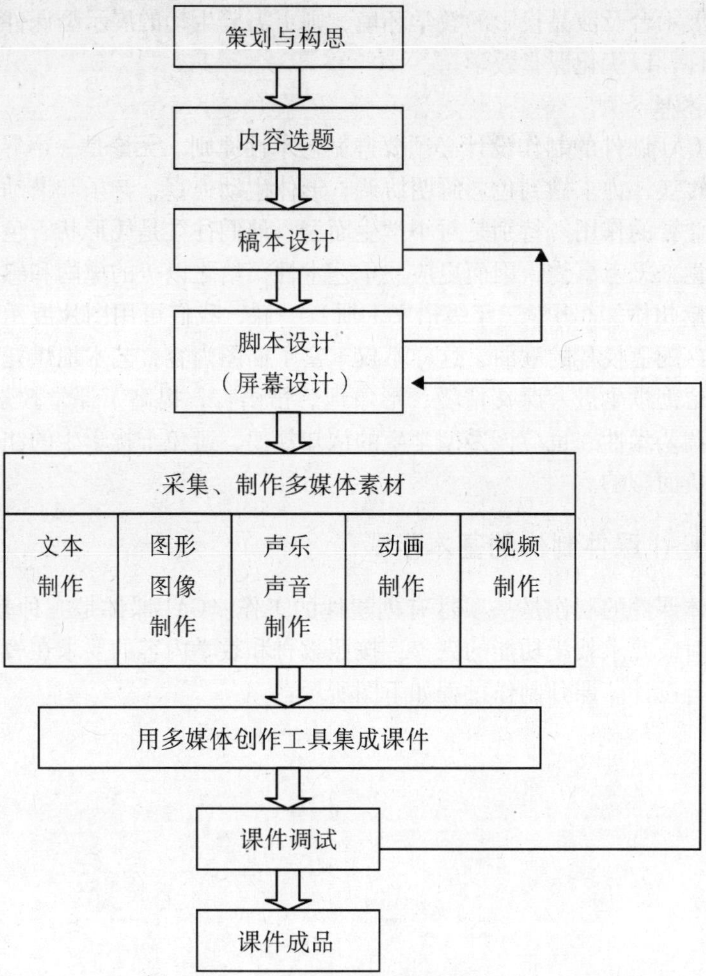

CAI课件制作流程

1. 内容选题

这是制作课件的首要问题，对于一节课是否有必要制作课件，进行辅助教学，我们应该站在利用CAI是否有利于学生成为教育主体的出发点上去考虑，只有确定了能够发挥多媒体优势的选题，才有可能制作出优秀的课件。

2. 稿本设计

稿本设计也是制作课件的一个重要环节，它的目的在于把这节课的重点、难点整理出来，理清整节课的思路。

3. 脚本设计

脚本设计是一项创作活动，是对各类媒体信息组成的具体表达，明确在何时，使用何种素材（图像、影像、声音等）的介入来表现知识。整个课件的设计制作和运用是通过脚本连接在一起的。下面以一个语文课件的两个框面为例。

题目：赵州桥（小学三年级语文下册）

时间：2007 年

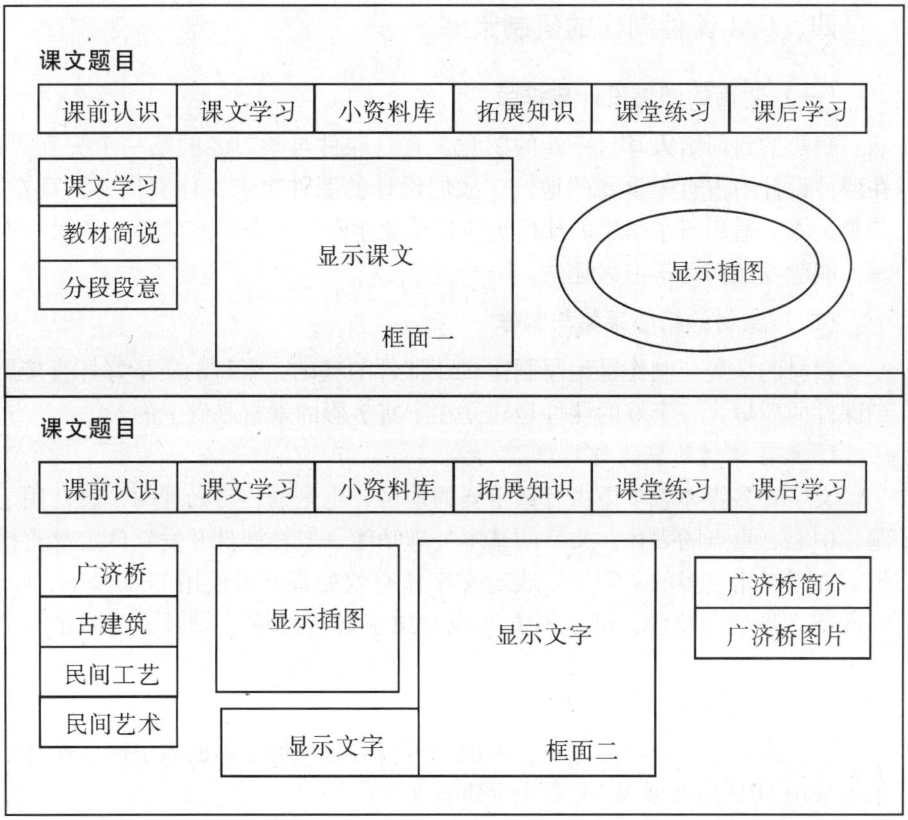

4. 采集、制作多媒体素材

多媒体素材制作包括文本、图形、图像、声音、动画、视频等多媒体素材，可以利用照相机、录音机、摄像机、计算机等多媒体工具完成，以备调用，同时要注意所有素材的格式都应适合课件制作平台的调用。

5. 用多媒体创作工具集成课件

选择自己所熟悉的课件制作工具，根据课件脚本制作出多媒体课件。

6. 课件调试

这是课件制作的最后环节，做好后要反复运行找错、修改，修改的范围包括脚本、集成中的链接等，最后用课件开发软件中的打包命令生成可执行文件，这样，一个课件就完成了。

7. 课件的运用

将一个课件成品运用和推广，发挥课件应有的效用。

四、CAI课件制作的研制策略

（一）封面的精美设计与排版

精彩的封面给人耳目一新的感觉，它是课件与学习者的第一个交互界面，在课件设计中占有很重要的地位。我们设计的课件力求主体突出、新颖友好、美观大方。适用于小学生的课件更应该形象生动、标题简练醒目、背景和谐协调，能激发他们的学习兴趣。

（二）素材的精心采集与制作

素材的采集与制作是编写制作CAI课件的基础，素材的质量好坏直接影响到课件的质量，一个好的课件是建立在丰富多彩的素材基础上的。

1. 文字素材的采集与制作

文字在多媒体教学中占有最重要的地位，也是最容易处理的，它常用于标题、中心、重点的表述。文字的基本处理功能一般在课件开发软件中都直接提供。如果想用更多的文字效果或对文字作有效处理，可使用Photoshop、Coreldraw等图形处理软件，可以很方便地对文字进行浮雕、阴影、立体化等艺术加工。

2. 声音素材的采集与制作

声音素材包括解说与配乐。解说词可用话筒现场录制成数字声音文件，配乐可采用MP3乐曲或WAV音乐等声音文件。

3. 图像的采集与制作

图像的来源途径有扫描仪输入、数码相机输入、现有图像素材库的筛选、利用图像处理软件绘制等。

扫描仪输入是将现有的图片转化为数字图像以文件形式输入电脑。数码相机输入是将实物、挂图等拍摄下来，以文件形式输入电脑。现在市场上也有各种各样的素材库，其中不乏图像素材库，从中筛选所需要的图像是比较便捷的做法。有时现成的物、图或图文件不能满足需要，那么也可用 Photoshop 或 Coreldraw 等软件来处理图像或自绘图形。

4. 影像及动画的采集与制作

影像的来源途径有录像采集、VCD 剪辑、电视输入等。录像采集是利用现有的录像资料通过视频捕捉卡转化为数字影像文件，直接引入或编辑后再引入到课件中。一般编辑数字化影像的软件主要有 Premiere、Media Studio 等。VCD 剪辑是利用超级解霸等软件将 VCD 中的片断截取出来，再应用于课件。电视输入则需要好的电视卡，在电视节目收看过程中随时截取电视片断。另外，制作数字影像时应注意它的格式，如 PowerPoint 可调用 AVI 等格式。动画素材是指由一系列静态画面组成的队列，常用动画文件的类型有 FLC 文件、GIF 文件等。常用的动画制作软件有 3D MAX、Flash、Director 等。

多媒体辅助教学为小学教育带来了一场深刻变革，对于小学教育的优化和整合，以及课堂教学起着积极的作用。但是，就我国目前的形势来看，CAI 课件设计尚处于起步阶段，并无固定模式。因此，我们教育工作者要运用现代教育理论，根据新课程标准的要求，认真地探寻规律，科学合理地设计好 CAI 课件，充分发挥计算机在教学领域中的更大优势。

网络时代促进传统教学方式的变革

杨思丽　蓝玉婷

以计算机为核心的信息技术既是20世纪科技发展的结晶，也是21世纪科技发展的重要内容。在未来的信息社会中，信息技术既是重要的社会通信工具，也是重要的教育内容与手段。《基础教育课程改革纲要（试行）》着重指出：要大力推动信息技术在教学过程中的普遍应用，促进信息技术与学科的整合，逐步实现教学内容的呈现方式、学生的学习方式和教师的教学方式的变革。

运用信息化教学是时代的呼唤，当今以计算机为核心的网络具有巨大的兼容功能，能把信息设备、通信手段连接起来，使网络具有强大的信息提供能力、快速的信息处理能力、灵活的信息处理方式。网络教学正在成为促进信息技术与学科整合的重要形式。而网络教学的开展，必将给教学方式带来很大的变化。

一、网络教学使学生认识到网络的作用，学会利用网络资源

网络世界包罗万象，现在的学生大多数利用电脑打网络游戏，几天几夜待在网吧“奋战”已成为常事。电脑给社会带来的巨大利益并没有在青少年身上体现出来，却常常把青少年带到网络的“刀光剑影”、“虚拟人生”中，与现实世界完全隔离了。如何让青少年真正学会利用电脑、利用网络呢？我认为从小学阶段的教育开始，我们就应把网络带入学生的学习世界，让学生学会利用它。

现在大多数家庭都用上了电脑，装上了宽带，这也给我们的教学带来了方便，在教学了课内知识后，我们可以布置一些课外作业，让学生利用电脑去搜索资料，制作网页。如在教学了《认识人民币》之后，我布置了这样的课外作业：①回家让爸爸妈妈帮帮忙，上网搜索有关人民币的知识，如人民币有几种币种，从新中国成立到现在一共发行了几套人民币？②如何辨别人民币的真伪？③其他国家使用的钱币是什么？④把搜集到的资料用PowerPoint制作成幻灯片，并带到学校展示。我们以往的教学只局限于让学生掌握课标要求的教学目标：①认识人民币的单位，知道1元=10角，1角=10分；②使学生认识

各种面值的人民币，并会简单计算。但随着现代社会的发展，每一个教学知识中包含的课外知识越来越多，因而我们可以让学生利用网络去获取课本以外的知识。在这个过程中，既让学生慢慢学会使用电脑，了解电脑、网络的巨大用处，又扩大了学生的知识面，还让学生把搜集到的资料带到学校展示，满足了学生当小老师的欲望，从而激发了学生强烈的学习欲望。

当我们从小学一年级就有意识地教授学生利用网络寻找资源，让学生学会使用网络，了解网络的用处。那么，在他长大之后，也不会迷茫于只利用它去寻求虚拟世界的刺缴，而是会用它去关心时事，了解世界，获取知识。

二、网络教学扩大了学生的参考面

传统的课堂教学中，当教师进行提问时，只局限于个别学生的回答，而无法顾及到全体学生。随着网络教室的出现，当需要学生回答问题时，我们可以让学生直接在电脑上作答，而教师只需在教师机轻轻一点，就可以随时了解学生的解题情况。如在作文课上，学生在学生机上写作时，我们可以随时查看，当看到好的作品时，可以把它提取出来，展示给全班学生看；当遇到跑题或语句不通的作品时，也可把它调出，让学生进行点评修改。

课堂教学中，要使学生牢固掌握某种知识或技能，必须重视课堂教学方法。如果用统一的练习题去要求不同发展水平的学生，要么使学生“吃不饱”，要么使学生“吃不了”。根据不同学生的发展水平，布置难度层次不同的习题，让学生根据自己的实际水平进行选择练习才是解决问题的方法。然而在课堂上，让学生在全体同学面前承认自己比别人差，去选择基础题，这是很尴尬的事情。在好胜心的驱使下，很多学生宁愿去选择提示题，而导致全班学生选择难度较大的题目，这又达不到教师预期设计的目标。而网络教室则给了学生一个隐藏自己的机会，学生可以自行在电脑里选题，而不用顾及其他同学的看法，因此选择会有更大的真实性，也更能体现教师层次性习题的设计意图。

三、网络教学促进了生生、师生互动

在教学工作中，我会经常听到教师议论：现在的学生太懒了，从来不向老师提一个问题，即使不会也不问。传统的课堂教学模式造成了学生对教师既迷信又崇拜，对困惑既渴望质疑又害怕“出错”。思维活动总不能跳出教师预先设计好的“圈子”，否则就会被拉回来，严重者还会遭到教师的训斥，学生已习惯于无条件地接受教师传授的知识，而不会发问。网络教学的出现，为我们解决学生的这种“顺受”心理提供了条件。

在教学中，教师可以将设计好的问题发送到学生电脑上，向学生提出疑问，让学生帮教师解决难题。面对教师的提问，学生会积极主动地进行思考，因为这时他已成为老师的小老师，在帮老师解决难题。久而久之，学生就会发现：哦，原来老师也有不懂的地方，他也得向我请教。这样做不仅拉近了师生之间的距离，也使学生敢于与教师交流，敢于向教师提问，当教师“出错”时，也能及时向教师指出，真正实现了师生的互动。

网络教室另一个优点，就是学生机之间可以“机机互动”，学生在解决问题时，既可选择向教师提问，也可向任一学生机发信息提问，寻求同学的帮忙，还可邀请同学共同解决难题。如在教学《统计》一课，我让学生完成一张“全班同学喜爱的运动的统计图”，有的学生很聪明，他向其他同学发出邀请共同完成统计图，自己统计喜爱跑步、跳绳的人数，另一同学统计喜爱游泳、踢足球的人数。而且，他还向全班同学同时发出信息：请问你喜欢哪一种运动项目，是跑步还是跳绳？根据同学的反馈及时统计数据，再与另一同学的数据进行汇总，很快就完成了统计图。所以网络教学的实施，给学生的合作学习也带来了方便，在这个过程中学生学会了与人合作、与人交流。

网络世界丰富多彩，只要我们用心经营，学生就会从中获取无穷的知识；网络教室好处多多，只要我们用心经营，学生就会从中学会与人交流，学会认识自己、展示自我。因此，进一步探索网络教学模式的意义重大，相信通过充分利用信息网络资源，彻底改革传统的教学方式，必定能使学生在主动、宽松的学习环境中学习知识、发现知识、建构知识。

纵横信息数字化学习与创新能力的培养

郑淑珠 黄桂丽

江泽民指出：“迎接未来科学技术的挑战，最重要的是坚持创新，勇于创新，创新是一个民族的灵魂，是一个国家兴旺发达的不竭动力。”可见，是否拥有创新精神和创造能力关乎一个国家的生机与活力，关乎一个社会文明的发展水平，更关乎一个国家综合国力的强弱。教育是知识创新、传播、应用的重要阵地，也是培养创新精神和创新人才的重要阵地。在现代教育中，培养学生的创新思维能力是核心任务。实验证明，纵横信息数字化学习对小学生的创新能力的培养能起到一定的推动作用。

纵横汉字输入编码（简称“纵横码”）是由香港著名爱国实业家周忠继先生自1984年开始研究发明的。1992年，他与苏州大学纵横汉字信息技术研究所合作开发第一代纵横输入法系统软件，其后不断更新，发展成为“纵横汉字输入法”。该输入法经由国家“211工程”7所大学计算机专业博士生导师联合鉴定为“国内外领先水平”项目，并两次获国家知识产权局颁发发明专利证书。认知心理学的研究发现，汉字的左边、右边的特征很重要，即信息量很大；汉字的上边、下边的特征也很重要，即信息量也很大。纵横汉字输入法遵循了汉字认知规律，它把笔形分为10类，分别用“0—9”这10个数字表示，仅用数字小键盘即可输入，加快了对汉字的认知和输入速度。

一般认为，纵横编码方案具有数字编码、规则简单、易学易记、词组丰富等特点。干红华从平均击键次数和编码效率、输入速度、重码率等方面进行定量分析表明，与目前流行的拼音码比较，纵横码的特点突出，综合优势明显。拼音码重码率很高，击键次数较多。纵横码则比拼音码优秀。梁宁建等通过实验发现，采用纵横输入法的被试在输入句子材料时成绩显著优于采用拼音输入法的被试，并且在输入低频字时，像纵横码这样的形码数码结合的优势就明显显现出来。除了易学好用以外，纵横输入法还具有许多强大的功能，只要这个字有形，使用纵横输入法马上就可以把它输出来，这是其他的输入法无法比拟的。

有关纵横信息数字化学习与学生综合素质提高的大量实验研究表明，从认知心理学角度来看，纵横码符合青少年的认知心理特点，能够充分调动青少年的感知觉活动；有利于提高青少年的注意力、观察力和思维活动的积极性；有利于激发青少年的学习兴趣，拓展思维广度，开发和挖掘创造潜能。因此，在这些研究的基础上，开展纵横信息数字化学习对于推进素质教育，培养小学生的创新能力，促进潜能的全面发展具有重要意义。

一、创设氛围，激发创新

创设民主氛围是培养创新能力的前提。心理学研究表明，要培养学生的创新能力，重要的一点是让学生主动参与学习过程，积极思维，给他们提供充分的心理自由，创设具有民主和谐的学习氛围。宽松的环境是培养创新思维的基础，美国创造力研究专家托兰斯认为，创造力的发展必须在自由而且忍俊不禁的气氛中才能进行。对于课堂教学来说，要把学生视为自立的人、发展的人、有潜能的人，牢固树立学生的主体观，让学生真正体会到学习的心理自由，从而建立起创新学习的自信心，形成敢于开口、敢于怀疑、敢于提问、敢于说“不”的教学氛围。在纵横信息教学中，笔者提倡六“可以”：①错了可以重答；②不完整的可以补充；③没想好的可以再想；④不同意见的可以争论；⑤不明白的问题可以发问；⑥对教师的教法可以提意见。这样，学生才真正享有自主、自由的权利。因此，在组织课堂教学的过程中，教师要以“诚于嘉许，宽于称道”的态度，充当智多星、向导、顾问和伙伴的角色，把爱心、微笑、激励成功和信任带入课堂，在足够宽松的教学环境中，学生的创造力才可能得以充分发挥。

二、启发想象，培养创新

爱因斯坦说：“想象力比知识更重要，因为知识是有限的，而想象力概括着世界上的一切，推动着进步，并且是知识进化的源泉。”人的想象过程就是创造力发展的过程，想象力越强越有利于创造性思维的发展。因此我们在纵横信息教学中应根据课文教学内容，引导、激发学生大胆想象，发展学生的创新思维，让学生在想象中展开翅膀，在想象中不断地提高自己的创新能力。培养想象力的方法很多，如运用图片，启发想象；让学生续写故事结局，训练学生写想象作文等。要发展学生的想象力应该主要在于挖掘语言文字训练因素，并指导学生在理解和运用中进行。

汉字输入过程是一个复杂的认知加工过程，有些学者曾研究过汉字输入法与小学生语文学习的关系，结果表明汉字输入法对小学生的语文学习有一定的影响。纵横汉字输入法符合中国人汉语言文字学习的认知规律，它是对信息的加工，可以提高人的智能和加工信息的能力，是一个很好的载体。纵横汉字输入法的认知特点包含着觉察、辨别和确认的过程。在这个过程中，包含两种认知活动，其中已掌握知识经验的间接认知，符合成人学习的认知活动规律。所以学习纵横码能够充分调动感知觉活动，提高注意力、观察力和思维活动的积极性，激发学习兴趣，拓展思维广度，开发和挖掘创造潜能，促进潜能的全面发展。

三、开启求异思维，促进创新

求异思维是创造性思维的核心，“异想天开”是未来发展的先导，在一定条件下可以变成现实。而“求异”法是在分析解决问题时不拘于一般的原则和方法，它不满足已知的结论，而是运用与众不同的思维方式标新立异地提出自己新见解的一种方法。在教学中，运用“求异”法，能激发学生的想象力、创造力。因此，教学不应求同过多，而应尽量引导学生用发散的眼光，多方位地审视文章的立意、题材、结构和语言，尽量让学生发挥自己的想象，感受体味，有自己独特的见解。同时强调在课堂中进行多元化思维训练。多元化思维是创新思维的重要思维形式，鼓励学生针对同一问题提出不同于别人的见解，各抒己见。另外，还要正确引导学生逆向思维。一些小学生由于长期形成的思维定式，常常人云亦云，不能也不敢提出自己与众不同的新见解。为此，教师要注重引导学生敢于“反其道而思之”，让思维向对立面的方向发展，从问题的相反方向深入地进行探索，树立新思维，创立新形象，在思考问题时，不仅可以从正面去思考，也可以从反面去设想。从而促使学生的创新个性得到发展，创造性地解决问题，真正实现课堂教学的“百花齐放，百家争鸣”。

四、联系实际，培养学生的创新精神

培养学生的创新精神，即培养学生再次发现知识的探索精神，培养学生重视组合知识的综合能力。学生在成长中需要不断获得新的信息，有趣的游戏能激活学生的思维，把学生带到未知的领域。学生在人机互动中，获得知识信息，促进认知和创新意识的发展。如在《诗路寻踪》中的“赏诗”环节，教师利用纵横码四角取码的特点，将古诗中的关键字拆分成若干笔形，让学生根据图片与笔形联想出相应的古诗句。学生通过与屏幕图像互动，了解诗意，完成诗句。这种教学方式能让学生全身心投入，并给学生一种全新的互动体验，从而潜在地激发了学生的创造力，增强了他们的创新意识。所以，在语文教学中，教师应充分利用各种教学手段，联系实际情况，让学生放手想象，放手创新，敢于打破陈规的训练。而所有的训练，都必须与实际联系起来，才能让学生更容易接受。经过这样的训练，激发了学生丰富的想象力，促进了学生的积极思维，实现了认识能力的飞跃和突破，使学生的创新思维更符合现实。

总之，创新是主体教育的核心，培养学生的创新能力是时代的要求。我们在教学中应确立学生的主体地位，善于挖掘教材中蕴含的创新素材，把创新教育具体落实到课堂教学中的每一环节，使学生的创造力得到充分的开发与培养。

小学生学习应用“纵横汉字输入法”探究

谢树德

引言：“纵横汉字输入法”是香港知名学者周忠继先生发明的一种简单易学而又实用的汉字输入法，它主要利用0—9十个数字作为码元，以汉字四角为取码规则，除了可以单字输入外，更可利用词组输入，操作方便快捷。自2004年我校开展学习应用“纵横汉字输入法”以来，取得了丰硕的成果，成为我校少先队工作的一个亮点。

2008年2月，昌黎路小学为研究“纵横汉字输入编码”（以下简称“纵横码”）与学习素质的关系，设计了相应的调查问卷，同时对五年级478名学生在学习“纵横码”前后一年的情况进行对比调查。调查结果显示：学生的整体学习素质普遍得到明显提高。①在学习“纵横码”目的态度变化方面：学生学习目的有所明确者有419名，占总数的87.7%，其中56.4%的学生学习目的更加明确或比较明确。②在学习“纵横码”兴趣爱好变化方面：学生学习兴趣有所增强者有414名，占总数的86.6%，其中40.4%的学生学习兴趣更加浓厚或比较浓厚。③在掌握“纵横码”学习内容变化方面：学生能掌握一般学习内容者有436名，占总数的91.2%，其中42.9%的学生能够全面而牢固或比较全面而牢固地掌握学习内容。④在运用“纵横码”学习方法变化方面：学生能运用一般学习方法者有422名，占总数的88.3%，其中42.1%的学生能熟练或比较熟练地运用学习方法。⑤在掌握“纵横码”学习能力变化方面：学生学习能力有所提高者有435名，占总数的91%，其中38.9%的学生学习能力大有提高或有较大提高。⑥在自评“纵横码”学习成绩变化方面：学生自评学习成绩有所提高者有407名，占总数的85.1%，其中36.8%的学生自评学习成绩大有提高或有较大提高。⑦在安排“纵横码”学习时间变化方面：学生安排学习时间大体合理者有430名，占总数的90%，其中71.1%的学生能科学合理或比较科学合理地安排学习时间。⑧在掌握“纵横码”学习速度变化方面：学生每5分钟输入50字以上者有344名，占总数的72%，其中38.7%的学生达到每5分钟输入100字以上的学习速度。

综合统计表明，通过学习“纵横码”，学生的整体学习素质前后对比产生普遍而又明显的提高。可见，学习与应用“纵横码”能直接有效地提高学生的学习素质。它有利于提高学生应用现代信息技术的水平、开发学生的智力潜能，以及促进学生的全面发展。同时也说明，在短短的四年时间里，“纵横码”已经在昌黎路小学这片沃土上扎根、开花、结果。近年来学校组队参加全国、华南地区、广东省“纵横码”比赛，取得优异的成绩，获团体一、二、三等奖计28次，学生获第一、二、三名者共计75人次，其中黄少汶同学更以497字/3分钟的速度一鸣惊人。

昌黎路小学“纵横码”学习推广工作能取得突出成效，主要围绕四个方面开展：

一、抓住机遇、科学有序地实施

2004年4月28日，香港知名学者周忠继先生等一行亲自莅校讲学，为我校师生传授“纵横码”的汉字编码方法及输入方法。

“纵横码”的传授，是学校兴办信息技术特色教学的又一个促发点，是我校信息技术教育教学改革的一个里程碑。全体师生通过初步接触“纵横码”，很快就感受到“纵横码”入门的简易、应用的方便以及多功能操作的系统，觉得“纵横码”是一种很值得全面推广的简体中文输入法。学校领导高度重视，抓住机遇，把推广、研究“纵横码”这项工作列入学校重要议事日程，成立了课题组对“纵横码”的教学进行了研究，确立了有序实施“纵横码”推广工作的三部曲：

1. 挑选优秀学生进行培训，首战告捷

2004年7月暑假期间，学校在三、四年级学生中精心挑选优秀种子，成立第一届“学生暑期纵横汉字输入法培训班”。经过短短两个月的培训，该批学生在参加华南地区“纵横杯”汉字输入比赛中，一举包揽前九名，夺得了一、二、三等奖的全部个人奖项；学校团体获得“最佳成绩奖”，成功地打响了昌黎路小学纵横输入法培训的第一炮，极大地激发了学生学习“纵横码”的热情。

2. “纵横码”教学引入中年级课程，局部普及

尝到第一阶段培训的甜头后，学校在2004年秋季，在征集各方意见的前提下，将“纵横码”教学引入到四年级的信息技术学科教学中，纳入课堂正式教学内容。通过局部普及，从中挑选兴趣浓、能力好的学生成立了课外兴趣小组，为学校进一步参加各级比赛培养种子。

3. 低年级学生开始接触“纵横码”，推广工作全面开花

有了四年级学生在课堂推广的基础，2005年春季，学校结合“纵横码”

研究中心提出的方案和本身实际，开始了对低年级学生进行“纵横码”教学的初步尝试，开展了“快乐儿童快乐纵横”的学习班。学习班的学生参加2005年广东省纵横码速度赛取得喜人的成绩。如今的“纵横码”在昌黎已全面开花，“纵横码”的教学促进了学校信息技术学科教学工作的开展，“纵横码”已经是昌黎路小学学生必修的一项信息技术操作技能，成为昌黎路小学信息技术教学的一大特色。

二、与课程改革、课题实验有机结合

为优化课程结构，提高学校课程的适应性，体现学校办学特色，满足师生的内在需要，使他们真正成为课程的创新者、参与者。学校充分利用课程资源、教学资源，把“纵横码”纳入校本课程。如低年级把学习“纵横码”与识字教学结合起来，提高了识字教学质量，让学生学得好、记得牢。中高年级则列入校本课程进行开发、利用，让学生在丰富多彩的活动中增强知识，学到知识，陶冶情操，学会交际，达到玩中学、乐中学的目的，有效地推动了学校教学改革，提高教学质量。

为更好地实现纵横码的普及教育，学校将这项工作纳入学校的课题实验中。目前，学校参加研究的课题是由全国著名教育专家、北京师范大学现代教育技术研究所何克抗教授和华南师范大学现代教育技术研究学院李克东教授共同主持的“学科‘四结合’教学改革试验研究”。这是国家教育部基础教育司“十五”重点科研项目课题。该课题整合了南北教育优势及教育资源，在全国实施信息技术与学科“四结合”的教学改革试验研究。我校申报并研究了该课题的“信息技术与小学学科课程整合的教学模式研究”子课题，通过四年的实践研究，已取得了一大批教育成果。随着信息化课堂的不断普及，汉字输入法已经成为学生课堂网络交流不可缺的工具。“纵横码”推广工作的加入，为该课题的研究提供了方便、简单的应用工具，为后续研究奠定了基础。随着“纵横码”在学科教学中的有机整合和渗透，学生将“纵横码”与学习生活联系起来，形成了“纵横学习”生活化。教师引导学生将“纵横码”往深层次开发，如自定义词语，调频、内定词语的传授与掌握，使“纵横码”学习更贴近个性化、简便化，让学生灵活应用并切入学习中。“纵横码”教学与学科教学的互动，既使学生的“纵横码”学习效果大幅度提高，又使学生的学科学习效果得以全面提升。

为促进“纵横码”的推广在学校迅速进行，学校每学期都举行校本“纵横码”输入法竞赛。这不仅提高了学生学习“纵横码”的热情，活跃了“纵横码”推广培训在校园的学习氛围，也从中检测到教师的培训效果，增强了学生在竞赛中的心理承受能力和适应能力。使我校在参加校外“纵横码”大奖赛中取得了佳绩。

2004年9月，我校选派出的9名小选手在参加华南地区“纵横杯”汉字输入比赛中，一举包揽前九名，取得了一、二、三等奖的全部个人奖项，学校团体取得“最佳成绩奖”，并作为特邀队赴常州参加2004年“CKC杯”全国学生纵横汉字输入比赛。2005年3月，我校又一次组织学生选手赴珠海参加“纵横汉字输入法汇报活动”，树立了昌黎学子“纵横码”学习的又一新里程碑。2012年8月，学校纵横输入法参赛队参加广东省纵横输入速度和纵横应用大奖赛，一举夺走了少年组的全部奖项。学校指导导师多次被评为优秀导师。

由于“纵横码”与学科教学的有机整合，使“纵横码”的推广工作得以快速发展，并逐步成为学生信息化课堂学习的一种工具。

三、根据学生特点，因材施教

学校根据小学生的年龄特点及心理特点，有针对性地进行设计教学、培训。如利用学生的好胜心理，引入竞争机制，举行排位赛、接力赛、选拔赛和擂台赛等，激发其学习热情。根据小学生对新生事物感兴趣，但持续不长，喜新颖厌枯燥的特点等，设计了丰富多彩、形式鲜活的打字游戏，练唱“纵横码”歌曲，排练“纵横码”小品等，培养学生持续的学习兴趣。

奖励是激发儿童兴趣最好的动力，哪怕是一句鼓励的话，或者是一粒糖、一支笔，或者是让学生有一个自我展示的机会，都会为学生的学习动力注入强大的兴奋剂。针对儿童的性格特征，结合推广工作中碰到的问题，我们的教师在教学培训中采用的是“从奖励中获取动力”的教学策略，实践证明，教师的这种奖励教学策略在纵横码的推广教学中取得了极大的成功。为了激励学生，我们采用了竞争机制，根据他们每天学习的情况及时进行座位的调整，先排定名次，按名次排位置，激发学生学习的斗志，培养竞争意识和团结精神，使他们更自觉有效地进行练习。

经过一段时间的培训，学生纵横码输入的速度拉开了距离，成绩较好的学生开始有点飘飘然，成绩不是很好的学生有点厌学。针对这种情况，教师在培训中应因材施教，对于成绩较好的学生，教师就要让他们有危机感，懂得“天外有天，楼外有楼”、“骄兵必败”的道理；对中等生要明确提出要求和目标，“稳站这峰望那峰”，让他们懂得“逆水行舟，不进则退”的道理；而对成绩较差的学生则需予以扶持和鼓励，根据个人情况设计不同目标和台阶，把计划和目标抄写置放在课桌上，时刻勉励学生要急起直追。

另外，学生往往想到参赛而产生压力感，这种现象是很正常的。教师要适时与学生进行沟通，消除他们紧张的情绪，用赞赏的眼光、言语让他们树立信心，保持良好的心态。同时及时与家长沟通，倾听家长的意见，教给家长教子的方法。家校协作为孩子铺设通向成功之路。

四、重视师资队伍培训

要使“纵横码”在全体学生中全面普及、提高，必须培养一支高素质的师资队伍。学校在师资培训上下足了功夫，自 2004 年 6 月起，多次派信息组教师参加珠海“纵横汉字输入法特许培训导师”培训班、苏州“全国第五届纵横码教学经验交流会”等，极大地提高了教师的教学能力和教学水平。

同时，利用每周三晚上的时间，组织青年教师进行信息技能培训，重点学习“纵横码”及其教学方法。教师们通过背口诀、练笔形、“打字接龙”等形式，迅速提高了汉字输入速度。作为教师，单纯能应用“纵横码”还远远不够，教师们更多地学习了“纵横码”理论、“纵横码”教学方法与策略，提高了运用“纵横码”进行教学的水平。如钱瑞扬老师设计的“‘纵横码’课堂创新应用教学”研讨课；黄桂丽老师设计的“认识二字词组”研讨课，都取得了良好的教学效果。《纵横跳动的乐章》等论文参加了全国“纵横码”教学经验交流会并在相关刊物发表。

五、发展计划及研究方向

对于“纵横码”的教育研究，我校已经确立了未来的发展计划：①继续保持对学生的跟踪培训。在保持课堂学习的同时，培养尖子生，我们着重把培训时间安排在第二课堂与课余生活，尤其是假期之中。通过开展培训班“以点带面”，使“纵横码”在昌黎路小学更快地蔓延，开花结果。②重视提高教师对“纵横码”的教学创新能力。从培训中重视质量，与学科教学相结合，从而力求使“纵横码”的教学与学科教学的有机整合更具昌黎特色。③继续组织各种校本的“纵横码”比赛交流活动。④在家长学校层面引进“纵横码”。⑤通过招收特长生的方法激励幼儿园纵横教学的发展。从幼儿园中择优引荐优秀的“纵横码”特长生优惠入读我校，为我校“纵横码”发展提供优秀的后备人才。

数字小键盘上快速跳跃的手指，孩子们口中哼唱的“纵横码”歌曲，这是昌黎学子学习生活中一道亮丽的风景线。这一套神奇的输入法为昌黎路小学信息技术教育发展注入了新的生机活力，有效提高了学生的学习素质。

“纵横信息数字化学习与提高小学生语文综合素质和能力的研究”课题结题报告

王振中　钱瑞扬

信息技术与课程整合是我国21世纪基础教育教学改革的一个新途径，信息技术环境下的教学与传统教学的优势互补是提升教学质量的重要方向。两年来，我校以纵横信息数字化学习为载体，与语文学科有机结合，创新学习模式，开展科学有序的课题实验研究，有效提高了小学生语文综合能力素质，激发了学生自主个性的学习精神。纵横信息数字化环境下的学习研究成为我校推进新课程实验过程中的一个亮点。

一、实验情况

（一）立项背景

我校是一所校风好、质量高、有特色、起示范作用的现代化一流学校，在地方率先创办信息技术教育，是省百所电教实验学校之一，是广东省一级学校。我校重视学生素质的全方位培养，纵横信息数字化学习研究是我校一项重点特色教学项目。在各级领导的支持下，自2004年4月起我校将纵横汉字输入法引进信息技术课堂教学。六年多来，我校积极持续地开展培训，学习对象由学生普及到教师、家长及邻近社区，从普通的技能培训到各种应用班的创设，多方位地将纵横文化渗透到校园生活中。2006年9月至2008年7月，我校积极参与到纵横信息数字化学习研究教学实验总课题组的课题实验中，前后申报并研究的课题“运用‘纵横码’提高小学生写作能力的实验研究”、“纵横码在家庭中的推广和应用”、“纵横码在社区的推广与应用”均获得良好的实验效果，被总课题组评定为探索实验先行示范学校。

在积累一定的研究经验，拥有足量的实验对象的基础上，2008 年 9 月我校向课题组申报国家重点研究课题“纵横信息数字化学习与提高小学生语文综合素质和能力的研究”，实验时间为两年（2008. 9—2010. 9）。

（二）课题成员结构

我校“纵横信息数字化学习与提高小学生语文综合素质和能力的研究”课题实验由王振中校长担任主持人，语文、信息技术等多学科骨干教师共同组成实验教师队伍。具体机构如下表：

课题主持人	王振中	校长、小学特级教师
项目组成员	盛　杰	总务处主任
	曾敬香	教导处副主任
	蓝玉婷	教导处副主任
	洪　风	语文备课组组长
	刘燕珊	语文高级教师
	谢映慧	语文一级教师
	黄露盈	数学高级教师
	蔡泽涛	语文一级教师
	林　林	英语高级教师
	黄桂丽	信息技术一级教师
	石喜铭	信息技术二级教师
	钱瑞扬	信息技术教研组长

（三）实验设备情况

本课题的实验及培训工作基本是在学校 F 座五楼的电子阅览室开展，该室拥有 48 台学生用机（其中 10 台为周忠继先生赠送），投影仪、教师用机各 1 台。信息技术组负责定期对此实验基地进行硬件维护，根据课题实验的需要及时完成软件升级等工作。

（四）实验配套方案

课题申办成功后，学校高度重视本项课题实验研究，根据总课题组的指导思想，针对本校“纵横码”教学开展的实际情况（从二至六年级均有“纵横码”实验对象），我校课题组多次举行会议研讨，形成切实可行的实验方案。

概述如下：

计算机的普及、信息科技的迅猛发展正以惊人的速度改变着人们的生存方式和学习方法，信息技术与学科整合已成为当前各类学校教育的重要内容，也是教育改革的重要技术手段。纵横汉字输入法简易的录入特点及其数字化学习为传统的语文教学注入了新的元素，从提高学生学习语文的兴趣到提升学生的语文综合素质能力，自主的学习模式能真正实现教与学的双边实效。我课题组将实验分两期进行研究：上半期（2008—2009 年）分部进行实验，下半期（2009—2010 年）综合交叉实验。遵循学生的语文学习顺序，将低部（一至三年级）的识字、句篇，高部（四至六年级）的阅读写作等与纵横信息化数字学习层层结合起来，配置相应的实验教师，有针对性地设计适应不同部级学生的实验方案，切合纵横信息数字化学习总课题组前沿的指导思想开展有效研究。

二、实验准备

（一）课题的理论依据

（1）辩证唯物主义认识论以实践为基础，认为“认识是主体通过实践对客体的能动反映”。认识活动首先必须发挥个体的自主性和能动性，其次必须强调实践性，并在实践活动中获得富有个性特征的符合客观实际的理性化的观念。依据辩证唯物主义认识论原理，我们提出的纵横信息数字化环境下创新语文知识的学习，就是以调动学生的自主能动性为目的，让学生在积极、自主的阅读实践探究中实现对语言文字的理解积累，达到发展语言的目的。

（2）依据课标精神。《小学语文课程标准》指出：“学生是学习和发展的主体。语文课程必须根据学生身心发展和语文学习特点，关注学生的个体差异和不同的学习需求，爱护学生的好奇心、求知欲，充分激发学生的主动意识和进取精神，倡导自主、合作、探究的学习方式。”这一理念不仅强调了学习方式的变化，而且强调了学习和发展的主体是学生。纵横信息数字化学习与语文学科的整合，为学生提供了平等共有、共享学习资源的环境，学生可以按照自己的学习基础、学习兴趣来选择学习内容、方法、策略和发展目标，学生在这种开放式的学习空间有了主动参与的可能，有了自主学习的天地。

（3）内隐学习理论的启示。内隐学习的研究和实验证据表明：内隐学习是直觉地获取复杂环境刺激知识的过程，是有机体在与环境接触的过程中不知不觉地获得一些经验并因此改变其事后某些行为的学习，它是在一种偶然的、无意识状态下获取某种知识、经验和技能的过程。纵横信息数字化学习“三打”技能在语文学习中潜在地帮助学生积累词语，提高阅读速度，增大阅读广度，提升学生对语言的感知能力，扩展想象思维，有效提升其写作能力。

（二）课题提出基于的几点思考

1. 教育以全面提高学生的素质为根本宗旨

国家教委《关于当前积极推进中小学实施素质教育的若干意见》中明确指出：素质教育是以提高全民族素质为宗旨的教育，是以面向全体学生，全面提高学生的素质为根本宗旨，以注重培养受教育者的态度、能力，促进他们在德、智、体诸方面生动、活泼、主动地发展为基本特征的教育。

2. 语文综合素质的涵盖

陆志平在《语文课程新探》中提出语文素质教育应该包括：指导学生正确地理解和运用语文，丰富语言的积累，培养语感，发展思维，使他们具有适应实际需要的识字能力、写字能力、阅读能力、写作能力、口语交际能力；提高他们的品德修养、审美能力和审美情趣，使他们逐步形成良好的个性和健全的人格，促进德、智、体、美的和谐发展。

3. 信息化对于语文阅读的影响

阅读能力的培养，是语文素质教育的重要组成部分，也是培养学生语感的重要途径。如果我们能够根据信息技术的资源量大、形式多样的特点，把信息技术与语文阅读很好地进行整合，那将对学生的阅读能力提高有非常大的帮助。

4. 兴趣是学习的源动力

爱因斯坦曾说过，“兴趣是最好的老师，真正有价值的东西，并非仅仅从责任感产生，而是从对客观事物的爱与热忱中产生的”。只有“好之”、“乐之”才能有高涨的学习热情和强烈的求知欲望，才能以学为乐，欲罢不能。苏联教育学家斯卡特金认为：“教育效果取决于学生的学习兴趣。”可见，学生的学习兴趣直接关系到教学效果的好坏。

基于以上，我校课题组将实验定位为“纵横信息数字化学习与提高小学生语文综合素质和能力的研究”，致力于把纵横码引进语文课堂，让学生感受到每一个汉字都是一幅图画，汉字本身都具有无限的艺术魅力。借助纵横码创新语文教学，创设一种轻松愉快的学习氛围，利用文字、图画、声音、动画、视频等综合信息效应，使教者乐教，学者乐学，让教与学两方在教学的双向活动中领略共同参与的愉快，达到教学高效化的目的，从而提升学生的综合语文素质能力。

（三）实验目标及研究假设

（1）设通过纵横信息数字化学习，能间接培养学生的毅力及合作精神。

（2）设低部学生能通过“纵横码”的学习快速提升识字量，增长词汇，提高句子的组织质量和基本的口头表达能力。

（3）设低、高部学生能通过纵横信息数字化学习，获取更多的学习途径，挖掘其主动探索学习的潜能。

（4）以“纵横码”的学习作为启示，全面提高学生电子文本的写作能力、善于处理各种中文信息等多项技能。

（四）实验方法

以行动研究法为主，观察法、分析信息数据法等多种研究方式相结合，在二至六年级分低、高部开展纵横信息数字化与语文教学相结合的实验工作，并分阶段作口头或卷面的调查测试、学生个体跟踪观察等以检测实验效果。

（五）实验对象

我校低、高部纵横信息数字化学习实验对象约共80名，对照组则采用随机抽取座号的方式选择被测对象。如实验班A被测对象两名，则在这两名实验被测学生的同班中抽取两个随机座号的学生作为对照被测对象，同样班别的实验生与对照生对比才更能确保实验测试的真实性和客观性。

我校学生陈淑娴在新加坡华人教研中心为来宾们展示三项技能

三、实验过程及步骤

（一）准备阶段（2008.9—2008.10）

（1）成立课题研究小组，建立课题研究网络，研究制订实验方案，完成课题申报、立项工作。

（2）完善课题实验所需设施环境的建设。

（3）对实验教师进行“纵横码”的相关培训工作。

（4）进行一次实验班学生的学情调查。

（二）培训过程（2008. 11—2010. 5）

实验期中，对学生开展定期培训是课题实验开展的基础，培训工作贯穿于整个实验过程，具体分三方面进行描述：

（1）整合纵横技能与语文基础培训。

本课题研究方向是纵横信息数字化学习环境下对学生语文综合能力及素质的提升，因此，我课题组确定了两方面的培训内容，即纵横汉字输入法的操作技能和语文综合知识的培训。实验上半期（即2008—2009学年度）偏重于对学生的技能培训，低部学生的培训内容为“纵横码的入门知识”，高部学生的培训内容为“综合灵活运用纵横码”。实验下半期（即2009—2010学年度）则是分部级，分单、双周进行语文技能与信息技能的双向培训，做到既提升学生的打字速度又培养其语文综合素质能力。我课题组的实验教师既分工又统一地开展各自的实验培训工作，信息技术教师负责学生纵横技能方面的培训，每周一的信息组教研会上，纵横信息实验课题是其中的研讨内容之一。要针对当前学生的具体学习情况进行教学调整，如词组的加强、简码的强化、选择不同文章去帮助各阶段的学生更好地提高打字速度。配合实验总课题组推出的相关软件，使学生适应新软件的学习，与“记事本”、“Word”、“PPT”等软件相辅，进一步提高学生的电脑操作水平及信息技术素养。各分部的语文实验教师在了解本部级学生的语文综合素养的基础上，各自策划相配套的实验方案，如词汇、句型、句段的充实，看图写文的方法指导等。低部语文教学注重学生字词的积累和汇集教学，高部的整合则以阅读和写作为主。

（2）将“三打”技能融入语文学习中。

“兴趣是最好的老师”，培养学生对语言文字的热爱是本项课题成功开展的基础。实验中，我们发现纵横信息数字化学习的“看打”、“选打”、“想打”三项学习

我校实验班的学生在玩“词语游戏”

技能潜在地影响着学生对于文字学习的态度，由此提升的语文素养十分明显。我校课题组自主编制了“系列看打文章”，里边包括散文、报告、故事、诗歌等多种范文，学生通过“看打”练习，接触文章的类型越来越多，在轻松的打字中开阔了阅读面。二年级的实验学生陈晓楠的妈妈说，每天培训后女儿都能把本课“看打”的文章内容概述给她听，她感到很高兴。可见“看打”技能对学生的阅读理解能力有一定的促进作用。陈淑娴，高部实验班上个头最小的学生，她最喜欢“选打”词语技能。不仅她，每次上课前，都能常常看到学生们在玩词语游戏，他们会自主地设置难度进行相互“PK”，有时比完了还会很不服气地再“PK”一回，他们的词汇量在游戏中不知不觉地得到增长。这是一种自然的“习得”，这样的学习方式让学生们的头脑处于轻松的状态，脑容量增大了，记忆力也随着提升。实验班的学生对于词组的敏感度明显优于非实验班的学生，相同时间内，实验班的学生能迅速找出文章中的词语，准确并全面。在纵横信息数字化学习的环境下，我课题组的教师精选适合当前学生发挥的多类图片，导入纵横“看图作文”软件中让学生观察。美丽的画面再伴以悠扬轻快的音乐，为学生创设了一个形象逼真、色彩鲜艳、动静相生的教学情景，唤起了学生的审美感受，触发了学生的想象力，激发了学生创造和表达的欲望。这样的情景教学有利于培养学生的“情商”，使学生兴趣盎然，情绪高涨，促使他们去求知，去发现，去创新，促使他们进行情感的表达、流露和交流。在2010年度总课题组组织的“在线写作”中，我校实验班八名学生全部入围，其中黄晓茜同学获特等奖，邱一为、陈淑娴获一等奖，庄育彬、江佳烨各获二、三等奖，而对照班的学生只有一名入围，悬殊的数据显示在纵横信息数字化环境下的“想打”技能对学生的写作水平有很大的提升作用。

王振中校长在第二季“纵横部落”
活动中为获奖学生颁发奖状

（3）多样化活动的开展。

为活跃校园信息技术文化氛围，提升我校“纵横码”的特色教学水平，更好地为学生创设一个自我展示技能的平台，增强家校间信息数字化学习的交流探讨，我校每学年均定期举行“‘昌黎杯’纵横码速度大赛”和“‘纵横部落’暨纵横家庭交流”等活动。学生及家长都非常乐意参加纵横信息数字化学习的活动，如第二届“纵横部落”参与的学生及家长共60多人，竞赛、学习气氛激烈又活泼。在“我教爸妈学纵横”部分，孩子们十分认真地手把手教自己的爸爸妈妈：“不对，7要用食指打!”“哎呀，又错了，左勾是0，0!”“手指又放错了！（指法错）”……孩子们既紧张又较真的神情，让家长们学得特别开心。在家长纵横笔形的比赛中，孩子们一旁的加油声使家长打得既认真又专心。这种“纵横亲子活动”让家长同孩子一起共享学习的愉悦。纵横信息数字化学习增强了孩子自我表现的欲望，培养了其合作协作的学习精神。除此之外，我校还多次应邀参加总课题组组织的活动，学生通过对外交流比赛提升其纵横信息数字化素养，促进其优秀心理素质的形成。

（三）实验测试阶段（2008.11、2009.6、2009.11、2010.6）

（1）2008—2009学年度第一学期“看图作文”测试。

（2）2008—2009学年度第二学期“多样化字语”测试。

（3）2009—2010学年度第一学期“寓学于乐词语游戏”测试（总课题实验091202）。

（4）2009—2010学年度第一学期“看打与想打相得益彰”专项实验（总课题实验091216）。

（5）2009—2010学年度第二学期“在线写作”专项实验。

（四）课题结题总结（2010.6）

（1）举行期末课题会议，讨论阶段性结题相关工作。

（2）各部负责实验的教师整理日常教学实验方案和教学资源资料，形成电子文档存档。

（3）将本学年相关纵横信息数字化课题学习的活动比赛方案、师生获奖作品、证书和光盘等各类资料归档。

（4）根据各实验部的具体学情，开展低、高部学生识字词及阅读写作的测试、分析，为实验报告提供真实的数据报告。

（5）撰写实验报告，上传实验成果。

四、实验数据分析

为检测实验效果，我课题组开展专项会议，各实验教师分工制定测试内容，开展阶段性测试，并配合总课题组提供的实验测试，于各学期末在实验班与非实验班中抽取部分样本进行多项测试。以下为两年度四个学期测试的几项内容和学生对象情况分析。

（1）2008—2009 学年度第一学期“看图作文”测试。

实验班的学生在“三打技能”测试中

测试形式：作文测验要求学生15 分钟内在电脑上直接完成看图习作，完成后对学生的电脑作文进行纵向与横向的评分。由 3 位高年级语文教师按照课题组看图作文的要求进行评价给分。

评分要求包括：①观察细致，感情真挚；（20%）
②思路清晰，结构完整；（20%）
③想象丰富，内容具体；（20%）
④手法多样，用词贴切；（20%）
⑤联系实际，见解独特。（20%）

纵向评分将对每一个测试成员习作的分数进行一一比较。横向评分将选择 4 篇比较有代表性的文章（两个实验小组各选择出完成得较好和较不理想的文章各 1 篇），从习作内容的完整性和精彩性、习作的字数、好词好句的使用情况等方面进行评分并统计，然后展开横纵向的比较。

测试数据：

表 1　学生成绩纵向比较

实验组			对比组		
学　生	总字数	最后得分	学　生	总字数	最后得分
黄晓茜	556	84	陈　塑	215	75
邱一为	351	79	林嘉欣	158	76
程　祺	468	78	邱　沛	149	79
杨斯诺	457	82	杨芮芸	365	85
程育彬	315	80	李　琳	198	72
刘　冰	281	74	林　泽	321	79
古思敏	367	83	杨若梓	98	70
陈美琳	424	88	潘　洵	230	77
江文蔚	344	85	陈天轩	274	80

（续上表）

实验组			对比组		
学　生	总字数	最后得分	学　生	总字数	最后得分
郑点烁	158	83	林晓欣	261	82
李罗杭	287	81	洪林宇	214	75
周晓翊	169	77	林焕坚	68	61
江佳烨	357	73	蔡梓旭	82	60
李奕洵	348	78	王烁婷	298	81
陈淑娴	573	86	林　泽	148	72
平均值	363.67	80.73	平均值	205.27	74.93

表2　代表学生成绩横向比较

分数 内容	纵横组（最高分）陈美琳	拼音组（最高分）杨芮芸	纵横组（最低分）刘　冰	拼音组（最低分）王烁婷
观察细致，感情真挚	20	20	17	14
思路清晰，结构完整	18	17	15	12
想象丰富，内容具体	17	15	15	10
手法多样，用词贴切	16	15	16	11
联系实际，见解独特	17	18	11	13

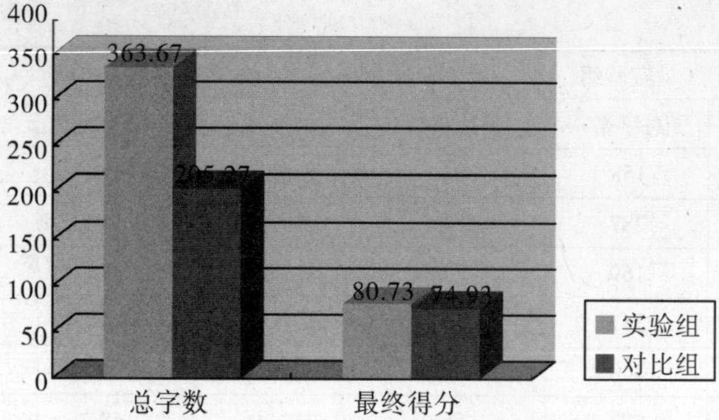

本次实验的对象为五、六年级的纵横实验班和对照班各 15 人。实验班作文分数达到 80 分以上的占 60%，对照班达 80 分以上的占 27%；实验班总平均分为 80. 73 分，对照班总平均分为 74. 93 分。从两组学生习作分数的横向比较可以看出，在同等时间和要求下，实验班成员的平均分数比对照班成员的分数要高出一些。分析其卷面具体得分情况，两者区别较大的地方在于文章的字数、用词贴切这一部分，纵横码组的成员得分均较高。从 4 位代表学生的作文得分具体评分对照表中也可以看出纵横码组的学生在文字输入和遣词用句这一部分有明显的优势。

（2）2008—2009 学年度第二学期“多样化字语”测试。

测试对象：挑选纵横实验班学生 15 名，对比班学生 15 名，30 名测试成员均为四至六年级的学生，有较好的作文基础和电脑操作能力。

测验内容：随机选取千字文部分、总课题提供的成语汇集。

测试形式：被测学生在统一时间内录入单字或成语，录入后，新建一空白文档，在不看范字词的情况下，重新将刚录入的字词进行回忆录入，回忆多少打出多少，时间同为 5 分钟。

测试数据：

实验组：

姓名	千字文输入速度	成语输入速度	重忆录入字数
黄晓茜	216	375	131
邱一为	137	268	68
程祺	226	382	104
杨斯诺	193	344	124
程育彬	121	255	98
刘冰	107	158	27
古思敏	95	306	51
陈美琳	148	294	124
江文蔚	160	249	83
郑点烁	118	184	48
李罗杭	125	198	48
周晓翊	127	187	32
江佳烨	166	206	68
李奕洵	125	213	38
陈淑娴	191	440	107
平均值	150.33	270.6	76.73

对比组：

姓名	千字文输入速度	成语输入速度	重忆录入字数
陈塑	31	125	56
林嘉欣	58	168	23
邱沛	33	128	35
杨芮芸	79	216	117
李琳	45	134	78
林泽	80	211	83
杨若梓	25	85	21
潘洵	59	152	52
陈天轩	92	206	122
林晓欣	76	164	53
洪林宇	61	181	48
林焕坚	28	118	19
蔡梓旭	38	135	39
王烁婷	103	186	52
林泽	58	115	28
平均值	57.73	154.93	55.07

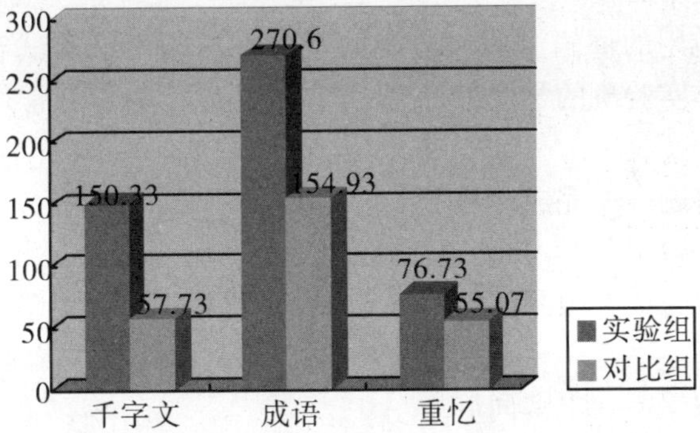

通过对测试数据进行对比分析，在千字文的录入中，实验组学生的平均速度为150.33字/5分钟，对比组学生为57.73字/5分钟；成语输入速度中，实验组学生平均速度为270.6字/5分钟，对比组学生为154.93字/5分钟。这组数据说明从打字速度上，纵横实验组明显优于对比组，在重忆的录入测试中，实验组平均为76.73字，亦高于对比组55.07字。重忆录入的实验是我课题组

第一次实施，从这组数据上我们能初步说明实验组学生的瞬间记忆略高于对比组，纵横码的录入方法对学生在字词方面的记忆有一定的促进和帮助作用。

（3）2009—2010 学年度第一学期“寓学于乐词语游戏”测试（总课题实验 091202）。

①测试内容。

实验班：

环节一：选打——词语游戏。

选择小学某版本教材某类词组，按每一行一个词的排行序列，存入 . txt 文本。导入纵横信息数字化学习研究教学实验总课题组实验使用的“词语游戏软件”（用纵横汉字输入系统软件 2002 年第三版）。组织学生开展个人、小组、集体某种形式的词语游戏竞赛。（10 分钟）

环节二：答题——上机操作。

由纵横信息数字化学习研究总课题组提供实验测试卷，由实验班的小学生在电脑上依次完成专项测试卷。（15 分钟）可根据实验对象的年龄段，自行设计测试卷。

环节三：积累——丰富词汇。

请学生在计算机上打开记事本，用纵横码自行输入环节一和环节二所出现的词语，每个词语 2 分，5 分钟内限时计算附加成绩。

非实验班：

环节一：文本阅读。

将实验班使用的词语游戏以传统的学习方式印出纸质试卷，提供阅读文本，由教师带非实验班的学生进行 10 分钟的外显行为学习常规阅读（听读或看读）。

环节二：答题——完成练习。

由纵横信息数字化学习研究总课题组提供实验测试卷，由非实验班的小学生在试卷上依次完成专项测试卷。（15 分钟）可根据实验对象的年龄段，自行设计测试卷。

环节三：积累——丰富词汇。

请学生在纸质文本中，用笔书写环节一和环节二所出现的词语，每个词语 2 分，5 分钟内限时计算附加成绩。

②测试对象：从四、五年级的纵横实验班和非实验班中各抽取 10 名学生（5 男 5 女），共 20 名。

③测试时间：30 分钟。

④测试结果如下表：

"寓学于乐词语游戏"专项实验设计（总课题实验091202）

实验教师：钱瑞扬　黄桂丽　蔡泽涛

实验班：

姓　名	性　别	出生年月	一	二	三	四	五	总　分
陈淑娴	女	2000/01	40	10	8	11	14	83
张　凛	男	1999/07	38	6	4	7	14	69
古思敏	女	1998/06	36	4	12	4	16	72
李奕洵	女	1998/05	40	10	8	3	8	69
江佳烨	男	1998/09	38	6	8	4	8	64
江文蔚	女	1998/08	38	8	4	7	0	57
庄育彬	男	1998/09	44	10	12	7	16	89
邱一为	男	1997/11	44	10	12	6	16	88
谢　栩	男	1999/08	14	6	4	3	6	33
黄晓茜	女	1998/10	42	10	8	9	16	85
平均分			37.4	8	8	6.1	11.4	70.9

非实验班：

姓　名	性　别	出生年月	一	二	三	四	五	总　分
辜钰婷	女	1998/03	8	0	1	0	1	10
陈柏庠	男	2000/06	14	8	8	0	0	30
谢　烁	男	1999/11	42	10	4	6	9	71
陈泽涵	男	1999/07	32	4	4	1	5	46
邱卓瑄	女	1998/08	42	8	8	4	5	67
蔡晓娴	女	1998/05	42	10	12	10	15	89
翁逸冰	女	1999/03	38	8	8	9	12	75
林国铨	男	1999/12	10	0	4	8	6	28
刘丹丹	女	1999/09	24	8	4	1	10	47
汤仲淳	男	1998/08	30	4	4	9	1	48
平均分			28.2	6	5.7	4.8	6.4	51.1

测试数据分析（总课题实验 091202）

	实验条件	*N*	Mean	Std. Deviation	*t*	*df*	Sig. (2 - tailed)
一	实验班	10	37.40	8.644	1.814*	15.308	.089
	非实验班	10	28.20	13.514			
二	实验班	10	8.00	2.309	1.430	18	.170
	非实验班	10	6.00	3.771			
三	实验班	10	8.00	3.266	1.591	18	.129
	非实验班	10	5.70	3.199			
四	实验班	10	6.10	2.644	.846*	15.431	.410
	非实验班	10	4.80	4.077			
五	实验班	10	11.40	5.582	2.103	18	.050
	非实验班	10	6.40	5.038			
总分	实验班	10	70.90	17.162	2.096	18	.050
	非实验班	10	51.10	24.442			

注：*表示方差不齐，故采用 t 检验。

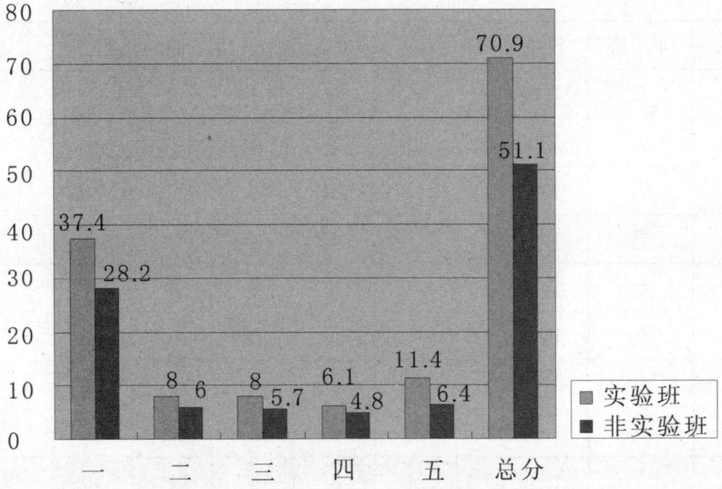

“寓学于乐”词语游戏

通过独立样本 t 检验的结果可以看出，实验班与非实验班在测试五和测试总分上存在显著差异（$p=0.05$），实验班的成绩显著高于非实验班；在测试

二、测试三和测试四上并不存在显著差异；在测验一上，$p=0.089$，可以认为存在边际显著效应，实验班的成绩显著高于非实验班。

本次参加检测的学生都能认真完成测试卷，然而检测成绩却两极分化，且阅读理解题目较为薄弱。具体情况如下：

综合比较：实验班和非实验班学生的完成情况，实验班的学生在“填写词语”和“阅读理解”题目部分完成情况较好，正确率高，漏做、缺做题目较少，尤其是“词语填空”部分完成情况明显优于非实验班。

具体题目比较：

①全体参加检测的学生在“词语填空”部分完成情况较好，优秀的学生正确率高达95%，由此可见学生对生字、新词、词语等语文基础知识掌握得较扎实。

②“根据所给意思写成语”这一题目是全体检测学生完成得最差的一项。接受检测的所有学生没有一位全对，有的学生甚至四道题目都错或者留空白无法完成。由此可知学生对成语的掌握还不够透彻，对于成语的意思了解较表面化，成语的正确、合理使用也不尽如人意。

③阅读理解题目的主要问题在于答题的严谨性和完整性上。无论是实验班还是非实验班的学生，都能按要求答题，只是回答较为片面，有些语言不够严谨，无法扣紧中心。

④词语回忆板块，全体检测学生完成得较好，回忆的词语数量多，正确率高，可见学生的记忆能力不错。

（4）2009—2010学年度第一学期“看打与想打相得益彰”专项实验（总课题实验091216）。

①测试内容。

实验班：

环节一：将精选文本另存为 . txt 文本格式，导入纵横汉字输入2.0比赛软件系统，由实验班的学生进行文本看打，第一遍看打，熟悉文本。

环节二：第二遍看打前呈现提示性思考题，让学生带着问题看打，完成后不回答问题，准备写作。

环节三：将看打文本转成图文 . jpg 格式，导入看图作文软件，然后开始由实验班学生自行命题，进行15分钟的读后随笔写作（考虑到转为图片导入看图软件文字不清晰，建议将文本置于Word或记事本中供学生边在“看图软件”中写作边阅览）。

环节四：完成后按实验要求和软件指引保存文章，实验教师打印作文封闭卷口，隐去姓名。邀请语文教师评阅批改，评定成绩，统计记录。

非实验班：

环节一：将实验班看打的文本印成纸质文档，由教师带领学生进行常规快速阅读（或听教师范读，或自行默读，或小组个人朗读）。

环节二：由教师提示思考题，再由学生自行阅读文本。以上两个环节共计15分钟。

环节三：请学生以常规写作的方式，用笔和纸在相同的时间内（15分钟）完成读后随笔的写作。

环节四：完成后请封闭试卷，隐去姓名，和实验班作文一起邀请语文教师评阅批改，评定统计成绩。记录送报。

②测试对象：从四、五年级的纵横实验班和非实验班中各抽取10名学生（5男5女），共20名（除1名学生外，其余9名同学与上项实验相同）。

③测试时间：30分钟（其中写作部分15分钟）。

④本次写作评分标准（100分）。

A. 联系原文，情感真挚；（20分）

B. 思路明畅，词汇丰富；（20分）

C. 内容具体，手法多样；（20分）

D. 联系实际，观点新颖；（20分）

E. 见解独特，结构完整。（20分）

⑤实验结果如下表：

“看打与想打相得益彰”专项实验设计（总课题实验091216）

实验教师：钱瑞扬　黄桂丽　洪　风　蔡泽涛

实验班：

姓　名	性　别	出生年月	A	B	C	D	E	总　分	字　数
陈淑娴	女	2000/01	19	19	19	19	19	95	706
张　凛	男	1999/07	18	18	18	18	16	88	471
古思敏	女	1998/06	19	18	18	18	19	92	344
李奕洵	女	1998/05	17	17	17	16	16	83	175
郑点烁	男	1998/03	18	18	17	18	18	89	275
江文蔚	女	1998/08	18	18	18	18	18	90	280
庄育彬	男	1998/09	19	19	18	19	19	94	331

（续上表）

姓　名	性　别	出生年月	A	B	C	D	E	总　分	字数
邱一为	男	1997/11	19	19	18	19	19	94	351
谢　栩	男	1999/08	18	18	17	17	16	86	244
黄晓茜	女	1998/10	19	19	19	19	19	95	485
平均分			18.4	18.3	17.9	18.1	17.9	90.6	366.2

非实验班：

姓　名	性　别	出生年月	A	B	C	D	E	总　分	字　数
辜钰婷	女	1998/03	17	12	14	14	14	71	231
陈柏庠	男	2000/06	12	12	12	12	12	60	179
谢　烁	男	1999/11	16	16	15	18	18	83	241
丁创鑫	男	1999/07	16	15	16	16	16	79	254
邱卓瑄	女	1998/08	17	15	15	15	15	77	310
蔡晓娴	女	1998/05	17	16	16	16	16	81	304
翁逸冰	女	1999/03	16	16	16	17	14	79	297
林国铨	男	1999/12	16	16	14	16	15	77	182
刘丹丹	女	1999/09	16	16	14	16	14	76	217
汤仲淳	男	1998/08	17	15	17	17	17	83	310
平均分			16	14.9	14.9	15.7	15.1	76.6	252.5

实验数据分析（总课题实验 091216）

	实验条件	N	Mean	Std. Deviation	t	df	Sig. (2 – tailed)
一	实验班	10	18.40	.699	4.609	18	.000
	非实验班	10	16.00	1.491			
二	实验班	10	18.30	.675	6.208	18	.000
	非实验班	10	14.90	1.595			
三	实验班	10	17.90	.738	5.834	18	.000
	非实验班	10	14.90	1.449			

（续上表）

	实验条件	*N*	Mean	Std. Deviation	*t*	*df*	Sig.（2 - tailed）
四	实验班	10	18.10	.994	3.849	18	.001
	非实验班	10	15.70	1.703			
五	实验班	10	17.90	1.370	4.014	18	.001
	非实验班	10	15.10	1.729			
总分	实验班	10	90.60	4.115	5.549	18	.000
	非实验班	10	76.60	6.835			
字数	实验班	10	366.20	152.666	2.233*	10.989	.047
	非实验班	10	252.50	51.071			

注：*表示方差不齐，故采用 *t* 检验。

通过对随机抽取的实验班和非实验班20名学生测试成绩的数据分析可以看出，在各个分测试、测试总分以及录入字数上，实验班和非实验班均呈现显著差异，有理由认为实验班被试在测试成绩上的优势并不是简单地由抽样误差所致。

实验班最高分的例文：（陈淑娴）

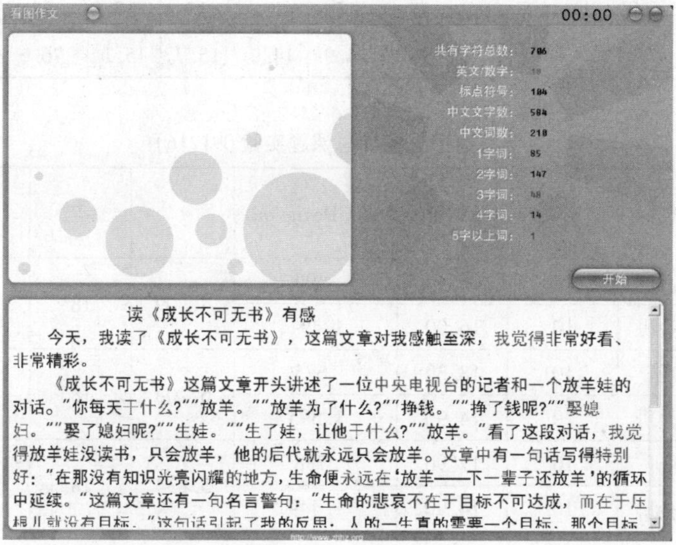

读《成长不可无书》有感

——陈淑娴

今天，我读了《成长不可无书》，这篇文章对我感触至深，我觉得非常好看、非常精彩。

《成长不可无书》这篇文章开头讲述了一位中央电视台的记者和一个放羊娃的对话。“你每天干什么？”“放羊。”“放羊为了什么？”“挣钱。”“挣了钱呢？”“娶媳妇。”“娶了媳妇呢？”“生娃。”“生了娃，让他干什么？”“放羊。”看了这段对话，我觉得放羊娃没读书，只会放羊，他的后代就永远只会放羊。文章中有一句话写得特别好：“在那没有知识光亮闪耀的地方，生命便永远在‘放羊—下一辈子还放羊’的循环中延续。”这篇文章还有一句名言警句：“生命的悲哀不在于目标不可达成，而在于压根儿就没有目标。”这句话引起了我的反思：人的一生真的需要一个目标，那个目标就是你的梦想地，你只要有目标，就会去努力，你努力了，就一定会有收获！

这篇文章还写了一个小故事，虽然是小故事，却说明着一个大道理：据说在美国历史上曾有过这样两个家庭：一个是爱德华家庭，其始祖爱德华是位满腹经纶的哲学家，他八代子孙中出了13位大学校长、100多位教授、80多位文学家、20多位议员和1位副总统；另一个家庭的始祖叫珠克，是个缺乏文化修养的赌徒和酒鬼，他八代子孙中有300多名乞丐、7个杀人犯和60多个盗窃犯。这则故事给了我很大的启示，祖先的文化修养可以影响到他的这么多后代！从现在起，我一定要努力学习，长大后树立起一个好榜样，让我的后代来学习我！

这不禁使我想起中国“希望工程”中的两句宣言：再穷不能穷教育，再苦不能苦孩子。朋友们，伸出你的援助之手，多关心关心类似“放羊娃”的孩子吧！成长不可无书，成功不能无知。让这些“放羊娃”读书，长大了也为国家出一点力呀！

非实验班最高分例文：（谢烁）

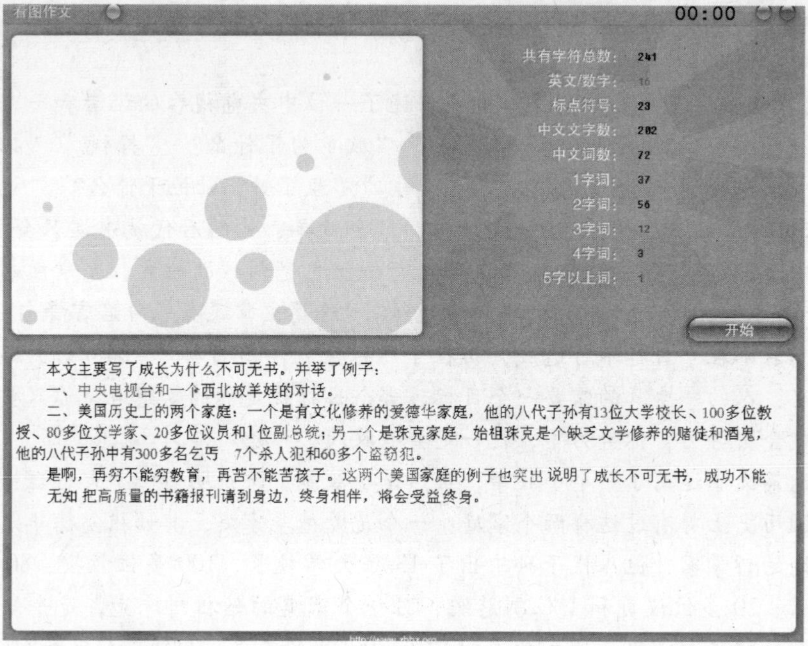

本文主要写了成长为什么不可无书。并举了例子：

一、中央电视台记者和一个西北放羊娃的对话。

二、美国历史上的两个家庭：一个是有文化修养的爱德华家庭，他的八代子孙有13位大学校长、100多位教授、80多位文学家、20多位议员和1位副总统；另一个是珠克家庭，始祖珠克是个缺乏文学修养的赌徒和酒鬼，他的八代子孙中有300多名乞丐、7个杀人犯和60多个盗窃犯。

是啊，再穷不能穷教育，再苦不能苦孩子。这两个美国家庭的例子也突出说明了成长不可无书，成功不能无知。

把高质量的书籍报刊请到身边，终身相伴，将会受益终身。

数据分析图：

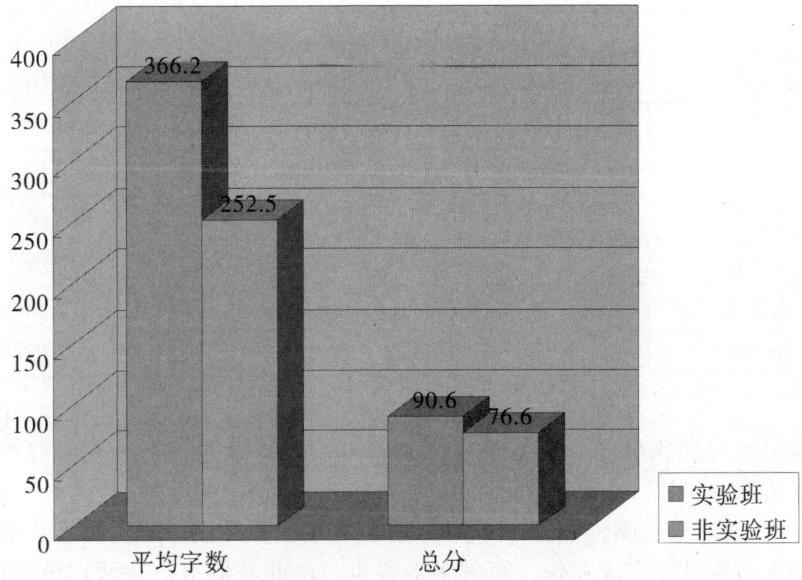

看图作文字数及分数统计表

实验班学生：大部分的学生能读懂《成长不可无书》这篇文章，能抓住文章最感人的地方谈感想，写得文句通顺，词汇量较丰富，还能联系自己的实际举例子谈想法，使得文章写得较为具体而有文采。文章的结构安排得较为合理。最大的优点是错别字较少。

非实验班学生：大部分学生能读懂《成长不可无书》这篇文章，能抓住动情点来写感想，有几篇文章写得还可以，也能注意结构篇章的安排，联系自己的实际举例子谈感受。但从整体来说，错别字较多，文句也有些不通顺。可能因书写速度慢的关系，写得不太具体，字数远不如实验班的学生。

（5）2009—2010 学年度第二学期“在线写作”学习技能测试。

测试内容：“想打”看图作文。

测试方法：在纵横信息数字化学习的在线写作系统下，由课题组统一比赛的时间，在我校五楼电子阅览室，实验班与非实验班学生同时上网在线进行写作。

测试时间：18 分钟。

评阅方法：由课题组进行评阅。

实验班		非实验班	
学　生	得　分	学　生	得　分
黄晓茜	104	李全荃	78
邱一为	102	刘丹丹	未入围
陈淑娴	101	吴一宇	未入围
庄育彬	95	邱卓瑄	未入围
张　凛	88	陈泽涵	未入围
江佳烨	85	林顾钊	未入围
古思敏	81	汤开一	未入围
谢　栩	78	蔡晓娴	未入围

以上的“在线写作”实验从评阅分数上，实验班的学生与非实验班的学生有非常大的可比性，实验班的学生平均分为91.75，而非实验班只有一位同学78分，其他未入围，均为60分以下。据在场的教师说，非实验班的学生18分钟绝大多数没能完成写作，写的字数很少。由此我们可以作两点分析说明：①实验班的学生在线写作打字速度快于非实验班的学生。②实验班的学生的写作能力明显优于非实验班的学生。

五、实验总结

我校在学校五楼电子阅览室组织学生参加课题组组织的“在线写作”比赛

两年来，我校课题组的所有成员在王振中校长的带领下，积极开展教学教研，大胆创新教学理念，关注纵横信息数字化学习的相关动态和前沿理论知识，主动参加总课题组组织的各项活动，并获得累累硕果。我校的陈淑娴、黄晓茜、张凛等同学获得2008年全国CKC纵横大奖赛的特等奖和一、二等奖。在2009年纵横信息数字化学习课题实验综合活动中，我校纵横主题网页获得“优秀主题网页奖”；实验教师谢映慧执教的《诗路寻踪》一课获得“精品微型学习课例”一等奖，钱瑞扬老师执教的课例课件《太阳花里的愿望》、《寻找海底的星星》、《表情娃娃》等获得一、二等奖；我校被授牌为“实验课题先行示范点校”；本课题同时获得“07—08年度课题实验评估”优秀实验课题奖。

经过两年的课题实验研究，我们欣喜地看到师生在纵横信息数字化创设的环境下对于教与学的态度变化，以及教学、学习效果的提升。可以总结如下：以“纵横码”为切入点的语文信息化课堂，能够激发学生的学习动机，有效提高学生的学习兴趣。实验教师在纵横信息数字化环境下创新的课堂教学模式，能发挥学生的学习主动性。而形码与数码的结合创新了识字与词汇的学习方法，使低部学生快速提升识字量，增长词汇。在随机看图写作方面，“纵横码”的学习对象在写作中有明显优势，错别字少，语句通畅，所写字数较多。纵横信息化学习与语文整合提高了学生对词组的敏感度，分析能力、观察力都得到了培养，活跃了学生的思维活动，并潜在地提高了学生的心理素质，个性学习在其中得到相应的培养和提升。另外，通过纵横信息数字化的学习增强了学生在电脑方面的处理能力，实验班有85.3%的学生参加区级以上的电脑作品比赛，有12%的学生获奖。

我校王振中校长在香港仁济医院第二中学分享学校课题实验情况

我校在“纵横信息数字化学习与提高小学生语文综合素质和能力的研究”课题研究上取得了预期的成功，学校将以此课题的研究作为启示，继续创写昌黎路小学纵横信息数字化学习与学科相结合的新篇章！

“小学校本研究活动与教师创新智能整合的研究”课题结题报告

王振中　谢树德

课题组负责人：王振中
课题组执行人：谢树德
课 题 组 成 员：张　珩　翁隆浩　方　杨　陆　烟　蓝玉婷
刘蓉蓉　钱瑞扬　林　林　柯雪娜　刘银霞
刘燕珊　陈培君　洪　风

一、课题提出

中国传统教学有两大弊端必须要加以解决：一是“学科本位”和“知识本位”的教学理念；二是学生始终处在被动接受学习的状态下。这样的教学现状既不能很好地适应学生的发展，也不能很好地适应社会的发展。对此，中共中央国务院发表文件，提出深化教育改革、推进素质教育的目标。早在2001年6月，《国务院关于基础教育改革与发展的决定》就明确了“加快构建符合素质教育要求的基础教育课程体系”的任务，同年7月，教育部颁布的《基础教育课程改革纲要（试行）》对课程提出了一系列的改革和创新目标。

江泽民同志说过：“教育在培养民族创新精神和培养创造性人才方面，肩负着特殊的使命。每一个学校都要爱护、培养学生的好奇心、求知欲，帮助学生自主学习、独立思考，保护学生的探索精神、创新思维，营造崇尚真知、追求真理的氛围，为学生的禀赋和潜能的充分开发创造一种宽松的环境。”应该说这一段话是当前教育改革的追求目标，也是创新教育的指导思想。

在这样的大背景下，我们以加德纳的教育思想和教育主张为理论依据，开展教育教学研究。

加德纳的多元智能理论首先批判了学校教育的“一统化”弊端，即“批量生产”的模式，设置统一的课程，采取班级授课方式，按照统一标准评价学生，忽视学生的个性差异；其次批判了学校教育功能的异化，即重视以测验和正规考试来测量与考查学校教育及学生的“智商式思维”；再次批判了学校教育目标的窄化，注重以抽象思维能力为核心的认知能力的培养。加德纳相信学生个体在多元智能领域中都具有不同水平的智力潜能。它提出的“以个人为中心教育”就是在充分了解每个学生的基础上，有针对性地开发学生的个性潜能。

我国多元智能理论研究专家梅汝莉教授认为：多元智能理论有资格成为21世纪教育改革的重要理论，它提出的一些理论和做法不仅与我国因材施教的传统教育思想有着内在联系，而且与现代教育改革有着高度的一致性。美国发展心理学家斯滕伯格强调：成功的人才要具有三个基础性智能，即分析性智能、实践性智能和创造性智能。加德纳在他的《多元智能》一书中明确说明，多元智能与成功智能在理论认识上是一致的、相同的。

于是，我们的思路出来了，这就是在开发校本研究活动的同时，培养和提高教师的分析智能、实践智能、创造智能，我们谓之“教师创新智能”。

二、课题研究目标

遵循教师的身心发展规律，尊重教师的个性差异，以多元智能理论与新课程理念为指导进行教学改革，开发教师的教学潜能，培养教师的创新智能，深化校本活动的研究，以促进学生的创新能力和实践能力。

三、课题实验研究内容

（1）小学校本研究活动的现状分析；
（2）小学生创新智能特点分析；
（3）小学生创新智能培养的课程建构；
（4）教师创新智能在学生学习方法研究中的地位、作用及素质要求；
（5）创新智能对提高校本研究活动的作用；
（6）教师创新智能与研究校本活动的内在联系及整合。

四、课题研究实验步骤

（一）第一阶段：准备阶段（2006.3—2006.8）

（1）建立和健全课题研究组织领导机构；
（2）资料收集、检索、筛选；
（3）制订课题研究实验方案；
（4）建立课题研究实验资料档案，收集、积累、分析有关材料；
（5）组织教师进行理论学习，提高实验教师的课题研究水平和能力；
（6）完成课题申报备案有关工作。

（二）第二阶段：实施阶段（2006.9—2008.8）

1. 试行阶段（2006.9—2007.8）

（1）开题培训，做好课题研究总动员工作；

（2）修订完善实验方案；

（3）设计教师教学情况调查表；

（4）写好学情现状调查报告。

2. 深化阶段（2007.9—2008.8）

（1）总结回顾前阶段实验研究工作情况；

（2）做好实验记录，及时分析有关情况；

（3）精选范例，深化校本研究活动及教师创新智能整合方法研究；

（4）做好课题实验的监测、评估和验证工作；

（5）撰写阶段性实验报告和论文。

（三）第三阶段：总结阶段（2008.9—2008.12）

（1）加强目标检测，进行资料整理、分析与评价；

（2）结集出版教师优秀论文集、优秀教案集及优秀教学课件；

（3）结集出版学生优秀作文集、优秀作品集；

（4）召开课题实验研究的总结与交流会；

（5）撰写课题研究实验结题报告；

（6）做好实验研究结题验收有关工作并请专家鉴定。

五、课题研究的主要成果

（一）认识小学校本研究与教师创新智能的关系

校本研究就是从学校的实际出发，以研究为线索，统领教育教学工作。组织教师从事适合本校教育教学需要的研究活动，形成学校特色，发展教师的自主性和专业水平，为全体学生成长创造基础。校本研究是根本，教师创新智能是校本研究的体现。要实施创新智能教学，培养具有创新意识、创新智能和创新能力的学生，就必须积极开展校本教研，提高教师素质，促进教师创新智能发展。

校本研究活动是提高教师创新智能的重要途径。只有把校本研究扎实做好，教师在研究的过程中专业才能得到成长，创新智能才能得到提升。我校请课题组专家、韩山师院的教授进行专业引领，大力发展校本教研，促进教师创新智能发展以适应现实创新教学的需要。

（二）提高校本研究的水平

1. 加强师资培训

多元智能理论认为：教师进修是教育改革成败的四大要素之一。教师是课程改革的主力军、具体的实施者，能否抓好实验教师的培训是影响新课程实施效果的关键因素，这已成为普遍的共识。要让新课程实验发挥作用，必须使教师理解新的课程理念，认识自己在课程开发与实施过程中所处的地位与作用，从而以积极主动的姿态投入到创造性的课程改革中去。

（1）认真抓好每周课改研讨日活动。首先，组织全体实验教师学习、探讨有关课改的文件、资料，帮助教师转变教育观念，形成自我更新、自我完善的读书学习与合作探究的良好习惯，树立以“促进每一位学生发展”为宗旨的新课程观，提高教师进行自我反思的能力和水平。活动中要求做到“三个有”，即有主题、有中心发言、有活动记录。广大教师由“被动学习”变为“主动学习”，由“被动研究”变为“主动研究”，学校教研氛围日渐浓厚。其次，结合经常性的公开课和观看课堂教学录像课例，让教师在学习中思索，在领悟中模仿，在改进中创新，发挥教师个人、教师集体的作用，加强教师之间的专业切磋、交流与合作，引领教师的专业、技能不断发展。再次，通过行为跟进的阶段性（建立教师成长档案）甚至全过程的自我反思以及同伴互助的教学研讨，着重帮助教师解决自己日常教学活动中遇到的实际问题，适时交流反馈上一周的教学情况及下一周的教学设计，注重群体智慧，实现优势互补、资源共享。

（2）广泛开展信息技术与课程教学整合的培训。针对学校师资水平以及深化新课程实验的实际需要，我校积极利用现有的网络资源，利用假期和休息日分期分批坚持不懈地对教师进行信息技术教育与课程教学整合的全员培训，有效地提高实验教师运用信息技术辅助教学的能力和水平。

通过师资培训，一方面引领教师转变教育观念，增强教师实施课改的信心；另一方面帮助每位教师掌握应对课改的基本常识与技能，如明晰如何按新课程理念进行教学设计、什么样的课才是“能让学生实现有效学习”的好课、如何评价一堂实验课以及如何通过有效的激励评价促进学生全面发展等现实问题，从整体上提高广大实验教师参与课改的主动性、积极性和实效性。

2. 改变课堂教学模式

课堂教学是校本研究的主阵地，是课程改革生命力之所在。离开课堂教学谈校本研究如同纸上谈兵。我们认为要建立以校为本的研究制度，就必须牢牢把握课改的立足点——课堂教学。通过对课堂教学中学生表露出来的“问题”，进行深入了解、具体研究，才能使之用于指导课堂教学改革；通过对教师在教学实践中切身感受到的、迫切需要解决的问题的共同研讨，推动课堂教学改革。课堂教学成为实验教师实施课程改革、展示自己才华、完善自我、超越自我的舞台。

课题组把课堂教学改革作为校本研究着力攻克的重点和难点，通过实施“青蓝工程”、“名师工程”，引领教师努力构建多元情境化的教学策略，即“用多元智能来教”，以此调动学生的学习积极性，增强学生的情感体验，创造生动活泼的教学局面，培养学生具有适应社会、生活的创新精神和实践能力。课堂教学具体要做到：首先，优化师生情感关系，构建民主、平等和促进个性发展的人文环境，让学生乐学、会学、善学，真正使师生关系焕发出迷人的光彩。其次，“为多元智能而教”，落实课程功能的“三个维度”，即知识与技能、过程与方法、情感态度与价值观，促进学生智能的发展，塑造学生健全的人格。再次，以“自主、合作、探究”作为教学方式选择的基本参照，突出学生参与的主体性和教师指导的主体性。引导学生自主学习，让学生学会发现问题、提出问题甚至解决问题；要培养学生合作学习的习惯，促进教学过程中的生生互动、师生互动、多元互动；要注重过程教学，促进探究活动的广泛开展。教师在教学中主要发挥“指导者”、“促进者”、“服务者”的作用，而不是扮演“讲授者”的角色；要给学生一个即兴发挥、自主活动的机会和空间，让学生通过实验、操作、调查、信息搜集与处理、表达与交流等探索活动，获得知识、技能，发展情感与态度，不要越俎代庖，代为探究，更不要以“讲授探究”代替“亲历探究”。最后，教学评价力求体现发展性、过程性、多元性、主体性的统一，促进学生身心的健康成长和教师自身专业的发展。课题研究的实施使学校领导能把课程改革重心下移，经常深入课堂听课，课后能及时与教师沟通交流，切磋探讨，符合新课程理念的教学设计，包括教学目标的确定、教学内容的筛选与组织、教学方法的选择与运用、教学评价的实施以及师生关系、教学手段的考虑等一系列活动与问题，对促进实验教师课堂教学的优化有很大的启发和帮助。

3. 整合课题研究

常言道：教而不研则浅，研而不教则空。教学与研究二者应该有机结合，面向实际，面向课堂。“教师即研究者”已成为当今国际社会的一种潮流，因此教师要增强“研究”的意识。在教学过程中要以研究者的心态置身于教学情景之中，以研究者的眼光审视、分析和解决自己在教学实践中遇到的各种问题，对自身的行为进行反思，对出现的问题进行探究，对积累的经验进行总结，以形成规律性的认识，真正把日常教学工作和教学研究融为一体，使教师逐步由“教书匠”向“专家”转变。这是教师持续进步的基础，是创造性实施新课程的保证。我校整合“中小学信息资源应用模式与绩效研究”、“实现课程标准提出教学评价的方法与策略研究”、“基于网络环境下信息技术与学科四结合研究”及学校校本课题“小学生推广纵横汉字输入法的方法研究”等课题，全方位研究教法、学法，确立“科研兴校”的办学理念，建立教学研究的导向机制、激励机制和保障机制，使学校真正成为教师发展的基地。

（三）促进教师专业成长

经过近三年的课题研究与实践，教师的教育观念不断更新，教改热情日益高涨，理论水平和专业技能有了明显进步，促进了教师专业成长。

第一，教育观念的进一步更新。

（1）教学质量观念的变化。教师树立了全面教学质量观，教师衡量学生的标准不仅看分数，更注重学生平时的表现，包括学生的学习态度、课堂反应、作业状况等日常学习活动的效果以及道德素质、身体心理状况等；同时能尊重学生的差异性，面向差异，分层施教，关注每一个学生的发展，包括有特长的学生的主动发展和对问题学生的转化，做到不放弃任何一个学生的进步。

（2）学生“地位”的变化。树立了“以生为本”的教育新理念，学生是学习的主人，教师尊重、信任学生，以平等的态度对待学生，发挥学生潜在的创新能力。

（3）教学评价方式的变化。把只凭期中、期末考试成绩的“一元化”评价，扩展为考试成绩、学习过程、学习方法、情感体验等“多元化”评价。同时也注重学生的特长评价，加强对学生的特长培养，重视对特长学生的鼓励，将具有一技之长的学生同样视为优秀学生。

第二，教学能力的不断提升。

我校现有专职教师117人，其中近几年毕业的教师占了30%以上。这些年轻教师刚分配到学校的时候，几乎都是业务生疏、课堂驾驭能力较弱的“书生”。通过参加校本研究活动，一大批年轻教师迅速成长起来，有超过一半的年轻教师还成为学校教学新能手。例如青年教师黄露盈在数学教研组全体教师的指导、帮助，以及自己的不懈努力下已成为我校数学科的教学骨干，在教育、科研等方面取得了不平凡的业绩。参加青年教师数学说课比赛分获区一等奖、市一等奖，参加青年教师数学观摩赛分获区、市一等奖。目前正在加紧教研，准备代表潮州市参加三月份在清远举行的省赛。她执教的“纵横码”课还在省级现场会中展示。洪风、杨思丽教师被评为潮州市名班主任。

第三，教育科研能力的提升。

原来有70%以上的教师对教育科研的地位和作用缺乏正确的认识，对参与课题研究缺乏主动性和积极性。现在，教师能真切体验到教育科研对提高自身教育教学能力的重要作用。

通过校本研究活动，使大部分教师基本能够掌握课题研究的基本步骤，包括选取研究课题、制订研究方案、实施研究、总结研究成果等，教师教育科研的热情空前高涨，教育科研能力明显提高，超过60%的教师参加学校5个课题的研究活动，进一步激发教师投身科研的热情。

（四）提高学生的整体素质

2008年2月，我们为检验课题研究与学生学习素质的关系，设计了相应的调查问卷，同时对五年级478名学生在前后两年的学习情况进行对比调查。调查结果显示：学生的整体学习素质普遍得到明显提高。①在学习目的态度变化方面：学生学习目的有所明确者419名，占总数的87.7%，其中56.4%的学生学习目的更加明确或比较明确。②在学习兴趣爱好变化方面：学生学习兴趣有所增强者414名，占总数的86.6%，其中40.4%的学生学习兴趣更加浓厚或比较浓厚。③在掌握学习内容变化方面：学生能掌握一般学习内容者436名，占总数的91.2%，其中42.9%的学生能够全面而牢固或比较全面而牢固地掌握学习内容。④在运用学习方法变化方面：学生能运用一般学习方法者422名，占总数的88.3%，其中42.1%的学生能熟练或比较熟练地运用学习方法。⑤在掌握学习能力变化方面：学生学习能力有所提高者435名，占总数的91%，其中38.9%的学生学习能力大有提高或有较大提高。⑥在自评学习成绩变化方面：学生自评学习成绩有所提高者407名，占总数的85.1%，其中36.8%的学生自评学习成绩大有提高或有较大提高。⑦在安排学习时间变化方面：学生安排学习时间大体合理者430名，占总数的90%，其中71.1%的学生能科学合理或比较科学合理地安排学习时间。

学生参加全区期末质检，语文科优等率84.2%，及格率98.2%；数学科优等率79.5%，及格率96%；英语科优等率63.9%，及格率83.9%。与实验前相比，语文科成绩提高的有20个班，数学科有18个班，英语科有17个班，全体师生的整体素质优化，教学质量不断提高。学生在各级各类竞赛中屡创佳绩。近三年来学生参加全国、华南地区、广东省“纵横码”比赛，获团体一、二、三等奖计28次，学生获第一、二、三名共计75人次。参加“星河杯”、“育苗杯”数学奥赛获一等奖19人次、二等奖26人次，作文竞赛获省、市、区奖项32人次，学生参加全国小学生英语竞赛获一等奖12人次、二等奖15

人次。参加广东省中小学生机器人大赛获第一名52人、第二名12人，美术书法方面获全国、省、市、区奖项36人次。参加省、市、区级“三棋”（围棋、象棋、中国象棋）比赛获冠军杯15次，学生获奖112人次。在湘桥区中小学田径运动会上获团体冠军1次、第二名1次，学生获个人第一名18人。

六、课题研究成果的推广范围和社会效应

本课题的研究取得较好成效。参与研究的教师撰写的教学论文在《广东教育》发表6篇，在《广东基础教育研究》发表11篇，在《潮州教育》发表8篇，在《湘桥教育》发表12篇，师生获奖项数列全区之首。教师的科研成果也较显著，在全国教育科学“十一五”教育部规划课题“创新智能教学理论与实践研究”阶段性成果评选中，获论文一等奖8篇、二等奖26篇，教学设计获一等奖3篇、二等奖8篇。刘燕珊老师参加的本课题组在汕头举办的阶段性交流获赛课一等奖、教学设计比赛一等奖。

2008年10月在我校举行的第七届“教学交流探索活动日”更是体现了课题实验的成果。围绕“深化课程改革，规范教学行为”这个主题展开组织了一系列活动，实验教师为全校师生、全区兄弟学校的同行提供交流、提高的双赢平台。本次活动由湘桥区教育局教研室主持、学校主办，吸引了市、区600多名教师到校听课。共推出语文、数学、英语、音乐、美术、体育、思品、心理健康等学科共19节公开课，生动的课堂体现了现代的教学思想、教学理念，教师们在教学中能充分利用网络技术、多媒体平台等现代化教育手段，使课堂更加生机盎然；教师们在教学中注重引导学生仔细观察、动手制作、合作交流，体现了促进学生发展的理念，以学生为主体，师生之间的交流自然、融洽、亲切；教师们在教学中能合理运用校本课程及潮州乡土文化的内涵，让学生在热烈轻松的气氛中感受到家乡的特色、文化。同时，在活动日中还举行了“教学研讨会”，6位开课教师分别针对不同的学科特点，从不同的角度对自己所上的课进行反思。教师们把教学中直观形象的演示、适时巧妙的设问、简洁明了的板书记录下来，从教学设计、教学方法、学法指导、信息技术等方面的独到见解及教学中教师语言表达、本土文化的渗透等不足之处进行深刻的反思和剖析。教师们从中积累教学的经验，改进课堂的教法，提高驾驭课堂的能力。研讨会上，有5位教师就对外推介课中的语文、数学、英语、美术、音乐5节课进行案例分析，他们都认真做了前期的准备，收集材料，正确地分析、撰写案例，做到理论与实际紧密结合、实事求是，有自己独到的见解，并把授课教师的教学行为提高到新的教学理念的高度进行审视，形成从实践到理论的升华，最后再回到实践的指导过程。为了更好地促进教师不断学习，提高业务

水平，在活动日中举行了教师的课件制作比赛和说课比赛。本次课件制作比赛的内涵均与以往不同，不仅检阅教师的课件制作技巧和制作技术，更重要的是检阅教师们使用现代技术辅助教学的理念以及对课件的运用和调控能力，力求达到设计的课件既精美又实用。18 位参赛教师根据任教学科的特点及教学需求现场制作课件，评委们从课件的画面设计、素材的处理能力、内容的整合能力进行综合评价，从教学思想、课堂设计、媒体制作与运用等方面与参赛教师进行现场的互动，最后评出林林、蔡泽涛、刘燕珊三位教师制作的课件获一等奖。6 位说课比赛的教师为不同的学科代表，体现了学科的特色，他们以饱满的精神，借助多媒体演示，详细地对教材、学生、教学方法及教学理念、教学过程、板书设计等方面进行说课，演示到位，讲解清晰，将说课内容演绎得淋漓尽致，赢得了在场听课教师的阵阵掌声。潮州电视台、潮州日报分别以“开放、创新、活泼”为题深入细致地报道了此次活动，在全市教育系统产生了强烈的反响。

七、课题研究尚需解决的问题

（1）创新智能是教师专业素养的核心内容，也是教师专业发展的根本方向。我们的研究活动在纵深发展方面还不够。教师在改革课堂教学、应用多元教学目标方面还有所缺乏。只有不断改造和完善自身的知识结构和理论水平，才能以新的教学方法去塑造富有创新性的学生。

（2）由于教师本身的工作量较大，教学任务比较繁重，创新智能理论掌握运用的层次还较低，使得我们实验的科学性、规范性还需要不断强化。

（3）由于实施中小学免费义务教育，地方财政拨款只能维持学校基本运转，对学校教研经费的投入不足，使课题实验的深入开展较为困难。

（4）新的理论、新的观念、新的教学方法对于教师而言还有一个不断适应、接纳的过程，促使我们今后还要对“创新智能”课题进行更深入细致的研究和探索，不断丰富我校创新智能教育的内涵。

第五章　教师专业发展个案

亲其师，信其道

——王振中教师成长历程

第一堂课

19岁那年，从师范学校毕业，我怀揣着对未来的憧憬和满腔的热血前往学校报到。当时的我还是一副青涩的学生模样，虽身着素净的衬衫，特地打了一条鲜红的领带，可看上去还是一脸稚气未脱。沿着西湖路，我一路踏着轻快的脚步，心情既兴奋又紧张，为自己从此走上教育之路而高兴，又对自己将要从事的工作感到担心，害怕自己教不好，胜任不了教学工作，会误人子弟。还没到报到的学校，心中已经忐忑不安：不知会担任哪个年级的教学？不知要教授什么科目？要如何表现才能给大家留下美好的第一印象？要怎么做才能让学生“亲其师，信其道”……

到了学校，站在校门口，我深深地吸了一口气。我在心里想着：“这就是我以后工作的地方，这就是我放飞梦想的场所，如今我是一名人民教师了，一定要好好努力，实现自己的人生价值。”我大步流星地走进学校，在一间陈旧的办公室见到校长。校长戴着一副眼镜坐在藤椅上，看到我笑了笑说：“欢迎欢迎，这儿是个好地方，希望你能在这里安心专心工作……”当时校长还讲了很多，许多话我已经记不清，只记得第一印象中校长挺随和的。想到校长是个挺好相处的人，心里多少感到有点踏实，但想不到校长很快就抛给我一个难题。因为学校一名语文教师身体不适，近期请病假，他让我临急受命，第二天去代课，给初一的一个班级上语文课。我领了语文书，就匆匆开始了我人生第一节课的准备工作。

第一节要上的课文是《武松打虎》第二课时。从接到任务到正式上课只有不到一天的时间，对于我这个刚踏上三尺讲台的年轻教师来说，显然很仓促。首先我找到同办公室的其他教师，向他们请教应先从哪儿入手，怎样备课，怎么上好一节课……他们一一给我做了解答，又给我找来了教案、备课本，并告诉我班级学生的大致情况……那天的整个下午及大半个晚上，我都没闲着。我把自己关在家里，一个小节一个自然段地开始备课。查资料，写教案，甚至把自己从上讲台到下课要说的每一句话都写出来，反复地对着镜子练习。

第二天一大早，我便把备好的课拿给同办公室年长的李老师看，他看完后点了点头说道："备课认真，内容详细，可以上课!"话虽不多，却字字掷地有声，敲打着我的心房，让我信心十足。第二节的语文课如期而至，这时我想起了昔日班主任教导我的话："只有我们拥有一桶水，你才能胜任半桶水的工作。"我想：做了不少准备工作，可毕竟时间紧迫，加上新手上路，也不清楚自己这桶水到底盛得有多满。心里总是觉得自己还没准备好，教案备得还不够完善。当预备铃声响起，我感觉自己的双脚如千斤重，怎么也迈不出一步。透过明亮的玻璃窗，我看到一张张稚气、纯朴的脸，一双双充满期待、渴望的眼睛。我心里头更有一股莫名的紧张和不安：如果第一次课上得不好怎么办？如果学生不肯配合怎么办？如果课堂出现让我措手不及的事件怎么办？我越想越没有信心，说实在的，当时我有一点冲动，想转身拔腿就跑，不上这节课了。就在我的胡思乱想中，上课铃声正式响起，教室里的56双眼睛不约而同地向身在教室门口外的我扫来，刹那间我感到自己思维停顿、脸颊滚烫。但我知道自己已无路可退了，想起了昨天校长对我的鼓励，想起了昨天同事们对我的帮助，想起了李老师对我教案的肯定，更想到了自己过去十多个小时的认真准备，我便坚定地走到了教室门口。

"反正都已经走到这一步了，课前也做了许多工作，无论如何今天一定要踏上讲台，上好这一课。"定定神，深呼吸，迎着56双明亮的大眼睛，我鼓起勇气推门走进教室。站在讲台前，面对56名学生，我的大脑一片空白，学生们睁大好奇的眼睛注视着我，台下面一阵阵窃窃私语声此起彼伏。我心里更加觉得发毛，感觉脸发烧，手冰凉。我顿了顿之后，用颤抖的声音说了第一句话："同学们，大家好，我是新来的王老师，这节课由我来给你们上。"

眼看这些初中生，一个个人高马大，有的个头甚至比我还高。当学生们站立向我问好时，我又是一阵紧张，一下子脑子里什么也没有了，空空的让人感到害怕。拿出自己精心准备的教案，手在微微抖动，但总算有样东西可以填补一下空白的头脑了。我努力静下心来，让教学程序照着我课前准备的方向走。于是，我开始向学生们简单介绍自己，然后开始讲课。

开始上课没多久，我总会不自觉地重复说过的话，总担心学生不能听清楚，不能明白我说的话，就好像自己说的普通话不标准，老想改正或是想说得再清楚再明白点。很多时候，我会忘记自己讲过的东西，而再一次重新讲。眼光也只是盯着教案，盯着自己写的板书。半节课下来，我委实心虚，手心也出了不少汗，全身有种被掏空的感觉，好像手脚不是自己的似的。

随着教学的进行，我的心渐渐地平静下来。因为在求学时期，四大名著是我课外最爱的读物，《水浒传》里的一百零八将聚义梁山，行侠仗义，他们劫富济贫的快意生活曾一度是年少的我心驰神往的。我闲暇时就反复品读《水浒传》，对“武松打虎”这一回更是情有独钟，耳熟能详。所以当讲到“武松打虎”这一部分的时候，我临时改变了原先的备课内容，根据当时的实际情况提出了许多学生喜闻乐听的问题。在学生渴望知识的眼中，我慢慢地找回了自己失去的信心。当学生踊跃回答自己所提出的问题并且答对时，我感受到了一丝当教师的快乐。这种心情是用多华丽的词语、多优美的句子也表达不出、形容不了的。

一节课45分钟不知不觉间从我的指缝中流走。当下课铃声响起时，我才发现不知何时自己全是汗水的手心已经干了，不知何时自己早已克服了由于胡思乱想所带来的恐惧。

走下讲台，我心中满怀喜悦：“我成功了！”

迈出第一步并不容易，心中的恐惧是最大的敌人，由于上课之前自己的胡思乱想给心理带来了巨大的压力，才会使第一步迈得那般步履维艰。当顺利迈出第一步后，我相信自己以后会更加自信地迈出第二步、第三步……

多年后，当我走在路上邂逅当初的学生时，他们还常能记起当初我上的第一节课“武松打虎”。有一次，我昔日的学生，也是现任的潮州市安全应急办公室主任叶汉龙见到我，还兴致勃勃地与我聊起了当年我们的师生情，聊起了我的第一节课，他说：“王老师，我到现在还特别清楚地记得您讲武松打虎的片段，还记得那种吊睛白额大虫，还记得那老虎吃人就是一扑，一掀，一剪……”说罢，我们相视而笑。

这人生的第一堂课，给了我很多的启示。首先，我认为作为教师，师德非常重要。以自己一颗真诚、坦率的心，来对待工作和教学、对待学生，才能赢得他人的尊重。其次，作为一名语文教师，应该热爱生活、热爱工作、热爱学习、热爱语文，用自己的智慧和修养去感染和影响学生。再次，不要有功利行为。你所做的一切，都是出于热心和爱心，不求回报，不计得失。

这人生的第一堂课让我从此深深地爱上三尺讲台。我在当时的日记本中这样写道：蜡烛虽然光亮微弱，但它能够温暖人心。蜜蜂虽然娇小无闻，但它终日辛勤采花播粉。我愿做一支蜡烛，照亮别人，温暖人心。我愿做一只蜜蜂，把知识的琼浆蜜液传播校园。教书育人是我的理想追求，我愿为此飞得更高，飞得更远……

从教之路

教师的职业是高尚的、高贵的；教师的生涯是平淡的、平常的；教师的生活是清贫的、清静的；教师的本质是朴实的、朴素的。

我是从校门一出来又踏进校门的，1974 年刚满 19 岁的我一毕业就进入校门教书。我是怎么踏上从教道路的呢？应该说家庭对我的影响很大。我的父亲就是一名教师，他一辈子立足三尺讲台，传道、授业、解惑，在这块园地里辛勤劳作，孜孜不倦，培养了一大批社会的有用之才。在潜移默化之中，孕育着我“立志为师”的心灵。在我青少年时期，儒家思想、孔孟之道对我的影响很深，“修身、齐家、治国、平天下”，没有文化怎么能实现自己的理想？尽管我是一个小青年，底子薄根基浅，但我总是很自信：如果能进入教育之门，我肯定能学好做好，培养下一代。怀着这个理想我走上从教之路，没想到一进门至今已是三十多年了。教书，如果单纯当一个普通教师，是远远不够的，在从教之路上应不断调整自己的目标，不断找到自己的支撑点，不断构筑平台，一步一步往前走，做出成绩，体现自己的人生价值。在人生起步阶段，对我影响最大的是韩山师院教科所林振海和谢德勇这两位教师，当时他们都年富力强、经验丰富。在和他们交往交谈的过程中，他们丰富的学识、学者的风范深深影响着我。我很羡慕他们，并决心要努力学习，要像他们一样，能培养更多的人才。

从教之路是不平坦的，总的来说我的教育之路经历了五个阶段。

第一阶段是 1976 年至 1981 年，我任教初中部。五年时间的中学教学不长也不短，但对于我却是难忘的经历。还记得我到韩山学校报告的当天，一个刚刚二十出头的小青年，骑着一辆破自行车，领着报到书去找学校报到。来到学校，面对着学校的环境，我的心凉了半截，周围都是香蕉林、小巷及较为破烂的居民住宅。对于生长在老市区的我来说，这里环境比较恶劣，各方面的条件都很差。面对这种状况，我都快要掉下眼泪了。但是看到当时学校很多教师都跟我差不多年纪，年轻人聚在一起，有的是活力和热情，我逐渐融入了这个群体，也就渐渐释怀了……

桥东这一地域西至涸溪村，北至华侨瓷厂，方圆五公里。韩山学校承担了这个区域工厂、村庄家庭子女的教育任务。当时我一去就担任初中班的班主任，这对我来说是一个很大的考验。教学上的困难我不怕，让我苦恼的是学校的地理位置及环境很差。当时的韩江还没有整治，湘子桥还是通行的，一旦遇上暴雨季节，大桥上就进水了，东门就关闭了。虽然形成了潮州八景之一“湘桥春涨”，但当时二十岁的我根本没有心思去欣赏，心里有的是不能回家的苦恼。回不了家就意味着必须在学校里内宿，晚上要管理学生的内宿安全，所以心里是酸甜苦辣，五味杂陈。但对工作跃跃欲试的热情让我很快定下心并全身心投入教学工作之中。

印象最深刻的是韩山学校的学生虽然来自不同地方、不同家庭背景，有工人、农民、军人、商人子女，但都非常朴实，我时常鼓励他们克服困难、努力读书，以知识改变人生的命运，以能力去改变自己的环境。那时我经常去家访，所以我对桥东的大街小巷、生产队，什么龙骨顶、什么上巷下巷都相当熟悉；涸溪村村道、瓷厂宿舍我几乎都是了如指掌。五年的时间，那里的学生毕业了一届又一届，一批又一批，直到现在，往来最密切最亲热的恰好是那些当时被认为是调皮捣蛋而我却为之倾注心血的学生。多少年后，每当师生团聚在一起，我脑里都会浮现当年的情景，都会感到一种莫名的温暖。记得有一次晚上到涸溪村家访，我踩着一辆破自行车，拿着一把手电筒，一骑就是三五公里路，刚一进村，小孩子就叫起来：“班主任来了，王老师来了！”学生穿着破裤，光着脚丫，兴奋着前呼后拥，连忙带路。在农村，像这样的教师来家访实在太少了，因此学生及家长都非常感动。因为生长在农村，大人平常都忙着干农活，根本没时间去管孩子。家教的缺失，导致孩子野蛮、放任、无心向学，有时候真的很难教。然而面对这种情况，我都是耐心、反复引导说服他们：“你们要听话，要好好学习，当你们长大时，你们自然能理解老师的苦心。”通过频繁的家访，我与学生、家长结下了深厚的感情，使学生在品德上、学习上有了很大的改观。

经过五年的磨砺，为我的教育人生打下了基础，也是我更坚定信心热爱教育事业的一个很大的转折点。试想如果没有在这种艰苦的环境中奋斗过，就不能体验孩子、家长的朴实感情，就无法体验教育事业的酸甜苦辣，也无法体验今天这些学生给自己带来的幸福感。

第二阶段是 1981 年至 1987 年，我调到了东平路小学任教。当时刚好是改革开放初期，搞活经济的浪潮滚滚袭来。教育系统被称为是“出生入死之地”，即教书是死路一条，跳出教育系统才有前途。很多人忙于“过线”从政，“下海”经商，搞活自己的经济，捞得自己的实惠。作为一个青年人，我也面临着成家立业的问题，也面临着生活压力。在东平路小学这所全市最小、最没名气的学校里，工作量大，待遇差，刚开始时我也曾有过动摇。但一想起我当初的志向、我的人生追求，我就清醒过来了。物质谁都需要，我更注重的是精神上的奋发向上，工资虽低但我能从工作及培养孩子中得到无限乐趣。生活虽清贫，但我总认为只要勤俭节约些也能度日。这段时间虽然是最清贫的时期，但也是最充实的一段人生，因为我把精神都寄托在事业，寄托在培养学生身上了。

在东平路小学最难忘的是教师这个群体，大家工作上的投入跟热情感染了我。如朱雀飞、翟尧智老师堪称是“儿科专家”，他们对学生的了解、对工作的认真严谨、对班主任工作的艺术掌握都让我佩服。我暗下决心，要向这些好教师学习，大踏步地提高自己的工作能力。

当时我既当班主任又教语文学科，我一方面向老教师请教，一方面大量阅读教育名著、心理学和教育学著作。经过几年的摸索，干出了一点成绩，总结出了做好班主任的经验。

当班主任最关键的是要有责任心，其次要热爱学生和热爱学生家长，如果缺少任何一个方面都不可能把班主任工作做好。学校把几十个学生交给我，好多任课教师和大事小事都要经过班主任这个总枢纽，我总努力想方设法管理好、协调好。要和家长搞好关系，家访便成为我当班主任最重要的工作。我不管学生住得有多远，都骑自行车去家访，这种精神感动了家长，家长自然而然配合我的工作。家长把对教师的感谢之情说给学生听，学生受到家长的感染，也发自内心接受教师的意见，这样形成一个良性循环，为管理好学生创造了一个很好的有利条件。

在东平读书的学生，大部分都是住在城跟脚的孩子。因为靠近韩江，多数家长是从事航运、搬运或小买卖工作。学生也多调皮，精灵古怪，但只要跟他们拉近关系，培养感情，学生还是很听话的。那时一有时间我就陪他们去郊游，课余跟他们打牌，在学习上热情帮助他们，所以工作很顺心，所带的班级都被评为先进集体。直到现在，师生关系都很密切，学生的孩子一见面就喊“师公”，让我感到幸福。

那段时间里我总结当班主任的几点经验：一是时间上和精神上必须舍得投入，每天都把教室、办公室当成自己的家，把学生当成自己的孩子；二是必须读懂学生“这本书”，学生“这本书”非常重要，要成为学生崇拜的偶像，成为学生的知心朋友，让学生信赖你、佩服你，你的工作就成功了一半；三是对学生必须一碗水端平，既培养班干部又注重后进生，既关照尖子生又要扶持后进生，一视同仁，善待每一个学生；四是注重班干部培养。

1987 年，由于围堤扩建，东平路小学被并入昌黎路小学，由此我走上教育人生的第三阶段——由全市最小的小学来到全市最大的小学，由最没名气的小学来到最有名气的小学。当时到昌黎路小学之后，面临着巨大的压力。调过去之后，我负责带六年级毕业班的语文，当时老校长说："你来了啊，这成绩最差的一班就交给你吧。"因为当时正碰上学校力争提高升上重点中学率、夺取全市"三连冠"的关键时候。面对老校长交给我的几乎不可能完成的任务，我感到压力很大。当时接到这个班后我一个星期都睡不着觉，饭也吃不香，瘦了七八斤，本来消瘦的身躯显得更加单薄。面对这种状况，我就和我的老搭档数学老师说："许老师，我们两个人一定要把这个班搞好。"面对这个基础差、与其他班成绩相差太大的班级，要补的东西太多了，要用一年时间去完成三年的工作，不想方设法下苦功夫，单凭蛮干苦干是万万不行的，单凭扛和等也是不行的，要主动出击，要把一天当成三天用。我和许老师除了在课堂上认真上好课之外，还把黑板搬过三家巷 1 号学生家中，为学生补课。那个地方成为我们"革命的摇篮"。在这个"革命的摇篮"中，我们让这些原本没有斗志的基础薄弱的学生，逐步树立理想并付诸行动，让其基础好起来。经过一年的辛勤努力、披星戴月的苦干，功夫不负有心人，这个原来成绩最差的班竟然有 5 人考上金山中学，9 人考上高级中学，全班 38 人全部升上中学，成为不单没有拖后腿反而走在年级前列的班级，使得大家不禁对他们刮目相看，我也赢得了学校领导的信任。

这一阶段，我不断探索语文学科的教学方法和教学艺术，逐步形成自己的教学风格。

我所学的专业就是中文教育，记得我在读初中、高中时，语文最为出色，班上同学给我起了一个别名，叫作"中心思想"、"段落大意"。因为每当语文科教师提问到最后总会说："王振中，概括课文中心思想。"这时我总是很利索且很中肯地把这些问题解决。我能搞好语文教学，得益于以前教我语文的老师的影响，因为老师博学多才，治学严谨又幽默风趣。我对语文老师非常崇拜，老师的语文风格影响着我这一生。语文，要精讲多练，教师要善于引导启发，营造良好的氛围，使学生对语文学科产生兴趣。

我认为当好语文教师，第一点必须让学生对你有兴趣，接受你的科目。必须认真备好课，做到言之有物，一开始就让学生懂得语文的重要性。

第二点是语文科教学要进行语言和文字的教学。所谓语文就是语言文字。语文教师的语言必须有特点，符合学科需要；文字教学要能帮助学生去掌握技巧。总之对于语文科教学，应突出课堂特点，以课堂教学吸引学生。如我在上生字课的时候，往往有一些学生对难字僻字掌握得不好、不牢固。要么照字读经，要么死记硬背，老是掌握不好。当我在教学生"裹"字时，学生不是写缺就是写错，记不清是什么结构。所以我给学生讲故事，中国汉字的特点是方块体、象形字，实际"裹"字非常易掌握。远古时代的人去树林摘果子，当时没有篮子也没有其他工具，就用野兽的皮制成衣。摘下果子，把“衣”上翻，把“果”实放在中间，这个字就是“裹”字，学生恍然大悟，噢，原来汉字这么有趣。学生们从分解字体的故事中得到启发，那么，掌握难字就不难了。

第三点是对阅读和作文的教学要别开生面。阅读、作文教学是学生学好语文的一个重要环节。对阅读能力的培养必须让学生懂得爱书，喜欢读书。只有积累才能发挥，积累越多，底子就越厚，理解能力就越强。读书对我来说是生活中不可缺少的一部分，我也会推荐书目给学生，并指导他们读书，这对学生起到了良好的促进作用。作文环节是比较难，也是许多学生想回避的环节，但教师必须正视这个问题，因为作文是语文知识的综合运用。在作文教学上，我的特点是构筑部件—逐步形成—逐步深化—掌握方法—识别题材—掌握技巧。细致观察、抓住特点这是写人状物的要领。写人都有耳朵、眼睛、眉毛，写起来就不深刻，要刻画人物特点，写出与人不同的地方。如竺可桢是我国气象学专家。描写时抓住他的旧钢笔擦磨到西装口袋破了，说明钢笔拔出使用的频率极多才会这样，这说明人物特点描写的重要性。结果学生都很喜欢上语文课，有时说怎么这么快就下课了，还意犹未尽，那么教师的教学就成功了。

我教育之路的第四阶段经历是逐步接触教学管理到进入教育教学科研。1989 年，由于领导信任，我当上了学校年级组长，这几乎相当于一个小型学校的校长。级长是我走向校长领导阶层的第一步。到 1990 年我当教导主任，当时有人就说“当地姜不辣”，意思是说从这里当教师提起来当教导主任，原是被人管理，现在要去管理别人，人家太熟悉你了，你没有能力去管理好别人。当时学校领导班子是两位老校长，一位老主任，我最年轻，三十岁出头。我承担起老同志、老领导干不了的杂事，不单管教学、管政教，对外的一切活动，几乎都是无所不做。恰恰是在这段最辛苦的日子里我获益最多，这段时间，我不仅经历如何搞好学校协作的问题，而且自己在教育教学上也走向了升华。

昌黎路小学家长学校是潮州第一所家长学校，建立于 1984 年。我到昌黎之后，用心借助这块园地，并通过这个平台，有所创新，有所发展，热心与家长讨论交流家教经验，探索教育过程中所碰到的难题，拉近了教师、学生、学校、家长的心，大大地提高了我们的工作质量，开创出了一片新的天地。家长学校的有效探索得到家长的欢迎、领导的好评和社会的肯定。其他学校也纷纷仿效起来。

工作有了好的开篇，我的言传身教也就赢得人们的好评。人们说：× ×说到做到，他以自己的言行，以自己的业绩，以自己的胆略，以自己的聪明智慧赢得人家对他的认可，并且支持他的工作。

我从“本地姜不辣”到“大家敬佩认可”，这是一个飞跃。

说起从教的第五阶段，应是从普通管理型走向科学人文管理型的阶段。这一阶段是从我当副校长到校长承担全面工作的过程，这一切源于组织的培养，让我参加省级、国级高研班学习，乃至出国考察，让我产生以世界眼光看待教育事业的观点，进入课改研究、学术交流、对外辐射阶段。学校也由一个地域不利的百年老校走向当今比较稳定，市民认可，孩子入学时首选的学校之一。市委副书记黄俊潮了解到我这一经历之后，深为感动，为学校题写了“育才摇篮”，为我题写了“书香世家”共八个大字。

早在 1998 年 8 月我接任昌黎路小学校长之日起，心里已涌动着“只能干好，干得出息”的念头。因此，我始终如一，心系学校，心系事业，把办学目标定位在向着“省一级学校”的目标迈进。

从教师到校长

我任教于潮州市湘桥区昌黎路小学至今有 23 年了，在我的教书历程中占了三分之二。从当教师、班主任，到当级长、教导主任、副校长、校长，一步一个脚印地走过来了。从任语文主科教学到兼任思品科教学，长期给学生上课，给教师上课，给省骨干教师和市、区名师名班主任上课，给家长上课……我与三尺讲台结下了不解之缘。从教师成长为一所老牌名校的校长，我感谢组织和上级领导的培养与支持，更感到自己的工作任重而道远。

回想起 2000 年 5 月，在我接任昌黎路小学校长的 20 多个月之后，《潮州日报》曾报道我的事迹。当时舆论四起，有赞扬的、有期待的，也有怀疑的。部分人的脑子里有个问号：继任者王振中能否胜任昌黎路小学这所历史悠久的名校之校长的职责呢？其实，我心中有数，荣誉就是动力。

我知道，昌黎路小学是以唐代伟大文学家韩愈郡望命名的。韩愈治潮八月，业绩卓著，人民敬仰；再者，昌黎路小学已于 1996 年晋升为市一级学校，知名度较高，为此，如何发挥这所学校深厚的文化积淀呢？又怎样进一步把名校办得更好呢？

我认为，具有高度事业心和强烈责任感是校长师德修养的第一课。只有把重担往自己肩上搁，责任往心里压，率先垂范，才能当好带头人。所以，我心里经常琢磨着：尽快使学校上档次、上台阶，走在全市教育系统的前列，这是多么重大的责任啊！而这一切的关键还在于提高自身素质。“当一名出色的校长，应该具备与时俱进的办学思想，独具特色的育人思路，科研创新、科学管理的严谨态度和以身作则的人格力量。”这是我常常挂在嘴边的话，因此，我从踏上校长岗位之日起，就把努力提高自己的学历、学识当成首要任务。一方面，我积极参加大本函授学习。另一方面，我认真参与学校开展的教学教研活动，向有经验的老教师学习，使自己的教学水平日趋成熟。组织还派我参加潮州市校长培训以及广东省校长高研班和全国校长高研班学习。每一次的学习都是一次知识理论水平的提高过程。因此，我非常珍惜每次学习的机会，全身心地投入并获取了喜人的效果，受到导师的肯定、同学们的赞许。

我深深体会到，一个校长，只有通过学习、学习、再学习，不断改造和强化自己，才能提高自身素质，把事务型校长改造成为学习型校长，并造就自己优秀的人格。为此，我采取三个方面的学习方法。

第一方面是自身学习制度化。学政治、学教育方针、学先进教育思想和理念、学师德、学教育学、学心理学、学业务、学教育管理、学教育论和学科研知识等，广博学习，开阔视野，力求使自己具有高常识，思考问题深一点，研究问题开阔一点，指导工作更好一点，把握办学发展规律，加快学校朝着既定目标不断发展。

第二方面是开展系列教育科研活动。多年来，我校一共开展16项教育科研活动，突出以德育为主，还涵盖教育、教学、管理、人文环境等各个方面。如在开展“小学生心理健康教育”的科研活动中，运用心理学的原理，从学生的不良行为方式，分析学生存在的心理障碍，开展“心能”，努力缔造学生的“心态乐园”。从科研实践中，了解到学生的心理现象不仅受遗传因素的制约，而且受学校、家庭、社会环境和教育的影响。进一步掌握了心理健康教育的规律，就是根据不同学生的心理特点，分析学生所受环境的影响和个性特征，采取“一把钥匙开一把锁”的办法，从关爱入手，努力改变不良的环境条件，循循善诱，细致教育，改造学生的不良个性。还掌握了心理教育方法，即把个性、交往、求知、自控力和适应力等五个方面内容作为教育主渠道，以学校、家庭为主战场，建立“问题学生”个案，全程跟踪开展心理健康教育。同时，还总结了开展心理健康教育的工作途径，即做到夯实两个基础（夯实课题组力量基础，夯实教师、学生家长、关工人员的素质基础）、实施“三全”模式（全员参与、全面推进、全程跟踪）、抓好教育“四个环节”（设立心理咨询室和“扬扬心帆信箱”、开设心理活动课、营造优雅的人文环境、开展形式多样的心理训练）。又如，在开展“小学生学习心理指导”的科研中，通过前期的问卷调查，结果表明，占35%以上的学生学习目标不明确，有厌学情绪，占18.7%的学生学习方法不当，不能形成知识结构体系。调查结果使我很吃惊。问题出在哪里？关键是缺乏学习兴趣。兴趣是一种行为动机，也是学生的求知欲。为此，通过学习和运用教育学、心理学，重在激发学生的情绪，激发学生的求知欲，调动开发学生的智力，重视学生非智力因素的培养。将课程中的学习原理、规律和方法交给学生，变抽象为直观教学，变枯燥无味的说教为让学生实践操作，同学生熟悉的生活现实挂钩，并利用网络进行形象化的教学。通过引导提高学生的思维能力，发现、揭示和掌握知识要领，培养创造力。我把它归纳为“看、摆、讲、练、评”这五种学习活动，增强学生的学习兴趣；通过“一法为主，多变交叉配合”的方法，提高学生的创造力。在开展教育科研活动中，亲抓亲管，撰写有关科研论文70篇，此后我的事迹和昌黎路小学的办学经验接连受到媒体的关注和报道，我的经验、总结、教育论文也频频见诸各大报纸刊物。

在实践心理健康教育的同时，《新时期提高家长学校办学水平的实践研究》也在我的主持下按计划进行。为使家庭教育紧跟时代步伐，我特意在校编的《家校协作简报》上开辟“家教论坛”，引导家长们参与交流讨论，共享科学育人经纶。家校协作的教育模式使后进生转化率提高到90%以上。传统的“树大自然直”、“恨铁不成钢”等家庭育人偏见得到有效转变，昌黎路小学家长学校也因此迎来了办学史上的又一次辉煌，成为“全国优秀（示范）家长学校”。2006年5月，广东电视台《生儿育女》栏目以“纽带”为题将其经验予以推广。我的经验集《纽带》及参编的《家庭学习学》一书出版了。我主笔的《学校家庭联手，共铸学生心灵》被收入《塑造美好心灵》一书；《新时期提高家长学校办学水平实践研究》获“广东教育管理科学吴汉良奖”三等奖。

启动这一系列教育科研，校长是科研主持者，必须首先学好有关知识，才能指导科研的进行。同时通过在实践中的不断探索、不断学习，从而既提高自身素质，又锻炼出一支有科研素质的师资队伍。

第三方面是尊重人才，借用外脑，提高校长决策的科学性，盘活学校的教育资源。我校办学依托两支教育科研力量。一是聘请教育家丁有宽老师、市教育学会的会长、潮州学专家，成立学校专家顾问组，不定期开会、研讨，共谋办学思想、办学策略。如选定校园文化的主题是：承昌黎遗泽，扬选堂学风。并聘请潮州学专家讲韩愈，讲潮州文化，请专家顾问组决策办学思路：以人为本，师德树校，科研兴校，素质强校。我深深体会到，要办一所高品位的学校，培养高素质的学生，必须有一批高素质的教师。高素质教师从何而来呢？只能通过培训获得。首先我们对主管教学的行政人员进行培训，学习华南师范大学专家教授提供的一些心理学、教育学方面的研究，请韩山师范学院专家进行讲座、授课，让行政团队接受新的教育理念。二是对所有的教师进行培训，在新课程标准实施初期，我们就下决心要让新课标改革成为我们教学工作的一个亮点。那么怎么样来完成这个新课标呢？我采取了几种方法，一个是我实施了一个“青蓝工程”，取意于“青出于蓝而胜于蓝”。教师们说：“校长啊，你又不是保密局，又不是搞特务工作，搞什么青蓝啊。”我这个“青蓝工程”是培养年轻教师的，因为我校的女教师占了89.2%，年轻教师占了68.9%，那么这么多年轻教师怎么培养呢？所以我就搞了这个“青蓝工程”。这个“青蓝工程”的内容是什么呢？第一个是成立专家小组，我把潮州最有名的专家请到我们学校当专家顾问，开大会举行聘用典礼、发聘书。一共由七位专家组成专家小组来培训年轻教师。另外采取“一带一”，一名专家一年带出一帮学徒，这些教师再去带下面那些骨干教师，通过这样一带一的方法，七个专家带七帮人，带出了一批骨干。专家为教师开课、评课、备课，修改他们的论文，每学期听了年轻教师的第一堂课后，就开始制订年轻教师的教学计划。我们有专门的开学计划表格，每人必须有计划，必须出论文。第二个就是培养学科带头人，通过“青蓝工程”，很多年轻教师被培养起来了，我们学校的教学有了保证，从而树立了同行中的榜样。另外，每学期有一个教学探索教育活动交流日，这一天，我们对全市开放，全市的教师都来我们学校学习新课标教学，曾达到一天最高招待389人的纪录。我们把教学探索教育交流辟为三个大板块，第一个板块就是开课，每个教师可以随便进教室去听课，随堂听课；第二个板块是举行主题论坛，比如，我们举办“走进新课程，效果在课堂”这个主题论坛，针对这个大主题，每年我们还有一个小主题。我专门负责主题论坛，具体是先让教师宣读论文，在场的人当场提问，专家点评，我最后作总结。一次主题论坛三个小时，没有人走开，都坐在那里认真听。交流日活动搞得很成功，得到领导、专家和同行们的一致好评。第三个板块是我们依靠韩山师范学院教育科研的专家、学者，为师生、家长学校讲授教育学、心理学、家长教育新理论等。几年来，举办了30多个讲座，使广大家长在教子上更新观念，掌握科学教子的方法，提高科学育子能力。又如在对教师队伍的培训上，运用教育学、心理学的原理，指导教师如何开展教育教学工作，促进了学校教育的发展。

综上所述，以学为本，提高校长自身素质的三条渠道为：一是自身自觉地加强学习；二是在教育科研实践中学习；三是尊重人才，借用外脑，即移植学习。这样，三管齐下，对自身全面素质是个很大的提高，又有效地提高学校办学水平、教育理论，促使学校上档次、上台阶，这是我坚持以学为本的成果。

在我和全校师生的共同努力下，2004年春天，昌黎路小学成功申报“省一级学校”。2005年4月，我校跨进“省一级学校”的行列。还先后被评为“全国家庭教育先进单位”、“全国优秀（示范）家长学校”、“全国学习科学研究先进单位”、“全国少先队红旗大队”、“全国社区志愿者先进单位”、“全国巾帼文明岗”、“广东省先进职工之家”和潮州市“十佳文明校园”等。

从一名普通教师到省一级学校的校长，三十多年来，我稳站“三尺讲台”，甘于清贫，默默地奉献青春和智慧。我时刻践行“勤、细、严、实”的工作作风。我的日历只有星期七，没有星期日，只有酷暑寒冬，没有暑假和寒假。我关注学生、关爱教师、关心学校。我以身正为范，把一个个班级建设成“优秀文明班”，把一所近三千名师生的学校建设成为“团结、拼搏、和谐、进取”的先进集体。

春华秋实，在“以人为本，师德树校，科研兴校，素质强校”的办学思想指导下，昌黎路小学这所老牌名校正以全新的姿态展现在人们的面前，散发出动人的魅力。学校获得国家、省、市一系列荣誉称号，我个人也得到了国家、省、市一系列嘉奖。

名师引领

近几年，教育注重教师的专业发展。为提升教师的专业素养，我省推出了“百千万工程”、“名师指导行动”、“教师专业发展数字化”等举措，“王振中名师工作室”也应运而生，这也是湘桥区第一个被省教育厅批准的教师工作室，担负着昌黎路小学乃至我区的教师培养和教育科研等重要任务。我深深地感到，任务是光荣的，是富有现实意义的。发挥“名师”带动效应更是为了让更多教师迅速成长，让更多的孩子接受更好的教育。

2009 年我到广州参加并通过首批广东省名师工作室主持人的答辩，在教育主管部门和同事们的关心支持下，通过专家考核、综合评审，成为潮州市首个小学名师工作室的主持人。2010 年 3 月 25 日至 28 日，我参加了在广东省华南师范大学举办的“2010 年中小学骨干教师省级培训项目培训者研学班暨广东省中小学教师工作室主持人授牌仪式”。短短的四天里，我更深刻地体会到了“为生”的乐趣，白天与学员们一同聆听教授们的讲座，感受高校师者的风采，领悟名师的真正内涵，重温师者的职责与使命；晚上则与学员们一同讨论，为发挥名师工作室的作用、培养名师一同出谋划策。那时，我有感而作《研修有感》诗两首：

（一）

求知跋涉远道来，喜逢华师巧安排。
高端讲座胜食粮，恰似小舟行学海。

（二）

任重业精费心思，学员共商育才事。

科研课题如春笋，工作室里出名师。

2010年5月14日，湘桥区政府，市、区教育局的领导亲自莅临我校为我所主持的教师工作室举行隆重的挂牌仪式。湘桥区教育局局长刘英进在仪式上作了重要讲话。他勉励昌黎路小学利用“名师工作室”挂牌这一契机，大胆探索、不断创新、规范运作、充分发挥名师培养人的辐射带动作用，使其成为合格教师、骨干教师、优秀教师、名师成长的摇篮。希望工作室全体同仁精诚团结，努力工作，把“名师工作室”打造成我区教学研究和师德教育的知名品牌，为我区教育健康发展作出应有的贡献！挂牌仪式上，满怀壮志的我也表示将从教育理念、教学实践、课题研究等方面对骨干教师进行指导，组织他们共同开展面向湘桥区、潮州市的专题研讨会、教学展示会，共同完成工作室申报的课题实验，共同为推进潮州教育的发展而贡献出自己的一分力量。我相信通过三年的培训与工作，一定能在师德修养、个人教育素养、学术水平、示范指导能力方面得到进一步的提升，我也期待着在各级教育行政部门的关心支持、正确领导下，三年后工作室能顺利通过评估。我有决心不辜负组织及同事的期待，倾尽心力，为潮州教育增光，为培养名师尽力。

在工作室首期工作中，来自省内14个不同地级市的思品科骨干教师来到昌黎路小学从师于我。在这个过程中，我们一同教研，一同听、评课，我以我的个人魅力去感染教师们：

“真情”感动

（黄丽端）

时值深秋，凉风习习，瓜果飘香，在这个收获的金秋，我有幸来到潮州市湘桥区的昌黎路小学“王振中名师工作室”跟岗学习。

昨天，我在潮州总站下车，坐了人力车往昌黎路小学。路上，只见民居很低矮、简陋，小巷有点颠簸，我猜想昌黎路小学应该就坐落在老城区吧。

不错，就在那破旧的民居中间，耸立着一座小巧别致的学校。只有短短的两天，这个学校让我感受到别样的真情。

第一个“真情”就是感受到王校长及学校领导班子对我们的真情接待。20日晚上，王校长及学校几位领导带我们几位先来的去吃晚餐，尝一尝潮州菜。在吃饭时，王校长时而打电话关心来跟岗的在半途的学员；时而向我们介绍潮州菜的特色；时而关注我们吃的、住的问题，征询我们的意见，尽量满足我们的需求……我们边吃边聊，我觉得王校长幽默风趣、细心热情、平易近人、关心别人，这拉近了我们学员与他的距离，我们心里感到温暖的不仅是吃得饱，吃得香，更是王校长的真情。

第二个“真情”就是感受到这个学校的领导、教师对工作的真情投入。我们参观了校园，看到教室后面的黑板贴着学生的手抄报、绘画、作文等优秀作品，这都是教师精心指导的结晶；学校黑板上比赛栏的各项比赛项目记得具体，这体现了校园的规范管理；会议室、工作室布置得很优雅、有序、齐全，学校的校史室展示的个人成果、学校成果等更显示了在王校长的带领下全体教师对工作的真情付出。参观后，我不禁感叹：这，是来之不易的；这，是需要真情付出的！

昌黎路小学，我们刚见面，你的真情让我感动。相信，在这20天中以至于以后的日子里，将会有更多的感动触动我的每一根心弦。

以我的课堂去促进教师们的反思

（张文娟）

王校长的课关注学生的成长，发掘儿童丰富的内心世界和主体人格，充分体现了以学生为主体、以教师为主导的教学理念。在校长的课堂上，学生跟随教师走入教材，充分体会、领悟教材主旨。然后教师再带着学生走出教材，在生活中体会祖国的伟大，领悟落后就会挨打的真理。我相信在这节课上，学生认识到的不仅仅是两朵灿烂的姐妹花——香港、澳门，更多的是对我们伟大祖国的认同与那油然而生的民族自豪感。

过去一年，在工作室成员的共同努力下，我们顺利完成了工作室挂牌；接受省级骨干教师跟岗实践；对跟岗学员回校实践、论文撰写等进行远程指导等。在这一年里，工作室还接受社会各级部门的检查，如广东省教育厅教师继续教育指导中心黄忠副主任、华南师范大学副校长吴颖民同志、华南师范大学基础教育研究院副院长刘良华教授……

我始终相信，昌黎路小学的优良传统代代相传，点燃着昌黎人的希望与激情，也造就了一批又一批的名师。从老校长、老教师中的黄庭锦、胡永顺校长至洪惠、方惜云等老一辈的教师，从近期的洪祥光、黄鹏丽等名师到今天昌黎路小学的许文珍、陈惠娥、田禨菁、张华等中坚力量，从教学骨干的洪风、黄佩云至后起之秀的张亮、钱瑞扬、谢映慧、郑巧玲、李婷，无一不体现着昌黎人的卓越与奉献，昌黎教育中的特色有效教育风格受到社会、家长的赞扬。可以说：是昌黎的灵气和遗泽滋养着，是一股教书育人、培育新人的动力推动着一批又一批优秀教师的成长，在名师引领下，教师逐渐实现由“教书匠”向“科学型专家”转变，使一批批教师也成为名师。

作为工作室主持人，我积极倡导“健康、卓越、奉献”的工作室风格。我认为，名师应该是教育系统中的精英，是师德的表率、育人的楷模，是教育教学的专家。应以自身优秀的才干和良好的教育效果而著称，在实践中起着重要的领衔、示范、激励和辐射作用，引领着教育改革的新潮流。我坚信，通过三年的研修，我的工作室在师德修养、教学科研、示范指导方面将得到进一步的提升，工作室团队成员与指导的骨干教师能成为发挥示范与引领作用的团队，一定可以实现“骨干教师成名”和“名教师更出名”的“双名”目标。

世界眼光

一、欧洲之旅

作为广东省中小学名校长培训班的成员，我于 2003 年 4 月 18 日在广东省教育学院的领导和省中小学校长培训中心领导的带领下参加了人生的第一次出国——欧洲之旅。

我怀着十分兴奋的心情、带着参观学习文明欧洲成功教育典范的任务，开始了为期 18 天的教育考察历程。对于本次参观学习，我充满新鲜感和求知欲，至今我不会忘记出发前一天召开的预备会，各级领导对我们提出的要求：要遵守外事纪律，发扬团队精神，克服面对的现实困难，争取圆满完成考察任务。

1. 第一阶段：香港—英国伦敦—法国巴黎

在团长王松花等院、系领导的辛勤工作努力下，在香港导游的精心组织安排下，第一天我们平安抵达伦敦，克服了时间差、温度差和生活习惯的不同等困难，精神饱满地投入各项参观学习活动中。从英国到法国巴黎，我们参观了著名景点，如白金汉宫、大教堂、凯旋门等，特别是在法国，听取了拿让市副市长的介绍，了解了法国教育的基本状况。同时，也看到了西方发达国家国人的素质、整洁的街道、强烈的环保意识等，相比之下，我们略有差距。

经过了英、法几天的考察，参观学校，听介绍，提问题，我从中得到启发，欧洲国家的教育为什么能够取得这样的成功，这跟国家的综合国力、政府的重视分不开。在参观中我了解到：他们的小学由市政府管；初中由省管；高中由大学管；大学由国家管，到处可见政府投资的运动场所、公共活动器材；学校信息化教育科技含量高，学生从小在这种环境中培养出良好的综合素质，从课程设置到学校作息时间的安排都有不同，他们坚持小班制，每班不准超过

30 人（这是法律规定的），坚持就近入学，学校教育与社会、家庭沟通，定期召开家长会，每生一本通信手册，每周一次沟通；全面重视素质培养，以人文教育为主体，因材施教。

同时，国家设立教育研究所，重点研究三大领域：一是如何办好每一所学校，减少学校间的不平等；二是如何处理移民问题，使法国的社会公众都能接受移民子女的教育问题；三是帮助教育部作出重大决策。

参观中我们深入到拿让市国立小学，受到了卡斯尔校长的欢迎。在翻译王先生的帮助下，我们了解到这所小学的基本概况、课程的设置及服务范围，该校的活动课提倡学生自主选择，自主发展，反对统一模式。我们还跟该校的小学生一起活动，一起玩，一起照相。

更多的收获是我们感受到欧洲国家教育之所以成功是因为国家重视社会教育，欧洲国家的社会教育主要是宗教力量，其对学生、家庭的影响难以估量，如他们认为学生打人、偷东西的行为应由天主教、基督教去引导、教育，教父的权威很大，每个刚出生的人必到教父那里去洗礼、登记。从副市长答考察团的问题中，我们还了解了“学校与家庭教育通过什么方式沟通”、“怎样组织管理和培训教师队伍”等问题。

英国是以教育产业为主要经济支柱的国家，其教育的经验有很多值得我们借鉴。比如：一方面，政府在经费上投入多，但不过度干预学校的办学，教育部门跟学校是合作的伙伴关系，学校的全面工作均在校董会的领导下由校长全面负责，学校管理委员会参与学校教育的重大决策。另一方面，校长在任职之初就制订切实可行的学校发展规划，这就是校长的任期工作目标，校董会和教育督导委员会根据该目标对校长实施监督和考核，并把它作为校长是否完成任期目标和续聘的根据。这些方面都值得我们借鉴。

我们还参观了英国著名大学——牛津大学。牛津大学给我的印象是：它是一座大学城，大而有序。我们参观了校园的环境，并在毕业生举行毕业典礼的地方拍照，感受到这所世界名牌大学的学习氛围，这时，我想到：会有更多的爱因斯坦、爱迪生将从这里走出去，这也是欧洲国家教育的成功典范。

2. 第二阶段：比利时—布鲁塞尔—意大利

以前，从电视上经常看到有关比利时的节目，今天身临其境，更感受到它的风采。北约总部设在这里，许多重要人物在这里聚会，许多国际会议在这里召开。我们还经过了几个小的国家，觉得特别有趣，如卢森堡人口少，地域小，虽有军队，但不用打仗，国民收入属欧洲最高国家之一。列支敦士登，跟瑞士一桥之隔，但归瑞士管，是个“邮票王国”。世界上最小的国家梵蒂冈，只有 0.44 平方公里，但拥有世界上最大的教堂。我平时在教科书上读过意大利的《威尼斯小船》，这次是真正来到了这里，更加感慨多多，这里跟我国的“东方威尼斯”相比，各有千秋。我想：这里的一切是一千多年前威尼斯的祖先来这里创业并留下的财富，今天的威尼斯没有天灾（即地震、台风），也没有人祸（即战争、枪弹），怪不得这里是世界各地游人的云集之地。

意大利的中小学教育也是比较成功的，我觉得有很多地方值得我们借鉴。如学校注重培养学生的动手能力，注重培养学生的个性不好强好胜，尤其在别人得到荣誉的时候会给对方真诚的掌声，自我表现的欲望不强。这里的学校教育还注重讲解国家的历史文化，从小培养孩子的国家自豪感，从思想上、行为上规范孩子，使之成为素质全面、尊重他人、热爱国家的公民。

3. 欧洲人文景观

我在领略了欧洲教育讲究人权、提倡开放式的自主发展教育、重视政府的投入、分年级的教育模式的同时，也领略了欧洲的人文景观。

欧洲之行，不仅走进教育，而且走进欧洲文化景观，收获颇丰。在英国、法国，恰逢复活节，大街小巷关门关店，多数人到乡下去度假，难得见此情景。因此这时的交通不会堵塞，安排我们参观的景点也就多了些，真是一种收获。我们参观了伦敦塔桥、大教堂、泰晤士河等，在参观过程中，我们发现街头没有垃圾桶，原来是“9·11”事件后，政府怕有人投放炸弹，都撤了。在法国，垃圾桶是用一个铁架撑起的塑料袋，这样很容易看到。我在巴黎参观了巴黎圣母院，这里流传着许多动人的故事，是游人必去的胜地之一。在瑞典，我们还爬上了著名的阿尔卑斯山脉上的一座雪山，在冰天雪地里玩雪球、打雪仗、做滑雪运动。在意大利，乘坐水上交通工具威尼斯小艇游览古老的威尼斯建筑群。我把英国和法国进行比较，觉得英国较古典，法国较浪漫，英国的市容、卫生较好，巴黎较差，特别是巴黎的小偷十分厉害，这次我们团里有人损失了一定的钱物。参观了英国的“大英帝国博物馆”，我感慨万千，里面有大量古埃及等国的文物，还有中国大量的古代文物，小到玉片、金器、瓷碗，大至石雕、人像。馆里展示的展品无一不是他国人民的智慧、文化，可是英国人却在里面什么都没有留下，与其说是“博物馆”，不如说是“掠夺”大展馆，看后觉得又气又好笑。在巴黎，工人每年都要罢工，而且有法律规定，三年内如果工人没有参加罢工，要被开除。每年10—11月是罢工的高峰期，而且罢工当天没上班但工资还可以领到。怪不得罢工成了巴黎常见的事。值得一提的是，英、法的许多景点、公园等不收入门票，公路上也看不到收费站，这也是一件少见的事。

4. 欧洲之旅的收获与借鉴

这次赴欧洲考察，从其教育体制管理方面我学习到了很多。此次欧洲之行，使我充分领略了欧洲悠久的历史、旖旎的风光、醇厚的民俗，更加了解了欧洲这块美丽的大陆的风情。欧洲建筑的古朴、艺术的高雅、教育的发达，使我体味了欧洲文化氛围的浓郁。

短短几天的参观考察使我不得不承认我们的教育与之存在着较大差距，需要借鉴和改变，更需要更新我们的教育理念。我想，我要把在这次欧洲之旅中吸收到的关于教育的先进经验，结合我校的特点和需求，打造适合我们学校教育发展的模式。我回来后对此次考察作了一次全面认真的回顾、思考、整理，觉得只有把学习到的好的信息、方法、经验应用于今后学校的教育教学改革工作中，才能真正达到参观考察的目的。

结合学校创办广东省一级学校的工作，我及时调整学校办学思路，确立了“师德树校、专业兴校、文化建校、特色强校”的办学策略，引进欧洲教育的“科学人文管理”这一管理风格，重点加强四个方面的教育教学改革：

第一，加大师资培训的步伐。西方国家教育之所以取得成功，关键是他们有一支教学理念好、教学手段高、教学方法多的师资队伍。为此，我将学校教师的校本培训工作放在第一位，主要抓下面几方面的培训：

① 新课标理念的培训。我国现行的新课程标准跟目前西方国家的教学标准的确立理念是比较接近的，都是强调以培养学生的全面素质教育为目标，突破以学科为中心，实施知识整合的人本教育策略；改革学习方法，发展学生思维；实施多元评价策略，促进人的全面和谐发展，并为之提供创新空间。这些都是教师教学理念提升的根本，是学校校本培训的重点。

② 加强师德培训。带领教师学习、贯彻落实教育部新修订的教师师德规范，强化“爱与责任”教育，增强教书育人的自觉性，提升教师队伍整体形象。

③ 加强教师专业技能培训。重点抓教师信息能力的提升，培训的内容包括现代教育理论；信息技术与学科教学改革整合理论；信息技术操作技能；校园网络系统的应用；电教技能和网络教学技能等。

第二，用现代教育技术手段优化学校的办学条件。西方国家的教育手段虽多元化，但最终离不开现代教育技术在课堂的运用。现代教育技术优化了课堂教学策略，其在课堂的运用提升了课堂教学效率。为此，我结合学校的实际，确立了几个阶段的硬件建设目标：在2004年前要完成学校两个多媒体阶梯教室、科学自然实验室、学校信息中心、教师备课中心、音乐实验室、美术实验室等大型多功能室的建设；从2005年开始到2010年六年时间，完成全校多媒体平台百分之百进入教室，力争把昌黎路小学建设成一个数字化校园。

第三，加强课题研究的力度。我提倡以新课程标准为指导，以课题研究为导向，以信息技术为工具，深化教学改革，培养学生的协作能力和创新精神，促进学生全面素质的提高。我认为在当今信息时代，必须把网络技术引进课堂形成一种网络化课堂教学环境，才能满足素质教育对人才培养的要求。课题研究是学校全面实施信息技术教育，充分利用学校网络环境的优势，探索信息技术与学科整合的教学模式，探索并实践改变过去以传授知识为主要任务、记忆知识为目的的旧观念，突破狭隘视野，把教学聚焦点由“教”转向“学”，由“结束”转向“过程”，由“知识”转向“能力”，打破传统的标准化、封闭式评价方式，以学生获取信息、创造知识的可持续发展为衡量尺度，确立以培养可持续发展的创新性人才为最高的目标取向。从“十五”至“十一五”期间，我申报两个国家级科研课题的子课题。一个是国家基础教育司“十五”重点科研课题“信息技术与小学课程整合的教学模式研究”。另一个是全国教育科学“十五”规划教育部重点课题“网络环境下教学设计的评价方法的实验研究”的子课题，我亲自担任课题主持人，带领全体教师参与课题实验研究，取得一系列的成效，总结了在网络环境下课堂教学存在的几个特征：①自主体验性。②交互性和合作性。③建构性。教师尽量让学生用自己的眼睛去观察周围的事物，用自己的心灵去探索获取所需的信息。学生通过自己的探究、实践、发展和体验，不断提高自己分析问题与解决问题的能力。在探索实践中，我们通过大量的实验，总结出“情景—探究”网络课堂教学模式，制定出学科“四结合”，即教学资源、课堂过程、协作学习过程与效果相结合。同时，结合新课程理念，探索实践基于网络的专题学习方式——“协作—交流”自主学习模式，让学生在网络学习环境中，通过主体性的探索、研究、协作解决问题，让学生体验和了解科学探索过程，提高学生获取信息、分析信息、加工信息的实践能力和培养良好的创新意识与信息素养。探索总结出基于网络环境下的课堂学习评价体系：“情景—探究”学习评价的内容，该评价从学生的认知、情感、能力、态度、行为等方面多视角出发进行综合评价。这给其他学科的教学评价起先导作用。学校自主设计开发的《百灵天地》语文专题学习资源网站获国家级课题成果二等奖，相应的论文及教学资源网均获得国家级专家评审评定为一、二、三等奖，并在国家级成果交流会上汇报交流，开创了办学的特色，成为广东省现代信息技术教育实验学校。同时，数学学科也结合“建立适应新课程标准的课堂教学评价方法和策略”的课题研究，通过实践，建构符合数学课程标准理念的现代课堂教学模式。教师经过实践，对新的评价理念认识到位，评价内容的多元化、评价方法的多样化、评价过程的动态化、评价主体的互动化已成为教师探索的内容。新的“数学课堂教学评价指标体系”主要从学生在课堂教学中的情意过程、学生在数学学习中的认知过程、教师的因材施教过程这三个方面进行，使课堂充满生机与活力。使课堂体现了“五个实现”，即实现了传统与现代化优化整合；实现了教师与学生地位变革；实现了学习过程的生动高效；实现了学习环境的全体优越；实现了数学能力的全面提升。

第四，注重学生的全面发展。欧洲教育那种注重培养学生的自我；注重培养学生的动手能力；以学生的个体爱好为基础，因材施教，培养学生的个性特长等教育手段深深震撼了我，让我懂得，只有培养全面发展的学生才是教育的成功。这么多年来，我紧紧抓住这个方向来制订学校的校务工作计划，引领学校以培养学生的全面发展为目标进行教学改革，在培养学生的信息素养、音乐素养、美术素养、运动素养等方面获得了显著成效。其中，学生参加全国机器人大奖赛取得金牌；参加“纵横码”比赛取得全国赛小学组的状元；学校的舞蹈获得省少儿艺术花会二等奖；学生参加全国青少年书画大赛取得一等奖等。让素质教育之花在昌黎校园遍地盛开。

二、赴台湾教学交流

“十一五”课题研究取得的重大成效，成就了我此次的台湾教学交流活动之行。2009 年 5 月 25 日至 5 月 28 日，我应第十三届世界全球华人计算机教育应用大会的邀请，有幸参加了这一在台湾举办的盛会，并将我主持的“十一五”课题研究重点成果“网络环境下课堂‘情景—探究’学习课程的评价”在大会上进行经验介绍。这对于我或者学校来说是一次质的飞跃，是我校乃至我市在教育教学改革十年来首次参与的世界性大会。大会在台湾师范大学举行，作为与会者，我的主要任务是把我在“十一五”期间课题研究所获得的经验在大会上做交流发言，并通过学习、交流取长补短，吸取先进国家或地区的先进经验，这样才能更好地调整我校“十二五”学校发展及教育教学改革的方向。

通过“十五”期间的整改和提升，我所引领的潮州市昌黎路小学这个团队已经发生了质的改变，学校硬件建设实现了课堂教学现代化、办公现代化；师资教学理念、教学水平及教学手段也提升到一个新的平台。在我校，网络教学正逐步成为一种重要的教学手段和学习场所。在网络化教学中，我带领教师们结合小学生的年龄和学习特点，将数字化的课程学习内容放在网络化课堂教学环境中运行，并做了大量有益的试验，总结了网络化课堂“情境—探究”的学习模式。这个学习模式可表述为：创设情境—提出学习主题—自主探索—网上协作—教师指导意见—整合资料，实现意义述构—网上测评—主题延伸等八个环节。

由于这一模式把学生放在学习的主体地位，网络已成为学生的认知工具，学生通过网络环境提供大量的学习资源使视野不局限于几本教科书，网络提供了大量的相关知识，成为学生进一步学习的资料。由于网络带来了信息的多源性、可选择性和易得性，改变了师生之间的教育关系，使教学趋于民主化，推进了我们教学改革的进程。然而，由于网络教学在教学环境、教学资源、教学设计等方面与传统的课堂教学有所不同，若继续沿用传统的教学评价方案，不但不适应，而且可能阻碍新教学观的发展与推广。因此，为网络教学评价探求新的价值取向迫在眉睫。

我校这一成果引起与会者专家、学者的关注，他们对我提出了很多宝贵的意见。同时，在本次大会上，我也学习了很多先进经验和做法，特别是在教育信息化及数字化学习系统的构建方面、师生信息素养指标之分析及运用方面、《心理健康教育》Model 特色课程的设计和开发以及创新学习环境的构建与软件设计等方面，都给予我很多的启发，将主导我在学校“十二五”期间的发展规划的方向。

三、赴新加坡学习交流

由于我校在“纵横码”教学方面取得重大成效，2010 年 6 月 1 日至 6 月 4 日，在新加坡举行的第十四届全球华人计算机教育应用大会再一次邀请我参加盛会，我感到无比感动和自豪，这是对我多年来在昌黎路小学这一不足六亩地的客观环境下辛勤劳作所付出的心血的鼓励。本次大会在新加坡南洋理工大学举行，短短四天，我全身心投入到参观学习先进地区的先进经验中去，吸取了大量的前沿信息和经验，特别值得一提的是让我在怎样利用网络环境提升学生创新思维方面有了新的认识；在开展研究型校本培训，促进教师的专业发展方面有了更新的感受。这些都使我在成为广东省首届名师工作室主持人后去培养省级名师、做好工作室主持工作有了理论依据。实践证明我的新加坡之行成效显著，回来后名师工作有声有色地进行，并取得了显著成效，这一切都受到省专家的肯定和赞扬。

在新加坡学习交流之余，我也领略到新加坡这个独特的社会形态。新加坡是倡导“亚洲价值”最积极的国家，而李光耀是最具代表性的人物。“亚洲价值”之所以在新加坡流行并受其领导人的推崇，除了具备领导人所需要的政治功能外，其在经济成长、社会稳定、种族和谐、廉洁效率等方面也为政府的施政作出了贡献。因此激发而产生的自信心，有着重要的背景，新加坡以儒家学说的核心价值观为治国理念，在自然资源十分缺乏的情况下，这种理念推进了新加坡经济的腾飞，创造了现代化建设的奇迹，使新加坡在 20 世纪 80 年代一跃成为“亚洲四小龙”之一。

用儒家学说治国一时触发了我的思维，我所带领的昌黎路小学是一所以唐代八大家之首韩愈的郡望（昌黎）命名的学校，学校承“昌黎遗泽”办学，一直以来我都有一股“承昌黎遗泽，用儒家治校”的思想，新加坡之行更加激发了我对学校未来能不能用儒家学说治学的思考。市政府将在新区建设一所新校区给昌黎路小学，用一种具有几千年文化的儒家学说来治理一所新校，应该是跟中国社会的社会形态相适应的治学路子，也更加激发我在今后的学校管理工作中去思考、去摸索……

昌黎学子

一、桃李满天下，春晖遍四方

经历了漫漫的一季寒冬，昌黎路小学又迎来了绿意盎然的春季。整个校园繁花似锦，绿树成荫，鸟语花香，书声琅琅，一片生机勃勃的景象。操场上，学生们脱去了厚重的棉衣，换上统一的校服，沐浴着和煦的阳光，拥抱着和畅的春风，整齐划一地做着广播体操，动作是那么舒展，场面是那样和谐……

年年岁岁情相似，岁岁年年人不同。校园中的金凤树花谢花开，春秋几度，一批又一批的昌黎学子在学校中学习生活，从懵懂无知的小孩子成长为睿智懂事的少先队员，又将迈着矫健的步伐踏进初中的大门，接受团徽的感召。还清晰地记得刚踏入昌黎学校，面对着那一双双充满渴望的眼睛，看着那一张张稚嫩的脸庞，我曾在心底里默默发誓：不求功名，不求富贵，只求能好好地教育这些天真无邪的学生们，我要在这平凡的岗位上，将工作踏踏实实地做好，不求轰轰烈烈，但求踏踏实实；不求涓滴相报，但求今生无悔……韶华飞逝，已步入知天命之年的我，在这些年的实践与磨砺中，也取得了不少成绩，从为人师表到为师之表，从普通的一线教师到市人大代表，在教育界也闯出了自己的路。这么多年来的努力，在“衣带渐宽终不悔，为伊消得人憔悴”的深刻体验中，我更加深刻地感受到在荣誉名利的光环下，在鲜花掌声的背后，“桃李满天下”才是一名教育工作者最大的幸福和毕生的追求。

韩愈说：“师者，所以传道授业解惑也。”一个称职的教师，不仅要为学生传道授业解惑，还要努力开发学生的禀赋与潜能，要通过自己的教育行为使学生获得发展，因此也品味到教育的快乐。每个学生都好像一张白纸，教师要教导学生在自己人生的白纸上描绘出美丽的图案。每个学生又是一本内容丰富的书，必须用心地去品读，用心地去感受，才能读懂其中滋味。这么多年来，我和昌黎路小学的教师们倾心尽力，因材施教，培养了大批优秀人才。这其中，有北大学生苏一驰，广东省优秀学生郑超然，国家华罗庚数学竞赛“双银奖”黄腾达，全国城市运动会冠军马凌，被港澳和内地同行誉为“小打字王”的“纵横码”高手黄少汶、陈淑娴，中国空政歌舞团独唱演员袁东方，汕头大学优秀学生卢珩等。

北大学子　苏一驰

提起苏一驰，教过他的教师们都称赞他：这个孩子聪明、智慧、才思敏捷、脑筋灵活、多才多艺……可以说苏一驰的成长和进步就是学校有效教育的有力注脚。从小在昌黎路小学打下坚实基础的他初中考进了市重点初中高级实验学校，中考更以优异的成绩考取了广东省华南师范大学附属中学，而后被保送北京大学，现在的他在北京大学深造。这样一位优秀学生的成功，离不开学校、教师的教育和栽培。“十年树木，百年树人”，在人生成长的关键时期扬帆起航阶段，我校对苏一驰的培养更是起到了重要的引领导航的作用。

苏一驰是爷爷奶奶带大的孩子，他在爷爷奶奶这对革命老前辈身上，学会了好学和节俭的精神和习惯。因此从小他就比同龄的孩子早熟，特别有主见。他有着明确的目标，并且一直保持着一颗追求理想的心，这让他事事保持着热情的态度。在低年级的时候，我就发现了他对棋类兴趣浓厚，尤其是对围棋情有独钟，几次校内比赛已经让他崭露头角。于是，我们把他作为重点选手精心栽培，聘请专业的围棋教练对其棋艺进行训练和指导。由于围棋基础打得牢固，加上教练的指导和自己的努力，苏一驰的棋艺进步飞快，在大大小小的比赛中很快就名列前茅，一次次竞赛的成功树立了他的自信心，也让他体验到了成功的喜悦，现在的他依然对小学时培养的这个兴趣爱好不离不弃，围棋水平更达到了全省的业余围棋五段。

天资聪颖的苏一驰，在学习下围棋的过程中也有许多收获。下围棋使得他更加沉稳、细腻，也大大地开发了他的智力，使得他的学习成绩如日中天，数学成绩更是显山露水，出类拔萃。在第九届全国“华罗庚金杯”少年数学邀请赛总决赛中，刚刚踏进初中一年级的苏一驰就以优异的成绩夺取了个人金牌，为母校为潮州市争得了荣誉。夺得金牌的他激动地说：“我知道这块沉甸甸的金牌应该是属于我的母校昌黎路小学的。”

除了数学、围棋，苏一驰还有一个非常特别的爱好，就是喜欢下厨做饭。昌黎路小学每个学期都会有一次特别的学生自理能力的活动，这次活动要求学生以小组为单位，从买菜、洗菜、下厨到整理收拾厨房等都要由学生自己亲自动手完成，以此使学生体验劳动的滋味，感受团结协作、分工合作的乐趣和培养自理自立的能力。做饭的爱好就是苏一驰在学校生活中慢慢积累的。刚开始，他只是炒个鸡蛋，得到别人的赞赏后有一种满足感，从此他醉心于厨艺的修炼。他认为用心去烹调一份美食，能让别人和自己都处于美食带来的快乐中，是一件很有意义的事情。自理能力自小得到锻炼和提高，也给他后来异乡求学，独立生活带来了很多帮助。

教师是一座桥，架设在童年与成年之间，学生从这座桥上路过，跨过人生幼稚无知的江河，使彼岸不再遥远，让理想变为现实。如果说教育是一场接力赛，那么在苏一驰这个孩子的身上，作为他启蒙教育的学校和教师，我们已经交出了圆满的一棒，就让他继续奋力地向前，闯出自己的一条康庄大道吧！

环球游学　卢珩

环游世界，相信这是许多人梦寐以求的。在我身边有这样一个女孩，她在短短四个多月的时间里，游历了十一个国家，期间跨越了美、欧、亚、非四大洲，横渡了大西洋、太平洋、印度洋三大洋，完成了一次难忘的游学经历。她就是昔日昌黎路小学的学生——卢珩。

卢珩是原潮州市师范学校卢璧锋校长的孙女，生长在一个书香门第的家庭，自小就受爷爷的熏陶和教育，是一个活泼开朗、富有才气的学生。刚踏进小学低年级的她就对语文和艺术兴趣盎然，校园的黑板报征稿箱常常可以看到她的作品，学校的小记者站也时常能见到她的来稿。在学校的各级各项比赛中，也常有她积极参加的身影，她的作文更是写得文采斐然、风格清新，深受教师们的喜爱。很快我就注意到这个女孩，在几次教师公开课上，我目睹了她出色的表现，把她推选为学校节目的小主持人。在一次次的学校汇演和比赛中，卢珩思维清晰、谈吐自如、举手投足尽显落落大方，舞台上的她俨然一副小明星的架势。后来潮州市一档校园节目《青青园中葵》招聘学生主持人，我马上推荐卢珩去参加面试，很快卢珩就在众多小选手中脱颖而出，成为潮州市《青青园中葵》的第一批学生主持人。这一段特殊的经历，成了卢珩终身难忘的回忆，也赐予了她一份宝贵的人生财富。卢珩坦言，这一切与她人生中那一段重要的经历是密不可分的。

上了大学，擅长写作、能歌善舞的卢珩不仅成绩优秀，还担任了校园主持人，同时因为外语流利，在 2009 年 5 月代表汕头大学参加全国第二届高校法学英语演讲竞赛中，她以总分第一名而获得了一等奖。当年 4 月学校开展交换生评审和竞赛选拔，卢珩更是脱颖而出荣获了李嘉诚基金会“海上学府奖学金”，她是游船上中国大陆唯一的一名代表，参加了环球游学的活动。自 2009 年 8 月 28 日起，她和来自全世界的 800 多名大学生一起，从加拿大的哈利法克斯出发，踏上了这趟环球之旅，横渡三大洋（大西洋、印度洋、太平洋）、跨四大洲（美洲、欧洲、非洲、亚洲）十一个国家和地区。一路上她克服了交流沟通、晕船等障碍，在长达几个月的海上航程中，一边考察世界各地的人文风情，一边选修几门课程进行学习，在学习中旅游，在旅游中学以致用。

卢珩将她这一路上的所见所闻都用心记录下来。每到一个地方她都会写文章，把拍摄的照片发回国内和亲朋好友们一起分享。这一趟游学归来，她感觉视野开阔了很多，也学会了用国际眼光来观察事物、观察世界。最后，卢珩将她在海上学府的游学故事集结成书，出版了一本名为《环球之旅》的游记，让这段美好的人生经历画上一个完美的句号。

很多人都羡慕卢珩，说她是一个幸运儿。但我想说，卢珩的幸运并非偶然，正如她自己所言：机会只留给有准备的人。如果卢珩从小没有很好地锻炼自己、提升自己，或许这份幸运就会与她擦肩而过，所有成功故事的背后，都饱含着汗水和艰辛以及对梦想的坚持不懈。卢珩今日的成绩，不也是我校特色有效教育取得成功的例证吗？

二、教书育人终不悔，甘当育星托星人

常常有朋友问我，你在教育战线上打拼了这么多年，为什么你还能一如既往地孜孜不倦，乐此不疲？我想诗人艾青的一句诗是最好的答案：“为什么我的眼里常含泪水？因为我对这土地爱得深沉。”是啊，这么多年来之所以能够总是满怀热情地关爱、提携学子，其最根本的原因，就在于对教育事业怀有一种深沉的爱！这种爱，已经不仅仅是教师对学生的护犊之爱，而是升华为一种广博的、无私的、对事业的爱！“学道不倦，诲人不厌，发愤忘食，乐以忘忧，不知老之将至。”这是怎样一种超然的境界，我愿意终其一生，无悔地追求！

被潮汕人称为“潮汕青少年的诺贝尔奖”的“潮汕星河奖”，是很多潮汕青少年梦寐以求的奖励，许多人也为此不懈地探索和拼搏。早在11年前，在昌黎路小学谱校歌的时候，我就把潮汕星河的育星托星事业融进歌词中，我亲自为校歌填上了歌词。如今这首校歌已成为众多师生耳熟能详的歌曲，更是一代代昌黎人永恒的信条、不变的心声。

昌黎路小学校歌

（作曲：陈安宁　林秋珊　作词：王振中）

韩江，母亲河，哺育我们；国旗，心中的旗帜，飘扬前方。历史文化名城的昌黎，莘莘学子心中的歌，这里是星星的大熔炉，锤炼出希望的星星颗颗。

昌黎，亲爱的母校，哺育我们；玉兰，圣洁的校花，陶冶情操。历史文化名城的昌黎，孕育心中不落的真理，新世纪建设的栋梁，潮汕星河有我昌黎。

潮汕星河有我昌黎。

为了热情鼓励和积极引导潮汕青少年沿着健康、向上、有为的方向发展，由原广东省政协主席吴南生和原汕头市委书记、省政协副主席林兴胜于1990年2月25日正式成立了“潮汕星河奖”，奖励给在品德、学业、科技、文学艺术、体育等五个方面有突出成绩的青少年。二十多年来，在全校师生的努力下，我校有三十多人次在品德、学业、科技、文学艺术、体育等方面表现突出，成为潮汕星河中耀眼的“新星”。他们中有获体育一等奖的马凌，科技一等奖的彭泳锶、罗咏词；有获文艺二等奖的杨梓妍、科技二等奖的陈仕烁；有获文艺三等奖的袁东方、学业三等奖的陈淑娴等；有获品德三等奖的昌黎路小学敬老助残接力活动小组等。20年如一日，我们甘于奉献、无悔付出，用心用爱用情托起了一颗颗熠熠闪光的明日之星。

体育健将　马凌

马凌自小就是一个聪明活泼的孩子，沉着冷静又富有活力。热爱集体、乐于助人，班集体有什么活动总能见到他积极的身影，深受教师和同学们的喜爱。这个孩子体育成绩特别出色，当年学习小学生广播体操，他是全班学得最快，动作最规范、最挥洒的一个。我们惊喜地发现这个孩子身形矫健，体格健硕，很有运动天赋，于是我们把他推荐去市体操学校学习，充分发挥他的特长。在体操学校学习了一段时间，马凌就被广东省体工队选入广东省跳水队，成为一名专业的跳水运动员。经过专业的指导和训练，马凌很快地成长起来，代表广东省跳水队取得了许多骄人的成绩，先后荣获了世界青年跳水锦标赛男子跳台、跳板的冠军，全国城市运动会跳水项目的金牌等优异的成绩。

近日，马凌回到母校，受到了全校师生的热烈欢迎。他送给母校一张他穿着运动服，挂着金牌的照片，还带来了一个好消息：他已被选中参加飞行员的测试，接下来即将参军服役，成名一名光荣的人民解放军空军战士！

歌坛新星　袁东方

有人说，榜样的力量是无穷的。榜样为人们树立了一个目标，让人们朝着这个方向前进。为了激励在校的学生努力奋斗，2010年10月29日，昌黎路小学举行了一场别开生面的主题活动，邀请学生们的学习榜样，历届的优秀校友重返校园，为大家现身说法，袁东方就是其中的一位。舞台上的袁东方声情并茂，风度翩然，举手投足尽显知性和优雅，一曲《想飞就飞》唱得激情澎湃，扣人心弦；一首《湘子桥》唱得悱恻缠绵，百转千回……

从默默无闻的表演者到如今家喻户晓的歌手，个中的辛苦不言而喻。重归母校的袁东方百感交集，深情地回忆起了小学美好的时光和自己的点滴成长。她说："再次回到学校，感觉特别的亲切，就好像回到家里一样。我是在学校的那个小礼堂的舞台上成长起来的，如果当时没有这个舞台，也许就没有我的今天。"

袁东方天生就是属于舞台的。这个孩子自小就温婉恬静，又善于表现自己。无论是朗读课文，还是唱歌、讲故事，她的声音甜美，表现大方，举手投足、一颦一笑都那么的优雅自在，就连走路的样子都那般婀娜多姿，俨然是一位艺术家。学校的教师们都很喜欢这个孩子，课余也花了很多时间对她进行培训和指导。袁东方本人也很勤奋好学，吃苦耐劳，为了参加比赛，她常常一遍又一遍地反复练习，用心到从出场到谢幕的每一个动作都仔细斟酌，精益求精。她在学校就读的那段时间，学校大大小小的文艺活动、比赛、演出几乎没有旁落，学校的那个小小的礼堂，也见证了袁东方一点一滴的成长。小学那段难忘的经历，也为袁东方踏上歌唱生涯，一圆歌唱梦想打下了坚实的基础。

现在的袁东方，已经成为中国人民解放军空军政治部文工团的一名独唱演员，是著名歌唱家李双江老师的得意门生，著名歌手韩红的有力助手。逐渐在舞台上成长起来的袁东方，正如她的名字一样，像一颗冉冉升起的星星在舞台上绽放光芒，人生的履历也日臻丰满：在2000年文化部主办的"爱我中华"歌唱比赛中获"广东省优秀歌手"的称号；在2003年12月广东省第一届中小学生艺术展演活动中演唱《绿叶对根的情谊》获艺术表演类一等奖；2006年8月获第九届"上海国际音乐节"亚洲新人歌手大赛湖北赛区冠军；2007年获解放军艺术学院"红星杯"流行唱法二等奖；2008年代表解放军艺术学院参加第十三届"隆力奇杯"CCTV青年歌手电视大奖赛，获流行唱法组优秀歌手奖；2009年发行了自己的个人新歌《阳光就在你前方》、《那些时光》、《珍重》……

"国运兴衰，系于教育。"教育承担着培养高素质劳动者、建设者、管理者和领导者的使命。今天的教育对象，就是未来的建设人才；今天的学生娃，就是未来事业的接班人。学校是学生求知的港湾，教师是学生人生的引航员。数十载春秋过去了，一批又一批的昌黎学子熔进了昌黎路小学这个星星的大熔炉，在能工巧匠们呕心沥血的锻造、雕琢下，一颗颗星星变得棱角分明、光彩熠熠。2010年，在潮汕星河基金会成立20周年之际，我校荣获了"培育星星先进单位”的称号。这一份弥足珍贵的荣誉，将继续激励我们在教育事业上不断前进，教书育人终不悔，甘当育星托星人。

附：王振中获市级以上奖励概况

1. 1997 年 5 月，被评为广东省“两基”工作先进工作者。

2. 1999 年 9 月，获省“南粤优秀校长”称号。

3. 1999 年 12 月，评为广东省“丁研会优秀科研管理者”。

4. 1999 年 9 月，被评为潮州市“教书育人优秀教师”。

5. 1999 年 12 月，获 1998—1999 年度市精神文明建设“积极分子”。

6. 2000 年 2 月，获市首届“十佳优秀校长”称号。

7. 2000 年 12 月，通过省评审，评定为中学德育高级教师，获省人事厅颁发资格证书。

8. 2001 年 9 月，获中国教育工会全国委员会授予“全国师德先进个人”称号，并赴京参加颁奖，受党和国家领导人接见。

9. 2001 年 12 月，获“潮州市精神文明建设积极分子”称号。

10. 2004 年 1 月，被评为全国学习科学研究先进个人。（全国学习科学研究会授予）

11. 2004 年 9 月，被评为全国教育系统先进工作者。（教育部、人事部授予）

12. 2004 年 9 月，被评为教育系统健康教师家庭。（市教育局授予）

13. 2005 年 5 月，被聘为广东省家庭教育讲师团成员。（广东省妇女联合会、广东省家庭教育研究会授予）

14. 2005 年 11 月，被评为“全国小学百名优秀校长”。（中央教科所发展研究部授予）

15. 2005 年 11 月，被评为潮州市优秀教师。（市教育局授予）

16. 2005 年 11 月，被评为潮州市先进工作者。（市委市人民政府授予）

17. 2006 年，被评为广东省特级教师。

18. 2006 年 5 月，被评为 2001—2005 年全省法制宣传教育先进工作者。（中共广东省委、广东省人民政府授予）

19. 2007 年，获广东省“五一”劳动奖章。

20. 2008 年 10 月，王振中、张素萍家庭荣获第四届广东省“十大优秀书香之家”荣誉称号。（中共广东省委宣传部、广东省妇女联合会、广东省精神文明建设委员会办公室、广东家庭文化研究会授予）

21. 2008 年 12 月，被评为 2003—2008 年度潮州市预防职务犯罪工作先进

个人。（潮州市预防职务犯罪工作领导小组授予）

22. 2010 年 3 月，被认定为首批广东省中小学教师工作室主持人。（广东省教育厅授予）

23. 2010 年 10 月，被聘为潮州市湘桥区人民检察院第二届人民监督员。

24. 2011 年 3 月，被评为广东省“阅读之星——优秀校长”。

师路回眸创新

——刘燕珊教师成长历程

成长线索

学生时代的我，是家长、老师、邻里、亲戚眼中的乖乖女，遵纪好学、文静乖巧，还自立懂事。至今当了外婆的妈妈还骄傲地跟我的孩子说："那时你妈妈和小姨学习都特别自觉勤奋，从来不用我操心，而且成绩很不错。"由于是长女，家境也不富裕，我自小便娴熟地帮妈妈做家务，学针线活。记得小学三年级时的我便已经踩着自行车去揽活计做，一般做一个假期的针线活，就可以攒足自己一个学期的学费。有时缴费以后，还会略有一点点剩余的零钱，则可以珍贵又欢喜地积攒起来，不时拿出来数一数，购买心爱的东西。我虽然不像现在的孩子一样可以随心所欲地玩，可是心里却全然不会怨怪父母。现在想来，更是感谢那段时光的磨炼，才使自己更自立、坚强。当我初为人母时，我便也想着：将来也该让我的孩子自小学会生活的本领，不能娇惯成温室里的花朵。俗话说"慈母多败儿"嘛。

妈妈在绣衣厂缝衣服，早出晚归的她回到家里依然不停歇地缝缝补补。拆拆洗洗，好像永远闲不下来。妈妈的手工活非常细密、严谨，稍有一点偏差或纰漏，她便拆掉了重新做过，有时竟然重复好几次。我总是看得不耐烦，笑妈妈太过挑剔、追求完美。妈妈轻描淡写地说了一句："自己看不过眼，哪能给别人！我倒不如不做。"没有深远的说教，也非语重心长，但是妈妈平凡不过的话语中蕴含的道理却浅显易懂，令我至今受用。以后，我无论学什么、做什么，都不自觉地学着妈妈，要么就投入地做，做得最好；要么就不如不做，彻底放手。

爸爸对我们姐妹俩很严格，所以小时候我很怕爸爸。有什么事要经爸爸同意，我得在心里衡量很久，打了多遍腹稿才敢开口，尽管如此，心里却还像揣着兔子似的左突右跳，唯恐爸爸生气。那时我就想：以后我有了自己的孩子，我一定要温和平等地对待他，倾听他的心里话，不用长辈的威严震慑孩子，不可让他因为惧怕我而不敢说出真心话。今天，我的女儿就是个非常坦诚直白的孩子，得到老师表扬或考了好成绩的喜悦会与我分享；被老师批评或与同学闹矛盾的委屈也会对我坦诚相告。因为不管她做对也好，做错也罢，我都会实事求是地跟她讲道理，分析原因，不会一味地责备或夸奖。

初中时，学校是傍山而建的，半山坡是一大片树林，桃树、李树，还有许多叫不出名字的，花开一树，满山芳菲，校舍便浸隐在草香虫鸣中。每天虽要踩着自行车绕弯爬坡，但心里却是满满的欣悦，因为伴随一路的是放眼青翠葱郁的绿，深深浅浅、层层叠叠，耳边是起起落落的婉转的鸟鸣，风里混合着的是青草、泥土的清新芳香……想来就是因为那段美好的年少时光，我对田野的爱恋便超越了对大海的向往。仍记得那青葱的学生时光，我总跟要好的闺蜜躺在草坡上，诗词、歌谣、梦想、愁思、浅吟低唱，漫无边际，任时间在蓝天白云下悠悠溜走，模糊的回忆定格在山清水秀之中。

记忆中有一件事格外深刻，可以说影响了我的人生。那个时候，我在升中统考中是以全镇前几名的成绩进入重点中学的，语文更是得了第一名。我因为成绩的优秀而格外得到教师们的喜爱，也很快适应了新环境的学习。记忆中是初二吧，我们换了一个新的英语老师，记不清为了一件什么小事，那天她没有调查清楚事情的缘由便当着全班同学的面批评了我，这对于一直深受师宠的我来说是一个多大的打击和羞辱！心里的委屈、惊愕、羞愧随着大家探究的眼光越来越深，我一言不发，只是用眼光死死地瞪着英语老师，把怨恨的种子埋在了心窝，从此悄然生长。现在回想起来，其实那时老师的批评并不凶狠尖利，也没有其他惩罚的手段，但对于已经被众多荣宠和喜爱惯得心高气傲的我来说，已经是颜面扫地，不禁在心里责怪英语老师没有像其他老师一样“势利地宽容”优等生。自此以后，我对英语课再也提不起兴趣来，英语成绩一落千丈，即使后来换了英语老师，英语也还是成了我最薄弱的一门学科。我的语文老师对此甚为不解：本是互相关联共通的两门文科，为什么会有如此天壤之别？原因只有自己知道，都是源于我对任课老师的印象使然，是孩子的心理在作祟。

也因为这一件事，已为人师表的我更加深刻地体会到：一个老师的言行举止、决策处事对于他的学生来说，影响是多么的深远，甚至可以说，对于学生心灵的成长起着举足轻重的作用。因为亲身的经历体会，所以当我也身为人师后，我就暗暗告诉自己：不管我的所学是否能给予学生渊博的知识，但我一定要让我的学生喜欢我，这样他们才不会丧失学习语文的热情。我一直都牢牢记着这个决心，并面对一届又一届的学生，让他们喜欢我，喜欢我的课。

学生时代的我，隐藏在柔弱的外表与清亮的眼神下的，其实是一颗倔犟无比的心，有着多变的色彩、敏感的触角，在一次次脱茧而出的蜕变中，固执地寻找着被自己隐匿的多瓣人生。只是学生时代，蛰伏的叛逆，挑战的勇气都被掩盖着，从未流露。

我与学生

在日复一日的教学中，我没有做过惊天动地的大事，有的只是一颗真诚的心，用真情交换学生的真诚。众所周知，西药虽见效快，但只能治标；中药虽见效慢，然而却能标本兼治。班主任就像医生一样，在班级工作中，不仅要充当治标的“西药师”角色，而且要当好“中医师”，做到“标本兼治”。在班级管理中，我始终做到“爱、勤、巧”，将赏识教育贯穿其中。在学生取得成功时，我会用微笑送去欣赏；在学生犯错时，我会用微笑送去宽容。我微笑着和学生聊天、游戏、学习……我用微笑赢得了学生的尊重和爱戴。微笑，是一把闪闪发光的金钥匙，能开启教育成功的大门，帮助学生们茁壮成长。

怎样才是一名优秀的教师？仅仅是各项活动拿第一吗？错！我在和学生交流的过程中才知道，一个优秀的教师应该是懂得付出，并在付出中感到快乐的人。付出是一件快乐的事，当我们在帮助别人的时候，不应该去希求回报，而是应享受这份付出的快乐。作为一名教师，学生的前途与我们似乎是无关紧要的，但是，对一位学生来说，教师的某一言行却可能影响其一生。所以，我们不能轻易地放弃任何一位学生。学生在成长的过程中，犯各种错误都是有可能的，更可能的是反复犯错，作为教师，一要付出，二要有承受打击的心理准备。当你全心付出而没有得到预期的回报时，你能够扪心自问：我无愧于良心。这就够了。

爱，是对学生发自内心的爱护。教育家丁有宽说：“没有爱就没有教育。”我一直把这句话作为自己的座右铭，我把学生当作自己的孩子，不论他的成绩好与差，不论家庭富或贫，不论他是否犯过错误，均一视同仁，平等对待每一位学生，从生活上、学习上无微不至地关心他们、爱护他们，使他们感到我不是父母，但胜似父母。比如，学生病了，我会打电话通知家长，或者亲自把他送回家；我会时时注意天气情况，提醒学生添减衣服，不要着凉；碰上下雨天，我会把雨衣借给没带雨具的学生等。这些虽是小事，但在学生的心目中留下的记忆却是很深的。我送出的是真情，收获的是学生更多的真心回报，让我总有一种幸福的感觉充盈心头。勤，是勤于付出。要走入学生的心里，必须付出实际的行动。我常常深入到学生中间，及时发现问题，使很多问题解决在萌芽阶段。我还经常利用节假日时间跟家长联系沟通，以取得家长的支持，共同教育好学生。巧，是巧于管理。我一直认为班主任工作是一门艺术，要做好它一定要讲究技巧。于是，我认真学习心理学、教育学等相关知识来指导工作，善于用和风细雨的方式对学生进行教育，以积极的心态潜移默化地影响学生、激励学生。对待成绩优秀的学生，我更注重的是他们的道德品质和心理健康。因此我提出了“不做成绩上的巨人，品德上的矮子”的口号，培养学生的爱心和正义感，对心理存在问题的学生及时疏导，帮他们解开心结。

例如，2001年我班上的一个叫林珊的女生，成绩很好，但有点孤僻，跟同学相处不融洽，常常觉得被孤立，情绪波动很大。我了解了她的特殊情况后，便安排她担任语文科代表，便于和我多接触、多交流。每次发现她情绪低落的时候，我都耐心地开导她、安慰她，使她觉得有一个人始终在关心着她，并且带领她跟其他同学一起游戏、一起学习。另外，我特别找班上的女同学开了一次会，讲明了林珊的顾虑和苦恼，号召全班同学多关心她，让她感受到集体的温暖。终于，在我的精心安排及努力下，林珊同学融入到集体中，变得越来越开朗。

对待后进生，我更注意方法，善于发掘他们的优点，从不贬低和轻视他们，使他们感受到我的爱心，从而信任我，然后帮助他们树立信心，最后达到转化他们的目的。我常常引用名人蒋友柏的一句话鼓励他们："即便每件事都会失败，我仍要用最乐观的心态去面对，用积极的行动去实现。"在班集体温暖和谐、积极向上的良好氛围中，学生们也逐渐克服了自己的缺点，变得懂事、爱学习。上两届的学生中有一个女孩子叫李月宁，刚进校门时，由于她动作慢、胆子小、依赖性强，总是跟不上别人前进的步伐。一年级的第一次家长会，她妈妈一开完会便急着问我当天考试月宁的成绩怎么样。我如实相告：只有69分。谁知我后边的话还没有说出口，她妈妈竟然忍不住心里的怒火，当着我的面就往家里打电话，在电话里破口大骂李月宁。我一下子愣住了，说不出话：难怪孩子总是不敢举手发言，难怪孩子考试时总是忧心忡忡。我等她妈妈骂完了，马上与她彻底交谈一番，告诉她不能只关注孩子成绩的高低，对于孩子平时学习习惯的培养、查漏补缺的力度、学习方法的引导却毫不关心。这种教育方式只会使孩子更加惧怕考试，怎么能让她进步呢？接下来，我总是格外关注李月宁的情绪，慢慢引导她多跟其他同学交流学习方法，借鉴有效的经验。而且经常跟她妈妈联系，反馈孩子一点一滴的进步，引导她正确看待分数的意义，引导她分析孩子失分的原因所在，跟孩子交朋友……通过一个学期的共同努力，李月宁在学习上的进步越来越大，性格也越来越开朗活泼，终于在期末考中以95分的成绩让她妈妈由衷地笑了。更可喜的是，从那以后，李月宁对学习更上心了，而她妈妈，也不再只盯着成绩而看不到孩子其他方面的优秀了。

教育随笔

披着初秋金色的阳光，踏着轻快的按捺不住喜悦的步伐，我走进教室，开始我的教师生涯。

若说自小就立志要做老师，要当一名辛勤的园丁，让每一颗心灵的种子都长成参天大树，让每一双稚嫩的脚步变成民族巨龙的鳞爪，为祖国打理出欣欣向荣的无边春色，这堂皇伟大、感人肺腑的话我是说不出来的，况且我确实没有那么高远的志向。不过，对于即将成为一名教师，可以传道解惑，可以因为整日跟孩子们在一起而浸染孩童的欢乐无邪，可以因为自己的工作而证明自身的价值，内心多少是跃跃欲试、欣喜盼望的，而且带着点儿骄傲。

我信心十足地走上讲台，声情并茂地讲解着，可得到的回报却是：那些小孩们有的旁若无人地与左邻右舍谈心，有的趴在桌面上睡觉，有的要上厕所，还有的……我苦口婆心地哄劝也好，凶神恶煞地镇压也行，一本正经地说教也罢，对这群“不知天高地厚”的小孩都无济于事。好不容易组织完一节课，准备稍事休息，他们也不放过我，一个个好似排队般跑来告各种各样无关痛痒的状，不外乎谁骂了谁，丢了铅笔少了橡皮的芝麻小事。日常的工作也繁杂得很，备课听课、批改作业、班级卫生、学生安全、两操管理、档案填写……搞得我头昏脑涨又疲惫不堪，没想到想象中诗意般崇高的职业竟然是这样的。但哭过以后还得坚持下去，我不能被一群小毛头打败。生活就像呼吸：吸是为了争一口气，呼是为了出一口气。人生就在这一呼一吸间悄然走过。

现在回想起刚刚工作时的不堪境况，真是哭笑不得。

转眼，我的女儿也读小学了。有一天，她请教我一个数学问题：“妈妈，这道题说‘买菜用了8角5分，拿1元钱去买可以找回多少钱?’你给我看看什么是分吧。分是不是很大？要不你为什么从来都用不着?”听完这话，我略有所思。是的，即使我翻遍钱包和储蓄罐，也没有办法找出一分钱、两分钱或者五分钱的纸币让女儿求证。这么小的钱币单位已经在物价满天飞的今天失去了它的使用价值和存在意义。就是在市场上，五分钱也买不到一根葱了，因为没有人可以找回你五分钱。可是，教科书里为什么还一年又一年地让小孩子重复着计算这么微小的已经不存在的单位呢？对于日常生活中已经失去使用价值的单位，这么小的孩子又如何能理解其概念呢？我想：让孩子认识有这么一个单位就够了，没有意义的计算岂不是让孩子越算越乱？于是，我不禁想：我们的教科书是否该与时俱进一些，不要让孩子增加那么多无谓的负担？

有一次，在跟一个家长交流时，她的话语突然让我觉得深有同感，因为我也是一个在学孩子的母亲。那个家长说：“刘老师，你平时总是告诉我们要多鼓励孩子看好书、好看书。可是，每天晚上她写完作业已经是八点左右了，休息一下或看一会儿电视，吃点东西就又该催促她上床睡觉了。周末吧，她自己喜欢跳舞就报了个舞蹈班，又想着现在是低年级，书写习惯的培养特别重要，就报了个书法班。剩下的一天时间除了完成作业似乎也没有很多的空余时间了，她要玩要看电视就随她了。所以，这书看得总是不多，这习惯怎么也培养不起来呀。”

听完，我略有所思。教育承载了社会太多的期许，越是敬业的教师所承受的压力就越大。推行素质教育这么多年，从很多中小学都可以看到，学生仍旧埋头于题山卷海，教师仍旧纠缠于一分一题，除此之外，还多了些轰轰烈烈、热热闹闹的活动。素质教育往往成了各个学校的西装马甲，在风光无限的外套里面最贴身的仍旧是应试教育的小裤衩！在现在的基础教育领域，出现了应试教育和素质教育并存的状况，两套评价系统相互纠结成一个旋涡，散发着极大的能量。不论是学校、教师，还是学生、家长，只要沾上基础教育，都会被卷进旋涡，陷入狼狈不堪的境地，为它累，被它伤。学校和教师一方面要考虑满足家长的意愿、社会的需求，顺着应试教育的轨道，把学生“发射”进更高的教育阶段，于是，分数始终是最重要的评价指标，应试训练、应试技巧还是重中之重；但另一方面又要顺应当下的教育潮流，显示先进的教育理念，必须向着素质教育的方向前进，努力把学生培养成全面发展的人而不是冷冰冰的考试机器。于是，在保留传统的考试分数这一评价系统之外，又多了素质教育的评价指标。而如今的学生和父母们也得两头兼顾，考试分数要高，特长不能少，智商要突出，情商要超群；家长不光要抓孩子的学习，还要想方设法培养孩子的管理、实践、研究等各种各样的能力，提高孩子的文化、艺术、身体和心理等方方面面的素质。一样都不能少，样样都要好，最终个个都受伤。家长一方面希望教师让孩子考出高分，一方面又对教师求全责备。当教师对孩子要求严格时，埋怨教师管得太严，说你给孩子增加压力，不过是应试教育的傀儡；当你对学生实施宽松的人性化管理，给孩子自由了，不去跟着考试随波逐流，家长又认为教师不负责任，不值得信赖，怕误了孩子的前途。不少教师都很无奈，管理的“度”究竟该如何把握？学校、家庭成了这场战争中的主战场，学生、教师和家长各个疲于奔命，这场战争一开始就告诉我们没有胜利者。作为教师，我们真的很想让孩子可以像在我们的年代一样，能按照自己的喜好在宽松自由的时光里享受阅读的快乐，感受文字的魅力。

所以，我在周末时会布置一道作业，要求完成两篇课外阅读，不让孩子抄写词句，也不写读后感，纯粹是阅读，体裁也不限制，童话、神话、作文、诗歌等，由孩子们自己选择，主要就是为了提高孩子的阅读兴趣，养成阅读习惯。但可悲的是这么轻松简单的作业，都还需要家长签名写明阅读的题目，加以评分，因为很多家长反映，大多数孩子都需要由老师布置成作业，而且要评分的才会去完成，平时家长不管怎么说都当耳边风，没几个真的能自己捧着书本阅读，不是看电视就是玩电脑，很多家长既焦急又不知所措。这应该是现代化教育进程中的悲哀吧。

又是一个教师节，校园里、每个办公室里都是鲜花、贺卡或者一些相框、杯子、笔筒等小玩意，虽不是大节日，竟也觉得喜气洋洋的。大家互相抢着拆开包装纸，猜猜里面有什么礼物，不时传出惊叫声或欢笑声。我看看眼前：几束鲜花、一个笔筒、一盏小小的台灯、一个小小的但很精致的音乐盒，还有几张贺卡，普通不过的小礼品，可我们却可以如此快乐！原来稀罕的不是礼物本身的价值，而是心里总窃喜着：原来孩子们没有忘记我！原来孩子们很喜欢我！想来，心里还是很在意自己在学生心目中的印象吧。

看着眼前的小女孩，她神情落寞地看着操场上欢笑的同学们，我若有所思地看着她。自从上个学期她的爸爸妈妈离婚以来，她就总不时看着某一处呆呆地出神，郁郁寡欢。她一直都是个懂事内向的女孩子，平时很少跟人交流，不像其他孩子总是一群人闹得欢腾，笑得痛快。记忆中，似乎没有见过她大声笑过，只是一副小声浅笑的温婉样子。我有意识地跟她多交谈，不过她只是有问必答，不多言语。前几天，我布置了一道作业：画一画你心里的小愿望。作业交上来，她画的是爸爸妈妈一人一边，拉着她的手，走在草地上。画得并不美，也不逼真，可是画中的小女孩笑得非常灿烂，非常满足！看着画，我心很痛，本来不该布置这么一道作业，勾起她奢望的等待。明媚金色的阳光在碧绿的叶子上跳动着，又透过树叶间的空隙细细密密地洒下来，可是，这灿烂的阳光什么时候才能照进这个小女孩的心房？

越来越多的报纸、电视、互联网等媒体，今天报道某地某某老师在教室里殴打某学生后，还将其从四楼扔下致死；明天报道某地某某教师因为学生不到他家参加补习就百般刁难千般惩罚，使学生厌学、惊惧、心理扭曲；后天又报道某地某某老师因为在监考现场抓获学生作弊，过后被学生在校外持刀砍伤；数天后又是一起师生结怨导致学生家长围攻校园，老师迫于无奈当众给学生跪下道歉的事件；某某学生不堪学习压力跳楼自杀……

震惊之余，感慨过后莫名茫然，社会在发展，人类在进步，教育肩负起的是百年大计、民族的希望，教师当仁不让地站在了风口浪尖上，昔日“人类灵魂的工程师”如今缘何成了摧残“祖国花朵”的魔鬼，在这个物欲横流的社会中迷失了良善本性？幼苗的栽培又被社会“浇灌”了多少污水，致使鬼迷心窍、扭曲成长、感恩无存反而羞辱有加？难道这就是人类社会文明的进步？不过也给人们敲响警钟：心理问题不容忽视！功成名就的教师也罢，拔尖聪颖的学生也好，如若心理扭曲，不得健康成长，不仅对己，对他人也是一种伤害。这样的人对社会、对祖国何用？

学校开展了心理活动专题研究，开设了心理疏导中心。尽管不知接下去会如何开展，成效如何，但这份初衷是美好的、殷切的。我认为还是该让孩子自小适当受点苦，吃点亏，经历一些小挫折，也适当地受点伤害，就如打了预防针一样，以后才能独立迎接风雨考验、社会磨炼。很多家长动辄为了孩子跟同学之间的一点小摩擦、小矛盾就亲自找上教师，送礼的也有，找茬的也有，巴不得自己随着孩子上学陪读，不让他受到一点伤害。其实就像身体经常生点小病不但无恙，反而会慢慢地提高了自身的抵抗力一样，孩子只有经历挫折才能真正成长。只是不知那些家长们懂得吗？能舍得不再呵护过度吗？

我希望可以让孩子们更加健康地成长，让孩子们心灵的花园仍然清透舒悦，有明净的阳光，还有舒展的心情，在完美无瑕的世界里，春风化雨滋润的美丽，日久而弥新，纯白色的梦想悄然绽放。

又有一届现场观摩赛事在我校举行。上完课，我想平日里难得有观摩取经的机会，就去听了几节课。听完却更加质疑、困惑。新课程改革以来，教师们悦然接纳新课程理念，都为了体现“学生的主体地位”而追求“倡导自主、合作探究的学习方式”。于是，几乎所有的课堂都是一个模式：分小组讨论，合作表演，老师少讲学生多说。一天下来，似乎发现只听了一节课。“你读懂了什么”，“你明白了什么”成了万能钥匙，打开了学生各抒己见的大门。教师们怕被评为“满堂灌”，学生的自学自练成了课堂主线，学生泛泛而读被冠以“读中感悟”；动不动就让学生表演，分小组谈论，美曰其名“探究式学习，体现学生的主体地位”；学生们便漫无边际、尽情尽兴地聊个甚欢。形式上热热闹闹、花样翻新繁多，学生的感官是活跃生动了，可是这样在教学浅表上千方百计运作的，难道就是新课改的目的和其所追求的效果吗？新课改下，教师究竟是讲或不讲呢？

记得著名教育家叶圣陶先生说过：“讲当然是必要的，问题在于如何看待‘讲’与‘怎样讲’上。教师要朝着促使学生举一反三这个目的精要地讲。”语言学家吕叔湘也曾讲过：“如果说一种教学方法是一把钥匙，那么，有一把总钥匙，它的名字叫作‘活’。成功的教师之所以成功，是在于他们把课讲活了。”可见，吕先生也好，叶老也罢，都是主张课堂上的讲。自古，讲解就是教师“传道、授业、解惑”的基本形式。我想，如果课堂上教师总是该讲的不敢讲，该挖掘的不敢挖掘，该雕琢的不敢雕琢，被一些教条困住，一味地追求新课改、新理念，这样的教学势必缺乏应有的深度和广度，让学生学得不知其味。不如好好研究“讲”的内容，丰富“讲”的形式，正确把握“讲”的尺度，疏密相间，舒卷有致地讲，通过我们的讲，将学生费解的、感到枯燥的课文形象地再现，让复杂的道理透彻明了。我想，我们还是应该纠正教学行为上的偏差，让无所适从的情感辨别找到冷静的出口，把传统教学的口耳亲授转变为师生共学的开拓式教学。

直面遗憾

这里我要跟大家分享的这个故事，并没有像其他教师的那样充满幸福感和成就感。相反的，它有些沉重。但如果可以，我希望那是触发我以及各位思考的一个契机，让我们直面教育过程中的失败，从而去寻求更为成功可行的教育方式，教育好我们的每一个学生。

事情发生在我刚毕业任教的第二年，当时，我在乡镇的一所普通小学执教，班里的学生都是学校周遭的乡村小孩，虽然穿着不似城市里的孩子光鲜亮丽，见识也短浅，却淳朴诚实。刚脱下校服的我，一下子成了孩子王，尽管只有区区三尺天地，但我往日的一知半解在他们眼里都成了金玉良言，举手投足都让他们争相模仿。孩子们对我的崇拜和喜爱让我教育的成就感油然而生。

第二学期开学，主任领来了一位男生，说是加入到我们班学习，是个湖南人，叫陈泽宇。在跟他讲完班级制度之后我热情地对他说：“欢迎你加入到三班这个大家庭来，以后和大家友好相处，共同进步吧！”没料到，他劈头来了一句：“我来读书，又不是来这里交朋友的！”当时我的心“咯噔”了一下，这算什么话呢？我还真没见过这么没礼貌的家伙。我听出他的言外之意就是，不外乎想在这里混上一年，最好谁也别管谁。遏制住心里的不快，我郑重其事地对他说：“如果你没这样想过，那么从现在开始你就认真想一想，在我们三班，我们最重视的就是团结合作、共同进步，如果你连与人和睦相处、适应环境这些能力都欠缺的话，那就算你以后考到清华、北大，也不会被人欣赏的。我们三班的班级口号是‘不做成绩上的巨人，品德上的矮子’。明白了吗？”听完我的话，他勉强挤出了三个字：“尽量吧。”

第一次见面，我就领教了他的傲慢。这一点使我感到不安，我担心他再这样下去肯定不能很好地融入集体、投入学习，所以课余时间我也常常在私下观察他。发现他上课基本按自己的计划做事，不考虑教师授课的内容。课余和其他同学的交流基本为零，总是独自坐在座位上做题，做早操的时候也常常不去，理由是没学过新操，不会做。性格孤僻高傲，行事冷静坚毅，那张自负的脸上总是一副看透世情的冷漠，跟他幼小的年龄是那么格格不入。

有一次填写家庭情况表中家长一栏的时候，他拒绝填写。我问起他来，第一次他推脱说不知道，第二次他说忘了。当我第三次问起他的时候，他竟然说："我觉得没必要说啊，这是我的隐私。"这话确实让我非常恼火，说实在的，我教过的学生中还没有这么直接顶撞教师的。当时我把他叫到办公室问他，你知不知道自己错在哪里？没想到他不慌不忙地说："我没觉得我错了啊，我以前的班主任只管我们学习，其他都不管的，而且这是我个人的档案隐私权，干吗非要向你们交代清楚。"我终于彻底明白了，他最大的问题不是无理傲慢，也不是不跟别人沟通，真正的原因是那种以自我为中心的自大和偏执。

正当我想深入点找他谈心的时候，一件事情成了导火线，引爆了积压了多日的矛盾。那天下午清扫教室的时候，一个女生气急败坏地跑来向我报告："不好了，刘老师，陈泽宇打人了。"我急匆匆地随她来到教室里，看到陈泽宇昂着头颅，充满愤怒的眼睛瞪得比铜铃还大，死死地盯着对面的蔡伦博，握成拳头的双手还在隐隐颤抖，胸膛起伏。我忙把他们俩拉开："怎么回事？这么大的男孩子了也不怕人家笑话。"谁知两个人谁也不开口。我问蔡伦博，他嗫嚅着说："我只是骂他……"这时，陈泽宇沙哑着喊："他骂我妈妈，还骂我是……"我一听就冲陈泽宇发火了："虽说骂人不对，可挨骂会比挨打痛吗？你怎么这么暴力？你一开始就是不想跟大家好好相处。"陈泽宇回瞪了我一眼，就抓起书包冲出教室，无视还在发怒的我。这下，我彻底震怒了，真是一点都不把我放在眼里，我的师者尊严何在？

这时候主任过来了，处理的结果是既然他不服从教育，那么就让他回家思过再说吧。当时，听到这样处理的结果，我虽然感到意外，但并没有表达异议，因为我有我的考虑，六年级了，谁都不想还要为了某个不受教的学生劳神费心，谁都想把最大的精力放在提高学生的成绩上，更何况我不想留着一颗随时可能引爆的定时炸弹。但我的内心的确闪过了一丝犹豫：就这样让他回家吗？是否需要跟他谈一谈？

当我上完另一节课回到我们班教室的时候，我发现陈泽宇已经走了，看着收拾干净的桌子，我没有意料中的轻松，而是突然感到无比的沉重，说不清是什么感觉。后来，他再没回来上课，不知是否回家乡湖南去了。而我，从他人的口中才偶然得知：他父母离婚，妈妈跟别人跑了。从小他就饱受他人的冷言热讽，父亲又经常酗酒、打他，所以他总是我行我素、孤僻自负、不轻易相信他人，更不会对谁吐露心声。然后，我又知道了那天他是因为蔡伦博骂他是"没妈妈的野孩子"才动手打人的。

那一刻，沉重感、挫败感还有痛心，掩盖了所有的一切，包括之前的种种不快。甚至让我有一种愧疚感，这种愧疚感使我再一次深深地体会到自己肩上的责任是如何的重大。是的，我没有来得及教育好他，就放弃了。我还没来得及让他明白，其实谦虚做人才是做学问的开始，应该踏踏实实走好每一步，而不是以自我为中心地固执和偏激；也没来得及让他知道，这个世界既有不平更有美好，放下愤恨与漠然才能拥有真心；更没来得及让他体会到人与人之间的相处是以信任、真诚为前提的，如果处处对人设防，针锋相对，情感的世界将是一片空白。可是，没有这样的机会了，我想到这样一句话："教育一个孩子失败了，对于一个老师来说，可能是几十分之一甚至几百分之一的失败，可对于一个家庭来说，那就是百分之一百的失败啊。"一名教师，不只是繁忙琐碎的教书育人，更需用慈爱、用心灵去叩击孩子的每一根心弦，诚如一位学者所说：真正的教育存在于人与人心灵距离最短的时候。这才是为人师者一生的追求。或许，教育的过程是允许失败的，没有人能保证每一个教育的结果都是成功的。失败并不可怕，关键在于我们应该用怎样的心态去面对这样的失败，怎样做得更好去避免这样的失败。这件事对于我的教育生涯来说，可能是一个遗憾的缺口，但我会把这个遗憾牢记在心中，让它时刻来提醒我：教育从来就不是简单的事业，它需要更多的爱，更多的宽容，更多的智慧，还有，更多直面失败的勇气和改进的决心。

随想随写

闲暇时光，我喜欢读书，捧一本在手，而非对着屏幕看，现代化的"书本"对我而言根本没有吸引力，仿佛没有了油墨的香味，字也不再质朴，连那内容也变了味似的。唐诗宋词、武侠言情、小说散文……我都津津有味地读。学生时，为了躲避父母的絮叨教诲，我总是夜晚躺下后假装熄灯，又偷偷窝在被子里悄悄地看书，看得忘了夜深。曾经有同事问我："你怎么总那么快乐？像开心果一样无忧无虑。"她肯定猜不到，以前的我曾经被同学们称作"林黛玉"，多愁善感，温柔娴静。真正是"为赋新词强说愁"的时光，越是惹人哭的故事越爱看。席慕蓉、尤金、琼瑶、金庸、梁羽生、古龙……伴我度过了青涩的岁月、青葱的光阴。今天的我，总是快乐地工作，快乐地生活着，尽管瘦削却充满活力，尽管羸弱却溢满自信，因为我相信，我的快乐与自信会感染学生，带给身边人一份明媚悦动的好心情。

我对唐宋诗词煞是喜爱，常常感慨古人缘何能以一处残垣、一段风月、一截枯木、一滴晨露，就吟诵出那么经典的传世佳作？感佩于他们以一字一词竟能将涌动的情思、无边的景象如此精辟地阐述。只有诗词才能描绘出杏花春雨的淋漓神韵，只有诗词才能刻画出雄浑古朴的北国风光，只有诗词才能诠释晨钟暮鼓的清心无为。而今，唐宋诗词更是让我们“迹留千古忆沧桑，踏遍山川写风情”。我无比向往陶渊明那份“种豆南山下，草盛豆苗稀。晨兴理荒秽，带月荷锄归”的怡然自得。喜欢苏轼气势磅礴，格调雄浑的《念奴娇·赤壁怀古》，使人心胸为之开阔，精神为之振奋！《水调歌头·明月几时有》围绕“月”字展开，一会离尘，一会入世，构思奇逸缥缈，语句精练自然，胸怀乐观而旷达，对明月的向往之情，对人间的眷恋之意，流露出了词人悟透人生的洒脱和旷达的性格，潇洒的风格和行云流水一般的语言，至今还能给我们一种美好的享受。

应该是骨子里散淡悲观的情绪作祟吧，我喜欢清丽小诗多过写实史诗，所以喜欢王维多过“诗圣”杜甫。这个盛唐杰出的诗人，无论是诗文才情还是人品，都如盛唐般华丽深远。王维骨子里总是透出一股清和恬淡的禅心，他的谈吐清冷淡致，透悟世俗，凡心澄净，创造了水墨山水画派。诗句就如江南水乡的小河道，弯弯曲曲间衍出无数缠绵来。诚如苏轼所称“味摩诘之诗，诗中有画；观摩诘之画，画中有诗”。无论是名山大川的壮丽雄伟，或者是边疆关塞的壮阔荒寒，还是小桥流水的恬静，他都以灵性的语言、生花的妙笔为我们描绘出一幅幅或浪漫，或空灵，或淡远的传神之作。如《辋川别业》中“雨中草色绿堪染，水上桃花红欲燃”。又如《山居秋暝》中“空山新雨后，天气晚来秋。明月松间照，清泉石上流”。着墨无多，意境高远，诗情与画意完全融合成为一体，诗如画卷，美不胜收。王维的很多山水诗充满了浓厚的乡土气息和生活情趣，表现自己的闲适生活和恬静心情。如《田园乐七首》其六曰：“桃红复言宿雨，柳绿更带青烟。花落家僮未扫，莺啼山客犹眠。”在优美的景色和浓厚的田园气氛中抒发自己恬淡闲散的心情。诗渗禅意，流动空灵，那“行到水穷处，坐看云起时”的豁达惬意，不用禅语，却让人自得禅理。

我爱一切美的事物，工作之余，我喜欢用摄像头拍下一个个美的瞬间，记录一段段美好的情愫；喜欢溶于如水月色下，静静坐着，把自己画进秋夜微凉的庭院中，花草不知做什么梦，呼吸那么宁和，我也心境澄净；喜欢到处走走停停，回归自然，让心情在芬芳的空气中，自在飞扬；喜欢一个人适时地独处，保持美丽的心情，不为外物所左右；喜欢逛街购物，诠释女人天生的拥有欲，把自己打扮得亮丽，给自己也给身边人一份朝气，一股对美丽生活执着的追求；喜欢美食、旅游、聊天、听歌……因为教师也是凡人。

我是一个现实的人，却又总是不安于现实。多年以来，我在教育教学的实践中，在完美理论与现实执教的冲突过程中，一直在追寻教育过程的真实描述。所以我发现，教育中其实少有荡人心魄的事件，常常是一些微不足道、平平淡淡的片段，细节悄然而至，似乎说不清其魅力何在，更难以支撑起教育的完整过程。但我们豁然发现：教育奇迹和成功的教学案例总是源于那些不经意的瞬间发生。可能是师生间一次平和的对话、一个期许或一个微笑，饱含着教师浓浓的真情，传递出师生间短距离的心灵交流的火花。我们对这些教育教学过程细节的回味与探索，无疑是教育的财富之一，我们也在此期间感受到自身成长的幸福。时光荏苒，当初我追随的梦想，已不会再像白荷一样，冉冉浮出水面，像被搁浅的记忆，变得模糊。因为，当初的梦想已演变成责任，不容恍惚，不可飘忽。今天的我，要循着内心深处的引领，实在为人，实在为师，实在做事，完成一段实实在在的人生历程。

我明白，教师工作永远没有最高峰，只有汲汲不断地攀登，才能在教育的征途中走出一条属于自己的路。我也始终相信，用真诚作为最好的“武器”，真诚对待学生、真诚对待教学、真诚对待每一个能献身教育的日子，用真诚的汗水一定能浇灌出绚丽的花朵！

附：刘燕珊获奖情况

1. 1999 年 10 月 13 日，被评为“湘桥区优秀少先队辅导员”。

2. 2000 年 7 月，论文《探析小学思想品德新版教材发挥主导与主体的教学方法》在湘桥区品德教研论文及教案评比中获三等奖。

3. 2001 年 7 月，撰写的论文在纪念中国共产党成立 80 周年征文比赛中获三等奖。

4. 2001 年 11 月，教例《吟诗作对》在湘桥区小学语文活动课课例设计评比中获一等奖。

5. 2001 年 12 月，论文《诗教》获潮州市教育系统教师教研、科研论文评比三等奖。

6. 2002 年 5 月，被评为“湘桥区优秀共青团员”。

7. 2002 年 5 月，论文《诗教》获湘桥区中小学教研、科研论文评比活动二等奖，并发表于《广东教学研究》。

8. 2006 年 4 月，参加湘桥区小学语文青年教师教学观摩比赛获一等奖。

9. 2006 年 5 月，参加潮州市小学青年教师教学观摩比赛获语文学科二等奖。

10. 2007 年 4 月，设计并执教的课例《我和春天有个约会》在教育部“十一五”规划课题第一阶段成果交流会评审中获优秀课例二等奖。

11. 2007 年 4 月，参与全国教育科学教育部“十一五”规划课题的子课题研究中，教学设计《我和春天有个约会》获优秀成果二等奖。

12. 2007 年 7 月，被评为 2007 年度优秀共产党员。

13. 2008 年 5 月，设计的网络课课例《赵州桥》获中央电化教育馆“十一五”全国教育技术研究重点课题经验交流会优秀成果二等奖。

14. 2009 年 5 月，参加湘桥区小学品德科青年教师教学观摩比赛获品德科一等奖。

15. 2009 年 6 月，参加潮州市小学“品德”青年教师教学观摩比赛获一等奖。

16. 2009 年 6 月，教学设计《赵州桥——网络教学设计》参加潮州市小学语文教学设计评比活动，获二等奖。

17. 2009 年 8 月，教学设计《赵州桥——网络教学设计》参加广东省教育学会组织的优秀教学设计评比活动，获二等奖。

18. 2009 年 8 月，被评为“湘桥区优秀班主任”。

19. 2009 年 9 月，执教的课例《赛龙夺锦》参加广东省教育厅教研室组织的广东省第四届“品德与生活”教学评比活动，获二等奖。

20. 2010 年 5 月，课堂实录《赛龙夺锦》参加中国教育报和中国教育学会共同组织的全国中小学思想道德建设优秀成果展评活动中，获优质课一等奖。

21. 2010 年 8 月，《赵州桥》教学案例在广东教育学会组织的广东省中小学阅读指导课优秀教学案例评选活动中，获三等奖。

22. 2010 年 10 月，在潮州市小学“品德与生活”教学技能比赛中，获三等奖。

23. 2011 年 4 月，教学案例《赵州桥》参加潮州市中小学阅读指导课优秀教学案例评审活动，获三等奖。

另外，积极参加学校组织的教师基本功比赛、朗诵比赛、硬笔字比赛、教学设计现场比赛、教师课件制作比赛等各项评比活动，均多次获得一、二、三等奖，为湘桥区新任教师上示范课等，被授予“十佳优秀班主任”和“优秀岗位能手”等称号。

杏坛觅芳菲　桃李争春色

——唐琳教师成长历程

我的家乡

我的家乡——潮州，是一座历史悠久的文化名城。她山川秀丽，人杰地灵，名胜古迹星罗棋布，素有“海滨邹鲁”、“岭海名邦”之美誉。

说到我的家乡，人们自然会想到潮州的八景：湘桥春涨、韩祠橡木、凤凰时雨、龙舟宝塔、鳄度秋风、金山古松、北阁佛灯、西湖渔筏。新建的滨江长廊人称“九景”，由青砖砌成，城墙上有一米多高的“锯齿”，而且有高大宏伟的城楼。夜幕降临，滨江长廊灯火辉煌，倒映江中，似火团，像繁星，如星云。一盏灯连一盏灯，光线连光线，如同彩色的光网。

我的家乡不仅环境优美，而且还有着悠久的历史文化。

潮州刺绣瑰丽多彩、巧夺天工；潮州陶瓷更是名震遐迩，有着“白如玉，薄如纸，细如丝，明如镜，声如馨”的美誉；潮州小菜美味可口；潮州功夫茶以“形美、色翠、香郁、味甘”扬名天下。

潮州，我的家乡！纵有李白、杜甫的文思，也难写出我对你的爱；纵有齐白石的丹青绝笔，也描不出你风姿绰约的神韵；纵有贝多芬的音乐造诣，也奏不出你在我心中激起的旋律。

我爱家乡潮州！

我的工作

我在潮州昌黎路小学任教，这里也是我的母校，我的小学就是在这里度过的，所以我一直以来对这所百年老校很有感情。虽然学校现在的发展一般，但我深爱我的母校，所以一毕业，我就竞争上岗来到这里工作。一直以来，我担任班主任工作，并担任五、六年级的语文科教学，送走了一届又一届的毕业生，虽辛苦，但每当有学生回校看望我，或在大街上大叫“唐老师，唐老师”时我总会感觉特别欣慰。

1. 我的第一课

清楚地记得，1999 年 9 月 1 日，我开始了从教的第一节课——班会课。

那天，当我踏进403班教室的第一步，面对全班73张稚气的小脸，73双充满期待的眼睛时，我感觉脸颊滚烫，大脑一片空白。尽管已做了充分的思想准备，也认真备了课，甚至把要讲的每一句话都写了下来，但走上讲台那一瞬间，我仍感觉全身发抖，手脚冰凉。我顿了顿之后，用颤抖的声音说了第一句话："上课！"73个孩子站起来："老师好！"一句"老师好"让我倍感兴奋，感觉整个人放松了些。我拿出自己精心准备的笔记本，努力静下心来，开始向学生们简单介绍自己，然后开始讲课。我照着笔记本，把新学期对学生的要求照本宣科通读一遍，先前自认为准备得很充分，把要求准则都细化了，但读完一遍，我才发现教室后面挂着的时钟上，分针只缓慢地走了两大格，天啊，我讲得太快了，以至于当我抬起头望着学生时，发现他们都睁大好奇的眼睛注视着我，窃窃私语声此起彼伏。我停下来，尽力使自己镇定，然后用眼睛扫视了整间教室。学生们似乎意识到了什么，也停止了小声说话。

半节课下来，我总会不自觉地重复自己说过的话，生怕他们听不清楚，不明白我说的话。笔记本上面该讲的都讲了，我只好寻找新的话题，结合语文科的内容又跟学生聊了聊。当下课铃响起，我发现这节课太漫长了，全身有种被掏空的感觉，手心还冒着汗，我太紧张了！

2. 我的教学之路

踏入昌黎的第一年，我教四年级语文，同年级的老师中有我的启蒙老师马秋香老师，虽然接近退休年龄，但她的敬业精神着实令我敬佩，每当我有教学上的难题向她请教，她总不吝赐教，更是循循教导，直到我弄明白为止。此后我一直在五、六年级任教语文学科，黄佩瑜老师、田毬青老师、郑坚老师、杨丽卿老师等都曾经在教学上培养我成长，正因为有这些老前辈的指导，所以我的教学之路一直走得很顺畅。

学校每两年举行一次教学探索交流活动日，很多兄弟单位前来观摩。几乎每次的交流日活动，我都承担公开课任务，印象最深的是2004年的第五届活动日。当时接到学校的任务是要求我开一个语文活动课，我一下子懵了，以前没上过，学校原来也没这方面的资料记载，这可怎么办啊？思索良久没办法，任务到手了，只好硬着头皮，摸索着前进了。我一面查阅资料，一面借来其他学校的一些课例，并在同事的帮助下，初定课题为《游长城》。课题定下来了，我把全班学生分为四个组，课前布置他们分别查找与长城有关的资料，并通过实践不断完善教案。

附：语文活动课《游长城》教案

活动目的：

（1）情感目的：通过模拟游长城，使学生进一步了解长城的历史，感受长城的伟大壮观，激发学生爱长城、爱中华的情感。

（2）语言目的：让学生掌握、积累一定语言，综合运用语言实践赞美长城。

活动准备：

（1）中国地图八张，学生收集到的有关长城的图片。

（2）幻灯机、录像机、长城景色录像片断。

（3）自制长城图、红旗若干面。

活动过程：

一、录像导入

引入：同学们，你们去过北京的万里长城吗？你能说一说长城是什么样子的吗？……说得好。老师没有去过，相信在座的好多同学也没有去过，那这一节语文活动课老师就带着大家一起去游长城。在游长城的过程中，我们分4组同时开展各项活动比赛，取得胜利的组就得到一面红旗，活动结束后，看看哪一个组得到的红旗最多，就能得到一份精美的奖品。大家说好不好？

首先，让我们跟随摄像机的镜头一起去领略长城的美丽风光。

（1）播放录像。

（2）提问：长城给你留下什么印象？（高大、雄伟、壮观）

（3）过渡：长城是中华民族的象征，它像一条长龙，蜿蜒盘旋于崇山峻岭之间，下面老师带着大家一起登长城。

二、登长城（板书）

（1）大家请看桌面上分别摆放着两张中国地图，下面就请各组分工协作，找出长城的起始处及所经过的省份，完成填空题。

（2）出示填空题及评分标准：

填空题：长城东起<u>山海关</u>，西到<u>嘉峪关</u>，经过<u>河北</u>、<u>北京</u>、<u>内蒙古</u>、<u>山西</u>、<u>宁夏</u>、<u>陕西</u>、<u>甘肃</u>等省、市、自治区，全长<u>6 700</u>公里，被称为<u>　万里长城　</u>。

评分标准：各组分工协作，在两分钟内完成填空题，答案正确的组奖给一面红旗，完成得最快的组加奖一面红旗。

（3）齐读填空题。（奖红旗）

（4）出示山海关图片：

大家请看，现在我们已经来到天下第一关——山海关，在这里，我们举行登长城比赛。

要求：各组同学借助词典，查找出6个以上分别含有“万”、“里”、“长”、“城”的成语。（时间：3分钟）

准备完毕后，只要老师出示其中的任何一个字，看看哪一个组能以最快的速度说出含有该字的成语。

（出示）比赛规则是：

①以组为单位，看谁说的词语多。（每组说足6个可奖一面红旗，每多讲3个词语可加奖一面红旗）

（万：万象更新、万众一心、万紫千红、万头攒动、万事大吉、万念俱灰……

里：里应外合、笑里藏刀、一日千里、一泻千里、下里巴人、百里挑一……

长：三长两短、取长补短、长年累月、长篇大论、长治久安、长吁短叹……

城：众志成城、城下之盟、城狐社鼠、城门失火，殃及池鱼、兵临城下、满城风雨……）

②各组能够体现协作精神，每人只说一个，所说词语不能重复。

（奖红旗）

三、赏长城

（1）同学们顺着台阶，来到居庸关，下面我们就地休息，一同来欣赏长城的美丽风光。（板书）

（出示）评分标准：选择一方面内容介绍长城的有关情况，说得好的组将得到一面红旗。

各组先讨论一下，你们组准备怎样赏长城。（讨论，教师采访）

（2）汇报：

第一组：介绍长城的历史发展。

（根据历史记载，从战国以来，有20多个诸侯国和封建王朝修筑过长城。最早是楚国，为防御北方游牧民族或敌国，开始营建长城，随后，齐、燕、魏、赵、秦等国基于相同的目的也开始修筑自己的长城。秦统一六国后，秦始皇派著名大将蒙恬北伐匈奴，把各国长城连起来，西起临姚，东至辽东，绵延万余里，为了修筑长城动用了30万人，创造了人类建筑史上的奇迹。汉代继续对长城进行修建。从文帝到宣帝，修成了一条西起大宛贰师城，东至黑龙江北岸，全长近一万公里的长城，古丝绸之路有一半的路程就沿着这条长城，是历史上最长的长城。到了明代，为了防御鞑靼、瓦剌族的侵扰，从没间断过长城的修建，从洪武至万历，其间经过20次大规模的修建，筑起了一条西起甘肃的嘉峪关，东到辽东虎山，全长6 350公里的边墙。现在经过精心开发修复，山海关、居庸关、八达岭、司马台、慕田峪、嘉峪关等处已成为驰名中外的旅游胜地。）

第二组：为大家展示一组有关长城的图片（八达岭长城、山海关长城、居庸关长城、嘉峪关长城），并分别作介绍。

第三组：朗诵毛泽东诗词《清平乐·六盘山》，说一说诗词的含义。（集体朗诵）

清平乐·六盘山

毛泽东

一九三五年十月

天高云淡，望断南飞雁。不到长城非好汉，屈指行程两万。六盘山上高峰，红旗漫卷西风。今日长缨在手，何时缚住苍龙？

（注释：1935年10月，毛泽东率领的红军在六盘山前又击败了前来堵截的敌骑兵团。在战斗胜利的鼓舞下，当天下午便一鼓作气翻过了六盘山。10月下旬，到达陕北，胜利地完成了震惊世界的二万五千里长征。这首诗就是毛主席翻越六盘山时的咏怀之作。它生动表现了毛主席及其统率的英雄红军胜利地登上六盘山后，远望云天的情景，抒发了彻底打垮国民党和日本帝国主义者的坚强决心，发誓将革命进行到底的壮志豪情。）

第四组：讲一讲民间故事《孟姜女哭长城》。

看来大家课前都做了充分的准备，都说得不错，我们各奖一面红旗。

四、赞长城

（1）不知不觉，我们已来到长城的尽头。啊，长城的美景真让我赞叹不已。下面就让我们一同赞一赞长城吧。（板书）

（2）（出示）评分标准：使用优美的语句，富有感情地表达对长城的赞美，组内同学发言踊跃，将得到一面红旗。（背景音乐：《长城长》）

（3）教师点评并奖红旗。

（4）在游览名胜古迹时，应注意什么？

五、总结

长城是我们中华民族的象征，是中国人民智慧的结晶。今天我们通过这一节语文活动课，不仅登长城、赏长城，感受祖国的大好河山，而且由衷地发出赞叹，希望大家能共同保护好这些历史文化遗产，让它们能在世人面前永放光彩。

好，今天的活动内容到此，我们一起来看一看谁的红旗最多，谁就是今天的获胜者。

最后，让我们在歌声中结束我们今天的活动。（歌曲：《祖国祖国多美丽》）

经过我的精心准备，公开课上全班同学积极参与，气氛热烈，胜利圆满完成了教学任务。前来听课的特级教师梁步升校长是这样评价这节活动课的："开课教师能领会课程标准之旨，紧扣其要求，依据教材又超越教材。整个活动以导游者带着游客的形式来贯穿，放得开、收得拢，让学生在更广阔的空间里学语文、用语文，丰富知识，提高能力。充分体现师生互动的新课程标准的教学理念。这是一节成功的语文活动课。"其他听课的教师也给予了很高的赞誉。我深受鼓舞，但我深知，没有领导的关心，没有同事的帮助，我是无法完成这项任务的，我只有不断地学习、不断地反思，才能提升自我、完善自我，向更高水平发展。

活动课后，我作了如下反思，并在第六届教学探索交流活动日的论坛上作了发言：

从《游长城》的活动课看语文教学中师生互动的必要性和实效性

小学语文教学应做到教师主导与学生主体的辩证统一，它是教学成败、质量高低的关键。在上一届教学探索交流活动日中，本人所开的一节语文活动课《游长城》较好地解决了这个问题，深受各位专家和教学同行的好评。下面就这一节活动课《游长城》谈一谈我在实践中的一些体会。

一、对《游长城》活动课的反思

（1）较好地处理教者与学者的互动关系。活动课，顾名思义，就是"活动"，让学生"主动活动"，成为活动的主人，要增强学生的参与意识、实践意识、主动意识。所以，我不但充分重视发挥教者的主导作用，还充分考虑怎样有效地调动学者参与活动的主动性和积极性。活动前，让学生查找长城资料，自我准备，如收集有关长城的图片，查阅长城的历史发展资料；活动中，让学生充分表现，自我发挥；活动后，让学生勤于总结，自我评价。上述的"三让"、"三自"，就是要让学生在活动课中充分"自我准备"、"自我发挥"、"自我评价"，较好地落实了活动课中学生的主体地位。

（2）想方设法调动学生参与活动课的积极性。我采取下列方法：

①激发学生的学习兴趣。兴趣是学习的最好老师。比如开课引入时，我设问：同学们，你们去过北京的万里长城吗？你能说一说长城是什么样子的吗？……那这一节语文活动课老师就带着大家一起去游长城。我们分4组同时开展各项活动比赛，取得胜利的组就得到一面红旗，活动结束后，看看哪一个组得到的红旗最多……就这样，一下子把学生参加活动课的兴趣调动起来了。

②用情景教学调动学生的学习情绪。我设计了“登长城”、“赏长城”、“赞长城”三个活动情景，运用幻灯机、录像机、长城景色录像片断、自制长城地图，引领学生领略长城的美丽风光。“登长城”之后，让学生查地图，找出长城的起始处和所经过的省份，用填空的形式进行比赛。在“赏长城”中，让各组选择长城的某方面来赏长城，说得好的组将得到一面红旗。在“赞长城”中，让学生用优美词句，对长城进行赞美……做得好的组同样得到红旗。通过比赛、激励，使学生始终保持高昂的学习情绪。

③教者在活动课中扮演着合适的角色。正如特级教师梁步升校长的评价：“整个活动以导游者带着游客的形式来贯穿，放得开、收得拢……充分体现师生互动的新课程标准的教学理念。”我在活动中能摆正位置，处处以“导”的身份，导游、导赏、导赞，做活动课的组织者、引导者。

(3) 能够把握好工具性与人文性统一这一语文教学特征。在语文活动课中，我始终把握住强化语言文字功能，进行语言交流训练这条主线，又紧紧围绕《游长城》这一活动主题。通过模拟游长城，使学生进一步了解长城的历史，感受长城的伟大壮观，激发学生爱长城、爱中华的思想感情，使活动过程始终有个正确的指导思想。

在“登长城”中，学生通过查地图、填空，认识到长城东起山海关，西到嘉峪关，经河北、北京、内蒙古、山西、宁夏、陕西、甘肃等7个省、市、自治区，全长6 700公里，被称为万里长城。

学生在观赏天下第一关——山海关时，借助词典，分别找出有“万”、“里”、“长”、“城”等字在内的成语6个以上。如“万”字有“万象更新”、“万众一心”、“万紫千红”、“万头攒动”、“万事大吉”、“万念俱灰”……使学生丰富词语、积累词语。

在“赏长城”中，各组从不同角度来欣赏长城。有的组介绍了长城的历史发展，介绍了从战国以来，经秦汉以至明代，历朝修筑长城的历史情况；有的组展示了一组长城图片，如八达岭长城、山海关长城、居庸关长城、嘉峪关长城等，展示长城的壮丽风光；有的组有感情地朗诵了毛主席诗词《清平乐·六盘山》，并说出“不到长城非好汉”等词句的含义；有的组则讲述了《孟姜女哭长城》的民间传说，讲述了建筑长城工程的浩大和劳动人民建筑长城的艰辛与苦难……通过上述一系列活动，学生不但获得长城的发展历史、地理位置、民间传说、壮丽风光等知识，又深深感受到长城的伟大、中国劳动人民的智慧，激发起爱祖国、爱长城的民族感情与自豪感，同时又对学生进行了一系列以《游长城》为主题的语言文字的训练和语言交流与表达的严格训练，达到文道兼得、思想与语言双丰收的喜人局面。

二、活动课对语文教学师生互动的启示

语文活动课是新课程标准设立的新的教学形式，活动性是语文活动课的突出特征。因此，如何让学生在活动课中充分“活动”起来成为教师备课时认真研究的一个重要课题。由此，我对语文教学的师生互动有以下几点思考：

（1）从语文教学过程看师生互动的必要性。语文教学是教师设计、学生参与的语文实践活动过程。师生互动是语文教学实践活动的两个“主体”的互动，即传统所说的教师主导与学生主体互动的辩证统一。

从教师在语文实践中的主导作用来看，要精心设计教学目的与教学过程，起引导、开导作用。在引导学生进入语文实践活动中，要导趣、导向、导路；在深入语文实践活动中，要导疑、导难、导法。没有教师的主导，语文教学就没有主心骨。

学生在语文实践中应该始终处于主体地位，学生的主体活动是谁也代替不了的。只有让学生积极参与语文实践，发挥主动性、自主性、创造性，语言文字训练、语言交流训练才能得到落实。

所以，语文教学要打破过去“老师讲，学生听”的被动局面。在备课中，教师不但要备教学目的、教学过程，更要备怎样去调动学生参与语文实践活动的积极性与方法。因为没有学生积极参与语文实践活动，教师的主导作用只能是一相情愿的一句空话。

（2）从语文教学内容看师生互动的实效性。师生互动是语文教学实践的活动形式，但是教学互动的内容是什么呢？要始终把握好工具性与人文性统一这一语文教学特征。语言是思想、人文、文化的载体。要把握“从道学文”、“从文学道”的原则，达到文道兼得、语言思想双丰收的实效性。

（3）从语文教学活动看师生角色转变的重要性。从这次语文活动课取得的成效来看，我深刻认识到师生角色转变的重要性。在语文教学中教师要从传统的课堂教学的“主角”迅速转变为“导演”，是“导”着学生“演”（“导”学生在课堂教学中主动学道学文），教师如果要“演”，至多是充当“首席演员”的角色，而不是“包打天下”。而学生则应该从过去的充当“听众”迅速转变为“主角”，成为语文教学活动的主体实践者——进行听、读、说、写的演练者、思想感情的交流者。

有了成功的经验，我更是积极参与学校的“十一五”教育信息技术研究课题“小学语文专题资源的应用模式研究”，承担课例实验，并在第七届探索交流活动日中展示语文网络课《鸟的天堂》，同样受到教育专家和同行们的好评。该课例也获中央电化教育馆“十一五”全国教育技术研究重点课题“珠江三角洲地区中小学信息资源应用模式与绩效研究”项目2009年经验交流会优秀成果三等奖。课外，我就此次开课内容作了反思，并参加湘桥区小学语文教学反思评比活动，荣获二等奖。

今年4月份，我接到任务，将代表学校参加湘桥区教育局举办的小学语文青年教师教学基本功大赛。学校非常重视，在王振中校长、翁洁华副校长的带领下，精心组织了由曾静香主任、洪风老师等教学骨干组成的精干队伍指导我备课，做了整整两周的准备工作。为了拿出最优秀的教案，大家夜以继日，不分彼此。我终于不负厚望，在比赛中荣获一等奖。之后，继续奋勇拼搏，参加市教育局组织的市小学语文青年教师教学基本功大赛，经过激烈的角逐，最后取得二等奖的好成绩。

这次比赛，我受益匪浅，不仅本身基本功得到锻炼，更感谢各位领导给予的关心和培养，特别感激同事们的不吝赐教，他们的人格魅力，他们的严谨作风将使我一生受用。

3. 骨干教师培训

2010年5月，是我教学生涯的另一个里程碑，在学校领导的大力支持下，我参加了华南师范大学举办的广东省中小学骨干教师省级培训。第一阶段的集中学习短短十天，既紧张而又充实。重返大学校园聆听教授的讲座，接受文化熏陶，感觉是幸福且任重道远。面对不同风格的教师，听到不同类型的讲座，我的思想受到空前的洗礼，更感受到我们为师者要志存高远，心中永远有一片蓝天、一块净土；要让读书思考成为生活工作的常志，从而滋养心灵，修炼、提升自己。我将铭记黄忠教授掷地有声的三句话：“要有俯仰天地的境界，要有悲天悯人的情怀，要有透彻人生的智慧。”此外，我还与省内其他知名学校的语文老师们交流教学经验，提高理论素养，开阔自己的实践视野，收获甚多。华师归来后，我建立了自己的教育博客，并把教学工作中点点滴滴的感受记录下来，我想，这将是我自我提升的一个平台。我将不断汲取教育名家的教学精华，丰富自己的教学智慧。

10月20日，作为省小学语文骨干教师，我们潮州学员一行7人，带着满怀的期待与激动之心来到广州，参加天河区华阳小学王建辉名师工作室为期20天的跟岗培训。时间虽短，收获甚丰。下面是我的跟岗日志。

跟岗日志一

10月21日，跟岗第一天。昨天跟主持人王建辉校长约好8点半到校，但早晨7点多，我们潮州学员一行7人已满怀期待，早早来到天河区华阳小学门口一侧，学生们正陆续在家长的带领下来到学校。8点10分，我们与王建辉校长通了电话，原来她早已在校门口等候我们，好一位和蔼可亲的校长啊！之前虽未谋面，但与主持人经常电话联系，今天一见面，亲切之感油然而生！

简单的见面会之后，王校长便安排我们听课。走进一（4）班的教室，教室的布置格外有序，“谁最棒”、“学习百花园”、“读书俱乐部”，处处充溢着书香的味道。孩子们见我们到来，立刻站起来向我们敬礼。小麦老师上的是《第四单元巩固课》，从导入的猜谜语，到读生字、我会说、课外拓展、我会读、读读想想、加字歌，整个课堂学生们激情昂扬，学得非常快乐。教师能充分利用识字途径激发学生的学习兴趣，特别是采用“口令调控”的方式，使学生们动静相宜，学有所得。这样一种新鲜的课堂教学模式，确实令我耳目一新，值得借鉴。

下课了，我们参观了一下校园环境，“绿色校园”、“书香校园”、“文明校园”是我一个总体的印象。整座学校满目苍翠，绿草如茵，让人感觉神清气爽。校园的走廊挂满了学生们自制的读书卡，教学大楼里的图书角随处可见。每一位经过我们身边的学生都会主动敬礼：“老师们好！”文明礼仪已蔚然成风。好一个和谐、活泼、向上的校园！

跟岗日志二

10月22日，跟岗学习第二天。来到工作室，稍作停顿，我们便兴致勃勃地听了两节课。一节是五（6）班李莉老师上的《第三单元知识整理》，一节是四（1）班莫瑕老师的《单元导读课》。两节课下来，受益匪浅。

特别是李莉老师的知识整理课，结合单元重点，先回顾，再重现，学生重在参与，既掌握了本单元的重点知识内容，又运用小组学习、讨论、互测等方法进行自主学习，台上台下的互动，教师做到了有总结、有梳理、有检查、有点评，体现了课堂教学的有效性。

这是华阳小学运用生本理念探索的一套新的课堂教学模式。课堂上学生们热情高涨，思维活跃，自主性强，我们不禁疑惑，这样大的信息量，学生们从哪得来的？王校长为我们答疑解惑，华阳小学一贯的教学口号是“让孩子去流汗、流泪，老师在一旁观察，当导演”。教师上课看似非常轻松，但对课堂驾驭能力要求很强，学生学习的兴趣提高了，变原来的“要我学”为“我要学”，体现了以生为本的新的教学理念。

反思自己，有时为了应试，采用“填鸭式”的教学方式，久而久之，学生产生依赖心理，甚至厌恶学习，失去了学习的自主性。今天的两节课让我获益良多，也坚定了我今后的课改方向：注重培养学生积极参与学习、合作探究的学习品质，实现课堂教学的有效性。

跟岗日志三

今天，善解人意的王校长特地为经常任教高年级的我们安排了六年级两节语文课。一节是六（3）班胡睿老师上的《我的伯父鲁迅先生》，一节是六（5）班梁倩怡老师的技能课《听音乐，写故事》。

梁老师的技能课是结合单元“口语交际与习作”展开的一节作文课，内容新颖，设计巧妙，既源于教材，又创新教材，切合单元重点，很好地激发了学生学习的兴趣。

这是华阳小学正在进行的改进课堂教学形式，构建主题式的作文教学模式。其操作流程是：作前准备（言语体验、素材积累）—头脑风暴—素材定向—思维记录—目标定向—习作生成—评改赏析—习作再生。

在这一节课，梁老师先为学生们播放一段音乐，让学生结合音乐想象场景，接着故事发展，学生间互相交流、补充，并用画画的形式把故事内容记录下来，最后让学生形成作文。这样充分调动学生的听觉、视觉，让学生动口讲、动手画、动脑想，适合学生年龄特点，使“主题”定位更明确。

长期以来，小学的课堂作文教学都是采取一个教学单元一次，一次一文的方式。这种教学形式持续时间短，反馈不及时，难以在学生中形成学习写作的氛围；学生练习写作的时间少，强度不够，习作技能难以得到较好的强化和巩固。尤其对一些写作能力不是太强的学生来说，往往还没有反应过来，一次练习的机会就过去了，难以达到较好的学习效果。华阳小学采用这样的主题作文教学模式，让学生扎扎实实地练，其习作技能必然得到很好的落实和巩固。这是本次跟岗培训的一大收获。

跟岗日志四

10 月 26 日下午，广州市天河区广东省中小学名师工作室主持人与省骨干教师跟岗培训学员见面会在华阳小学举行。华师继续教育学院常务副院长王红教授、天河区教育局领导，王建辉、何建芬、游采云三位省中小学名师工作室主持人和 29 位省骨干教师跟岗学员等出席此次会议。会上，我再次领略了名师的人格魅力。特别是王红教授和我们分享的“教师的核心价值观”32 字真言更让我记忆深刻："因为享受所以感恩，因为敬畏所以发奋，因为淡泊所以舍得，因为坚定所以高远。"我相信，有专家的引领，有名师的道德、人格的影响，我们将在教师岗位上走得更高、更远。

跟岗日志五

10月27日，又是忙碌而又充实，劳累但又快乐的一天。早上第一、二节课，我们聆听了王建辉校长题为"主题作文教学操作模式的研究与实践"的讲座；第三节课，我们听取了六（1）班邓燎老师新开发的一个课型"课外阅读拓展课"；第四节课，我们参加了华阳小学的语文教学研讨会；晚上，我们赶往海珠区实验小学听华师大刘良华教授开设的《听课、评课的行动研究》的专题讲座。王建辉校长的讲话让我们受益匪浅，邓燎老师的课让我们耳目一新，华阳浓烈的研讨氛围感染了我们，刘良华教授的讲座让我们茅塞顿开。今天，我们享受了一顿丰盛的文化大餐！

跟岗日志六

10月28日，我在导师的指导下踊跃上课，尝试了略读课型，五年级上册第20课《学会看病》。一开始我以一首小诗导入课堂，渲染母爱情怀；接着整体把握文章大意；然后以母亲心理活动变化作为主线，层层深入，揭示文章所表达的中心思想；最后课外拓展，学生们展示了他们自己制作的以"父母情深"为主题的PPT。课后，特级教师何建芬为我作了点评，指出本节课的亮点与不足之处。我也决心要更新教学理念，将"生本"落实到课堂教学中。其他学员也各抒己见，大家在一起交流探讨，进一步明确了课型设计要切合教材及学生实际，使课堂更能体现有效性。

下午，我们兴致勃勃地参观了华阳小学"精彩亚运，有我同行"综合实践活动成果展示，走进天河东校区门口，就看见校园里过节般的热闹，学生和家长个个喜气洋洋，脸上充满自豪的笑容。我们欣赏了亚洲服饰展、情景剧、舞蹈、团体操、美食展览、拍卖会等丰富多彩的活动，对孩子们热爱亚运、热爱广州的精神，积极热情的活动态度以及异彩纷呈的活动成果赞不绝口。

跟岗日志七

今天，我们的跟岗学习又有了新的收获。上午，经王校长的推荐，我们潮州的全体学员一早就来到了体育东路小学，领略了皮涛老师执教的《中彩那天》的教学风采。他以扎实的基本功、巧妙的教学技巧、幽默有趣的课堂语言营造了平等和谐的民主气氛，激发了同学们强烈的求学欲望和积极热情的学习态度，赢得了听课教师的声声赞叹，着实令我们受益匪浅。

下午，我们回到了华阳小学，主持人王建辉校长为我们的行动研究课题作了精心的指导。她从研究课题的选题原因、目标，实施研究的具体方法、途径与策略，以及预测的研究结果入手，详细、逐一地给我们的课题研究分别作了具体剖析，使我们的课题研究方向更明确，目标更清晰，研究更有动力。我们坚信，在导师的引领下，只要我们努力去研究、去实践，我们的行动研究一定会更有实效、更加深入、更为精辟。

跟岗日志八

今天，在四（3）班教室又是一堂气氛活泼、其乐融融的精彩课堂教学展示。课堂上，同学们激情高涨、思维活跃、好学上进的学习精神，使《白公鹅》这篇课文的一个个问题迎刃而解。同学们抓住课文重点词句、重点文段，通过自学、小组讨论、交流汇报、课外阅读拓展等方式读懂、读透文本内容，对《白公鹅》与丰子恺笔下的《白鹅》在写作手法上的异同点理解深刻透彻，从而感悟到作者对白公鹅的喜爱之情。

同学们精辟的话语，自学、自悟的学习过程充分体现了“生本”理念课堂教学。他们在趣中学、学有所得；他们学得快乐、悟得轻松，这正好是执教的黄瑞阳老师独具匠心的教学设计、课堂的巧妙点拨、恰当的情感提升的真实写照，也是黄老师教学基本功的精髓所在，实在令我们赞叹不已。

跟岗日志九

11 月 2 日，学员继续尝试把学到的理念、教法运用到课堂实践中。洪老师和詹老师分别上了略读课和习作课，在她们的课堂中，已经体现出了华阳的“生本”特色，目标明确、思路清晰、善于顺学而导、及时点评激励学生，课堂洋溢着热烈的民主气氛。学生学得积极主动，学得轻松愉快，在和谐的气氛中得到了双基知识的训练，渗透了情感、态度、价值观的教育，实现了工具性与人文性的统一，得到了王校长及听课老师的高度评价。

听课后，大家聚在工作室里热烈评课，王校长作了精辟的点评，为我们如何上好略读课和习作课提出了独特的见解：要以生为本，做好学情调查，充分挖掘学生的学习资源，以学定教。王校长的点评让我们如沐春风，连连感叹“听君一席话，胜读十年书”。

跟岗回来后，我对自己此次跟岗实践作了总结。

跟岗培训总结

10月20日，作为省小学语文骨干教师，我们潮州学员一行7人带着满怀的期待与激动之心来到广州，参加天河区华阳小学王建辉名师工作室为期20天的跟岗培训。时间虽短，收获甚丰。即将离开，心中充满了不舍与感恩。

在华阳小学的20天里，我们倍受名师工作室主持人王建辉校长的悉心教导，感受到名师的人格魅力。聆听王建辉校长的精彩讲座，了解到一种新的作文教学模式——主题式作文训练。跟岗观摩了华阳小学名师们执教的一堂堂精彩的语文课，并与其他学员一起探讨交流。在华阳，我初识了“以生为本”的教育教学理念，领悟到“生本”的独特魅力，更对今后的实际工作有更大的指导作用，让我感到自己肩上的责任重大。下面是我在培训中的几点心得体会：

（1）必须更新观念。首先，要转变教学观，教师要注重培养学生的创新意识，并使之逐渐形成新能力。要求教师放下权威、师长的架子，以一个普通参与者的身份与学生共同研究、共同探讨教学中的各种问题，使学生勇于挑战课本、挑战教师、挑战权威。其次，要转变教师观，以教师为本的观念应当转为以学生为本，自觉让出主角地位，让学生成为主角，充分相信学生，积极评价学生。

在华阳，感受最强烈的是“生本理念”下的课堂教学，听了十多节课，发现这里的教师在课堂上很“清闲”，忙碌的全是学生的身影。原来华阳一直贯彻以生为本，做好学情调查，充分挖掘学生的学习资源，以学定教，“让孩子去欢笑、流汗、流泪”，“让老师不现自我”、将课堂的话语权还给先天的学习者——学生。

（2）作为一名教师，要坚持不断地学习，积极进行知识的更新。当前以多媒体与网络技术为核心的现代教育技术的迅速兴起，正猛烈地冲击着各学科的教学。在网络理论下知识突破了原有书本的限制，不再以“点”的形式出现，而是以“流”的形式传递，使教学观念、教学主体、教学方法、教学过程和教学形式都发生根本改变。传统的“以教师为中心，靠两支粉笔一张嘴”的教学模式，已不能适应新课程“主动、探究、合作”的学习方式，传统观念下的“师者传道、授业、解惑”、“闻道有先后”的观点，也将被基于新课程教学提出来的“教育要为学生的终身发展奠定基础，让学生学会做人，学会求知，学会合作，学会实践，学会创新”的理念所取代。

在华阳听的十几节课中，每节课教师都运用多媒体教学，或显示课文内容，或提供给学生学习资料，或展示学生们自制的PPT……教师充当的只是一个“导演”的角色。如我在教学《学会看病》中，最后环节设计让学生通过自己喜欢的方式感受母爱的伟大，没想到学生们都带来了自己制作的PPT。其中既有对文章的感悟，又有表达母爱的古诗词，有的甚至找来了《世上只有妈妈好》这首歌邀请全班同学一起大声唱……令我惊叹华阳的学生掌握的电脑知识比我更丰富，令我惭愧万分。更让我感受到作为新时期的教师，我们更应该与时俱进，适应时代的发展，做好自己的角色定位，充分利用多媒体教学，激发学生的求知欲，提高学生的实践能力，培养学生的创新精神。

（3）必须积极实践，不断提升完善自我。在华阳，我们观摩了梁倩怡老师的《听音乐，写故事》的作文课，邓燎老师的《课外拓展阅读》等模式新颖的课堂教学。她们坚持以“生”为本，充分调动学生主动参与、互助合作的学习精神，营造民主和谐的课堂学习气氛，善于调控课堂节奏，精彩的课堂导学给我留下了深刻的印象。我们还到东风路小学游采云工作室去听皮涛老师《中彩那天》的课，领略名师名课风范，皮老师的课堂教学注重细节，让我受益匪浅。我们潮州学员也主动接受新理念，大胆走进课堂，尝试了所学的教学新模式——“生本理念”下单元整体教学的新模式。在今后的教育教学实践中，我将静下心来采他山之玉，纳百家之长，慢慢地走，慢慢地教，在教中学，在教中研，在教和研中走出自己的一路风采，不断提升完善自我。

总之，通过这次跟岗培训，我开阔了视野，学习了很多教育教学的新理念、新思想，从思想上受到了极大的鼓舞，这将为我今后的教育教学工作起到很好的推动作用。在今后的日子里，我将学以致用，把在这里学到的新知识尽快地内化为自己的东西，运用于工作中，让培训的硕果在教育教学中绽放异彩。

跟岗结束，我回到学校，进行为期十一个月的岗位实践和行动研究。

2011年4月，我再次走进华南师范大学，完成骨干教师培训的最后一个阶段的学习。培训期间，我认真倾听专家教育讲座，做好教学实践经验和课题行动研究总结，顺利通过了论文答辩，圆满完成本期培训的各项任务。

总之，感谢这次培训，让我在学习中收获，在收获中提升。今后我将努力工作，勇于迎接挑战，我坚信，骨干教师培训一定会成为我工作中一个新的起点，我将抓住支点，奋力向上攀登。

4. 我的班主任工作

执教以来，我一直担任班主任工作，非常注重培养学生健全的智力、健康的情绪、坚强的意志和良好的个性等品质。我能根据学生的年龄特点，有的放矢地开展各项有意义的教育活动，培养优良的班集体；采用“亲、严、细、活”的教育方法，着力培养学生良好的行为习惯和道德品质，教育学生热爱祖国，热爱集体，关心他人，善待自己。在班级管理中注重培养班干部，树立好的典范，注重家校协作工作，所带班级班风好学风浓，受到学校领导的高度评价。

12 年的班主任历程，我教过的学生很多，其中印象最深的一个是小陈，他是当时班里典型的“后进生”。他活泼机灵，但是在学习上非常不用心，经常不做作业，上课纪律性差，课堂上经常起来走动，随便说话，课间打架、骂人的事经常发生，经常欺负同学，学生家长都很讨厌他，常叫自己的孩子不要去惹他。任课教师们见了他都头痛。我接班以后，对他进行观察，发现他很聪明，很热情，也非常关心集体，热爱劳动，就是平时没养成良好的学习习惯，自由散漫，不能严格要求自己。针对他的表现，我及时跟家长取得了联系，通过跟他爸爸的交谈，了解到原来他妈妈在他很小的时候就离开了，爸爸又再婚，平时他是跟奶奶一起住的，爸爸少回家，奶奶管不住他，虽然对他在学校的表现很着急，却束手无策。

有一次我在批改作业时，发现小陈的字写得挺认真的，可是有几个错字，我就在他的作业后面写上：“你写的字真漂亮，如果再细心些，把字写正确，老师会更高兴的。”作业本发下来，他看到批语后高兴地拿给同学看，嘴里还不住地读给同学听，回到家又让他奶奶看。没想到简单的几句话，竟唤起了他学习的乐趣，增加了学习的自信心。看来他还是有积极上进的愿望的，他渴望被肯定、被表扬。在以后的课堂上，我常提一些简单的问题让他回答。如果他在回答这些问题时遇到困难，我就加以适当的启发和引导，目的就是让他能回答出来，证明自己并不比别人差，也会思考问题。

一天，他主动到办公室来问我：“老师，有什么需要帮忙的吗？”这句话好像一道光，在我眼前闪动，我心里一热，感到他有改过的要求，并非无可救药。抓住这一点，我表扬了他，并让他负责每天帮我拿教学用具。接下来的几天，每到上我的课，他都提早到我办公室来帮我拿录音机、扩音器等。我在班里着实表扬了他一番，并号召大家向他学习，他的脸红红的，可以看出他是多么高兴。

平时，我以谈心为主，经常询问他的生活情况，谈话的内容要谈到他的心坎上，让他感到有一种被人理解的感觉。为抚慰他心灵的创伤，转变他的心态，我还在行动上支持他，如学期初让学生购买辅导资料，当我得知他的父亲好久没有回家，奶奶又没什么经济来源时，就及时安慰他说：“你没有钱不要紧，老师帮你买，老师和你的父母一样关心和爱护你。”我发现他的作业本用完了，就买几本作业本，不是直接送给他，而是当着全班同学的面表扬他说：“小陈同学这段时间表现不错，我有礼物送给你。”他听了很感动，一下课立即走上来：“老师，我帮你拿书。”

慢慢地，他各方面都取得了不小的进步。作业按时完成了，遵守纪律了，责任心增强了，我交代的事情他会一件不落地做好，就连有时我迟点到教室，也见他在监督其他同学不要说话。

后来小陈毕业了，每年的教师节，他都会送来一束鲜花，平时也经常打电话汇报近况，或通过 QQ 给我留言。看着他的转变，我深深感到作为一名普通教师的使命，那就是给学生爱的教育。我坚信，爱能融化坚冰，爱能使教育之花开得更加绚丽、更加灿烂。

选择了教育，就等于选择了奉献，作为教师，因为热爱而选择，因为选择而执着，因为执着而忘我……现在的我每天忙碌着、充实着、快乐着！

附：唐琳获奖情况

1. 参加广东省小学语文骨干教师培训，荣获由广东省教师继续教育指导中心和华南师范大学共同颁发的“优秀学员”称号。

2. 被广东省妇联授予“广东十大现代好妻子”荣誉称号。

3. 荣获“湘桥区优秀班主任”、“湘桥区名班主任”、湘桥街道“优秀党员”等荣誉称号。

4. 湘桥区小学语文青年教师教学基本功大赛一等奖。

5. 市小学语文青年教师教学基本功大赛二等奖。

6. 撰写的案例《转化“后进生”案例分析》在第八届全国中小学和中职学校思想道德建设优秀成果展评活动中被评为一等奖。

7. 课例《鸟的天堂》获中央电化教育馆“十一五”全国教育技术研究重点课题“珠江三角洲地区中小学信息资源应用模式与绩效研究”项目 2009 年经验交流会优秀成果三等奖。